Nedim Gürsel 1951'de Gaziantep'te doğdu. Galatasaray Lisesi'ni ve Paris Sorbonne Üniversitesi Modern Fransız Edebiyatı bölümünü bitirdi; aynı üniversitede Nâzım Hikmet ve Aragon üzerine Prof. Etiemble'ın yönetiminde karşılaştırmalı edebiyat doktorası yaptı. Halen CNRS'te (Fransa Bilimsel Araştırmalar Ulusal Merkezi) araştırma başkanı olarak görev yapmakta ve Paris INALCO'da (Doğu Dilleri Yüksek Okulu) Türk edebiyatı dersleri vermektedir.

Edebiyatın hemen her dalında ürün veren Nedim Gürsel'in kitapları Fransa başta olmak üzere yirmi beş ülkede yayımlandı, bazı öykülerinden yapılan tiyatro uyarlamaları Türkiye ve Avrupa ülkelerinde oynandı. Yazar DAAD adlı kurumun davetlisi olarak bir yıl Berlin'de kaldı; Fransa, Almanya, İtalya ve Türkiye gibi pek çok ülkede hakkında incelemeler ve doktora tezleri yapıldı, belgeseller çekildi.

Nedim Gürsel'in aldığı ulusal ve uluslararası ödüller şunlardır:

Türk Dil Kurumu Ödülü (1976), Abdi İpekçi Barış Ödülü (1986), Fransız PEN Kulüp Özgürlük Ödülü (1986), Haldun Taner Öykü Ödülü (1987), Struga Altın Plaket Ödülü (1992), Radio France Internationale Öykü Ödülü (1992), France-Turquie Ödülü (2004), Fransa Hükümeti Edebiyat Şövalyesi Nişanı (2004), Mevlânâ Dünya Kardeşlik Ödülü (2009), Türkiye Yayıncılar Birliği İfade Özgürlüğü Ödülü (2009), Balkanika Vakfı Uluslararası Roman Ödülü (2012), Fransa Akdeniz Roman Ödülü (2013), Türk Dünyası Kızıl Elma Ödülü (2016), Türkiye-Avrupa Eğitim ve Bilimsel Araştırmalar Vakfı Ödülü (2018).

Nedim Gürsel'in kitapları Doğan Kitap tarafından yayımlanmaktadır.

Resimli Dünya

DOĞAN KİTAP TARAFINDAN YAYIMLANAN DİĞER KİTAPLARI

Uzun Sürmüş Bir Yaz (anlatı) 1975
İlk Kadın (roman) 1983
Cicipapa (toplu öyküler- 1967-1990) 2002
Bir Avuç Dünya (toplu gezi yazıları 1977-1997) 2003
Dünya Şairi Nâzım Hikmet (inceleme) 1992
Bozkırdaki Yabancı (inceleme) 1993
Boğazkesen (roman) 1995
Paris Yazıları (deneme) 1996
Başkaldıran Edebiyat (inceleme) 1997
Resimli Dünya (roman) 2000
Yaşar Kemal – Bir Geçiş Dönemi Romancısı (inceleme) 2000
Öğleden Sonra Aşk (öykü) 2002
Güneşte Ölüm (gezi) 2003
Sağ Salim Kavuşsak (otobiyografi) 2004
İzler ve Gölgeler (deneme) 2006
Çıplak Berlin (anlatı) 2006
Yedi Dervişler (anlatı) 2007
Allah'ın Kızları (roman) 2008
Hatırla Barbara (anı-gezi) 2009
Türkiye: Yaşlı Avrupa'ya Genç Damat (deneme) 2010
Derin Anadolu (gezi) 2010
Şeytan, Melek ve Komünist (roman) 2011
Aragon (inceleme) 2011
Yine Bana Döneceksin (gezi) 2012
Aşk Kırgınları (deneme) 2013
Yüzbaşının Oğlu (roman) 2014
Acı Hayatlar (deneme) 2014
Tehlikeli Sevişmeler (öykü) 2015
Bana İtalya'yı Anlat (deneme) 2016
Uzun Bir Ayrılık İçin Kırk Kısa Şiir (şiir) 2017
Söz Uçar (söyleşi) 2018

RESİMLİ DÜNYA

Yazan: Nedim Gürsel

1. baskı / Can Yayınları, 2000
Doğan Kitap'ta 2. baskı / Nisan 2018 / ISBN 978-605-09-5110-3
Sertifika no: 11940

Kapak tasarımı: Geray Gençer
Baskı: Ana Basın Yayın Gıda İnş. San. Tic. A.Ş.
B.O.S.B. Mermerciler Sanayi Site 10. Cad. No: 15
Beylikdüzü-İstanbul
Tel: (0212) 422 79 29
Sertifika no: 20699

Doğan Egmont Yayıncılık ve Yapımcılık Tic. A.Ş.
19 Mayıs Cad. Golden Plaza No. 3 Kat 10, 34360 Şişli - İSTANBUL
Tel. (212) 373 77 00 / Faks (212) 355 83 16
www.dogankitap.com.tr / editor@dogankitap.com.tr / satis@dogankitap.com.tr

Resimli Dünya

Nedim Gürsel

DOĞAN KİTAP

İstanbul'a: yazmaya orada başladığım için
Venedik'e: orada öleyazdığım için

Villa Mont-Noir ve Civitella Ranieri Center'a yardımları için teşekkür ederim.

N.G.

Nel Mezzo del cammin di nostra vita
mi ritrovai per una selva oscura
ché la dritta via era smarrita.

Dante ("İnferno", C.I, s.1-2)

Ömrü oldukça yürür her yolcu
Varmadan menzile bir yerde ölür.

Yahya Kemal

İçindekiler

Birinci bölüm

Sanat tarihi profesörü Kâmil Uzman, Santa Lucia İstasyonu'nda trenden indiğinde yorgun değildi. Daha doğrusu gövdesi alabildiğine dinçti, zihniyse bir hayli bulanık. Gece boyunca üst ranzada gözünü kırpmamıştı. Venedik'in görüntüleri uçuşup duruyordu hayalinde, koridordan vuran ışıkta gölgeler bir gidip bir geliyordu. Eski Serenissimo Cumhuriyeti'ne doğru geceyarısı çıktığı bu ilk yolculukta yalnız sayılmazdı. Bir kez olsun görmediği, ama kitaplardan, resim ve fotoğraflardan eski yapılarını, görkemli sarayları ile kalabalık alanlarını, köprü ve kanallarını, evet, en dar kanallarına varıncaya dek tüm ayrıntılarını neredeyse ezbere bildiği Venedik'in imgesi eşlik ediyordu ona. Bu imge gerçek değildi belki, ama tümüyle kurmaca olduğu da söylenemezdi. Fareler ile denizin birlikte kemirdiği eski saraylarda yaşayan züğürt soyluların kentini yıllarca düşlemiş, hayalinde besleyip büyütmüştü. Onunla ilk karşılaşacağı sabahı beklerken uykusunun kaçması doğaldı. Üstelik tek başınaydı kompartımanda. Gece treninde rahatça yer bulabilmiş, bavulu ile paltosunu aşağıdaki koltuğa bırakıp üst ranzaya tırmanarak giysilerini çıkarmadan sırtüstü uzanıvermişti.

Önce tekdüze tekerlek tıkırtılarının da etkisiyle hemen uykuya dalacağını sandı. Ama Venedik, yıllar sonra kavuşulan eski bir sevgili gibi, sabaha dek direncini sınadı, bir an olsun rahat bırakmadı onu. Perona ayak bastığında zihni öylesine karmaşıktı ki, önüne çıkan ilk kahvede çift espresso içmekten vazgeçip bir aylığına kiraladığı stüdyoda deliksiz bir uyku çekmeye karar verdi.

Garın basamaklarından inerken sis basmıştı her yanı. Solda, dört mavi yıldızın ışığında vişneçürüğü bir yapı dikkatini çekti: Hotel Bellini. Yıldız biçimindeki neon ışıklar sisin içinde belli belirsizdi. Bu kente geliş nedeninin, karşısına çıkan ilk yapının alnına bir arma, kaderin kesin bir işareti gibi nakşedildiğini düşündü. Gentile Bellini'nin Scuola di San Giovanni Evangelista'nın duvarlarını süslemek için yaptığı bir dizi tablonun en küçüğü, o dönemin deyimiyle *telero*'su tüm ayrıntılarıyla belleğinde canlandı. Önce kanalın zümrüt yeşili suyunu görür gibi oldu. Öyle durgun; Murano'da insan soluğunun biçim verdiği kristalin bardaklar, vazolar, kuğu boyunlu cam sürahiler kadar saydam. Kanala düşüp de nasılsa batmamış Kutsal Haç'ın mahfazasını çıkarmak için yarışanların beyaz giysileri nilüferler gibi açılmıştı suda. Ön planda Scuola'nın koruyucusu Andrea Vendramin'i tanıdı. Sağ eliyle mahfazayı tutup havaya kaldırmış, sol eliyle yüzüyordu. Hayır yüzmüyor, uçuyordu. Vendramin'i tanıdı, çünkü dökülmüş beyaz saçları, kendinden emin duruşu, düzgün profiliyle Gentile ustanın bir başka tablosunda çizdiği Doge Andrea Vendramin'e benziyordu. Ama doge, ressamın çağdaşıydı, tablonun yapılışından neredeyse yüz elli yıl önce gerçekleşen bir mucizenin kahramanı değil.

Sisin içine daldı. Tam karşıdaki taş köprünün basamaklarını çıkarken geri dönüp Hotel Bellini'de kalmayı düşündü bir an. Venedik'te ilk gecesini bir süredir üzerinde araştırma yaptığı ressamın adını taşıyan otelde geçirmeliydi. Sonra saçma buldu bu düşünceyi. Bir tanıdığın buradaki stüdyosunu boşuna kiralamamıştı. Hem kim bilir kaç liretti otelin geceliği, Kâmil Bey'in ise bu yolculuk için ayırdığı para oldukça sınırlıydı. Bavulunu sürükleyerek çıktı köprünün merdivenlerini. Çıkarken de yalnızca her figürünü değil, yapılış öyküsünü de ezbere bildiği *San Lorenzo Köprüsü'nde Kutsal Haç Mucizesi* adlı tabloyu hayalinde canlandırmaya devam etti.

Kutsal Haç mahfaza içinde San Lorenzo Kilisesi'ne götürülürken, tören kalabalığı küçük köprünün üzerine yığılıp sıkıştığında, Scuola di San Giovanni Evangelista'nın koruyucusu Andrea Vendramin olacakları sezmiş gibi herkesten önce suya atlamış, o kargaşada kanala düşen kutsal emaneti daha batmadan çekip almıştı. Onun için böyle uçarcasına yüzüyordu tabloda. Serenissimo Cumhuriyeti'nin kara ve denizdeki mülküne, adalar ile gemilere, askerler ile tacirlere iki yıl hükmü geçmiş Doge Andrea Vendramin'in kılığına girdiği için do böylesine kararlı, kendinden bu denli emindi. Ve Kutsal Haç kadar dik tutuyordu başını. Oysa tedirgin, hatta endişeli olması gerekirdi. Çünkü o yönetimdeyken Venedik kaleleri teker teker düşmüş, yorgun develerin sabırla çektiği Türk topları Eğriboz'da, Mora'da, Dalmaçya kıyılarında gümbürdemeye başlamıştı. San Marco'nun çan kulesinden görülecek kadar yaklaşmıştı Fatih Sultan Mehmed'in Friuli'den başlattığı yangın. Denizse kadırga direklerinden bir ormandı. Seksen üçünde doge seçilen Vendramin oldukça dinç görünüyordu tabloda. Bir süre sonra veba salgınında öleceğinden haberi bile yoktu. Olay yerine yetişmeye çalışan öbür rahipler Scuola'nın beyaz giysileri içinde gökyüzünden inmiş meleklere benziyorlardı, ama köpekbalıklarını andıran bir şeyler de vardı suyu yararak ilerleyişlerinde. Onları gören çıplak zenci, sağdaki evin mutfak iskelesinden, kırmızı giysili haşarı çocuksa köprünün tahta parmaklıklarından suya atlamaktan son anda caymışlar, boşluğa öylece asılı kalmışlardı. Gondol ve kayıklar da içlerindeki insanlarla birlikte mahfazanın düştüğü yere doğru yönelmişti, o ipince, kara tekneleriyle suyun üzerinden kayarak.

Çevreyi görmekte güçlük çektiğinden olmalı, taş köprünün üzerine varınca da Kâmil Uzman'ın zihninde etkisini sürdürdü tablo.

Sol köşede, tören giysileriyle rıhtım boyunca dizilmiş kadınların önü sıra diz çökmüştü Caterina Cornaro. Kıbrıs'a gelin gitmemişti henüz, Jacopo Lusignan'dan dul kalıp Kıbrıs tahtına da oturmamıştı. Afrodit'in adasını, kayalara vuran turkuvaz rengi denizin çağrısını bilmiyordu; kışın yamaçlardaki karı dağ manastırlarına savuran deli rüzgârı bilmediği gibi. Evet Serenissimo için tahttan feragat eden bu talihsiz kadın kutsal emanete doğru diz çökmüştü, kraliçe olmazdan önce. Caterina'nın önünde, kollarını haça gerili İsa gibi iki yana açmış bir adam kanala atlamak üzereydi. Müstakbel kraliçenin Asolo'da sürgünde geçireceği yıllarsa çok uzaktaydı daha. Kâmil Uzman onu, Budapeşte'de gördüğü Gentile Bellini'nin bir başka tablosundan tanıyordu. Bu yuvarlak soylu yüzü, dalgın bakışları, bastırılmış cinselliğin tene vuran diriliğini.

Caterina Cornaro'nun çıplaklığı eski bir anı gibi aklına düştü. Gerçi o tabloda yaşlanmıştı biraz, tahtını ve tebaasını yitirmiş bir kraliçenin olması gerektiği kadar da şişmandı. Ne ülkesi vardı artık, ne kocası. Ne de şu ölümlü dünyada varlığını sürdürecek bir çocuğu. Bir isim ve sıfattan ibaretti: "Kıbrıs Kraliçesi Caterina Cornaro." Evet, böyle yazıyordu müzedeki tablonun bir köşesinde. Ressam siyah fonun üzerindeki kahverenginin bütün tonlarını denemişti. Sarı ve kahverenginin. Kraliçenin kahverengi giysisi, göğüslerin hemen altından beli sıkan siyah kordonuyla bir zırhı andırıyordu. Tehlikedeymiş gibi. Sanki canına kastetmişler, onu hançerlemek için tuzak kurmuşlardı. O da, zırha bürünmüştü işte, inci kolyesi, küpeleri, tacı ve beyaz teninin üzerinde parıldayıp duran mücevherleriyle hâlâ bir kraliçeyi andırsa da.

Birden silindi renkler. Venedik tablosundaki kalabalık, Cornaro'nun yüzüyle birlikte yavaşça uzaklaştı. Figürler dalgalanmaya, suda ayrışıp bozulmaya, biçimden biçime girmeye başladı. Sonra eriyip gitti tümü. Tuvalin boşluğunu bir anda karanlık gece doldurdu. Kâmil Uzman, 1473 yılının 14 kasımında, güz yapraklarının krallık sarayına doğru sürüklendiklerini görür gibi oldu. Lefkoşa arşövekinin sakalı da savruluyordu rüzgârda. Saray surların içine, katedralin yanındaki tepeye kurulmuştu. Öyle ulaşılmaz, Saint-Hilarion Kalesi gibi dağların doruğunda da değildi. Kentin, evler ile sokakların arasındaydı. Gecenin sessizliğinde giriş kapısı hain bir elin yardımıyla içeriden açılıverdi. Arşövekin peşinden üç gölge süzüldü avluya. Merdivenleri hızla çıkıp kraliçe dairesinin önündeki silahlı nöbetçileri etkisiz hale getirdiler. İçeriye daldılar sonra. Yataktan çırılçıplak fırlayan on altısındaki dul kraliçenin üzerine çullandılar. Caterina hamileydi. Onu Jacopo

Lusignan'ın bir başka kadından olma piçi lehine, karnında taşıdığı çocuğun Kıbrıs tahtı üzerindeki hakkından vazgeçmeye zorladılar. Kraliçenin yeğeni ile doktoru gürültüye koştuklarında hançerlerini çekip her ikisini de oracıkta, Caterina'nın gözleri önünde doğradılar. Bir anda kan gölüne döndü ortalık. Daha evliliğinin yılı dolmadan kocasını, arşövek ile suç ortaklarının komplosuyla da sevgili yeğenini kaybeden kraliçenin beyaz gövdesi kınından çekilmiş bir hançer gibi parlıyordu karanlıkta. Kâmil Uzman, Serenissimo Cumhuriyeti'nin müdahalesi sayesinde katillerin amaçlarına ulaşamadıklarına sevindi. Beş yüzyıl önce yaşanmış bu felaketin görgü tanığıymışçasına buruk bir acı hissetti yüreğinde. Birden gözü karardı. Bavulunu bırakıp iki eliyle birden köprünün korkuluğuna tutunmasaydı yere yığılıverecekti. Bir süre sisin ortasında öylece, kımıldamadan durdu. Zihnini allak bullak eden görüntülerin uzaklaşmasını bekledi. Sonra, Caterina Cornaro'nun aşina yüzüne doğru, tablonun içindeki hayalî yürüyüşüne devam etti.

Cornaro ailesinin Kıbrıs Krallığı üzerindeki egemenliğini anımsatan ayrıntılar, yani kraliçenin maiyetindeki kadınların ardından kalabalığa karışmış erkek yüzleri arasında seçebildiği Caterina'nın kardeşleri Marco ve Francesco onu pek fazla ilgilendirmiyordu. Buna karşılık sağ köşede, kadife giysileriyle haça doğru diz çökenler sisten sıyrılırcasına belirgindiler. Bellini ailesinin tüm bireyleri oraya toplanmıştı işte. En önde, sağdan sola doğru baba Jacopo, onun ardında yaş sırasıyla yeğen Leonardo, oğullar Gentile ile Giovanni, en arkadaysa damat Mantegna. Kanalın iki yanında sıralanan nakışlı Venedik evlerinin karşısında diz çökmüş, Kutsal Haç'ın kurtarılışını izlemekteydiler. Ve Gentile'nin kırmızıları tam kırmızı, siyahları iyice siyahtı. Ara tonlar da vardı neyse ki, bir renkten ötekine hızlı geçişler... Uçarı bir heyecan kıpırdadı içinde. Arka plandaki beyaz bulutlu gökyüzüne doğru giderek daralan bu eşsiz Venedik görüntüsünün aslını belki bugün Accademia'da görebilecekti.

Köprüden inmesi pek kolay olmadı. İçi kitap ve dosyalarla dolu bavulun ağırlığından değil, iyice bastıran, bir adım ötesini bile göstermeyen sis yüzünden. Rıhtımda durdu bir süre, puslu havayı vapur düdükleriyle birlikte içine çekti. Tam karşıda, eski Yunan tapınaklarına benzeyen kilisenin merdivenlerini otlar kaplamıştı. Yeşilin böyle her yerden, mermerin içinden bile fışkırmasına bir anlam veremedi. Su oraya dek yükseliyor muydu acaba! Aynı otları yukarıda, giriş kapısının üzerindeki kabartma heykellerin arasında da görünce gözlerine inanamadı. Elindeki ayrıntılı plana baktı sonra. Sağa dönüp yeşil kubbeli kilisenin sütunlarını arkada bırakarak bir süre yürümesi, küçük parkın içine girmeden, önce taş sonra tahta köprüyü geçip Piazzale Roma'ya ulaşması gerekiyordu. Oradan da, gazete bayiileri ile turistik eşya satan butiklerin önünden geçerek dar kanalın üzerindeki bir başka köprünün ayağının hemen dibinden başlayan rıhtıma. Sağa, gondolların park ettiği kanala sapmazsa rıhtım dosdoğru bir otele, otelin köşesinden küçük alana açılan sokak eski çan kulesine, kulenin çaprazındaki kemerli taş köprünün uzantısında yer alan dar kanalın rıhtımıysa bir başka sokağa çıkaracaktı onu. Kiraladığı stüdyo işte bu sokağın bitimindeki kanala bakan evin bodrum katındaydı. Ne var ki, değil yapıları, bir adım önünü bile göremeyecek kadar yoğundu sis. Ev sahibinin özenle çizdiği planı katlayıp cebine koydu. Ve rıhtımda kara bir tabut gibi bekleyen gondolun ıslak koltuğuna bıraktı kendini.

– Hangi otele Bayım?

– Otele gitmiyorum, diye yanıtladı, mükemmel İtalyancasıyla. Santa Croce'ye lütfen!

– Nasıl olur, hemen şuracıkta o mahalle!

– İyi ya, beni bir an önce bırakıp bir başka müşteri alırsınız...

Gondolcunun bir yandan kürek çekerken bir yandan da "O sole mio!" diye bir şarkı tutturmasını beklemiyordu elbet. Ama yağlı müşterilerden olmadığı için ona surat asması da hoş değildi. Neyse ki yüzünü göremiyordu. Hafif sağa yatmış gondolun doge takkesini andıran burnu sisi delip geçerken suyun hışırtısına kapıldı bir an. Elini kanala uzatınca bedeni ürperdi. Bin yıllık suyun serinliğini derinde, içinde katmanlaşan tortunun ta dibinde hissetti. Ürperti giderek yayıldı her yanına; sudan ona geçen tuhaf bir düşte, sisin iyice pekiştirdiği bir belirsizlik anının içinde buldu kendini. Venedik'e gelir gelmez önüne çıkan ilk gondola bineceği dünyada aklına gelmezdi. Ev sahibinin çizdiği ayrıntılı plan, biraz karmaşık da olsa, en küçük kuşkuya yer bırakmayacak biçimde gösteriyordu gideceği yönü. Ne var ki, bu siste yolunu bulabileceğinden emin değildi. Ne kötü, Gentile Bellini'nin kentine ayak basar basmaz cilalanıp parlatılmış, siyah meşin koltuğu yenilenmiş bir gondolun içine dar atmıştı kendini. Yıllarca bu anı, konuk odasındaki büfeyi süsleyen o gizemli gondolun gerçek olacağı günü sabırla beklemiş bir turist gibi. Bir ara arkasını dönüp gondolcuya baktı. Başında kırmızı kurdeleli hasır şapkası, üzerine biraz bol gelen kara giysileriyle Venedik'te çevrilen herhangi bir filmin gondolcularından farksızdı. Seri devinimlerle kürek çekerken ona verilmiş rolü eksiksiz oynamaya çalışıyordu. Aslında kürek çekmek denemezdi buna. Sol ayak önde, gondolun arka ucuna dikilmiş, suya yarı eğik giren uzun sırığa tüm gücüyle abanıyor, sonra hemen geriye, sol ayağının hizasına çekiliyordu. Giderek hızlanıyordu devinimi, ama Kâmil Uzman ilerledikleri kanısında değildi. Ustalarından gördüğünü tekrarlıyordu, kenti saran kanal ağının gerektirdiği, dibe çöken çamur tortusu kadar eski hareketleri. Bir an gondolcunun siyah pelerinli bir hayalete dönüştüğünü düşledi. Boynunda dantel bir önlük, yüzündeyse karnavalın en korkunç, en güzel, en beyaz maskesi vardı. Yosunlu, taş duvarlar boyunca ilerlemeye çalışıyorlardı. Karanlık pencereli evlerin, kapalı kepenklerin önünden, alçak köprülerin altından geçtiler. Gondolcu iki kez küreği bırakıp eğilmek zorunda kaldı. Bir defasında da kanalı dönemeyip rıhtımın taşlarına çarptı gondolu. Ama hiç bozuntuya vermeden eliyle tornistan etti, yalnızca "*puttana*" ve "*madre*" sözcüklerinin anlaşılabildiği Venedik lehçesinde okkalı bir küfür savurduktan sonra küreğe yapıştı yeniden. Evin rıhtımına güç bela yanaştıklarında ter içinde kalmıştı. Kâmil ona bolca bahşiş verirken gözlerine baktı. Az önceki maske sıyrılmıştı yüzünden, gülümsüyordu...

* * *

Stüdyonun anahtarını eliyle koymuş gibi mektup kutusunun içinde buldu. Tam kapıyı açacakken bir tahta perdeye takıldı ayakları. Giriş kapısını diz boyuna dek örtüyordu. Asma kilitle kapı tokmağına bağlanmış olduğunu görünce kaldırmaya hiç uğraşmadı. Önce bavulunu attı içeriye, sonra tahta perdenin üzerinden kendisi atladı. Basık tavanlı, orta büyüklükte bir stüdyoydu. Girişte mutfak ve giysi dolabı, sağda tozlu rafa dizilmiş kitapların altında yatak vardı. Sol duvarın önündeki uzun masa ile sandalyelerin üzerleri boştu. Tahta kepenkleri kapalı duran iki küçük pencere de kanala bakıyordu. Tuvalet ile lavabo, sağdaki pencerenin yanından girilen ayrı bir bölmedeydi. O bölmenin de kanala bakan bir küçük penceresi ve mavi fayanslarla kaplı duşu vardı. Duşun berisindeki naylon perdeyi kaldırınca bir motorla karşılaştı. Girişi engelleyen tahta perde gibi bu motorun varlığına da bir anlam veremedi. Geriye dönüp masaya oturunca ev sahibinin bıraktığı kâğıt iliști gözüne. Lambayı yakıp okumaya başladı:

> Venedik'e hoş geldin. Umarım efsane aşkların kentinde iyi vakit geçirirsin. Kirayı, ilişikteki kâğıdı doldurduktan sonra, hesabıma yatırıver lütfen. Telefonu kapattım. Gerekirse postaneye başvurup açtırabilirsin. Giriş kapısındaki tahta perdeyi kaldırmaya çalışma. Kanalın düzeyinde olduğumuz için su basmasına karşı bir önlem. Duşun naylon perdeyle ayrılmış bölümündeki motor da öyle. Kendiliğinden çalışmaya başlarsa sakın şaşırma. Yükselen suyu anında kanala pompalar. Çiçekleri üç günde bir sulamayı da unutma.

Kafasındaki soru işaretlerini silmek için yeterliydi bu bilgiler. Tüm olasılıklar öngörülmüş, hiçbir şey rastlantıya bırakılmamıştı. Cebindeki plan kadar ayrıntılıydı stüdyonun düzeni de. Rahatlamıştı. Giysilerini bavuldan çıkarıp dolaba yerleştirdi. Yanında getirdiği birkaç kitap ile dosyalarını da masanın üzerine koydu. Sonunda nicedir özlediği yalnızlığa kavuşmuştu işte. Hiç kimseyi tanımadığı bir kentte tek başınaydı. Tek başına ve özgür. Kepenkleri açınca dışarıda sisin dağılmaya başladığını gördü. Çıkıp kentin kalabalığına karışmak geldi içinden. Aynı anda gövdesinin giderek ağırlaştığını, az önceki dinçliğin, yerini tatlı bir yorgunluğa bıraktığını hissetti. Yatağa uzanınca ayakuçlarından başına doğru yavaşça yükseldi uyku.

Bir ara uyanır gibi oldu. Tavanda kıpırdayan suyun şavkı vurdu yüzüne. Pencereden bir gondol, ardından tül perdeleri çekili bir motor taksi geçti. Pencerelerin iki yanına konmuş simetrik aynalar sayesinde kanaldan gelip geçenleri yattığı yerden görebiliyordu. Tam karşıda tuğladan bir bahçe duvarı yükseliyordu. Duvarın ardında adını bilmediği ulu ağaçlar vardı. Hiçbiri çiçek açmamıştı henüz, dalları çırılçıplaktı. Bahçe kapısının önünden kanala inen taş merdiveni yosunlar kaplamıştı. Yarısına dek batmış küçük bir kayığı yavaşça sallıyordu kanalın kıpırtısı. İçindeki ağırlığa rağmen kayık bahçe duvarı boyunca kayıp gidiyormuş gibi geldi Kâmil'e. Ev biraz solda, ikinci pencerenin aynasına yansıyan koyu yeşil kepenkleri, orta katın balkonundaki kemerli beyaz sütunları ve salonun tavanından sarkan avizeleriyle küçük bir saray yavrusuydu. Bu basık tavanlı, karanlık stüdyoda kalacağına bir otele çıkmalı ya da karşıdaki evin benzeri gerçek bir Venedik sarayında oturmalıydı. Bu kuytu köşedeki köstebek yuvasından farksız stüdyoda yaşamayı kendine yakıştıramıyordu. Öyle ya, geçici de olsa, bir süre kalıp günlük yaşama karışmak için gelmişti bu kente, sabahtan akşama dek kitaplıkta araştırma yapmak ya da burada oturup izlenimlerini yazmak için değil. Bu düşünceler iyice açmıştı uykusunu. Kalkıp kahve pişirdi. Sıcak bir duş aldıktan sonra da dışarıya çıktı.

* * *

O evde uyku ile uyanıklık arasında gidip gelir, dışarı çıkmaya bir türlü karar veremezken neler olmuş meğer! Sis dağılmış iyice, güneş açmış. Yukarıda pırıl pırıl bir gökyüzü, aşağıda kalabalık. Rıhtımlar, sokaklar, alanlar insan dolu. Köprülerin üstü ile lokantaların, kahvelerin içi, rıhtım boyunca sıralanan teraslar kalabalıktan geçilmiyor. Piazzale Roma'dan 1 numaralı *vaporetto*'ya bindi. Üst üste yığılmış yolcuların arasından geçerek arka güvertede bir yer buldu. "Kış güneşinin sana sunduğu bir mucize bu" diye geçiriyordu içinden, "işte yeni yılın ilk günleriyle birlikte Venedik'tesin! Bulutsuz gökyüzünden vuran ışıkta seyreyle bakalım Canalazzo'yu! Upuzun kürekleriyle yerçekimi kurallarına meydan okuyan gondolcuları, gondolların içinde sallanıp duran turistler ile Scalzi Köprüsü'nden geçenleri, kanalın sularını hızla yaran motor taksiler ile yük teknelerini seyreyle gözlerim! İki yana demir atmış *palazzo*'ları da unutma sakın! Kentin bu en büyük suyolunda akıp git saraylar, saraylar, saraylar boyunca!

İşte sağda Palazzo Foscari-Contarini! Kayısı rengi duvarları, kemerli cephe sütunları, yuvarlak kırmızı kiremitleri ve ters çevrilmiş çan biçimindeki bacalarıyla nasıl da cana yakın! Saraydan çok bir yazlık evi andırıyor; Palazzo Gritti de öyle, büyük komutan ve Doge Andrea Gritti'nin bu sarayda verilen bir Noel şöleninde hazımsızlıktan öldüğünü bilmese Venedik aristokrasisinin zevku sefadan uzak yaşadığını sanacak. Belki de bu tat düşkünlüğü, dünya nimetlerine bu tamah Gritti'nin İstanbul yıllarından kalmadır, orada bir kadından üç piç edindiğine bakılırsa mutlaka öyledir. Andrea Gritti, Tiziano'nun portresindeki o ak sakallı ihtiyar değildi ki her zaman, onun da Kâmil Uzman gibi İstanbul'da peşinden koşan, evinin kapısında ağlayan kadınlar olmuştu. O da, Bebek'te değilse bile az ilerideki Rumelihisarı'nda kalmıştı bir süre. Türklerin dostluğunu da biliyordu, Hisar'ın zindanlarını da. Neyse zindanların karanlığını unut şimdi, ışıktan yararlanmaya bak! İşte solda Palazzo Flangini, balkonlu taş yapı. Yoğun ve ezici görünümüyle gerçek bir saray belki, ama Palazzo Corner-Contarini kadar albenisi yok. Contarini çilek renginde çünkü ve kalp biçiminde dolaplarıyla ünlü. Yan bahçesinde çiçekler açmış, bir ağaç reverans yapar gibi suya eğmiş dallarını.

Solda San Marcuola Kilisesi'nin önünden geçer geçmez bir başka büyük sarayın gölgesi düşüyor suya: Palazzo Vendramin Calergi, yağmurlu bir kış günü Wagner'in öldüğü yapı; gizemli, karanlık. Odalarında bestelenen *Tristan ile İsolde*'un müziği kadar da kederli. Şimdi orada sabaha dek dönen ruletin girdabıyla savruluyor hayaller, Wagner'in ezgileriyle değil. Sağda Fondaco Dei Turchi'nin yenilenmiş cephesi ile geniş rıhtımını da seyreyle gözlerim, Osmanlı tüccarlarının başlarında ağır kavukları, yosunlu taşları süpüren kaftanlarıyla bu rıhtımdan karpuz kıçlı kalyonlara yükleme yaptıklarını düşleyerek. Yine sağda, bir saray kadar şık tahıl ambarları, belki hâlâ arpa buğday dolu içleri ve solda Palazzo Battaglia Belloni, Palazzo Soranzo, Palazzo Barbarigo, bir zamanlar ön cephesi Tintoretto'nun freskleriyle süslü olan Palazzo Grimani Della Vida, giderek dönen, döndükçe bir S çizerek içine kapanan Büyük Kanal'ın görkemli, kendi hüsnüne hayran yapıları; yüzyıllardır suyun aynasında güzelliklerini bıkmadan seyreden saraylar... Her birinde kim bilir ne sevinçler, ne acılar yaşanmış, bahçelerinde âşıklar buluşmuş, mahzenlerinde çil çil duka altınları ile katiller gizlenmiş. Şimdi sivri kemerli mermer sütunları, daracık balkonları ve iskelelerinin önüne çakılı armalarıyla seyrana çıkmış arzı endam eyliyorlar işte!"

Kâmil Uzman'ın başı dönmeye başladı birden. Halatların iskeleye her atılışında *vaporetto* sinirli titremelerle sarsılıyordu. O sarsıldıkça Venedik'in güngörmüş sarayları da sarsılıyordu Kâmil'in bakışlarında. Duvarlardaki tablolar birbirine giriyor, ışık ile gölge karışıyor, salt biçim ve renklerden oluşan bir dünya kristal avizelerin mum alevinde titreşmeye başlıyordu. Kanal boyunca sıralanan yapılara bakmaktan, her birinin öyküsünü, bir zamanlar içlerinde yaşamış insanların serüvenlerini, sevmiş ve sevilmişleri –şu İstirya taşından yapılmış Palazzo Mocenigo'da kalmıştı Lord Byron, *Don Juan*'ı orada yazmaya başlamıştı–; harlı ateşte yakılmış işkencede öldürülmüşleri –Giordano Bruno'yu simya sırlarını öğrenmek için Ca Mocenigo Vechia'ya çağırıp Engizisyon'a teslim etmişti bu saraya adını veren Giovanni Mocenigo–; kıskançlığın kıskacında kıvranmışları –Othello'nun bakışları kadar karanlık şu Palazzo Contarini-Fasan'da yaşamıştı Desdemona!– evet, her biri kendince tarihin rüzgârında savrulmuş bütün bütün bu hayaletleri düşlemekten yorulmuş, gözlerini kapatıp kendini *vaporetto*'nun sarsıntısına bırakmıştı. Bir türlü bitmek bilmiyordu yolculuk. Bir ara, gözlerini açtığında, *vaporetto*'nun Rialto Köprüsü'nün altından geçip yine sarayların suya yansıyan görüntüleri boyunca ilerlediğini anımsıyor. San Marco'ya yanaştıklarında Büyük Kanal'ın görüntüleri zihninde çalkalanıp duruyordu hâlâ. Daha ilk günden Venedik ele geçirmişti Kâmil Uzman'ı, bilincini işgal etmiş, güzelliğiyle büyülerken kanal ve köprülerden, rıhtımlar ile dar sokaklardan ördüğü bir ağla boğmaya kalkışmıştı. San Marco Alanı'nın kalabalığına karışmadan Marciana Kitaplığı'na doğru yürüdü.

Eski, taş duvarlarla çevrili salonda kuytu bir masaya oturdu. Kitaplık sessizdi. Tavandaki cam bölmeden vuran gün ışığında herkes kendi dünyasına dalmış, çevrede olan biteni unutmuş gibiydi. Bir süre Gentile Bellini üzerine yaptığı araştırmayla ilgili notları gözden geçirdi. Sonra, yan bölüme gidip tozlu rafların ortasındaki tüm katalogları taradı. Pek fazla bir şey yoktu. Buraya gelmeden okuduğu Fransızca iki kitap, İtalyanca bir risale, başvuru kitaplarının yer aldığı rafları boydan boya dolduran Crowe ve Cavalcaselle'nin resim tarihlerinden kısa bir bölüm ve XV. yüzyıl Venedik ressamlarıyla ilgili ansiklopedilerde Gentile Bellini maddeleri... Aşağı yukarı hepsi bu kadardı. Bir tarih kitabında da, Gentile Bellini'nin İstanbul yolculuğuyla ilgili bazı bilgilere rastladı. Yaşadığı döneme damgasını vurmuş, her türlü unvanla ödüllendirilmiş Dogeler Sarayı'nın portre ressamı Gentile Bellini üzerine yayımlanmış tek monografiyse, ne yazık ki Almanca'ydı. Belli ki ünlü ressam, kardeşi Giovanni Bellini'nin gölgesinde kalmıştı sonradan. Zamanla Giovanni'nin önemi anlaşılmış, babaları Jacopo'nun dehasını Giovanni'nin sürdürdüğüne, Gentile'nin ise Venedik törenlerini görüntüleyen yeteneksiz bir sanatçı olduğuna karar verilmişti. Oysa Gentile Bellini ilgilendiriyordu onu. İstanbul'a dek gidip Fatih'in portresini yapan Gentile'ydi çünkü. Osmanlı İmparatorluğu'nda kaldığı on sekiz ay boyunca yeniçeriler ile saray hizmetkârlarının portrelerini de çizmiş, söylentilere bakılırsa Topkapı Sarayı'nın harem dairesini padişahın isteği üzerine erotik resimlerle süslemiş, ne var ki II. Bayezid tahta geçer geçmez bu resimlerin üzerine badana çektirip babasının koleksiyonunu Galata'da açık artırmaya çıkarmıştı.

Marciana Kitaplığı'nda dişe dokunur bir bilgi edinemeyeceğini anladı. Elinin altındaki İtalyanca başvuru kitaplarını gözden geçirmeye karar verdi yine de. Bulunduğu masada tek başınaydı. Başka masalarda çalışanlar da uzun süre kalmıyor, görevlilerin getirdikleri eski belgeleri bir süre inceledikten sonra, geldikleri gibi sessizce gidiyorlardı. Akşama dek kitaplar arasında kaldı. Trende geçirdiği uykusuz geceye, Venedik'le ilk karşılaşmanın heyecanına rağmen yorgunluk hissetmiyordu.

* * *

Marciana'dan çıkar çıkmaz soğuk bir rüzgâr çarptı yüzüne. Piazzetta bomboştu. Güvercinler bile görünmüyordu ortalıkta. Kararmış, soğuk taş kemerlerin altındaki kahvenin terasına oturdu. Piyanoda, ne olduğunu çıkaramadığı hüzünlü bir ezgi çalınıyordu. Belki Chopin'in noktürnlerinden biri, belki çok eski, pek bilinmeyen bir sonat, belki de... Mozart'ın *Requiem*'i olmasın? Ama o piyanoda çalınmaz ki! Notalar, Dogeler Sarayı'nın tam karşısındaki üstü kapalı bu kuytu geçidin duvarlarında çırpınıyor, tavana doğru yükselip çıkacak bir boşluk arıyor, sonra birden, rüzgâra kapılarak denize doğru uzaklaşıyordu. Açıkta, San Giorgio Adası'ndaki kilise geniş kubbesi, göğü delen sivri çan kulesi ve ön cephedeki mermer sütunlarıyla kentin uzantısı gibiydi. Yavaşça uzaklaşıyordu günbatımında. Onun rüzgârı ardına alıp Cini Vakfı'nın kale surlarını andıran pas rengi, yüksek duvarlarından sıyrılarak servi ağaçlarıyla birlikte ağır ağır engine açıldığını düşledi. Rıhtım boyunca sıralanmış gondolların içleri bomboştu. Denize çakılı tahta sırıkların arasında bir alçalıp bir yükseliyorlardı. *Vaporetto*'lar da öyle, arılar gibi vızıldayarak bir iskeleden öbürünü gidip geliyor, denizin üzerinde sallanıp duruyorlardı. Piyanonun etkisiyle olmalı, uzak ve güneşli bir kumsalın özlemi kıpırdadı içinde. Aynı anda çok beyaz, kat kat bir yolcu gemisinin Dogeler Sarayı'nın önünden geçerek Lido'ya doğru yol aldığını gördü. Az ötede, kanatlı Aziz Marcus'un aslanı ile Teodoros'un ayakları dibinde can çekişen ejderin sütunlarına doğru sular yükseliyormuş gibi geldi Kâmil'e. Geçen geminin dalgası sandı önce, ama sular sütunların kaidelerinden yukarıya doğru yükselmeye devam ediyordu. Piazzetta'nın beyaz çizgili taşları dalgalanmaya başladı bir anda, sarayın çatı süslemeleri, balkonun iki yanındaki heykeller ve dantel gibi işlenmiş mermer, suya yansıdı. Boş alan, San Marco Bazilikası'nın ön balkonundan çan kulesine doğru şaha kalkmış bronz atların görüntüsüyle doldu birden; mozaiklerin sarı, mavi, kırmızı, beyaz renkleri suyun aynasında uçuşmaya başladı. Kubbelerin altın kanatlı meleklerle, aziz tasvirlerinin mermer sütunlarla sarmaş dolaş olduklarını gördü. Çok derinden gelen, bir saplantı, bir uzun ağıt gibi kendini sürekli tekrarlayan ezgilerle uyum içindeydi her şey. Günbatımında ıssız alan, görkemli geçmişin izleri, yavaşça yükselen sular... Evet sular yükseliyordu, içinde yavaştan yükselen, alıp götüren özlemin acısıyla birlikte.

Piyano birden sustu. Kapkara bir gondol kayıp gitti suyun üzerinden. Onu bir başkası izledi. Gondollar peş peşe, Dogeler Sarayı ile San Marco Bazilikası'nın yansıdığı suyun üzerinden Saat Kulesi'ne doğru geçip gidiyorlardı önü sıra. Düş gördüğünü sandı. Uykusuz bir gecenin bitiminde Venedik'e varır varmaz kesif bir sisin içine dalmış, sonra da, kış güneşinde Büyük Kanal boyunca yaptığı vapur gezintisini saymazsak, kendini kentin en eski kitaplığının taş duvarları arasına kapatmıştı. Düş görmesi doğaldı. Ne var ki, piyanistin masaya yaklaşarak, "*Aqua alta* başladı, bir an önce buradan uzaklaşırsanız iyi olur" demesiyle kendine geldi. Hayalinde değil gerçekten yükseliyordu sular. San Marco Alanı'nı deniz kaplıyordu.

– Venedik bir gün batacak, diye seslendi piyaniste.

– Evet Bayım, diye karşılık verdi piyanist, önlem alınmazsa bir sualtı müzesine dönüşecek kentimiz.

Derin mavilikte bir karartı görür gibi oldu. Yosunlu, dar sokaklar boyunca balıklar yüzüyordu. Hava kabarcıklarıyla birlikte bir gümüş sürüsü daldı bir evin açık penceresinden içeriye. Bir yengeç yavaş ve kararlı adımlarıyla salonu geçti. Çan kulelerinin yukarıya, ışığın vurduğu yüzeye doğru yükseldiklerini gördü. Denize kaymış bir eski kentin yol işaretleriydiler.

– Artık kapatıyoruz, dedi piyanist, kapatmak zorundayız.

– Peki ben ne olacağım? Nasıl döneceğim eve?

– Nerede kalıyorsunuz?

– Piazzale Roma yakınlarında.

– Alana ayak basmadan *Procuratie*'ler boyunca yürüyün. Ok işaretlerini izleyin sonra. Rialto'ya, oradan da karşı kıyıya geçip Piazzale Roma'ya varırsınız. Fazla kaygılanmanıza gerek yok. *Aqua alta* yalnızca buraya dek getiriyor denizi.

Hesabı ödeyip hemen çıktı kahveden. Piyanistin dediği gibi San Marco Alanı'na ayak basmadan gerisin geriye Correr Müzesi'ne doğru yürüdü. Oradan da kentin daracık sokaklarında buldu kendini. Hava kararmıştı. Ölgün ışıkların yandığı kahvelerin önünden geçti. Buralarda hiçbir şey olmamış gibi sürüyordu yaşam. Kahvelerin içi kalabalıktı. Tezgâhın önünde ya da orta yerde dikilen insanlar gördü. İçkilerini yudumlarken yüksek sesle konuşup gülüşüyorlardı. Her gün biraz daha denize kayan bir kentte yaşamıyorlarmış gibi kaygısız ve neşeliydiler. Aralarına karışmak istedi bir an. İçlerinden biri olmak, yorucu bir iş günü sonunda her şeyi unutup havadan sudan –özellikle de sudan– belki *aqua alta*'nın son marifetlerinden konuşmak istedi. Ama göze alamadı ayakta kalmayı. Yürüdükçe ışıklar azaldı. Saksılarında bin bir çeşit çiçekler açan balkonların altından geçti. Kanallarda sular giderek kararıyordu. O yürüdükçe boşaldı sokaklar, kahvelerin ışıkları teker teker söndü. Kapanan dükkân kepenklerinin ardından bir anda karanlığa gömülüverdi kent. Bazen nasılsa açık kalmış bir pencereden ya da bir sarayın avizesinden vuran ışık suyu aydınlatıyor, kanalın devinimiyle kırılıp yayılıyordu. Sıvası dökülmüş ıslak duvarlar boyunca yürüdü. Taş kiliselerin açıldığı alanlardan, küçük köprülerden geçti. Bir motor taksinin çekili tül perdelerinden sızan ışığın peşine düştüğü de oldu, karanlıkta yol alan gondolların şıpırtısına dalıp gittiği de. Bir ara rıhtımın taşlarına oturup kanala baktı: yıllanmış, soğuk su. Karanlık bir ormanda yolunu yitirenleri her an derinliğine çekmeye hazır. Yalnızca köprü başlarında değil, rıhtımların, bahçe duvarlarının önünde de rastladı merdivenlere. Basamaklar kanala iniyordu içinde büyüyen korkuyu çoğaltarak. Yalnızlıktan korkmuyordu, hayır. Tam tersine nicedir aradığı, peşine düştüğü ender bir şey olmuştu yalnızlık. Kentin hayaletinden de ürkmüyordu. Sudan korkuyordu, suyun çağrısına kapılıp kendini kanala bırakıvermekten. En çok bir köprünün üzerinde, aşağıya eğilip suya yansıyan suretini görünce geliyordu bu istek. Rıhtımda otururken de gövdesinin aynı duyguyla ürperdiğini hissediyordu. Su yeşil, bazen sarı, çoğu kez de kara, kapkaraydı. Evlerin yüzleriyse kırmızı. Portakal rengine çalan bir tuhaf, güzel mi güzel bir kırmızı, Frenklerin deyimiyle "*ocre*". Ama gün dönüp ışık azalınca renkler de belirsizleşmiş, her şey silik, gizemli bir havaya bürünmüştü. Sureti ile evlerin yüzü birlikte dalgalanıyordu kanalda, biçimler bir toplanıp bir ayrışıyor, taş ile su yer değiştiriyordu. Rıhtıma oturup ayaklarını kanala sarkıtınca yeni bir yaşamın eşiğinde olduğu sanısına kapıldı. Gökyüzü ayaklarının altından başlıyordu artık. Geçmiş ardında kalmıştı, soğukluğunu yüreğinde hissettiği rıhtım taşları kadar gerçek, ama uzak bir zamanda. Önündeyse belirsiz bir boşluk vardı, kanalın suyu kadar bulanık ve çekici. Ne geçmişi ne de geleceği olan biriydi; Venedik'in bir kenar mahallesinde rıhtıma oturup ayaklarını kanala sarkıtmış, kendi suretine dalıp gitmiş bir ecinni olabilirdi belki ya da bu ayna oyununa kapılıp her şeyin tersyüz olduğunu, gökyüzünün ayaklarının ucundan başladığını hayal eden dalgacının biri. Zemin katta değil su dibinde oturduğunu, az sonra döneceği stüdyonun şu an belki de sular altında kaldığını düşündü. Böyle bir durumda duşun arka bölümündeki motorun kendiliğinden çalışmaya başlayıp suyu kanala pompalayacağı aklına bile gelmedi.

Bir akordeon ezgisiyle daldığı düşten uyandı. Büyük bir gondol girmişti kanala. Önde akordeon çalan yaşlı bir adam, arkada kürek çeken gondolcu vardı, ortadaysa dört Japon. Koltuklara karşılıklı oturmuşlar, bakışlarını değişmez bir noktaya dikmişlerdi. En küçük bir kıpırtı yoktu yüzlerinde. Amerikan savaş gemilerine pike dalışı yapan kamikazelerden farksızdılar. Dördünün de erkek oluşu dikkatini çekti. Gondol, Kâmil'in hizasına gelince akordeon "Sorrento'ya Geri Dön"ü çalmaya başladı. Japonlardan biri yüzünü çevirip ona baktı. Kâmil gülümseyince Japon'un dudakları kıpırdar gibi oldu biraz, yüz çizgileri gevşedi. Sonra bakışları eski ifadesini aldı yeniden. Gondol kanal boyunca ilerleyip bir köprünün ardında kayboldu. O da oturduğu yerden kalktı, ıssız sokaklarda yürümeye devam etti.

Bir yandan yürürken bir yandan da Venedik sokaklarının darlığını anlatmak için bir benzetme arıyordu. "İki insanın yan yana geçemeyeceği kadar"ı beğenmedi. "Balık avlayan kedi sokağı gibi" demeyi de züppece buldu. Herkes Paris'i bilmek zorunda değildi ki! Derken bir şimşek çaktı, ardından bir tane daha. Gürleyen gökle birlikte gündüz gibi aydınlandı ortalık. Sokağın iri taşları ile duvarların tuğlasını gördü. Bir de üzerine sarkan ağacın dallarını. Yanına şemsiye almadığına hayıflandı bir an. "Ya sağanak indirirse" demeye kalmadan yağmur başladı. Giderek çoğaldı hızı, sokaksa yürümekle bitecek gibi değildi. Şemsiyesi olsaydı bile onu bu daracık sokakta açamayacağını düşündü. Benzetmeyi bulmuştu işte! Evet, Venedik'in bazı sokakları şemsiye açamayacak kadar dardı. Sonra bunu bir kitapta okumuş olabileceği geldi aklına. Her neyse, kendi buluşu olmasa da, önünde uzayıp giden sokağın darlığını ne güzel anlatıyordu! Bu "şemsiye açamayacak kadar dar" sokak, geniş bir alana çıkardı onu. Oradaki pizzacıya girip bir masaya oturdu.

Pizzasını beklerken sabah iskeleden aldığı kent planını çantasından çıkararak masanın üzerine yaydı. Bütün çabalarına rağmen San Marco Alanı'ndan sonra nerelerden geçip buraya, Campo San Margherita'ya dek geldiğini çıkaramadı. Rıhtımlar boyunca yürümüş, karanlık sokaklardan, bazı köprüler ile küçüklü büyüklü alanlardan geçmişti, ama planda buraları bulmakta güçlük çekiyordu. Anlayamadığı bir başka konu da, Rialto Köprüsü'nden geçmediğine göre nasıl olup da Büyük Kanal'ın sağ kıyısına ulaşabildiğiydi. Plana biraz dikkatli bakınca Rialto'nun ilerisinde, sağ yaka ile sol yakayı birleştiren bir başka köprü daha gördü. Bu sabah merdivenlerini güç bela çıktığı Scalzi Köprüsü'ydü. Demek ki Campo San Stefano'dan ters yönde gelip bu köprüden karşıya geçmiş olmalıydı. Sonra yine sokaklarda yitirmişti yolunu. Sokakların labirentine dalmış, sağanak indirinceye dek cebinden planı çıkarıp bakmaya gerek duymadan kentin karanlığına bırakmıştı kendini. Yarın Accademia'ya gidip Gentile Bellini'nin dünyasında olacağını düşünerek rahatladı. Az önceki gerginlik gitmişti üzerinden. Kent rehberinde suyu boşaltılmış bir kanalın fotoğrafını görünce iyice şaşırdı. Kanallar insanın boğulacağı kadar derin değildi demek.

Dipteki siyah tortuya çakılmış birkaç kayık elle tutulacak kadar yakındaydı. Evlerin temelinin toprakta olduğunu bir kez daha anımsayıp Venedik'in gerçekte adalar üzerine kurulduğunu, karadan tümüyle uzak da olsa sarhoş bir gemi gibi palamarlarını çözerek alıp başını gidemeyeceğini anladı. Kökü toprakta olmanın getirdiği güven duygusuyla iyice gevşedi sinirleri. Onu yatıştıran bu duygu değil, pizzanın eşliğinde yuvarladığı nefis şaraptı belki. Lokantadan çıktığında biraz başı dönüyordu. Ama bu kez kaybolmadan buldu oturduğu sokağı. Soyunmasıyla yatağa girmesi bir oldu.

İkinci bölüm

Geceden açık bıraktığı elektrik sobasının sıcağıyla camlar buğulanmıştı. Nasılsa kepenkleri kapatmayı unuttuğunu düşündü. Sarhoşluktandır. Oysa dün gece biraz çakırkeyifti o kadar. Sabaha dek deliksiz uyuduğuna, gördüğü düşleri de anımsamadığına göre şarabı biraz fazla kaçırmış olmalıydı. Eskiden böyle hemen uykusu gelmezdi birkaç kadeh yuvarladıktan sonra. Tam tersine silkinip canlanırdı. Karamsarlığını alıp götürürdü alkol; hoşsohbet, şakacı bir insan oluverirdi. Bazen de, İstanbul'un en ünlü üniversitelerinden birinde sanat tarihi profesörü olduğunu kanıtlamak istercesine uzun açıklamalarda bulunur, masadakileri sıkardı. Böyle bilgiçlik tasladığı bir sofrada "Kâmil Uzman, uzman olmadığı konuda konuşmaz!" denilmişti hakkında. Bu söz hemen tutmuş, yakın çevresinde benimsenmiş, giderek öğrenciler arasında bile yayılmıştı. Ne zaman sanat üzerine nutuk çekmeye başlasa "Kâmil Uzman, uzman olmadığı..." diye sözü kesiliyor, açıkça alay konusu ediliyordu artık. Bu da yaşlanmaya başladığının bir belirtisi miydi yoksa! Kurt kocayınca köpeklere maskara olurmuş. Aslında ne kurttu ne kocamaya başlamış bir profesör. Genç sayılırdı daha, önünde yaşanacak uzun yıllar vardı. Her biri yeni serüvenler, değişik tatlarla dolu olgunluk yılları. Adı gibi... Gülümsedi. "Yaş kemale erdiğinde seversin adını" demişti bir gün babası. Okulda tüm arkadaşları, Demir, Derin, Devrim gibi adlar taşırken ona Kâmil desinler, olacak şey miydi?

Hep birileri olurdu çevresinde. Üniversiteden meslektaşları, yazar çizer takımı, gazeteciler... özellikle de kadınlar. Erkeklerle oturup içmeyi sevmezdi pek. Masada birkaç kadın olsun yeter. Hiç evlenmemişti. Hayatına çok, pek çok kadın girmiş, ne var ki pek azıyla gerçek bir ilişki kurabilmişti. Kadınlar masada Profesör Kâmil Uzman'ın göz zevkine hitap eden vazodaki çiçekler değillerdi elbet; içki sofralarının hep bir sonrası olurdu. İyi ki de olurdu o nemli, soğuk İstanbul sabahlarında yalnız uyanmamak şartıyla. Ne ki bir süredir azalmaya başlamıştı çevresindekiler. Belki de yerli yersiz davranışlarıyla insanları sıkmaya başlamıştı. Sanattan, edebiyattan söz edecek yerde ağrılarından şikâyet ediyordu artık. Genç sayılabilecek bir yaşta profesörlüğe yükselmişti, ama sanat tarihi uzmanlarının profesör oldukları yaşta öldükleri pek görülmüş şey değildi. Yaşlanıp emekliye ayrıldıktan, hatta iyice bunadıktan sonra ölürdü çoğu. Bazıları boş vakitlerini değerlendirmek için resim bile yapardı. Kâmil Bey pazar ressamlığına soyunmak için emekliliğini beklememiş, yeteneğini meslek yaşamına adım atmadan önce daha üniversite öğrencisiyken sınamış, epeyce de başarılı olmuştu.

Şimdiye dek hiç sergi açmamış olmasına rağmen peyzajları sanat çevrelerinde ilgiyle izleniyor, tartışılıyor, hatta beğeniliyordu. Tablolarını elden çıkarmamak için sergi açmaya yanaşmıyordu. Bir gün, evindeki tüm duvarları boydan boya kaplayan yapıtları değer kazanacak, o yine de, ölene dek hiçbirini satmayacaktı. Ölümünden sonraysa... umurunda değildi ondan sonrası. "Benden sonra tufan!" diyen krala özenmiyordu, hayır! Yapıtlarını bir sanat kurumuna ya da, neden olmasın, eğer kabul buyururlarsa, Güzel Sanatlar Müzesi'ne bağışlamayı umuyordu.

Doğru, eskiden böyle hemen uykusu gelmezdi. Oysa şimdi, bir süredir yalnız yediği akşam yemeklerinde daha şişeyi yarılamadan ya başı dönüyor ya da iyice kafayı bulup sokaklara vuruyordu kendini. Sanat tarihi profesörünün yerini başka biri alıyordu. Gündüz insan gece kurt denilemez, ama öyle bir şey sanki; gecenin kurda ait olduğunu okumuştu bir yerlerde, ışıklı, büyük kentlerin gecesinde kurda dönüşür mü insan, dişleri tırnakları uzar mı, o kadarını bilemezdi elbet; ama korku filmlerini izlemeyeli beri, gece terk edilmiş bir kenti andıran Venedik'in bu kuytu mahallesinde uyumaktan başka yapabileceği bir şey de yoktu.

Çok gezmişti şu ahir ömründe, gündüz müzelerini, gece genelevlerini dolaşmıştı Avrupa'nın. Ne sanat yapıtları, ne kadınlar görmüştü. Evet öyle kadınlar görmüştü ki her biri değişik bir manzaraydı. Kiminin karanlıktı bakışları, az sonra bir cinayet işlenecek ya da en azından bir fırtına kopacak sanırdın. Kimiyle, yatakta iç içeyken, bulutlar dağılırdı gökyüzünde. Bulutlar dağılırdı, ama kenetlenmiş çıplak gövdeler kopmazdı birbirinden. Kimi, saçlarını savurduğunda, kapkara bir orman uğuldamaya başlardı. Deniz gibi sakindiler. Dalgalı, coşkun, öfkeliydiler. Sığ ve derindiler. Doğru, çok gezmişti yaban ellerde, ama Venedik'e ilk kez geliyordu. Tam yıllardır düşlediği kentte uyanmanın sevinciyle yataktan fırlayacaktı ki sağ dizinde bir sızı duydu. Oda sıcaktı. Yatak daha sıcaktı ama. İçinden kalkmak gelmedi. Bir süredir sabahları sağ dizinde başlayıp tüm eklemlerine yayılan bir ağrıyla uyandığını düşündü. Nemden olmalı. Gövdesini böyle külçe gibi ağırlaştırıp yatağa çeken Venedik'in nemi ve küfüdür mutlaka. Eskiden bir sıçrayışta kalkar, çayı demlemeden önce jimnastik yapardı. Eskiden... Ne var şimdi geçmişi anımsayacak, eski, güzel günleri, dinç kalkılan sabahları! Yeni bir kentte, belki yeni bir serüvenin eşiğinde işte. Bu mutlu olmasına, güne sevinçle başlamasına yetmeli.

Kalkıp camın buğusunu sildi. Karşıda yine o tuğla duvarı, duvarın ardında yapraklarını dökmüş ulu ağaçları gördü. Kanal bulanıktı. Dünkü kayık yoktu yerinde. Suyun düzeyi biraz yükselmiş gibi geldi. Ne birazı, neredeyse pencerenin hizasına dek yükselmişti, açsa içeriye dolacaktı. Tuvalete geçip lavaboda yüzünü yıkadı. Aynadaki görüntüsüne takıldı bir an. Saçları darmadağındı, gözleri uykulu. Sabah mahmurluğu işte, az sonra geçer. Saçlarının önden dökülmediğine sevindi. Soğuk su çarptı yanaklarına; alnını, üç günlük sakalını, kulaklarının içini bir güzel yıkayıp ağzını çalkaladı. Kurulandıktan sonra gözlerinin altındaki mor halkalara yeniden baktı. Azalmışlar bile, birazdan kaybolup giderler. Gözlerinin içi güldü. Tıraş olurken naylon perdenin ardındaki motorun çalışıp çalışmadığına kulak kabarttı, çalışmıyordu. Çalışsaydı duyardı zaten. Sahi onca şarabı içtikten sonra derin uykudayken duyar mıydı pompanın sesini? Bu soruya yanıt vermek istemedi. Tıraşını aceleyle bitirip giyindi, sokak kapısındaki tahta perdenin üzerinden atlayarak rıhtım boyunca Piazzale Roma'ya dek yürüdü. Orada, otobüs duraklarının karşısındaki kahvenin barına yanaştı önce, sonra ayakta dikilmekten vazgeçip camın yanındaki masaya oturdu. Dumanı tüten cappuccino'sunu yavaş yavaş, keyfini çıkartarak, yaktığı puronun eşliğinde içmeye koyuldu. Eklem yerleri ağrımıyordu artık. Stüdyonun karanlığını, pencereye dek yükselen kanalın bulanık suyunu da çoktan unutmuştu. Hava yağmurlu ve soğuk da olsa koskoca bir gün vardı önünde. Mutluydu. Mutlu olduğunu kahvenin kalabalığına haykıramasa da kendisine telkin edebilirdi. Art arda üç kez "mutluyum" diye tekrarladı içinden. "Türk'üm, mutluyum, çalışkanım!" Dilinin ucuna ansızın geliveren bu ant, çocukluk günlerine, ilkokuldayken coşkuyla katıldığı bayrak törenlerine götürmedi onu. Görev bilinciyle oturduğu masadan kalkıp profesör maskesini takar takmaz mutluluğu dudaklarının kıvrımında büzüldü kaldı.

Otoparkın önünden geçerken Venedik'in yayaların egemenliğine verildiğini düşündü. Bir de *vaporetto*'lar ile gondolların tabiî. Kente gelenlerin arabalarını Piazzale Roma'daki çirkin otoparka bırakmak zorunda oluşları gibi, Venedik hakkındaki tüm bildiklerini kapıda bırakmak, kente her türlü akademik yükten üryan girmek istedi. Bunun için de dün Büyük Kanal boyunca seyrine doyamadığı sarayların, renk ve ışık cümbüşünün uzağından geçmek gerekiyordu. *Vaporetto*'ya binmeden arka sokaklara daldı. Ne var ki, Accademia'dan içeri girer girmez gördüğü ilk tabloyla birlikte çağrışımlar da geri geldi; Venedik resmi hakkında bildikleri zihninde kıpırdamaya, Büyük Kanal'ın üzerindeki yoğun vapur trafiği gibi devinmeye başladı.

Paolo Veneziano'nun altın varaklı tahta üzerine işlenmiş poliptiğindeki renkleri gördü önce. Yukarıdan vuran ışıkta kırmızılar, maviler, yeşil, sarı, siyah ve pembeler kıpırdıyor, kocaman karınlı gemilerden eski Venedik'in rıhtımlarındaki tezgâhlara top top açılan parlak kumaşlar gibi hışırdıyorlardı. Bir an bu renk alacasına bıraktı kendini, nicedir gitmediği Ayasofya'nın, Kariye'nin mozaik dünyasına, öğrencilik yıllarından anımsadığı Bizans ikonalarındaki gökyüzüne daldı. Sonra figürler belirginleşti, İsa'nın taç giydirdiği Meryem'in iki yanındaki simetrik sekiz sahneden oluşan kompozisyonuyla poliptik ortaya çıktı. Kâmil Uzman, Bizans'la gotik sanatının yeni bir bileşime ulaştığı bu eşsiz renk dünyası içinde figürlerin devindiğini, Meryem ile İsa'nın halelenmiş başları üzerinde flüt, harp, mandolin ve viyola çalan melek kalabalığını görür gibi oldu. Koronun göğe yükselen ezgisiyle doldu içi. Ortadaki iki ana figürün sağ ve solundaki dört ayrı sahneden oluşan resimlerde İsa'nın serüveni anlatılıyordu. Artık ezbere bildiği, Avrupa müzelerini dolaşırken tüm ayrıntılarını çok değişik yorumlarla gördüğü bu serüveni yeniden incelemeye gerek duymadı. Müneccimlerin ahırda doğan bebeğin önünde diz çöküşleri, Yahya'nın devetüyünden abasıyla Venedik kanallarının suyunu andıran neftî, bulanık bir derede İsa Peygamber'i vaftiz edişi, havarîlerle son yemekte sofraya gelen kan kırmızısı şarap, hatta kanın kendisi, sonra İsa'nın tutuklanıp sırtındaki haçla Golgotha'ya çıkarılışı, orada altın sarısı göğe çakılırcasına çarmıha gerilişi ve kaya içindeki mezarında dirilip göğe ağışı geçti gözünün önünden. Bir İtalya yolculuğu sırasında uğradığı Matera'yı anımsadı.

Carlo Levi üzerine tez yapan İtalyan sevgilisiyle Bari'de buluşup ülkenin en yoksul bölgesi Basilicata'ya dek inmişler, Mussolini döneminde Levi'nin sürgüne gönderildiği dağ köyünü ararken bir geceliğine Matera'da konaklamışlardı. Yemek yedikleri lokantanın terasından bakıldığında eski kentin evleri aşağıda, derin ve dar bir vadinin yamacına tünemiş gibi duruyorlardı. Karanlık mağara oyuklarını andıran pencereleri, çökmüş çatıları, kayalarla kaynaşıp halleşmiş, aşağıdaki vadinin dibinden başlayan vahşi doğanın ayrılmaz bir parçası olmuş iç avluları, odaları, döşeme ve tavanları, tavanlarından fışkıran incir ağaçlarıyla terk edilmiş bir kentin hayaletleriydiler. Birinin temeli öbürünün çatısıyla birleşmiş, yukarıdan aşağıya kat kat inen teraslar yıkık Ortaçağ duvarlarını, nasılsa ayakta kalmış kemerleri, merdivenli dar sokakları çepeçevre sarmıştı. Bu gizemli, karanlık dünyayı, karşı tepelerdeki manastırları, kör pencereler ile taş duvarları bir yerden anımsıyordu. Sanki daha önceden görmüştü bu tuhaf kenti. Tek göz odalarına, yoksul insanlarına, mağaraların karanlık ağızlarına ve aşağıda, vadinin dik yamaçlarında uğuldayıp duran deli rüzgârına aşina gibiydi. Birden yıllar önce İstanbul'da, Sıraselviler'deki Sinematek'te gördüğü bir filmin sahneleri çakmıştı belleğinde. İsa, havarîlerin eşliğinde yürüyordu. Yüzü incecik, bakışları kederliydi. Karşı tepelerin birinde çarmıha gerilecekti az sonra. Rüzgâra inat yürüyor, yürüdükçe başının üzerindeki hale de yürüyordu. Zaten yürüyüşleriyle meşhur değil miydi İsa? Denizde, karada, havada hep yürüyordu. Dalgaları aşıp balıkları çoğalttıktan sonra Kâmil Uzman tuhaf bir yakınlık duymuştu ona. İçi kanatlanıp uçmak isteğiyle dolmuştu. İnsanlar sevecenlikle bakıyorlardı İsa'ya. Yalnızca insanlar mı? Tanrı'nın Oğlu'nu kentin hayvanları da sevinçle karşılıyor, izbelerin kapıları o yaklaştıkça ardına dek açılıyordu. Hep hareket halindeydi uzun saçlı, genç adam.

Yakışıklı ve esmerdi. Veneziano'nun poliptiğindeki gibi, bir evden çıkıp öbürüne giriyor, Vaftizci Yahya'nın yanına varıyor, tüccarları tapınaktan kovduktan sonra Romalı askerler tarafından tutuklanıp sırtında haçı, başında dikenli tacıyla Golgotha'ya çıkarılıyor, orada çarmıha geriliyordu. Bir sürekli devinim, uçarı bir hız duygusu bırakmıştı film Kâmil'in belleğinde. Pasolini'nin Kudüs'te değil Matera'da çektiği filmi yıllar sonra Venedik'te anımsamasına bir anlam veremedi. Veneziano'nun yapıtının bir filmin karelerine benzer oluşu onda bu çağrışımı uyandırmıştı belki, belki de Romalı küçük sevgilisini özlemişti. Nicedir haber alamıyordu sevgilisinden. Evlenmiş, çoluk çocuğa karışmıştır. Kocası bir bankada çalışıyordur. Onların serüveninin bu poliptiğin karelerini bile dolduramayacak kadar sıradan olduğunu düşündü. Oysa kendisi, çok şükür dışındaydı bu küçük dünyanın. Yalnızdı belki, yaşlanmıştı. Ama özgürdü ya! Yine de, sonunda bütün yollar Golgotha'ya çıkıyormuşçasına bir acı duydu bedeninde. Oysa bir zamanlar bütün yollar Roma'ya çıkardı, o hep İstanbul'un çıkmaz sokaklarında dolaşsa bile. İtalyan sevgilisi "ebedî kent"te oturuyordu çünkü.

Onu Barberini Alanı'na bakan kahvede beklerken akıp giden araba selinin ortasındaki çeşmede Triton yunuslarla oynaşırdı. Ve elinde tuttuğu dev istiridyeden saydam, ışıl ışıl bir su fışkırtırdı gökyüzüne. Su ile mermerin uyumuna dalar gider, güneşin Palazzo Barberini'nin çatılarına doğru alçaldığını fark etmezdi. Gölgeler uzar, karşıdaki sinemanın ışıkları vururdu çeşmenin havuzuna. Sevgilisi de tam o sırada gelir, el ele tutuşup Via Veneto'nun *Dolce Vita*'ya mekân olmuş kahvelerinde oyalanmadan yukarıya, Villa Borghese'ye çıkarlardı. Orada, kararmaya başlayan ağaçların altındaki serin çimen beklerdi onları. Parkta sevişirlerken hazzın doruğunda gövdesine iyice kenetlenen küçük, yarı çıplak gövdenin içine fışkırttığı Triton'un abıhayatıydı, yeraltı ırmaklarının serinliğiyle birlikte. Toprağın uğultusunu duyardı içine girdiği genç kadının üzerinde devinirken. Devindikçe eski kentin kat kat derinliklerine iniyormuş gibi bir duyguya kapılır, ölümsüzlüğe Roma'nın gizini çözerek ulaşacağını sanırdı. Her mermer çeşmenin, kuytu bir avluda unutulmuş her başsız heykelin ardından eski bir taşın izini sürerdi ertesi gün, tuğla duvarların, su kemerlerinin, dev sütunların arasında dolaşarak. Vatikan'da, Sistina Şapeli'nin tavanında Michelangelo'nun uçuşan renklerine bakarken, Campo dei Fiori'de Bruno'nun heykelinin dibindeki kahvede *bitter campari*'leri peş peşe yuvarlarken ya da Trastevere'nin kuytu lokantalarından birinde önüne kayık büyüklüğünde gelen spagetti tabağındaki midye kabuklarını iştahla sıyırırken hep küçük sevgilisi olurdu yanında. Roma konuşkan, şehvet düşkünü, ufak tefek bu kadından ibaretti sanki. Tüm yapıları, anıtları, alanları, yeraltı mezarları ve kubbelerde uçuşan rengârenk freskleriyle Sapienza Üniversitesi'nde doktora yapan bu genç kızın bakışlarında gerçeklik kazanıyordu. Onu geç vakit birlikte oturduğu annesinin evine bıraktıktan sonra Tiber kıyısına çıkar, karanlık, dar sokaklarda yalnız başına yürürdü. Yaz gecesine açık pencereden kentin gürültüsü dolardı odaya; o, bu uzun yürüyüşlerin bitiminde yatağa uzanmış, yorgun, ama aşka doymamış gövdesiyle sabahı beklerken.

Bir an önce uzaklaşmalı bu tablonun önünden, anısı can yakan, İsa'nın çarmıhtaki gövdesi gibi acıyla gerilen çıplak gövdeleri, sonu hep kötü biten sevişmeleri de artık unutmalı. Ama büyülenmiş gibi çakılıp kalmıştı Veneziano'nun poliptiğine. Yapıt çoktan alıp götürmüş, kendi gerçeğine çekecek yerde bir başka dünyaya sürüklemişti onu. Kendi öyküsünün acısıyla yoğurmuştu.

O gün Accademia'yı gezenler girişte, Paolo Veneziano'nun poliptiğinin önünde orta boylu, orta yaşlı, saçları arkadan biraz dökülmüş bir adamın hiç kıpırdamadan durduğunu gördüler. Adam tabloya bakmıyor, gözleri tutkallı boyayla tahtaya nakşedilmiş kutsal figürlerin ardındaki boşlukta, sanki birini bekliyordu.

Kâmil Uzman, Veneziano'nun yapıtının önünde öbür ziyaretçilerin dikkatini çekecek kadar uzun süre kaldığının neden sonra farkına vardı. Neyse ki tenhaydı müze. İlk bölümde fazla oyalanmadan Gentile Bellini'nin tablolarının bulunduğu yukarı kata çıktığında öğle olmuştu. Kafeteryaya gidip bir şeyler atıştırmayı düşündü. Açık havada sabah yürüyüşü, sözgelişi "açık" elbet, Venedik belki en kapalı, en ışıksız günündeydi, her neyse, Büyük Kanal'a paralel sokaklarda yaptığı yürüyüş iştahını açmış ne var ki poliptiğin öyküsüne dalıp gittiğinde her şeyi, açlığını bile unutmuştu. Bir bardak beyaz şarabın eşliğinde *tramezzini* atıştırmak hiç de fena olmayacaktı. Bir görevliye kafeteryayı sordu, Accademia'da kafeterya olmadığı yanıtını alınca keyfi kaçtı. Çıkıp karşıdaki bara gitmek geldi içinden. Sonra yine gelir, bıraktığı yerden müzeyi gezmeye devam ederdi. Ama üşendi, yolunun üzerindeki Lorenzo'nun, Tiziano, Veronese ve Tintoretto'nun tablolarının önünden geçerek Bellinilerin yapıtlarını aradı. Jacopo ile Giovanniler aynı bölümdeydi, ne var ki Gentile'nin *telero*'ları bir başka yerde, Carpaccio'nunkilerle birlikte sergileniyordu. Giovanni'ye bir başka gününü ayırmış olmasına rağmen, Madonnaların bulunduğu bölüme bir göz atmaktan kendini alamadı. Ve Jacopo'nun dâhi oğlu ilk bakışta büyüledi onu, sessiz Madonnalarının dünyasına alıp götürdü.

Çocuk İsa, Kutsal Ruh'tan değil Meryem'in kanı ile canından olmuş, şefkatiyle yoğurulmuştu sanki. Ressamın gençlik döneminde yaptığı anlaşılan bu tabloda Bizans ikonalarındaki kadınlara benziyordu Meryem. Mantosu tablonun siyah yüzeyine yayılıp koyu zeminle birleşmişti. Kocaman kırmızı elleriyle sımsıkı tutuyordu çocuğu. Çocuk da giyinikti. Annesi gibi tümüyle siyahlar içinde değildi ama. Portakal rengi bir şala bürünmüştü. Kâmil, Meryem'in siyah mantosundan sıyrılan ellerine daha dikkatli bakınca, çocuğun annenin başparmağını tuhaf bir biçimde tuttuğunu gördü. Havada dik duran öbür eliyle kendisine bakanları kutsar gibiydi. Başını hafif sağa eğmiş, annesinden daha değişik bir yöne bakıyordu. Ayakta durmasına Meryem yardım ediyordu sanki. Belki de başparmağını böyle sıkı, neredeyse erotik bir biçimde tutmasının nedeni buydu. Sıcaklığını duyumsadığı kadını göremiyordu çünkü. Bakışlarıyla anneyi arar gibiydi, bir dokunuş, yalnızca bir güvence olan anneyi. Anneden çocuğa geçen sıcaklıkta eriyip kaybolmak istedi Kâmil; nicedir yokluğunu yaşadığı, geçmişte kalmış çok hoş, çok güzel bir duyguyla, içine bir uzun iç çekiş gibi yayılan özlemin tadıyla ürperdi.

Bir başka tablodaysa çocuk İsa çırılçıplaktı. Eli, annesinin başparmağındaydı yine, ama sıkıca sarılmamıştı bu kez. Zaten kayısı rengi bir minderin üzerinde oturuyordu. Meryem çocuğu sağ eliyle tutuyor, üzerindeki neftî kumaştan hafifçe sıyrılan sol eliyle destek vermeye çalışıyordu. Yalnız değildi tabloda. Sağ ve solunda onun kadar genç iki kadın daha vardı. Sağındaki, siyah saçlarını toplamış, ince kolyelerle örmüştü. Yüz çizgileri iyice belirgindi ışıkta. Sessizce çocuğa bakıyordu. Solundakiyse omuzlarına salmıştı kıvırcık, uzun saçlarını. Sarışındı. İnce uzun parmaklı ellerini göğsünde kavuşturmuş, bir düşe, çocuğun çıplak, gürbüz gövdesinden fışkıran ışığa dalıp gitmişti. Çok güzeldi böyle. Siyah fonda iyice belirginleşen alnından, uzun, güzel boynundan, büzülmüş küçük ağzına doğru inen düzgün burnundan da fışkırıyordu ışık. Orada ansızın, gaipten çıkıp gelen kanatsız bir melek gibi belirivermişti. Çocuk, kadınların varlığından biraz tedirgin görünüyordu. Meryem de dahil hiçbirine bakmıyordu zaten, gözleri yukarıya, tabloya bakanın göremeyeceği belirsiz bir noktaya çevriliydi. Orada birini mi arıyordu, yoksa ileride başına geleceklerden habersiz uzak bir hayalin peşinde miydi? Belki de annenin bakışıydı aradığı. İki kadının ortasında vakur ve kederliydi Meryem. Onun da burnu ince ve düzgün, ağzı küçüktü. Çocuğun çıplak bedeninden fışkıran ışığa boğulmuştu tablo. Çok yoğun, neredeyse şiddetli bir ışıktı, ama gözü dinlendiriyor, yumuşak, ferah, sakin bir ortam yaratıyordu. Kutsal Bakire ile azizelerin başlarında nedense hale yoktu. Sokakta her gün rastlayabileceğimiz kadınlardandılar. Çocuk bu ortamın içinde hâlâ neden tedirgindi peki? Kâmil bu soruya yanıt bulabilmek için tablonun yanındaki yazıya bakması gerekiyormuş gibi eğildi, "GİOVANNİ BELLİNİ, *Bakire ve İskenderiyeli Caterina ile Maria Magdelena'nın Arasında Çocuk*, 1490" ibaresini okudu. Otuz üç yıl sonrasını düşündü. Miladî takvimin otuz üçüncü yılını. O zaman Meryem böylesine genç, bunca yumuşak bakışlı olmayacaktı elbet. Ama İsa çarmıhtan indirildiğinde ona yine aynı şefkati gösterecek, kucağında yeğnileşen çıplak, acılı gövdeyi bağrına basacaktı. Giovanni Bellini, anne hep genç ve güzel kalsın istiyordu anlaşılan. Anne hep çocuğun doğduğu yaşta kalsın, çocuk büyüdükçe anne yaşlanmasın istiyordu. Kâmil yine de, başında dikenli tacıyla iki meleğin arasında çarmıhtan indirilen İsa'nın ölü gövdesini anımsıyordu ressamın bir tablosunda. Milano'da gördüğü bir başka tablodaysa acıdan buruşmuş yüz İsa'nın değil, güzelliğinden hiçbir iz kalmamış Meryem'indi. Gözlerinin altında mor halkalar oluşmuştu. Siyah mantosundan sıyrılan eliyle ölünün kanlı elini tutan bu kez oydu. Elin tam ortasındaki delikte kan yeni pıhtılaşmıştı. Oysa İncilci Yahya bu dehşete daha fazla dayanamayıp öbür yana çevirmişti başını. Arkada, hayal meyal seçilen ağaçların üzerinde gökyüzü sarıydı. Dünya günbatımında sarı-yeşil bir düşten ibaretti. İnsana özgüydü acı, doğaya değil. Meryem iyice sokulmuştu oğluna, onun dikenli başını yüzüne dayamış, kulağına bir şeyler fısıldar gibiydi. Otuz üç yıl öncesinin şefkat sözlerini mi, cansız gövdenin cenaze duasını mı yoksa? Evet Giovanni Bellini'nin tablolarında genellikle gençti Meryem, tatlı bakışlı, ince uzun elliydi. Soylu bir eda vardı duruşunda. Ama, nedense bakışlarını çocuktan hep kaçırıyordu.

Kâmil, Madonnalardan gözünü ayıramıyordu. Biraz yürüyüp bir başka tablonun önünde durdu. Donatello'nun heykellerini anımsatan, şaha kalkmış küçük atlar ve vazolarla çevrili bir mermer tahta oturmuştu genç kadın. Ellerini dua eder gibi göğsünün üzerinde birleştirmiş, dizlerinde uyuyan çocuğa bakıyordu. Derin uykudaydı çocuk. Belki de uyuduğu için, bakışlarının çocuğunkilerle karşılaşmayacağını bildiği için böylesine suçsuz, bu denli ısrarla bakabiliyordu. Sol kolunu sağ dizinin üzerinde unutmuş gibiydi çocuk; sağ eli aşağıya, Meryem'in kestane rengi kumaştan giysisinin kırıştığı yere dek sarkmıştı. Uykuda bir an gözlerini aralasa üzerine eğilen beyaz yüzü, hafifçe kıpırdayan dudakları görebilirdi. Kâmil çocuğun yerinde olmak için karşı konulmaz bir istek duydu. Akşam, duasını bitirdikten sonra üzerine üfleyen yüzü anımsadı. İstanbul'un yoksul semtlerinden birindeki o nemli, karanlık bodrum katı canlandı belleğinde. Uyumadan önce yavaşça odaya süzülüp üzerine eğilen annesinin yüzünü görür gibi oldu. Küçük ağızdan dökülen sözcüklerin büyüsüne bıraktı kendini. Karanlıkta ışıdı yüz, yaklaşıp üzerinde durdu. Sonra eridi boşlukta. Yukarıda, çekili perdelerin ardından gölgeler geçti. Hep böyle olurdu akşamları. Annesi dua okuyup üzerine üfledikten sonra uyku meleklerle iner, derinliğine çekerdi onu. Pencereden gelen ayak seslerinin tıkırtısında dalar giderdi. Sabah, çekili perdelerden süzülen gün ışığıyla birlikte geri dönerdi her şey. Oda, eşyalar ve ıslak kaldırımda ayak sesleri. Yalnızca yüz görünmezdi. Yataktan kalkıp sofaya geçtiğinde babasını tavandan sarkan çıplak ampulün çiğ ışığında kahvaltı yaparken bulurdu. Geceden kalma, onunla ilgisiz. Annenin çok erken işe gittiğini bilirdi Kâmil. Daha güne başlar başlamaz akşamı özlerdi. Yine karanlık kaplasın odayı, o yataktayken eşyalar birer birer sussun, ilerleyen gecenin belirsizliğinde annesinin yüzü eğilsin üzerine, Arapça bir dua fısıldayıp öpsün alnından, hastaysa, gövdesi ateşten tutuşmuş yanıyorsa şakaklarını sirkeyle ovsun, sabaha dek bırakmasın elini, evet hiç bırakmasın! Sonra, çok değil birkaç yıl sonra, baş ucuna gelmedi yüz. Bir daha da hiç görünmedi. Çocuk yatakta boşuna bekledi onu. Nasılsa gelir sandı, yine duasını okuyup üfler, çekili perdenin ardında gölgeler kıpırdarken... Gölgelerin kıpırdaması ile annenin yitişi arasında ne gibi bir bağ olabilirdi ki!

Kâmil, Giovanni Bellini'nin Madonnalarıyla baş başa geçirdi bütün günü. Gentile'nin tablolarını görmeye vakit kalmamıştı. Artık yarın, olmazsa öbür gün gelirdi. Gentile'nin yapıtları nasıl olsa hep buradaydı.

* * *

Accademia'dan çıktığında yağmur başladı. Hemen dineceğe benzemeyen soğuk bir yağmurdu, öyle tekdüze, sıkıntılı. Günün renklerini alıp götürmüştü bile. Kent ile suyun arasında kurşunî bir perdeydi yağmur. Kent yeterince ıslak değilmiş gibi bir de yağmur yağıyordu şimdi. Kâmil, Accademia Köprüsü'nün basamaklarını çıkarken sağ dizinde sabahki sızıyı hissetti. Ne diye yoklayıp duruyor ki böyle! Kötü bir şey olmasın! Kireçlenme, belki bir iltihap ya da... Aklından kovdu kötü olasılığı. Köprünün tepesine vardığında sızı artmıştı, kalbi de daha hızlı çarpıyordu. Basamakların dikliğindendir. Bu kemerli köprüler hiç olmasa... O zaman da Venedik'in tüm özelliği kaybolur... Tahta korkuluğa dayanmak zorunda kaldı bir süre. Sağda, Büyük Kanal boyunca sıralanan taş sarayların ardında Salute'nin kubbeleri veba günlerini anımsatıyordu. Kentin salgın boyunca yaşadığı karabasanı çağrıştıran bu sevimsiz, taş yapıdan sol tarafa çevirdi bakışlarını, kanalın kıvrımında Cà Rezzonico'yu gördü. Sayısız pencereleriyle önünden gelip geçen *vaporetto*'ları seyrediyor gibiydi. Güverteleri bomboştu *vaporetto*'ların. Yalnızca birinin ön güvertesinde, elinde kamerasıyla bir turist dikkatini çekti. Yağmura aldırmadan Cà Rezzonico'yu filme alıyordu. Bir başka gün de gidip bu sarayı görmeye karar verdi. Bağrından bir papa bile çıkaran ünlü Rezzonico ailesini barındırmış yapının tavan resimlerinde Tiepolo'nun gökleri kim bilir ne kadar güzeldi. Çivit mavisi, böyle yağmur yağdırmayan, derin gökler. Sonra kitaplardan tanıdığı Rosalba'nın pastelleri, Longhi'nin soylu Venedik kadınları, sarayların görkemli salonlarında sürüp giden hayatın görünmez gizleri, maskeler ile gerçek yüzler, gülen bakışlar ile kederli ağızlar ve Canaletto'nun o eşsiz Venedik manzaraları. Tümü Cà Rezzonico'nun duvarlarını süslüyordu şimdi. Oysa turist dışarıdan filmini çekiyordu yapının.

Venedik'i Canaletto'nun resimleriyle sevmişti Kâmil. Adı kente pek de güzel yakışan ressamın Avrupa müzelerinde ya da özel koleksiyonlarda gördüğü *vedute*'leriyle biraz fazla haşır neşir olmuştu bir ara. İstanbul görüntülerini Canaletto gibi düzenli bir perspektif içinde, Akdeniz'in ışığını, öğle uykusu saatlerinin tembelliğini, sessiz bir alana düşen gölge ile sularda kıpırdayan ışığın şiirini de ihmal etmeden resmetmeye kalkıştığından, evet belki de sırf bu yüzden Canaletto'nun yapıtına ilgi duymuştu. Onun tablolarında dolaşmıştı ilk kez Venedik'i; San Marco'nun kalabalığını, pencerelerin tahta kepenklerini gün ışığına açan kadınları, rıhtımların sessizliği ile karnavalın coşkusunu, kırmızı flamalarında kanatlı aslanlar dalgalandıran Bucintoro'nun peşine takılmış gondolların geçit törenini onunla sevmiş, kentin sarayları, köprü ve kanallarıyla onun sayesinde sarmaş dolaş olmuştu. Canaletto'nun tablolarında, tüm metaforlardan arınmış, sıcak, uyumlu bir ışıkta neredeyse dokunulacak kadar yakındı Venedik. İstanbul manzaralarını yaparken ne çok şey öğrenmişti bu ressamdan. Ama onun resimlerinde kentin cümbüşü, trafik keşmekeşi, sokakları gece gündüz dolduran kalabalık, dev metropolün uğultulu yapıları yoktu. Kır görüntüleri ile doğa vardı yalnızca. Çamlıca Tepesi'nden Boğaz'ın görünüşü, Anadoluhisarı'nda çardaklı bir kahve, ağlarını ören ihtiyar balıkçılar, artık geçmişte kalmış, eski kitaplar ile resimlerde yaşayan o sakin kent, çocukluğunun İstanbulu vardı. Tatil günleri işte bu İstanbul'u keşfe çıkıyor, sehpasını gürültülü caddelerin, pazaryerlerinin kalabalığından uzakta bir yamaca, bazen de boş bir arsaya kuruyor, çarpık kentleşmeden, çevre kirlenmesinden nasılsa kendini kurtarabilmiş bir doğa parçasını, artık kullanılmayan bir vapur iskelesine bağlanmış kayıkları, günün her saati değişen yeşil, lacivert, erguvan rengi denizi, tek tük ağaçlar ile kır çiçeklerini, uzakta beyaz bir yolcu gemisinin Boğaz'a girişini resmediyordu. Yine böyle yağmurlu bir günde Cà Rezzonico'ya gidip Canaletto'nun yapıtlarını da görmeliydi mutlaka. Onun gökleri de Tiepolo'nunkiler gibi açık, bazen parçalı bulutlu ama insana hep yaşama sevinci veren göklerdi çünkü; bir zamanlar yağmur sonrası İstanbul'un üzerinde açan güneş gibi parlak, şaşırtıcı.

Yağmur iyice artırmıştı hızını. Kâmil köprüden inip Campo San Stefano'ya ayak bastığında sağanağa çevirdi. Bir anda boşalıverdi koskoca alan. İnsanlar yan sokaklara dağıldılar, saçak altlarına ya da kahvelere sığındılar. Kâmil'se, bir an duraksadıktan sonra, herkes gibi bir kahveye girecek yerde soldaki kiliseye doğru yöneldi. Onarım nedeniyle kapının kapalı olduğunu fark etmemişti uzaktan. Yağmurun iliklerine dek işlediğini hissetti. Yoluna devam edip sağa sapınca kirli bir yapı çıktı karşısına. Giriş kapısının dibindeki kırık heykele aldırmadan avluya daldı. Orada, kesme taşlardan yukarıya doğru yükselen mermer sütunlar kemerli bölmeyi iç avludan ayırıyordu. Sütunların arasından geçerek loggianın altına girdi. Yüksek duvarlarla çevrili bir sığınakta gibiydi burada. Yağmur, bölmenin her iki yanından, iç içe geçmiş avlulara şakır şakır yağıyordu. İyice büzüldü paltosunun içinde, kumaştan süzülen yağmur damlalarını eliyle sildi. Ayakkabıları da su içinde kalmıştı. Islak taştan dizkapaklarına doğru soğuk bir su yürüyordu sanki. Korkuyla ürperdi. Su, bedeninde yükseldi giderek, boğulacak gibi oldu. Tam o anda açık pencerelerin birinden gelen ses doldurdu avluyu. Kemanların eşliğinde eski duvarların, birbirine geçmiş merdivenlerin, kemerli sütunların arasında yankılanıyor, bir alçalıp bir yükseliyordu. Kâmil, Vivaldi'nin müziğini tanıdı. Bir falsettoydu söyleyen; acılı, güngörmüş sesiyle "*Stabat Mater Dolorosa*" diyordu, "*Juxta crucem lacrimosa*!" Bu son sözcüğü durmadan tekrarlıyor, her tekrarlayışta bir çiviyle çarmıha mıhlanıyordu uzun ince parmaklı el; "*lacrimosa*!" diye haykırıyordu ses, "*dum pendebat Filius*!" Keder içinde orada ayaktaydı anne, oğlunun gerildiği çarmıhın altında. Meryem'in acısıyla inleyen ses bir anda yağmurun sesini bastırdı. Artık yalnızca *Stabat Mater*'di duyulan; böyle yalnız, terk edilmiş bir güvercin gibi karanlık avluda çırpınıp duran, çırpındıkça ıslak tüylerini yağmura bırakan *Stabat Mater*. "Keskin bir kılıç delip geçmiş kalbini, bakın nasıl da inliyor acıyla!" diyordu ses; "Oğlunu çarmıhta terk edilmiş, öyle bir başına gördü Meryem, bakın nasıl, nasıl inliyor kederinden!" diyordu. Her largonun sonunda yumuşak ete saplanan sivri bir çiviydi uyak; adagissimo, andante, sonra yeniden largo; vuran, vurdukça acıtan uyak falsettonun ince sesinde uzayıp gidiyordu hep aynı sözcüğü çoğaltarak.

Kenti kül rengi bir örtü sarmıştı. Sudan çıkmış boz bir heyulaydı Venedik. Giovanni'nin Madonnaları yumuşak tatlı bakışlarıyla Kâmil'in zihninde devinip durmuyorlardı artık; bir haykırışa, bitmek bilmeyen bir çığlığa dönüşmüş, barok ezginin titreşimiyle inleyip ağlıyorlardı. Beklenmedik bir allegrodan sonra "amen" sözcüğüyle ansızın sona erdi *Stabat Mater*. Aynı anda, müzikle sözbirliği etmişçesine yağmur da dindi. Başı yana düştü İsa'nın. Kâmil onun çarmıhta son nefesini verdiğini görür gibi oldu. Acıyla buruştu yüzü. Bir an önce bu karanlık avludan kurtulmak istedi. Kapıya yöneldiğinde, az önce yağmurdan kaçarken görmediği bir heykele takıldı gözleri. Ayakta duran bir kadın heykeliydi. Pek durmak da denemezdi buna. Mantosundan sıyrılan sol bacağını biraz öne atmış yürüyor gibiydi. Sağ elinde tuttuğu kitabı sıkıca göğsüne bastırmıştı. Sol kolu, belki de Venedik'in bu durmak bilmeyen yağmurları yüzünden, nem ve tuzundan, dirsekten kırılmıştı. Kâmil avlusuna daldığı yapının İkinci Savaş'tan bu yana konservatuvar olarak kullanılan Palazzo Pisani olduğunu heykeli görünce fark etti. Genç kadının yüzünde omuzlarına dek inen bir örtü vardı. Heykelden kaçarcasına Campo San Stefano'ya çıktı, hızlı adımlarla alanı geçip Calle del Spezier'e saptı, oradan da Campo Maurizio'ya. Piazza San Marco'ya geldiğinde yorgunluktan bayılmak üzereydi.

Kimseler yoktu alanda. Ne turist kalabalığı, ne yem bekleyen güvercinler. Dün akşam, Marciana'dan çıkışta oturduğu kahveye doğru yürürken, yağmura rağmen suların alandan çekilmiş olduğunu fark etti. Yine de, paçalarını ıslatacak kadar su kalmıştı. Kapalı mağazaların vitrinlerinden yansıyan ışıkta yer yer kıpırdayan su birikintilerine basmamaya çalışarak Campanile'nin önü sıra yürüdü, Cafe Chioggia'nın ilk masasına oturdu. Piyano çoktan susmuştu. Belki de hiç çalmamıştı gün boyu. Önünden telaşla birkaç kişi geçti. San Zaccaria İskelesi'ne doğru koşarcasına uzaklaştılar. Garsona beyaz şarap söyledi. İçkisini yudumlarken Venedik'e geleli beri birkaç cümle dışında kimseyle konuşmadığını, belki bu yüzden şu son iki günün ona bir yüzyıl kadar uzun geldiğini düşündü.

Üçüncü bölüm

Önce üzerine yıkılacakmış gibi duran tavanın tahta kirişlerini görüyor, sonra tozlu raflarda kitapları. Her sabah, gözlerini açar açmaz, Bebek'teki katında uyanmadığının farkında. Giderek daha sık çıktığı yolculuklarda gece geç vakit bir kurtuluş gibi sığındığı otel odalarından birinde de değil. Basık tavanlı, tuhaf bir yer burası. Kendine ait olmayan, ama uzunca bir süre kalacağı dar, karanlık bir mekân. Bu dünyadaki geçici varlığının, yalnız uyanışlarının tanığı. Bebek'te uyanmadığına göre balkona çıkamaz. Uzakta, karşı kıyının yeşil tepelerini, Boğaz'ın sabah ışığında kıpırdayan mavisini, gürültülü caddenin öte yanında kıyı boyunca uzayıp giden sessiz parkı, ulu çınarların yapraklarını, yaprakların arasından hayal meyal seçilen küçük caminin minaresini ve koya demirlemiş yatları da göremez. Bebek'te güneş yükseldikçe kendini ele veren kül rengi kış sabahına açamaz penceresini. Yataktan kalkıp stüdyonun iki penceresinden birini açabilir ancak. Açar açmaz da kanalın bulanık, pis suyu dolar içeriye. Ve duşun yanındaki pompa hemen çalışmaya başlar. Sahi sesini hiç duymadı bu pompanın. Belki bu nedenle işleyip işlemediğinden kuşkulu. Ya paslanmış da çalışmıyorsa! Bu tatsız düşünceyi zihninden bir an önce çıkarıp atmak istercesine fırlıyor yataktan. Fırlar fırlamaz da eklem yerlerinde duyduğu acıyla yüzü buruşuyor. Külçe gibi bedeni. Elleri ayakları hâlâ sıcak, ama oda soğuk. Elektrik sobasını yakmaktansa iki pencereyi de ardına dek açıp sabah jimnastiği yapmayı geçiriyor aklından. Sonra bu düşünce de, tüm sabah istekleri gibi kararsızlığa bırakıyor yerini. En iyisi giyinip dışarıya çıkmak. Gün ışığını dışarıda, sokağın ucundaki alanın ağaçlarında görmek ilk kez, bir an için de olsa, suyun, nem ve küfün varlığını unutmak. Sonra rıhtım boyunca hızlı bir yürüyüş, gondolların park ettiği kanal, çelik kemerli köprü ve Piazzale Roma. Dün sabahki masada dumanı tüten cappuccino, değişiklik olsun diye belki bayiden bir *İl Gazettino* da alır, sonra, neden olmasın bir *grappa,* hayır sabahın bu saatinde içmeye başlarsa nasıl çalışır kitaplıkta! Gentile Bellini'nin yaşamına bir tapınağa girer gibi girmeli; öyle temiz, her türlü zaaftan yunup arınmış... Çalışmak dinsel bir ayin değil mi, bir uzun, çok uzun unutuş, anlık hazların panzehiri bir avunma değil mi!

Hemen giyinip dışarı çıktı. Ne dün sabahki kahvede cappuccino içti, ne de bayiden gazete aldı. Bankaya uğrayıp kirayı yatırdıktan sonra Piazzale Roma'yı bir uçtan ötekine katederek doğru bilet gişelerine yöneldi. San Marco'ya gitmek için Büyük Kanal'dan geçmeyen daha hızlı bir araç olup olmadığını sordu. Beş dakika sonra 52 numaralı *vaporetto*'nun arkasında gidiş yönüne ters bir iskemleye oturmuş, sırtında paltosu, sabah güneşinde günün ilk purosunu içiyordu.

Vaporetto tuğla duvarlı, çok eski bir kilisenin önü sıra sanayi bölgesi olduğu anlaşılan geniş kanala girdi, demiryolu boyunca ilerledi. Burada su, eski kentin kanallarına oranla daha temiz gibiydi. Yük tekneleri ve polis motorlarından başka araç da görünmüyordu. Gondolsuz bir denizin varlığı rahatlattı Kâmil Uzman'ı; kartpostal Venedik'in dışında günlük yaşamın sürüp gittiği bir başka kentin de olabileceğini hiç ummamıştı. *Vaporetto* San Marta İskelesi'ne uğradığında solda limana demirlemiş gemileri, vinçleri, uzakta petrokimya kompleksinin bacalarını gördü. Gündüz olmasına rağmen parlak bir alev fışkırıyordu ağızlarından. Aleve dalıp gitti bir an. Gözünün önünden bir sabah yanında uyandığı alev saçlı kadının dağınık yataktaki çıplak gövdesi, gün ışığında daha da koyulaşan derin, mavi bakışları geçti. Günlerce bu bakışların rengini aramıştı; çarşafların beyazı ile ince, uzun bacakların renk ayrımını bulmaya çalışmış, boyaları kararken saçların ışıltısını tuvale yansıtamamanın acziyle kahrolmuştu. Oysa bir doğa parçasıydı yaptığı resim. Ama denizin mavisi ona istekle bakan gözlerin derinliğini, bulutların arasından ufuk çizgisine düşen ışık gece boyunca kokusunu içine çektiği saçların parıltısını taşısın istiyordu. Tuvalin üzerinde akşama dek spatulayı, altında hazdan kıvranan kadının gövdesini kendi gövdesiyle ezer gibi ezip durmuş, yine de alev rengini tutturamamıştı. Alet elinin devamı olmalıydı, doyumsuz gecenin bitiminde hâlâ istekle devinen bedenlerinin tuvaldeki karşılığı, hiç bitmeyecekmiş gibi süren sevişmelerinin devamı. Sabah ayrıldıklarında bir daha karşılaşmayacaklarını biliyordu. Bir gecelik serüvenin büyüsünü bir ömür boyu olmasa da bir başka serüvene dek yaşamalı, ona bazen bir meteor gibi çarpan kadınların sarsıntısını boyaları kararken bulup çıkarmalı, spatulasıyla bir sanat yapıtına dönüştürmeliydi. Hiçbir ön hazırlığa gerek duymaksızın, taslak çizmeden, resmi yalnızca elindeki aletin vuruşlarıyla oluşturmaya çalışarak. Sabah giderken adının Kıvılcım olduğunu söylemişti alev saçlı kadın. Bir sözcük oyunu ya da şaka değildi, kışkırtma hiç değil. Onu bir gece böyle tutuşturup yakan, sonra da küllerini sabah denize savuran genç kadının adı gerçekten Kıvılcım'dı. Soyadıysa Alev!

Giudecca Kanalı'na girdiklerinde önünde genişleyip açıldı deniz. Solda yassı bir balık gibi uzanan Giudecca Adası'nı gördü. Adanın bir ucundaki sivri kuleli, boş yapı bu yatay görüntüyü bozuyordu. Bir kuzey limanından alınıp Adriyatik kıyısındaki bu kuytu adaya kondurulmuş gibi aykırı duran Mulino Stucky'nin heybetine bir anlam veremedi. Yıllarca un öğütürken zamanı da öğütmüş fabrikanın duvarları bir kaleninkiler kadar yüksek ve ürkütücüydü. Sağda rıhtım boyunca gemiler demirlemişti.

Kâmil oturduğu yerden kanalın her iki yanını da görebiliyordu. Demirli gemilerin arasında Türk araba vapurunu tanıdı. Beyaz teknenin üzerinde mavi harflerle boydan boya "Turkish Maritime Lines" yazılıydı. Denizcilik İşletmesi'nin armasını taşıyan bacanın ötesinde vinçler ve çan kuleleri sıralanıyordu. Bir an İstanbul'un özlemi kıpırdadı içinde. Bebek Parkı'nda, Fuzulî heykelinin önündeki banklardan birinde otururken aynı geminin Boğaz'dan geçtiğini hayal etti. Gemi, Fatih Köprüsü'ne doğru yol alıyordu. Karadeniz'e açılacaktı az sonra. Çarpışan kayaların arasından sıyrılıp İason gibi Altın Post'un peşine düşecekti belki, belki de azgın dalgaların arasında yitip gidecekti. Tam karşıda, Kandilli İskelesi'nin önünde dönüp duruyordu sular. Şeytan akıntısına kapılarak tarih boyunca Marmara'ya doğru sürüklenen gemileri düşündü. Yüzyıllardır birbirine denizyoluyla bağlıydı iki kent. Yelkenli gemiler, kalyonlar ile kadırgalar, yandan çarklı vapurlar ve her biri kocaman bir mahalle büyüklüğünde transatlantikler yıllar boyunca Adriyatik'in bu kıyısından Adalar Denizi'ne, oradan da Marmara'ya gidip gelmiş, kurulduğundan bu yana suyla haşır neşir olmuş bir kenti kanallarla örülü bir başka kente bağlamışlardı. Şimdi de araba vapurları görüyordu aynı işlevi. Serenissimo Cumhuriyeti'nin kocaman karınlı kalyonlarından karaya çıkıp surlara saldıran Haçlı askerlerinden yüzyıllar sonra "Turkish Maritime Lines"ın feribotlarıyla eski Bizans'a saldırıyordu yeni teknoloji. İstanbul'un caddeleri ile çevre yollarında arabadan geçilmiyor, denize inen dar sokaklarda bile kaldırımdan taşan kalabalık araba denizinde boğuluyordu.

Kâmil Uzman başkalarının sahip olup da kendisinin hiç özenmediği birçok şey gibi araba almadığına, hafta sonları karısı ve çocuklarıyla birlikte piknik yapma hayalleri kurmadığına sevindi. Onun hayal dünyasında böğüş yumurtalar ile kuru köfteleri, domates biber salatalıkları, çaydanlık ve kap kacağı çoluk çocukla birlikte bir arabaya doldurup deniz kıyısına ya da Belgrad Ormanları'na gitmenin yeri yoktu. Pazar günleri, hava güzelse, kent dışına çıkmak için bir taksiye biniyor, dilediği yere gidip sehpasını İstanbul'un en nefis manzarasının karşısına kurabiliyordu. Bu kadarı da, doğrusu, yetiyordu ona. İstanbul'da taksiye binmek, uçak ya da hızlı trenlerle seyahat etmek, içki sofralarını saymazsak yaşamındaki tek lükstü. Bir de vapur keyfi tabiî. Arabası olmadığından, Köprü'de saatlerce trafiğin açılmasını bekleyecek yerde Bebek İskelesi'nden bir vapura binip Kandilli'ye, Anadoluhisarı ya da Kanlıca'ya dek gitme şansına sahipti. Şimdi de, gün boyu Boğaz'ın iki yakası arasında işleyen küçük vapurlara benzer bir *vaporetto*'da arka güverteye ters yönde oturmuş, Giudecca Kanalı boyunca akıp giden manzarayı seyrediyordu. Solda, adanın alçakgönüllü evleri, iki bodur minare biçiminde sivri çan kuleleri ve onlara bitişik gibi duran kubbesiyle Redentore Kilisesi, sağda rıhtım boyunca uzanan vişneçürüğü duvarlar ile kent merkezine doğru kıvrılan kanallar.

Kâmil Uzman, Venedik'te İstanbul'u düşleyerek, Giudecca'nın yeşil sularını köpürten *vaporetto*'nun arka güvertesinde kış güneşinin tadını çıkartarak, böyle hayran ve dalgın, San Zaccaria İskelesi'ne dek açık havada güzel bir yolculuk yaptı. Karaya ayak basar basmaz da turist kalabalığına karışmadan Marciana'ya doğru yürüdü, tam içeri girecekken vazgeçip Correr Kitaplığı'na gitmeye karar verdi. Sola dönüp *Procuratie*'ler boyunca ilerledi, az ötedeki yapının kapısından içeriye girdi. Sarı badanalı, yüksek duvarlarla çevrili iç içe girmiş avluların bitimindeki asansörle yukarıya çıktı. Müzenin bir parçası olan Correr Kitaplığı'ndaydı işte. Kayıt işlemlerini tamamladıktan sonra okuma bölümündeki masalardan birine oturdu. Katalogları taramak, Gentile Bellini'yle ilgili fişlerin tümünü gözden geçirmek, resim konusunda çok zengin olduğu söylenen arşive inmek istiyordu. Araştırma şevkiyle doluydu içi. Bir kez başlamaya gör, gerisi çorap söküğü gibi gelir. Bir bulgudan ötekine, kitaplardan ansiklopedilere, oradan belgelere, sonra –işin en zevkli yanı da buydu zaten– röprodüksiyonlara yönelir, katilin peşindeki dedektif gibi cinayetin gizini çözene dek uğraşırsın. Sonra bir başka giz, yeni bulgular, bir kadını soyarken okşar gibi tabloların içinde dolaşmalar... Kâmil ders vermekten çok işin araştırma yönünü sevdiğini, sanat tarihine duyduğu ilginin büyük ölçüde bu araştırmalardan kaynaklandığını, belki de tozlu arşivlerin dünyasından uzaklaşmak için açık havada manzara resimleri yaptığını düşündü.

Evvelsi gün Marciana Kitaplığı'nda bir sanat dergisi koleksiyonunu tararken onu ilgilendiren sayıların Correr'de olduğunu saptamıştı. Gentile'nin sanatını inceleyen bir makaleyi okumak istiyordu. Yerinden kalkıp fiş kutularının bulunduğu bölüme yöneldi, derginin o sayısını içeren cildin kod numarasını bir kâğıda yazarak görevliye verdi. Yerine döndüğünde, dergiyi beklerken dün Accademia'da gördüğü tablolarla ilgili izlenimlerini not etmeye karar verdi. Giovanni Bellini'nin *Kutsal Söyleşi*'sinde Meryem'in sol yanındaki Maria Magdelena'nın yüzünden kaynaklanan ışık dikkatini çekmişti. Ancak Leonardo da Vinci'nin yapıtlarında rastlanabilen bu ustalığı Giovanni'nin bir tablosunda görmek şaşırtıcıydı. Bu gözlemini yazarken hoş bir koku çarptı burnuna. O güne dek hiç duyumsamadığı, hem çok hafif hem oldukça keskin, tuhaf bir kadın parfümüydü. Başını kaldırdığında genç bir kadın gördü. İki eliyle kucakladığı kalın ciltlerin üzerinden eğilmiş, gülümsüyordu. Kâmil'e hiç de yabancı gelmedi yüzü. Bu uzun, çıplak boynu, geniş alnın hemen altından başlayan düzgün burnu, etli dudaklarla uyumlu yuvarlak çeneyi ve ela gözlerin üzerindeki belli belirsiz kaşları bir yerden anımsıyordu. Kadın, Kâmil'in istediği cildi masanın üzerine bırakıp uzaklaştı. Elindeki kitaplarla başka masalara yöneldiğinde Kâmil bu kez arkadan gördü onu. Siyah saçlarını ensesinde toplamış, ipek olduğu ilk bakışta anlaşılan lacivert çizgili beyaz bir gömlek giymişti. Düzgün bacakları ile kalçalarını iyice belli ediyordu kot pantolonu. Boyu uzuncaydı. Yüksek topuklu ayakkabılarını çıkardığında boyunun o kadar da uzun olmayacağını düşündü. Saçlarını omuzlarına salsa, biraz daha çekidüzen verse yürüyüşüne... Yeri değil belki, ama kot yerine kısa bir etek giyse... Genç kadından gözlerini ayıramıyordu. Aceleyle bir masadan ötekine gidip gelişini, kucakladığı ciltleri her bırakışında yüzüne yerleşen yapmacık gülüşü dikkatle izledi. İşini bitirip çıkışa yöneldiğinde göz göze geldiler. Kâmil bakışlarını kaçırmadı. Genç kadın da bir an ısrarla baktı ona, sonra başını öne eğdi. O an, Giovanni Bellini'nin *Kutsal Söyleşi*'sindeki Azize Caterina'nın figürü canlandı belleğinde. Kadının tabloda Meryem'in sağında duran azizeye tıpatıp benzediğinin farkına vardı. Yanına gidip bu benzerlik yüzünden ona böyle ısrarla baktığını, yoksa içinden kötü bir şey geçmediğini söylemek istedi, ama kütüphaneci kadın salondan çıkmıştı bile. Kâmil bir süre önündeki cildin kapağını inceledi, sonra açıp içine göz gezdirmeye başladı. Ne var ki, genç kadına takılmıştı aklı. Bu kadar benzemek olur. Rönesans ressamlarının birçoğu gibi Giovanni Bellini de tanıdığı kadınlardan birini resmetmişti belki. Soylu bir Venedikli kadını ya da metresini. Giovanni'nin evlilikdışı bir ilişkiden doğduğunu biliyordu Kâmil. Bu konuda inandırıcı kanıtlar vardı.

Madonnalarının böylesine yumuşak, bu denli hüzünlü olmalarının gerçek nedeni de buydu belki. Ressam, yasak aşkın kurbanı anneyi arıyordu her fırça vuruşunda, onun özlemiyle doluydu. Anne, bir suçlu gibi ezik, bakışlarını kaçırıyordu çocuktan. Ama azizenin bilge bakışları, dört bir yandan gelmiş düşünürler ile din bilginlerini İmparator Maxentius'un huzurunda mat eden zekâsı, genç ve çekici olmasına rağmen o güzel gövdesi işkenceyle parça parça edilinceye dek korumayı başardığı fazileti acaba Giovanni'nin çağdaşı hangi kadının özellikleriyle örtüşüyordu. Herhalde, eğer var idiyse, metresininkilerle değil.

Kâmil, Azize Caterina'yla ilgili bu bilgileri durup dururken edinmemişti elbet. Onun asıl merak ettiği Batılı ressamlarca yapılan Cem Sultan portreleriydi. Bu konuda bir makale yazmak için yollara düşmüş, önce Viyana'da Ulusal Kitaplık'taki eski bir albümde bulunan *Genç Türk Şehzadesi*'ni, sonra Boston'daki Gardner Müzesi'nde, Gentile Bellini'nin İstanbul'dayken yapmış olduğu ve Cem Sultan'ı tasvir ettiği öne sürülen portreyi incelemişti.

Bağdaş kurup oturmuş, elinde kalem, minyatür çizen bir delikanlı vardı bu resimde. Üzerindeki sarı yaprak motifli kaftan en ince ayrıntılarına dek işlenmişti. Kaftanın dışa dönük yakasıyla uyumlu, eflatuna çalan serpuşa sarılmış beyaz bir kavuk giymişti başına. Kemerli burnu, ince çizgili profili ve açık renk gözleriyle Viyana'daki portreye çok benziyordu. Ne var ki Gardner Müzesi'ndeki tablonun sağ üst köşesinde Farsça olarak "Amel-i ibn muazzin ki ez üstadan-i maşhur-i Frangest" (Frenklerin tanınmış ressamı İbn Müezzin'in eseridir) diye yazıyordu. Gel de çık bakalım işin içinden! Ressam Jacopo Bellini'nin oğlu, yani ressam oğlu ressam Gentile Bellini'den ne diye bir müezzinin oğlu diye söz edilsin? Bu resmi Bellini yapmamış mıydı yoksa? Ya da Farsça yazı tabloya sonradan mı eklenmişti?

Hem Cem Sultan o sıra Topkapı Sarayı'nda değil Konya'daydı. Ama herhangi bir nedenle İstanbul'a gelmiş olabilirdi.

Kâmil gizini hâlâ çözemediği, yaratıcısını kolayca ele vermeyen portrenin başka gizler, yanıtı bilinmeyen daha nice sorularla birlikte Atlantik Okyanusu'nun kıyısında, mutsuz yaşayıp zengin ölmüş bir kadının evinin duvarını süslediğini düşündü. Hem de ne ev! Boston'un içinde, ama ticaret merkezine biraz uzak, Venedik saraylarından farksız. İç avlusunda eski Yunan ve Roma heykellerinden Bizans sütunlarına, gotik kabartmalardan Çin vazoları ile İznik çinilerine, Aztek mozaiklerine dek ne ararsan vardı. goblen halıların, Uzakdoğu'dan getirilmiş heykel ve resimlerin, incecik danteller ile gümüş şamdanların, Rönesans stili yataklar ile gotik şöminelerin, hatta XVIII. yüzyılda Fransız soylularını taşıyan bir tahtırevanın bile Arapça elyazmalarıyla birlikte bulunduğu, Ali Baba'nın mağarasını andıran bu evde bir Venedikli ressamın İstanbul'da yaptığı, Fatih'in talihsiz şehzadesi Cem Sultan'ın portresi neden bulunmasındı? Dönüşte yayımladığı makalede, Farsça yazıya rağmen söz konusu resmin Gentile Bellini'ye ait olduğunu belirtmişti.

İşte bu Cem Sultan merakı sayesinde, Vatikan'ın Borgialar Dairesi'ne de düşmüştü yolu. Orada, duvarı boydan boya kaplayan Perugia'lı ressam, kısaca Pinturicchio diye bilinen Bernardino di Betto'nun freskinde Azize Caterina'nın öyküsüyle karşılaşmıştı. Kalabalık bir kompozisyonun ortasındaki üç gözlü zafer takının önündeydi azize. Tahta kurulmuş İmparator Maxentius'un karşısında Hıristiyan öğretisinin üstünlüğünü savunuyordu. Çevresine kümelenmiş kalabalık ilgiyle dinliyordu onu. Çok genç, çok güzel bir kadındı; yüzünde bilgeliğini dışa vuran en küçük bir işaret olduğu da söylenemezdi. Ve dün Accademia'da gördüğü kadının *Kutsal Söyleşi*'deki Caterina'yla hiçbir benzerliği yoktu. Omuzlarını örten sarı saçları, beyaz teni, incecik kollarıyla bir su perisini andırıyordu azizeden çok. Şehvetli ağzı pek de saf olmayan bakışlarının altında büzülüp kalmış gibiydi. Üzerinde fondaki ağaçların rengiyle örtüşen ipek bir giysi, narin gövdesini arkadan saran koyu kırmızı bir manto vardı. Kâmil'i, Caterina'dan çok, kalabalığın arasındaki sarıklı figürler ilgilendiriyordu. Freskin sağ alt köşesinde beyaz atına binmiş süvari örneğin. Ya da, tahtın hemen yanında, imparator ile azizenin arasında ayakta duran bıyıklı, genç adam. Her iki figürün de Doğulu oldukları anlaşılıyordu giyimlerinden. Uzmanlar, kuyruğu düğümlü beyaz ata binmiş, sim eyer üzerinde oturan kişinin beyaz kavuğuna, kıvrık kılıcının üzerine sarkan sarı yaldızlı pelerinine, kemerli burnuna bakarak freskin yapıldığı dönemde Vatikan'da yaşayan Cem Sultan olabileceğini öne sürmüşlerdi. Oysa Kâmil Uzman, kılı kırk yararcasına yaptığı araştırmalar sonucunda, arkası dönük, ancak yarı profilden görülebilen süvarinin Papa VI. Alexander'in (Rodrigo Borgia) oğlu Cesare Borgia olduğunu kanıtlamıştı. Aynı kişinin başka portrelerini de incelemişti çünkü. Omuzlarına dek inen lüle saçlarını, sivri sakalını, yüz çizgilerine bile yansıyan kötülüğünü tanımıştı. Bununla da yetinmemiş, Cem Sultan'ın Vatikan'a gelişinden, daha doğrusu getirilişinden sonra yaptığı gezintilere papanın oğulları Juan ve Cesare'nin Türk giysileriyle katıldıklarını eski kaynaklardan bulup çıkarmıştı. Kâmil Uzman'a göre, freskteki süvari kesinlikle Cem Sultan değil Cesare Borgia'ydı. Buna karşılık öbür sarıklı Türk, yüzü tam cepheden resmedilmiş genç adam hafif şehla bakışı, sararmış benzi, kederli yüz çizgileriyle sürgünün acısını yaşayan, yaban ellerde yıllarca tutsak kalmış Cem'e tıpatıp benziyordu. Onun gibi sağlam yapılı, gülçü kuvvetliydi. Anadolu bozkırında yaşanmış bir gençliğin, Konya Ovası'nda at sürmelerin, gürz savurup ok atmaların, soğuk suyla yunmaların gürbüzlüğü vardı duruşunda. Ama yüzü sararmıştı. Besbelli, sürgün içten içe, sabırlı bir fare gibi kemirmekteydi şehzadeyi. Gözlerindeki ateş parıltısını kaybetmek üzereydi. Evet, bu yorgun, mutsuz adam olmalıydı Cem Sultan. Babasının ölümünden sonra taht kavgasında yenilmiş, önce Arabistan çöllerine sonra Rodos Şövalyeleri'ne sığınmış, bir şatodan öbürüne dolaştırılıp durmuş, en sonunda ecel şerbetini altın bir tasta Borgiaların elinden içmişti.

Kâmil Uzman aynı sarıklı figürü Piccolomini ailesinin Siena Katedrali'ndeki kitaplığının duvarından da anımsıyordu. Bu kez daha sade giyinmişti. Başında yine o horasanî kavuk, üzerinde kırmızı pelerin ve yaldızsız, sarı kaftan vardı. Beline kuşak sarmıştı, ayaklarınaysa kaftanın altından görünen tuhaf, yeşil çoraplar giymişti. Dikilip duruyordu öyle, biraz dalgın, bıyıkları sarkmış. Bakışları Vatikan'daki gibi kederli, yüzü solgun muydu pek iyi anımsamıyor şimdi, ama Papa II. Pius'un maiyetindeki bu genç Osmanlı'nın Cem Sultan olduğunu kesinlikle biliyor. Cem, Pius'un yaşadığı devirde gurbete çıkmamıştı daha, ama tablonun yapıldığı tarihte Roma'daydı. II. Pius zamanında Cem'in babası Mehmed öylesine güçlüydü ki, papa tüm Hıristiyan dünyasını ayaklandırıp İstanbul'u Türklerin elinden geri almak için bir Haçlı seferi düzenlemeye kalkışmıştı. Ressam, bodur boyuna bakmadan, belki bu nedenle kalabalığın içine bir sarıklı koyma gereksinimini duymuş, anakronizme düşme pahasına Cem'i Papa II. Pius'un yanına, bir yalnız servi gibi dikivermişti. Aslında Piccolomini ailesinin en parlak üyesi Enea Silvio Piccolomini'nin, papa seçildikten sonra II. Pius adını alan bu hümanistin yaşamöyküsünü tasvir etmesi istenmişti ondan. Kâmil, kısa boyundan dolayı alçakgönüllü bir derviş gibi Pinturicchio, yani "Ressamcık" adını bizzat kendisi seçen Perugia'lı sanatçıya öylesine yakınlık duyuyordu ki, ona parmak çocuk demekten kendini alamıyordu. Duvar fresklerini görmeden önce Madonnalarıyla tanışmıştı parmak çocuğun. O yumuşak, sessiz ve sakin, en ince ayrıntısına dek özenle çizilmiş, dünya güzeli Madonnalarla. Ve nedense kucakta değil de hep ayakta duran çocuk İsalarla. Çağdaşı ressamlarınkiler gibi çıplak değildi parmak çocuğun İsaları. İpek giysiler içinde büyümüş de küçülmüş bir halleri vardı. Ya kitap okurlardı annelerine sokulup ya da mini minnacık elleriyle kalem tutmuş yazı yazarlardı. Yazmanın, çocukluğundan bu yana Allah'a özgü olduğunu düşünürdü Kâmil. Her insanın kaderini alnına görünmez harflerle yazan O değil miydi? Ama Allah hiçbir zaman çocuk olmamıştı ki! Allah resmedilemez, hiçbir şeyle karşılaştırılamaz, hayale bile sığmazdı. Bulutlara yazı yazardı yalnızca. Bir de her insanın alnına kaderini çizerdi.

Evet, ufacık tefecik, ama ciddi bakışlıydı bodur ressamın İsaları. Büyüdüklerinde tüm insanlık adına, her birimizin günahlarını ödemek için çarmıha gerilecekleri duruşlarından belliydi. Bazen kitap ve kalemden başka şeyler de olurdu ellerinde. Bir nar örneğin, bir incir ya da tepesinde haçıyla bir cam kavanoz. Böyleyken oyuncağına kavuşmuş çocuklar kadar mutluydular. Sonra fondaki dağlar nasıl da mavi, ağaçlar yeşil, çayırlar huzur vericiydi. Cem Sultan'ı da çocuk İsa gibi böyle bir manzaranın önünde resmetmişti, kendi küçük, yeteneği büyük üstat Pinturicchio. Tam ortada, iki delikanlının taşıdığı tahtırevana kurulmuştu papa. Gençliğinde, Rodrigo Borgia kadar olmasa bile kadın üzerinden inmeyen Kutsal Baba, şimdi güçlükle durabiliyordu tahtında. Ama eski sevdasından, Türkleri geldikleri yere, ta Asya bozkırlarına dek sürmek için bir Haçlı seferi düzenleme sevdasından vazgeçmemiş, hasta ve yorgun olmasına rağmen Roma'dan Ancona'ya dek gelmişti. Surların berisinde bekleyen donanmanın yelkenleri kadar beyazdı yüzü. Mendil gibi kırışmış, eldivenlerinin rengini almıştı. Üflesen düşecekti. Doge Cristoforo Moro takkesini çıkarıp diz çökmüştü önünde ama Serenissimo'nun vaat ettiği gemiler görünürde yoktu. Onların ufka pare pare dizildikleri gün ölecekti papa. Sefer de, daha başlamadan, Adriyatik kıyısında suya düşecekti. Venedik donanması görünürde yoktu da, peki Sultan Cem'in orada ne işi vardı? Bu soruya kesin yanıt bulabilmek için Siena'ya gidip arşiv araştırması yapmak, Pinturicchio'ya ait belgeleri, yazışmaları, sözleşmeleri gün ışığına çıkarmak gerekiyordu.

Kâmil Uzman'ın Batı resminde Türk etkisini araştıran merakı yakın çevresinde alay konusu ediliyordu. Arkadaşları ona, "Bakalım sarıklı avını daha ne kadar sürdüreceksin?" diye takılıyorlardı. Oysa Kâmil ülkesi için olumlu bir iş yaptığının bilincindeydi. Batı kültürü almış, İstanbul'un en ünlü yatılı okullarından birinde yabancı dilde eğitim görmüş, Paris'te sanat tarihi doktorası yapmıştı. Daha sonra İtalyan Rönesans resmine ilgi duymuş, araştırmalarının ağırlık noktasını oluşturan bu ülkenin dilini ve insanlarını sevmişti. Ne var ki, kendi ülkesinin tarihine yönelmişti sonradan. İslam'ın geleneksel değerleriyle çatışsa da, Osmanlı'da resim sanatının belli bir yeri olduğuna inanıyordu.

Gentile Bellini'nin Fatih'in çağrısıyla İstanbul'a gelişi, sultanın portresini yapmakla yetinmeyip sarayda bir resim atölyesi kurması gerçek anlamda bir Rönesans başlangıcı sayılamaz mıydı? Sofu Bayezid'in eliyle katledilmiş bir Rönesans, erken gelip mart soğuğunda kırılan kırlangıçlar gibi. Cem'e duyduğu ilgi, biraz da bu şehzadenin, babası Fatih'ten sonra portreleri yapılan ikinci Osmanlı olmasından kaynaklanıyordu. Tahta o geçseydi babasının yolundan gidecek, Osmanlı'nın, dolayısıyla da bugünkü Türkiye'nin akıbeti bambaşka olacaktı. Kâmil Uzman'ın bu yaklaşımı nedense fazla ciddiye alınmıyordu. İçki sofralarındaki tartışmalarda Türkiye'nin geri kalmışlığı, Avrupa'yla yıldızının bir türlü barışmayışı ekonomik nedenlere bağlanıyordu hep. Ne zaman resim konusu açılsa "sarıklı avı" şakaları başlıyor, o da susmak zorunda kalıyordu. Bazen de, uzun açıklamalara, sonunda herkesi bıktıran ayrıntılara girmekten geri kalmıyordu ama. Kâmil Uzman, uzman olduğu konuda konuşur, dışarıdan gazel okumayı sevmezdi. Üstelik, zamanla, Batı resminde başlarındaki sarıkla yer alan Osmanlılara karşı bir yakınlık bile duymaya başlamıştı. Cem Sultan'ın sürgünlük yıllarını incelerken ağabeyi II. Bayezid'in Avrupa'ya gönderdiği bir casus, sonradan deniz savaşlarında gösterdiği kahramanlıklarla tarihe geçecek olan Burak Reis, Cem'in kapatıldığı Bourganeuf Şatosu'na dek gizlice sokularak şehzadeyi görme talihine eriştiğinde ondan "dülbendlü" diye söz etmemiş miydi? Doğru dülbendlü, yani sarıklıydı Osmanlılar; başlarında olgun balkabaklarına benzeyen sarı, beyaz, kavun rengi kavuklar taşıyorlardı. Burak Reis, Cem'in kadife giydiğini, kentliye benzeyen bir kaba sakallıyla dolaştığını, sakalını kırpıp bıyığını tümden kazıttığını, yüzünün günbegün solup sarardığını da söylüyordu. Bir umuda kapılıp Bourganeuf'e dek gitmişti. Cem'in yaşadığı zindanı görmek için değil, belki şehzadeyle ilgili bir iz, köşede bucakta kalmış bir resim ya da gravür bulurum diye.

La Creuse denilen bir bölgedeydi Bourganeuf. Onu la Souterraine İstasyonu'ndan almaya gelen Belediye Kitaplığı sorumlusunun arabasıyla yola çıkmışlardı. Engebeli bir arazi ağaçlı tepeleri, çitlerle çevrili tarlaları, tarlalarda geviş getiren inekleri ve tek tük evleriyle akıp gidiyordu iki yandan. Ufukta ne bir fabrika bacası görünüyordu, ne bir çan kulesi. Yolda ne bir araç, ne yaya köylüler. Eski, taş köprülerin üzerinden geçmişlerdi, sanki yıllardır hiç kimsenin geçmediği, ayakları yosun tutmuş, bir köşede öylece bırakılmış köprülerden. Arada bir, uzakta patlayan bir tüfeğin sesi ormanda yankılandıkça çalılardan bıldırcınlar havalanıyordu. "Avcılar!" demişti kitaplık sorumlusu, "av mevsimi geç başlar bu bölgede." Kâmil bıyık altından gülmüş, kendisinin de bir avcı olduğunu, Avrupa müzelerinde nicedir sarıklı avına çıktığını söylemek istemişti ona. Kadın avına gelince, o da bir başka âlemdi ya... Kâmil arabanın direksiyonunda ülkeyi yönetirmiş gibi kasılan görevliye geceyarısı çıktığı orospu avlarını, genelevleri, her defasında yeni bir kadınla yatmanın –o karanlık, pis sokakların– heyecanını anlatamazdı.

Fransa'nın en ücra bölgelerinden birindeydiler. Her şeyin geç kaldığı, geç başladığı, akşamın bile geç indiği bir yörede. Toprak kokusu geliyordu bir yerlerden. Ağaçlar yapraklarını dökmüştü. Sarıdan kestane rengine güz yapraklarıyla kaplıydı doğa. Kâmil sehpasını ormanın bir köşesine yerleştirip bu ıssızlığın, dalların üzerine abanmış kapalı göğün, gövdeleri yosun kaplı ağaçların resmini yapmak istemişti. Uğuldayarak akan bir ırmağın sesi duyuluyordu. Görmese de, yağmur sularıyla kabarmış bu ırmağın ürkütücü sesini bile koymaya kalkışırdı tabloya. Ne yolu görüyordu, ne de yöredeki insan varlığının izlerini. Derken, bir dönemecin ardından karşı tepenin yamacına tünemiş şatosuyla Bourganeuf görünüvermişti.

– İşte Zizim Şatosu! demişti kitaplık sorumlusu. Sizin Osmanlı prensinin hapsedildiği kule de şu soldaki külahlı, yuvarlak yapı.

– Osmanlı'nın mı?

– Evet, Prens Zizim'in iki yıl yaşadığı yer.

Neden sonra, Fransız'ın Prens Zizim dediğinin Cem Sultan olabileceğini tahmin etmişti. Demek ki kendisinden önce, çok yıllar önce bir başka Türk daha gelmişti buraya. Cem'in yalnızlığını, taht hırsıyla yanıp tutuşan şehzadenin aynı zamanda yetenekli bir şair, hatta sürgündeki ilk Türk şairi olduğunu anımsamıştı.

Kuleden içeriye adım atar atmaz, burada, Venedik'te iki gecedir –evet tam iki gece!– kaldığı stüdyodakine benzer bir küf kokusu gelmişti burnuna. Yüzüne çarpan serinlik yalnızca güz yapraklarının nemi değildi. Yekpare taş merdivenlerden yukarıya, Fransız'ın anlattıklarına bakılırsa bu kulede "lüks bir tutsak yaşamı" sürmüş olan Cem Sultan'ın kaldığı bölüme doğru tek başına tırmanmıştı. Tırmanırken de geride kalan basamakların aradan geçen yıllar gibi onu eskiye, şehzadenin yaşadığı döneme götürdüğünü hayal etmekten kendini alamamıştı. Çıktıkça yukarıya değil geçmişe doğru ilerliyordu sanki. Fatih'in ölüm haberi Konya'ya ulaştığında Cem'in atına atlayıp bozkırı doludizgin geçerek İstanbul'a bir an önce ulaşmak istediğini, ne var ki Amasya'da ağabeyi Bayezid'in daha tez davrandığını, taraftarları sayesinde İstanbul'da padişahlığını ilan edip Bursa üzerine yürüyen Cem'i yenilgiye uğrattığını, bilahare şehzadenin önce Rodos'a, sonra Akdeniz'i doğudan batıya geçerek Nice Limanı'na çıktığını anımsıyordu tarih kitaplarından. Eski kaynaklar, Cem'in on üç yıl süren macerasını ne güzel anlatıyorlardı! Hele deniz yolculuğu sırasında gördüğü manzaraları. *Vakı'at-ı Sultan Cem,* "Andan sonra yanar dinmekle ma'ruf bir ada zâhir oldu. Bir bülent dağdur. Sabahtan akşama değin gâh gâh kara tütünler göğe direk direk olır. Akşamdan sabaha dek pâre pâre dağlar gibi yalımlar zâhir olup hava yüzine dağılur. Ânı görüb kudretullahı mülâhaza idüb geçildi" diye yazıyordu Stromboli'den söz ederken. Tam beş yüzyıl sonra, gemiyle Marsilya'ya giderken o da görmüştü aynı yanardağı. Ama o zaman "sarıklı avı"na çıkmamıştı henüz. Kraterinden kara dumanlar püskürten Stromboli'nin korkunç görüntüsüne bir Osmanlı şehzadesinin de hayran kaldığını bilemezdi. Bir başka yerde de yunusları anlatırken, "Bir gün kuşluk vaktinde bir balık zahir oldu ki sırtı sudan taşra görünirdi" diye yazıyordu aynı kaynak. Gemicilerin yunus avlama yöntemlerini de tüm ayrıntılarıyla anlatıyordu. Cem Sultan dünyayı keşfe çıkmamıştı oysa. O bir sürgündü. Ama şair şehzadenin, gördüklerinden etkilenmesi de doğaldı. Zizim Kulesi'ne tırmanırken onun başına gelenler, bir şiirinde söylediği gibi, "kendi eliyle başına aldığı belalar" bir bir gözünün önünden geçmişti Kâmil'in. Basamakları çıktıkça resimlerden tanıdığı Cem, soluk yüzü, şehla bakışı, babasınınkine benzeyen kemerli burnuyla canlanmıştı hayalinde.

Onu Konya Sarayı'nda, şair Sadî'yle birlikte bir havuzun yanı başında hayal ediyordu. Pırıl pırıl bir dolunay vardı gökyüzünde. Ayın ışığı yansıyordu suya. Gökyüzünden havuza düşmüş gibiydi. Az ilerideki Mevlevî dergâhının avlusunda sema başlamıştı bile. Ney, kudüm ve çalparaların eşliğinde dönüp duruyordu dervişler. Onlar döndükçe serin bozkır gecesinde bembeyaz nilüferler açıyordu. Daha o zamandan bir ney sesi kalmış olmalıydı Cem'in kulağında. Ney, gecede akıp giden bir su gibi, şehzadenin akıbetini biliyormuşçasına ayrılıktan söz ediyordu.

Kim ki aslından ayırmış canını
Öyle bekler, öyle vuslat anını

Oysa Cem'in ayrılığı başkaydı. O yurdundan ayrı düşmüştü, anadilinden, kök saldığı Diyarırum'dan, kendi kişiliğiyle özdeşleştirdiği Osmanlı mülkünden. Cem'in ayrılık acısını, gecede bir uzun inleyiş, ruha huzur veren hoş bir seda gibi yankılansa da ney dile getiremezdi. Başka bir ses, daha kalabalık çalgılar, belki bir koro gerekiyordu onun macerasını anlatmak, dinleyende bir etki uyandırabilmek için. Belki Cem, kulağında sürüp giden, gurbette peşini bırakmayan bu ney sesinde özlediği, ama bir türlü tanımlayamadığı başka bir sesin, acısını haykırabilecek bir koronun yokluğunu duymuştu.

Karısı ile çocukları Mısır'daydı; o ise görünürde bir sultan, gerçekteyse bir rehine, ağabeyi Bayezid'den para sızdırma aracı bir yarı tutsaktı. Bir Noel gecesi Bourganeuf Şatosu'nun taş duvarlarında çan sesleri yankılanır, kurtlar ormanda ulurken, bir an nöbetçilerin dalgınlığından yararlanıp yukarıya fırlamış, kulenin terasında bir Mevlevî derviş gibi dönmeye başlamıştı. O döndükçe yıldızlar da dönüyordu bulutsuz gökte. Dolunay günlerdir yağan kar kadar beyazdı. Aşağıda kentin bacaları tütüyordu. Mumların ışığında gündüz gibi aydınlanmıştı ortalık. Evlerde ocaklar yanıyor, şatonun mutfaklarından kızarmış et kokuları geliyordu. Mutluydu insanlar, yakınlarıyla beraberdiler. Cem Sultan ise hâlâ vazgeçemediği Payitaht'a dönüş hayalleriyle yapayalnızdı. Maiyetindekiler çoktan uykuya dalmıştı. Uyanık tek Müslüman Cem'di. Şatonun en yüksek kulesine karşı ardından yetişen Saint-Jean nöbetçilerinin şaşkın bakışlarına aldırmadan dönüp duruyor, bir yandan da son yazdığı şiiri haykırıyordu kış gecesine:

Kıldım diyar diyar koyup ben geda sefer
Allah ki nice müşkilimiş bi-riza sefer!

İstemeden, insanın rızası olmadan yapılan yolculuklar bunca zor muydu gerçekten? Kâmil, Bourganeuf'te, Cem Sultan'ın kaderini hayal ederken, çıktığı tüm yolculukları kendi rızasıyla yaptığına şükretmişti. Ve her zaman olduğu gibi eli boş dönmemişti bu yolculuktan da. Dauphiné'de, Rochechinard Şatosu'na kapatıldığında henüz yirmi dört yaşında olan şehzadenin Baron Jacques de Sasenage'ın kızı Hélène'le yaşadığı dillere destan aşk serüvenini araştırmış, sevgilisinden koparılıp Bourganeuf Kulesi'ne hapsedildikten sonra zindanının duvarlarını Hélène'i tasvir eden goblen halılarıyla süslediğini öğrenmişti. Dönüşte Paris'te Cluny Müzesi'nde görmüştü bu halılardan birini. Çiçek, kuş ve av hayvanlarının ortasındaki genç kadın Hélène olmalıydı. Şaha kalkmış küçük bir atla, ayakta duran gür yeleli bir aslanın arasında hizmetçisiyle birlikteydi. Küçük, beyaz bir kuş tutuyordu elinde. Birazdan uçup gidecekti kuş, aşkını yüreğine gömdüğü Cem Sultan gibi. Aslan ve atın tuttuğu direklerde üç hilalli flamalar dalgalanıyordu. Ormanın yeşiline karışan bu hilaller genç kadının uğruna ölümü göze aldığı Osmanlı şehzadesinden kalan bir anı mıydı, yoksa bir rastlantı mı? Aynı hilallerden kalkanların armasında da vardı çünkü. Tavşanlar ile av yorgunu köpeklerin arasında, Batı'ya doğru ilerleyen Türk tehdidinin simgesi gibiydiler.

Kâmil Uzman gördüğü her tablonun yalnızca bir olayı ya da kişileri tasvir etmediğini, aynı zamanda bir dönemin beğenisini de dile getirdiğini biliyordu. Sanat yapıtlarının kendileri kadar yapılış öyküleriyle de ilgilenmesinin nedeni buydu. Ve her öykü yanıtı bilinmeyen sorulara, çözüm bekleyen gizlere yol açıyordu. Bir keresinde de, yanlış anımsamıyor –şu an öylesine duru ki belleği, Venedik'in kanallarındaki su gibi değil, Boğaz'ın mavisi kadar arı, tertemiz, çünkü akıntı pislikleri alıp götürür Boğaz'da bir sabah vakti sular döne döne akıp giderken– Basel'de, Christian von Muchel'in koleksiyonundan çıkma bir yağlıboya tablonun peşine düşmüş, yapıtın yeni sahibi kimliğini gizlediğinden ancak röprodüksiyonlarını görebildiği resimdeki iki sarıklının karşı karşıya durmuş Fatih ile şehzadesi Cem Sultan olduklarına dair yeterince kanıt bulunmadığını, büyük bir olasılıkla sonradan yapılmış bu tablonun kesinlikle Gentile Bellini'ye atfedilemeyeceğini... neyse Bellini'ye dönmüştü sonunda, ama Correr Kitaplığı'nda okumaya çalıştığı makalenin ne Cem Sultan ne de Batı resmindeki sarıklılarla uzaktan yakından bir ilgisi yoktu. Kâmil, Gentile'nin Venedik'te yaptığı *Lorenzo Giustiniani'nin Portresi*'ni konu alan makaleye verdi tüm dikkatini. Ve bir daha da, akşama dek, kendi rızasıyla çıktığı yolculukların hiçbirini anımsamadı.

Dördüncü bölüm

Sabah erkenden Correr Kitaplığı'ndaydı. Bu kez pencere kenarına oturdu. Kütüphaneci kıza dergi koleksiyonunu bir köşeye ayırmasını, ertesi gün bıraktığı yerden okumaya devam edeceğini söylemişti. Kalın cildi öbür kitaplar arasında buldu, alıp yerine döndü. Lambayı yakıp yakmamakta duraksadı bir an. Hava kapalıydı. Ama bulutların arasından güzel bir ışık vuruyordu içeriye. Kış sabahının göz yormayan donuk ışığı. Güneş bir görünüp bir yitiyordu bulutlar kıpırdadıkça. O zaman, pencereden vuran ışık yoğunlaşıyor, Kâmil'in önünde açık duran dergideki resimlere canlılık geliyordu. Lambayı yakmadı. Aşağıdaki parkta oynayan çocukların cıvıltısını dinledi bir süre. Sonra okumaya başladı. Dün burnuna çarpan kadın parfümünü yeniden duyuncaya kadar da kitaptan başını kaldırmadı. Çocukluğundan anımsadığı, belki de annesinin sürdüğü, yalnızca bir Akdenizli kadının kullanmaya cesaret edebileceği o baygın lavantaydı. Tüm kitaplık bir anda onun varlığıyla dolmuş gibi geldi Kâmil'e. Kapıya yakın bir masaya oturmuş fişleri düzenliyordu. Dünkü gibi kot pantolon giymişti, ama bu kez üzerinde lacivert bir kazak vardı. Göz göze geldiler. Kâmil gülümsedi. "Günaydın" diye mırıldandı kendi kendine. Ona dünyanın bütün dillerinde her sabah günaydın demek isterdi, yanında uyanmasa da günaydın, işte yeni bir gün var önümüzde, biz işinde gücünde insanlarız, ertesi sabaha dek günaydın; gün çarçabuk geçsin eğer canın sıkılıyorsa, hayattan bezmişsen; yoksa saatler uzasın, hava kararmasın hiç! Günbatımlarını sevmiyorsan, benim gibi geceden korkuyorsan, yalnızsan... Ona da kendisi gibi yalnızlığı yakıştırdı. "Yalnızım benim, küçüğüm! Günaydın resimdeki kadınım!" Oysa, aralarında geçen tek konuşma dergi koleksiyonunu içeren cildi bir köşeye ayırmasını rica etmek olmuştu. Kız fişleriyle ilgileniyordu. Kâmil'e gülümsemedi bile. Kâmil de, çaresiz, makalesine döndü. Onu çarçabuk bitirip Bellinilerden söz eden bir başkasına daldı.

Kitaplık haftanın iki günü dışında yalnızca öğlene dek açıktı. Kâmil epeydir ortalıkta görünmeyen kızın okuma salonuna dönmesini boşuna bekledi. Gelmez artık. Ondan başka kimse de kalmamıştı zaten. Çocukların cıvıltısı duyulmuyordu. Parkı çoktan terk edip gitmiş olmalıydılar. Bir süre daha camdan dışarıya, ağaçların çıplak dalları arasından görünen Giudecca'nın kül rengi suyuna, suya vuran ışık huzmelerine –bu "huzme" sözcüğünü hiç sevmese de bulutların içinden denize dökülen gün ışığını başka hiçbir sözcük böylesine kesin biçimde anlatamazdı– baktı. Sonra kalktı oturduğu yerden. San Marco'nun kalabalığına karışmadan yan sokaklara saptı. Accademia'ya gidip asıllarını hâlâ görmediği Gentile Bellini'nin tablolarını "teftiş" etmeliydi bugün. Dar sokaklar boyunca yürüyerek köprülerden geçtikten sonra Campo San Stefano'da buldu kendini. Ve geçen günkü yağmurdan öç alırcasına pattadak çıkıveren güneşin çağrısına kapıldığından ya da bu güzel havada Accademia'nın salonlarına kapanmak istemediğinden, belki de gün boyu resim görüp resim düşünmekten bıktığı için, karşısına çıkan ilk *gelateria*'nın terasındaki bir masaya oturdu.

Alanı çevreleyen evlere arkasını dönmüş heykele takıldı bakışları. Geçen gün yağmurda sığınacak yer ararken nasılsa gözünden kaçmıştı bu redingotlu, sakallı adamın heykeli. Biraz dikkat edince, mermer kaidenin üzerine kazınmış NİCCOLO TOMMASEO harflerini gördü. Redingotun omzuna birkaç güvercin konmuştu. Garsona bir bardak beyaz şarap söyleyecekken vazgeçip bir küçük şişe *valpolicella* istedi. Ne de olsa fazla ısıtmıyordu güneş. Bu sabah da yorgun uyanmış, yataktan yine güçlükle kalkabilmişti. Venedik'e geldiğinden beri onu rahat bırakmayan sızıyı hissetmişti yine. Öğlene dek yokluyor, sonra geldiği gibi birden geçiyordu. Doktora göstermeli mi acaba? Ne gereği var şimdi, geçip gitti işte. Hiç olmazsa yarın sabaha dek yoklamaz artık. Günün, güneşin, şişede kıpkızıl parıldayan şarabın tadını çıkarmalı.

Aç karnına içerken güvercinler heykelin omzundan havalanıp bir balkona kondular. Yerlerini beğenmediler ama. Yeşil boyalı sokak fenerlerine, boş masaların üzerine, derken sağdaki kiliseye doğru uçup çatıya tünediler. Kırmızı kiremitlerin üzerinde gezindiler bir süre, sonra Kâmil'in ayaklarının dibinde karar kıldılar. Yeni Cami ve Notre-Dame'ınkiler de dahil güvercinleri hiçbir zaman sevmemişti. Yerli yersiz guruldamalarından, kafalarını sallayarak yürüyüşlerinden, geçtikleri her yeri anında pisletmelerinden nefret ederdi. Üşenmeden kalkıp kovaladı güvercinleri. Onlar da heykele döndüler yine, bu kez Tommaseo'nun rugan pabuçlarına kondular. Kâmil pabuçların gerisinde uzaktan seçemediği bir şeyler olduğunu fark etti o an. Kalkıp heykelin yanına dek gitti. Redingotun etekleri altında üst üste yığılmış kitaplar vardı. Bir yazar heykeli de olsa, mermer kitapların böyle ayakaltına yığılmaları tuhafına gitti. Heykeltıraş, Venedikli yazarın eline tutuşturduğu kitapla yetinmeyip paçalarına da gelişigüzel kitaplar yerleştirmekten kendini alamamıştı. Tommaseo kitap sıçıyordu sanki. Kahkahalarla gülmek geldi içinden. Bu kentte kim bilir daha ne beklenmedik durumlarla karşılaşacaktı. Garson ikide bir yerinden kalkıp ortalıkta dolaşan bu tuhaf müşteriye kuşkuyla bakıyordu. Masasına döndü, içkisini bitirmeden hesabı ödeyip garsonun gözetiminden bir an önce kurtulmak istedi. Kendisine böyle kuşkuyla bakılmasından tedirgin olmuştu. En iyisi eve dönüp uyumalı. Bu kararsızlığının, olur olmaz zamanda eklemlerini yoklayan ağrıların nedeni de bir süredir öğle uykularını ihmal etmesi değil mi zaten! Ama bir türlü kalkamadı masadan. Güneş tam tepedeydi. Heykelin gölgesi kilisenin tuğla duvarlarına doğru uzamaya başlayınca kalkmaya karar verdi. Ve, yenisini söylemeden önce, bir dikişte bitirdi şarabını.

Masadan kalktığında epeyce sarhoştu. Maltataşı döşeli sokaklardan Piazzale Roma'ya dek yürümeyi göze alamadı. Santa Maria del Giglio İskelesi'nden *vaporetto*'ya binse, kış güneşinden yararlanmak için güverteye yığılan turistlerin arasında balayındaymış gibi hissedecekti kendini. Ve Büyük Kanal boyunca saraylar bitip tükenmek bilmeyecekti. Accademia Köprüsü'ne doğru yürüdü, köprünün dibindeki banklardan birine oturup purosunu yaktı. Yıllar önce doktoru sigarayı bırakmasını söylemişti. Denemiş, bir türlü vazgeçememişti.

Sonraları, İtalya'ya gide gele, *toscani*'ye alışmıştı. Önce sert gelmişti tütün, ama içimi çok keyifliydi. Sık sık söndüğü için de, günde bir puroyu ancak bitirebiliyordu. Bazen de, bir *toscanelli* yakıyor, gün boyu ağzında sönük izmaritle dolaşıyordu. Bu kez, uzun ince, kestane renkli *toscani*'nin dumanını nedense havaya değil de, karşı kıyıda giderek kararan Accademia'nın tuğla duvarlarına doğru üfledi. "Daha çok işimiz var seninle! Dün bir tanışmaydı diyelim, sadece bir el sıkışma. Bugün yine görüşürsek olmaz. Ama yarın... yarın mutlaka geleceğim..."

Güneş sarayların ardından kaybolana dek orada kaldı. Su renk değiştirdi yavaşça. Koyu yeşilden laciverde, erguvan rengine, neredeyse siyaha döndü. Boğaziçi'nde, vapurla Anadoluhisarı'na geçip iskelenin yanı başındaki kahvede çayını yudumlarken de, güneş hisarın burçlarına doğru alçaldığında sular renk değiştirirdi. Boş vakitlerinde, günbatımını Anadolu yakasından seyretmeyi severdi Kâmil. Rumelihisarı karşıda giderek kararır, Karadeniz'e açılan balıkçı teknelerinin ardına takılmış martılar erguvan rengi denize bir konup bir havalanırdı. Onlar yalıların üzerinde dönüp durdukça kanatlarında taşıdıkları denizin rengini çatılara, cumbalara, yosunlu rıhtımlara serpeceklermiş gibi gelirdi Kâmil'e. Bir anda erguvana kesecek dünya, sonra hiçbir ressamın paletinde bulamayacağınız o gizemli, tuhaf siyaha dönecek. İstanbul günbatımında yasa bürünecekmiş gibi gelirdi; gece, siyah yaşmaklı bir dul gibi örtecek kenti, perde perde inecek evlerin, surların, denizin üzerine. Yürekleri kederli bir öpüşle saracak. Karabataklar da gelip Göksu'nun ağzına yayılırdı. Ve bir an olsun çıkarmazlardı başlarını sudan. Dalga geldikçe bir alçalıp bir yükselirlerdi. Gece, hele mevsim yazsa, öyle hemen inivermezdi. Saltanatını dilediğince sürer, sanki denizin renk değiştirmesini izlerdi. Sular koyu siyaha kesmeden sokak lambaları yanardı birden. Bu kez denizde bir başka âlem, yeni bir ışık cümbüşüdür başlardı. Derken köpük içinde bir tanker kimi zaman da bembeyaz, kuğu kadar narin bir yelkenli ya da ışıklarını yakmış bir yolcu gemisi geçerdi yanı başından. Sevgilisiyle buluşmayacaksa Anadolu yakasında kalır, Kandilli'deki balıkçı lokantasında içerdi ilk kadehi. Kâmil'in yaşamında, bir süredir öğle rakıları da yer eder olmuştu. İki ders arasında Arnavutköy'e inip Kuyu'da, bazen de Bebek Güneş'te bir kadeh parlatmayı hiç ihmal etmiyordu. Ama akşam ilk yudumun keyfi başkaydı. Önünde upuzun, belki de masadaki kadınlardan biriyle yatakta sona erecek bir gece, sofrada mezeler kadar lezzetli sohbetler olurdu.

Kâmil, geceyi birlikte geçirmeseler de, bir kadınlayken –hele masaya bin bir renkli çiçekler gibi mezeler dizilmişse, topikten lakerdaya, acıkavundan tulumpeynirine ne ararsan varsa, bir tek kuşsütü eksik derler ya işte öyle, ama Kâmil nedense hiç merak etmemişti kuşsütünü, bu süt sözcüğü ona unutmak istediği bebekliğini anımsatıyordu– evet bir kadınlayken, ikinci kadehten sonra kanatlanıp uçmaya başlardı. İşte o zaman nasıl da güzeldi dünya, hayat yaşamaya değerdi, bir ihtimal vardı hep, askerî darbe olmayacaksa belki "duhul" olabilirdi; yatılı okulda geceleri, mavi karpuzlu lambanın ışığında yıllar boyu nasıl da istemişti kadınları; onları, hep onların derin, kaygan cinsel organlarını düşlemişti. Oysa burada, günbatımında tek ihtimal akşam yemeğinden sonra eve yayan dönerken sokaklarda kaybolmaktı.

Banktan kalkıp sarhoş olmadığını kendine kanıtlamak istercesine bir solukta çıktı köprünün merdivenlerini. Orada, sehpasını Salute'ye karşı kurmuş bir delikanlı resim yapıyordu. Kubbenin ardına yusyuvarlak, portakal gibi bir güneş yerleştirmişti. Büyük Kanal'ı da gondolun siyahına yakıştırdığından, portakal rengine boyamıştı. Gondolcunun kırmızı-beyaz kurdeleli hasır şapkası, balayındaki genç çift, sarayların suya vuran gölgesi, ileride San Marco Havuzu'na doğru genişleyen kanalın köhne iskeleleri ve başka gondollar... Her şey olması gerektiği gibiydi tabloda, ne var ki güneş Salute'nin ardından değil ters yönde, Cà Rezzonico'nun çatısından batıyordu. Delikanlının yanına yaklaşıp bir süre tabloya baktı, sonra günbatımını neden doğru çizmediğini sordu.

– Size ne Bayım! diye karşılık verdi genç ressam.

– Ben de manzara resimleri yaparım da...

– Öyleyse doğrusunu siz yapın!

Evet, kolay değildi güneşin resmini yapmak. Yine de böylesine ters bir yanıt beklemiyordu Kâmil. Ne diyeceğini şaşırdı.

– Özür dilerim, diye mırıldandı, rahatsız etmek istemezdim.

– Her gelen bir şey söylüyor zaten.

– Hemen kızmayın canım.

Delikanlının yanından öfkeyle uzaklaştı. Merdivenlerden inerken bu terbiyesize gelinceye kadar kim bilir kaç ressamın Venedik'te günbatımlarını çizdiğini, ama kentin sürekli değişen yüzünü, renkten renge giren suyu, azalan ışıkta yeğnileşen hacimleri belki hiçbirinin yeterince yansıtamadığını düşünüyordu. Belki Turner... evet bir tek o görülen dekorun ardındaki özü yakalayabilmiş, suluboyalarında kendi öznel bakışından doğan bir Venedik yaratabilmişti. İngiliz ressamın tablolarında kent bir mimarî yapı olmaktan çıkıyordu çünkü. Aslına dönüyordu, doğanın oluşumundaki o ilk kaosa. Günbatımında, renklerin alışılmışın dışında bir işlevi vardı sanki. Yapıların giderek uzaklaşan, silinen, belirsizleşen konturlarını, suyun üzerindeki günlük yaşamın izlerini, o gondol, yelkenli, tekne kalabalığını örtmek, kubbeleri dik çizgilere dönüştürmek, suya yansıyan mermeri sütbeyazında eritmek. Gündoğumlarını da resmetmişti Turner, aslında kendisine ait olan morlardan, uçuk sarılar ile uçuk mavilerden, kül rengi ile kestane renginden, yeşil ile turkuvazdan, pas rengi ile çivit mavisinden, siyahlardan, kırmızılardan, sarı-kırmızılar ile yeşil-siyahlardan, gerçekte doğada değil paletinde var olan tüm renklerin alacasından bir Venedik yaratmıştı.

Turner'ın Hotel Europa'daki odasının penceresinden yaptığı bir manzara resmini anımsadı. San Giorgio Maggiore'nin mimarîsi silinip gitmişti tablodan. Kiliseden geriye boşlukta dikilen toprak rengi tuhaf bir biçim ile sarı-beyaz eğik çizgiler kalmıştı. Su da, tıpkı gökyüzü gibi sarıya kesmiş, iyice belirsizleşmişti. Çölde bir seraptı görünen, böyle beyaz üstünde uçuk sarı lekelerle yayılan, yayıldıkça eriyip yiten. Venedik'e geldiği gün, Chioggia Kahvesi'nde oturup karşıya baktığında, San Giorgio Maggiore'nin rüzgârı arkaya almış bir yelkenli gemi gibi yavaşça Lido'ya doğru uzaklaştığını hayal etmişti. Oysa Turner'ın otel odasından gördüğü bir seraptı düpedüz. Kışın, güneş ne kadar parlak olursa olsun, Venedik'te günbatımlarının bir seraba dönüşemeyeceğini, en azından kendisi için böyle bir şeyin şimdilik söz konusu olamayacağını düşündü Kâmil, "şimdilik" sözcüğünün ısrarla altını çizmek ister gibi başını iki yana sallayarak.

* * *

Accademia Köprüsü'nde yitirdiği güneşi Zattere Rıhtımı'nda yakalayabileceğini umuyordu. Rio Foscarini boyunca hızla yürüyüp San Maria del Rosario Kilisesi'nin köşesini döndü. Güneş orada, Marghera'nın alev kusan bacalarının ardındaki kara ile denizin birleştiği çizgide batıyordu. Denize mi yoksa karaya mı battığını pek iyi seçemeyince sarhoşluğuna verdi. Rıhtım oldukça kalabalıktı. Akşam gezintisine çıkmış aileler, kış güneşinden yararlanmak isteyen yaşlılar ve üniversite öğrencisi oldukları her hallerinden belli gençlerle doluydu. Bir kahveye otursa içki içecekti yine. Rıhtımın taşlarına çömeldi, sırtını bir duvara dayayıp göçmen işçiler gibi öyle sessiz, garip durdu bir süre, sonra sönmüş purosunu yaktı. Giudecca Adası'nın evleri suyun düzeyindeydi. Az sonra, güneşle birlikte denize gömülecekmiş gibi duruyorlardı. Boğaz'ı en fazla anımsatan yeri burasıydı Venedik'in. Büyük tonajlı gemiler sanayi bölgesine yanaşmadan önce Giudecca'dan geçiyorlardı. Karşı kıyı, yeşil tepeleri her gün biraz daha kemiren kaçak inşaatlarla dolu olmasa da, Boğaz'daki gibi korulardan, güngörmüş yalılardan nasibini almamış olsa da, tuhaf bir biçimde Anadolu yakasına benziyordu. Belki de Boğaz'da günbatımlarını özlediğinden Kâmil'e öyle geldi. Aslında özlediği, manzaradan çok aperitif saati –bu deyim de nereden çıktı Allah aşkına!– daha doğrusu vakti kerahatti. Evet, Venedik'e gelişinin daha üçüncü gününde anason kokusunu özlemeye başlamıştı. Paris'te olsaydı bir Türk lokantası bulur, kafayı bir güzel çekerdi. Pire'de Turkolimani'de bir tavernanın denize bakan masasında bile bir şişe Barbayani eşliğinde gidermek mümkündü bu özlemi. Ama burada... Belki de genç ressamın densizliğiydi rakı özlemine yol açan. Terslenmek keyfini kaçırmıştı. Oysa, resim yaparken rahatsız edilmekten, öyle ileri geri soru sorulmasından o da hoşlanmazdı. Yoldan geçen meraklılar durup tuvale bakarlar, şurasını pek benzetememişsin gibisinden yorumlarda bulunurlardı. O zaman tepesi atardı işte. Ama onu azarlayan delikanlı gibi terbiyesizleşmez, insanları kırmayacak bir yanıt bulur, çoğu kez de seyircisine hak verirmiş gibi görünürdü.

Sanatın yalnızlık gerektirdiğini, yaratış sürecinde müdahale kabul etmediğini biliyordu. Ama, yazarlar da dahil, hiçbir sanatçı yeterince yalnız değildi yaratırken. Gece, hiçbir zaman, tümüyle gece olamazdı; dış dünyadan bir ses, bir ışık, bilemedin bir hışırtı sanatçının iç dünyasına düşüverir, onun tümüyle gerçekten uzaklaşmasını, kendi hayal gücüyle baş başa kalmasını engellerdi. Manzara resimleri de yapsa Kâmil doğaya öykünmüyordu ki! Çamlıca Tepesi'nden, Moda'dan, Üsküdar İskelesi'nden görülen İstanbul'un silueti eski kentin kubbeleri ile minarelerinden ibaret değildi yalnızca, onlardaki uyumun kendi yaşamında da olmasını istediği karşılığı, İstanbul'a hayranlığının bir ifadesiydi. Osmanlı'nın yükünü taşıyan kurşun kubbeler, mekâna ustalıkla yerleştirilmiş kirişler, heybetli minareler belki bu yüzden böylesine hafif, belli belirsizdi yaptığı manzara resimlerinde. Günbatımları, akşam alacasında hep böyle biraz sisliydi. Resim yapmak bir tapınma değildi belki, ama fırtınalı yaşamını, aşk kırgınlıklarını unuttuğu bir liman, bir huzur arayışıydı.

Çocukken buğulu cama çizdiklerinin dışında hiç insan yüzü çizmemişti. Nedenini tam olarak bilmiyordu, ama insan yüzünde hep bir büyü, bir bilinmezlik, ulaşılmazlık varmış gibi geliyordu ona. Belki de korkuyordu insan yüzü çizmekten. Bakışların ardındaki gerçeği, tenin tazeliğini ya da kırışıklığını, çizgilerin ifadesindeki derinliği hiçbir zaman yansıtamayacağı kanısındaydı. Oysa doğa, anlam yönünden insan yüzü kadar karmaşık değildi belki, ama onun da kendine göre gizleri, tümüyle nüfuz edemediği bir yaşamı vardı. Hem insan yüzünden çok daha renkli ve değişkendi. Şu çömelip puro içtiği Zattere Rıhtımı'ndaki günbatımı örneğin. Ufka doğru yuvarlanıp giden güneşin donuk ışığı, suya vuran kırmızının tonları. Sonra, eğer rüzgâr varsa, açık denizde köpüren dalgalar. Rüzgârı bile resme koymak mümkündü. Rüzgârın kendisini değil elbet, doğadaki belirtilerini. Kımıldayan ağaçları, savrulan bulutları. Sonra, günbatımında gök kubbe daha da derinleşiyordu sanki, hacmi çoğalıyordu. Bulutlar sürekli devinim halindeydi, ama aynı yoğunlukta değildi hiçbiri. Bir zamanlar eski İstanbul'da mahalle mahalle dolaşan hallaçların attıkları pamuklu yorganlara benziyordu bazıları, bazılarıysa mangalın karşısında uyuklayan kedinin oynadığı yumaklara, haşhaş tarlaları ile kır saçlı ihtiyarlara. Biçimden biçime, renkten renge giriyorlardı. Çocukluğunda, İstanbul göğünde bulutları sürükleyip götüren lodos eserken saatlerce gökyüzüne bakar, onları hayvanlara, bitkilere, insanlara benzetmekten bıkıp usanmazdı. Bulutları, deniz kıyısına indiği gün Kumkapı'da keşfetmişti. Mahalleden çıkma yasağını çiğnediği o ilkyaz akşamında. Bodrum katındaki evlerinden bulutlar görünmezdi ki. Kâmil'in, çocukken pencereden gördüğü, kaldırımdan geçenlerin ayakkabıları ile bacaklarıydı.

Günbatımında, eğer deniz kıyısında bir ormandaysanız, suyla birlikte ağaçlar da kararır. Tuvalde bu değişimin renk karışımını bulmak pek kolay olmasa da, cepheden size bakan bir yüzün portresini çizmek daha zordur. Yüz yakından dayatır kendini, bakışları sizin bakışlarınızla birleşir. Orada, tam karşınızda kendi "ben"iyle kaçınılmaz, vazgeçilmez, hatta dayanılmazdır. Bakışlarınızı başka yere yöneltemezsiniz artık, size bakan yüzün tutsağı olursunuz. Firavun mumyalarından Bizanslı Pantokrator İsa'nın kara sakalına, Giovanni Bellini'nin tablolarındaki gibi bakışlarını kaçırsa da Madonna'nın yüzüne varıncaya dek portre sanatı zor iştir. Bu işe kalkışsa önce bir kadın yüzü çizecekmiş gibi geliyordu Kâmil'e. Belli bir kadının değil de hayatına giren tüm kadınların, kitaplarda okuduğu, resimlerini gördüğü tüm kadınların toplamı bir yüzü, karanlıkta ışırken belli belirsiz kımıldayan, kımıldadıkça bakışlarını kaçıran bir yüzü; evet belki de şu kahrolası yalnız yaşamında bilmeden yöneldiğini, her gün ona doğru yürüdüğünü, bu uzun yürüyüşün hiçbir zaman bitmeyeceğini artık anlamış da olsa bir türlü vazgeçemediği o uzak kadın yüzünü çizecekmiş gibi geliyordu.

Sürekli devinim halindeydi doğa. Okyanusta akıntılar, dağlarda buzullar, çölde kum tepeleri ve yüzlerce adacıktan oluşan şu Venedik Lagünü'ndeki sular bile sürekli yer değiştiriyordu. Gece ay ışığında kısalıyordu mesafeler, limanda gemiler, açıkta balıkçı tekneleri daha da çoğalıyordu sanki; deniz dibinde otlar, duvarda sarmaşıklar büyüyordu. Gündoğumunda, ağustosta bile, rüzgâr çıkıyor, balkona asılı çamaşırlar ile burçlara dikili bayrakları dalgalandırıyordu. Deniz günün her saatinde başkaydı. Dağlar da öyle, bulutlar da. Yaprak dökümleri mevsimleri izliyordu, ormanda ağaçlar bazen sarı, sapsarı, bazen de, tomurcuklar sürgün verdiğinde pembe, beyaz, mordu. Bu nedenle az biraz "*contemplatif*" olmuştu Kâmil, yaşam felsefesi de, herhangi bir manzara ressamınınkinden farklı değildi. Kendini doğanın devinimine bunca yakın hissettiği için natürmorttan nefret ediyordu. Ama figür başkaydı; bir gün portre ressamlığına soyunursa, çocukluğundaki karanlık bodrum katından çıkıp gelen yüzü çizmekle işe başlar, bakarsın başka portreler de yapardı. Ama natürmort asla.

Hızlı trenle Fransa'da yaptığı yolculukları anımsadı. Kalabalık garları, köprüleri, camdan hızla geçen kır evleri ile ağaçları, ırmak boyuna dizilmiş birbirinden alımlı şatoları. Loire Şatoları'nı teker teker dolaşmıştı bir keresinde; ama asıl sevdiği, dağlık bir yörede hiç beklenmedik anda karşısına çıkan tepelerin yamaçlarındaki eski kentler, surlar, kale ve mazgallardı. Bazen de, güneş bulutların ardına gizlenince, çok belirgin bir ışık düşerdi çayıra. Ve hep bir köşede otlayan ya da yan gelip yatmış geviş getiren besili, yumuşak bakışlı inekler olurdu. Onlar trene bakarken Kâmil de onlara bakardı. Ne düşünürlerdi kim bilir, baktıkları nesneyi gerçekten görürler miydi? Yoksa böyle dalgın, rahat, bakar gibi yapıp da hiçbir yere bakmazlar mıydı? Bakmak her zaman görmek değildi elbet; Kâmil her bakanın görmek zorunda olmadığını bilecek kadar bu konu üzerinde kafa yormuştu. Sınırları cetvelle çizilmiş gibi dümdüz tarlaları, çitleri, otlakları, hep bir trenin penceresinden görüp de hiç gitmediği köyleri, o köylerin her biri yalnızlık abidesi olan kiliseleri ile dar sokaklarını, ıssız alanlarını da anımsıyordu. Bulutsuz ve aysız gecelerde, pırıl pırıl gökyüzünde fısıldayan yıldızlarla dosttu, oralara hiç gitmemiş de olsa. Boşlukta göz kırpıp duran yıldızların gerçekte yanardöner güneşler olduklarını biliyor, ama onları görmüyordu. Bakmakla yetiniyordu yalnızca. Ve bir gün yeryüzüne dökülür gibi tuvaline yağmalarını bekliyordu.

Aslında doğaya yabancı sayılırdı. Onunla ancak, resim yaparken haşır neşir olmaya çabalar, sonra hemen kente, kalabalık caddeler ile uğultulu yapıların arasına dönerdi. Doğa onun için bir manzara parçası ya da tuvalinde bir yanılsama olmadığı zamanlar, hızlı trenin penceresinden baktığı, hep doğru yöne, yani denize akan ırmaklardan, düz ovanın bittiği yerden başlayan dorukları karlı sıradağlardan, pervaneli küçük uçaklardan gördüğü ordu ordu mor, beyaz, kül rengi bulutlardan, rüzgârda savrulan başaklar ile günebakan tarlalarından ibaretti. İnsansız bir doğaydı sözün kısası, ama kesinlikle ölü değildi. Öğrencilerine gerçekte doğa diye bir şey olmadığını, her şeyin insanoğlunun bakışıyla gerçeklik kazandığını, doğanınsa tüm gizlerini hiçbir zaman ele vermeyeceğini anlatıyordu. Sonra, kimi zaman kuşkuya düşüyordu bu sözlerinden. Doğa, biz olmasak, insanoğlu olmadan da, varlığını sürdürmeyecek miydi yeryüzü dediğimiz şu mavi portakalda? Deniz, yosunlu kayalar, şu Venedik'i içten içe kemiren tuz ve nem insanoğlu yeryüzüne gelmeden de yok muydu? Ama kentler kurulmamışsa, evlerin temeli atılmamışsa, insanoğlu o evler ile kentlerde değil de mağaralarda yaşıyorsa, ancak kayaları kemirebilirdi dalgalar. Tarihöncesi devirlerde yağmur evlerin çatılarına, caddelerde rengârenk açan şemsiyelerin üzerine yağmıyordu belki, o Çingene şarkısındaki gibi çadırın üzerine de şıp deyip damlamıyordu; çünkü evler de Çingeneler de yeryüzünde yoktu henüz, ama yanardağların kraterlerini soğutup toprağa çiselemiyor muydu günlerce, aylarca, belki yıllarca yağan soğuk, bıktırıcı, İstanbul'un ahmak ıslatanından çok da farklı olmayan bir yağmur. İnsanoğlu yeryüzüne gelende doğal oluşumlara bir anlam vermeye kalkışmış, güneş ve tuzu yakıcı, rüzgârı gizemli, yağmuru bıktırıcı bulmaya başlamıştı.

Kâmil birden sıkıldı bu düşüncelerden, yağmur yine çadırın üzerine şıp diye damlar damlamaz oturak âleminin başlayacağını, Çingene kızlarının da o, Sulukule'de rakısını yudumlarken... Sonunda, Fransa'da bindiği hızlı trenin camından geçen köyler gibi zihninden akıp giden görüntü ve düşünceler bir kadeh rakıya gelip dayanmıştı işte, ama ne yapalım ki bu akşam rakı yoktu. Ne bu akşam ne de...

Venedik'te, Zattere Rıhtımı'na çömelmiş, günbatımını izlerken düşünce akışının girdabına böylesine çabuk kapılacağını hiç ummazdı doğrusu. Öğleyin aç karnına içtiği iki küçük şişe *valpolicella*'nın etkisindendir. Rakı bulamasa bile viski ne güne duruyor. Cin, votka, şampanya... Hepsi ışıklı bir barın camına dizilmiş onu beklemiyorlar mı bu gece! Ama önce yemek yemeli.

Kâmil Uzman, bütün yalnız insanlar gibi, aslında kendisiyle konuşmaktan korktuğu için böylesine hızlı düşündüğünün farkında bile değildi. Çömeldiği yerden kalktı, önüne çıkan ilk lokantaya girip pencere kenarındaki iki kişilik masaya oturdu. Giudecca Adası'nda tek tük ışıklar yanmaya başlamıştı. Tam karşıda, iki yanından yükselen mermer sütunların kıskacında bir deniz tapınağını andırıyordu Redentore Kilisesi. Sudan çıkan Poseidon içeriye girip elinde tırpanıyla tahtına yerleşecekti az sonra. Şu Palladio'nun hünerine bak! Toprak üzerine değil de denize kurmuş kocaman taş yapıyı. Batmasın diye de temeli sudan bir karış yukarıda tutmuş. Kilisenin cephesini aydınlatan yoğun ışıkta ada giderek uzaklaşıyormuş gibi geldi Kâmil'e. Giudecca uzaklaştıkça kanal da genişliyordu elbet. Bir süre sonra adayı da, ışığı da, kilise ile evleri de görmez oldu. Herkesin sevgilisiyle geldiği Venedik'te, sonunu nasıl getireceğini bile bilmediği bir araştırma uğruna, tek başına akşam yemeğini yiyecekti işte. Evet, artık bir şeyler yemesi gerekiyordu. *Spaghetti alle vongole* söyledi ve elbette bir şişe beyaz şarap. Neyse ki iyi soğutulmuştu şarap, yemeğini beklemeden bir dikişte bardağı yarıladı. Ne yavaş yavaş dolan masalardaki çiftlerden, ne de bakışlardan tedirgindi artık. Hatta yalnız olmaktan keyif almaya bile başlamıştı. Canı çok fazla bir kadın çekerse –ki henüz öyle bir durum yoktu– stüdyosunu kiraladığı tanıdığın bir telefon konuşmasında ima ettiği gibi Piazzale Roma'ya, oradan da bir taksiye atlayıp Mestre'ye gidebilir, orada, istasyonun yanındaki caddede müşteri bekleyen kızlardan biriyle, arabası olmadığı için kapalı bir yerde değilse de karanlık parkın banklarından birinde ya da bir duvar dibinde...

* * *

Lokantadan çıktığında iyice sarhoştu. Eve dönerken yine sokaklarda yolunu yitirdi. Çok içmişti, ama Piazzale Roma'yı gösteren ok işaretlerine güveni tamdı. Üstelik oldukça iyi aydınlatılmıştı sokaklar. Yine de, bir köprüden inip dar geçide sapınca karanlıkta buldu kendini. O anda çiş yapmak ihtiyacını duydu. Bir köşeye uzun uzun işedi. Neyse ki ne kanala vuran ne de kapalı kepenklerden sokağa sızan bir ışık vardı. Suyun şıpırtısını dinledi bir süre. Açık bir bar olsaydı ihtiyacını orada giderirdi elbet, ama gecenin bu saatinde, bu bilmediği mahallede açık bir yer bulamayacağını biliyordu. Profesörlerin de çişi gelebilir, hele içkiyi biraz fazla kaçırınca. Kanalın suyu çok pisti zaten, ama Kâmil nedense bir duvara işemeyi daha uygun bulmuştu. Gerisin geriye dönüp aynı köprüden geçerek bu kez hiçbir yere sapmadan kanal boyunca yürüdü. Işıklarını yakmış bir motor taksi geçti yanından. Taksinin perdeleri çekiliydi. Kâmil içeride oturan sarışın kadını açık kapıdan gördü. Bacak bacak üstüne atmış sigara içiyordu. Yalnızdı. Siyah file çoraplar giymişti. Çok güzeldi bacakları, düzgün, uzun, biraz tombulca. Onu takside, hemen oracıkta, hiçbir gölgenin düşmediği uzun kanal boyunca, bacaklarını kaldırıp jartiyerinin üzerinden... Bir kadın görür görmez onunla hemen sevişme isteğini ilk kez duymuyordu. Böyle ansızın bir duruş, eteğin yırtmacından fırlayan düzgün bir bacak, bir gülüş, çıplak boynu iyice açıkta bırakan kısa kesilmiş saçlar, hatta bir parfüm bile profesörü bazen baştan çıkartmaya yeterliydi. Ama Venedik'e geldiğinden beri belki kentin ıssız, dar sokaklarında çıktığı bu bitimsiz gece yürüyüşleri yüzünden, zihninde devinip duran düşünceler ile resimlerin karmaşasından, sevişmek aklına bile gelmemişti. Birden canı bir kadın istedi. Taksideki o sarışın kadının imgesi çekiciliğini hâlâ sürdürüyordu belleğinde. Ama o kadınla değil, kimliği belirsiz, herhangi bir kadınla yatmak, içine gireceği gövdeden bir daha hiç çıkmamak istedi. İstanbul'da böyle ansızın geliveren sevişme isteğini bastırmasına gerek kalmazdı. Gençliğinde yaptığı gibi sokağa çıkıp Elmadağ ya da Sıraselviler'de sabaha dek açık kalan randevuevlerine gitmesi de gerekmiyordu. Gerçi 12 Eylül Darbesi'nden sonra ülke yararına her şeyi yapmışlar da, ortadan kaldırmadıkları bir tek fuhuş kalmış gibi, generaller bu evleri yasaklamışlardı. Ama telekızlar türemişti bu kez de. Kâmil istediği zaman evine kadın çağırabiliyordu. Oysa burada, bir zamanlar Akdeniz'in en büyük genelevi olan bu kentte, Allah rızası için tek orospu, deyim yerindeyse "mostralık" bir tek randevuevi bile yoktu. Tarihçilere bakılırsa, XVI. yüzyılda nüfusu yüz bine ulaşan Venedik'te tam on bir bin altı yüz elli dört "hayat kadını" yaşıyordu. Yalnız tarihçilere göre mi? Carpaccio'ya bakılırsa da öyle. Rialto yakınlarındaki, adı üstünde Fondamenta delle Tette Köprüsü'yle sınırlı mahallede, evlerin balkonlarından memelerini gösteriyorlardı tüccarlara. Duka altınlarını kim sayarsa onunla yatıyorlardı. Belki de, Carpaccio'nun tablosundaki gibi, müşteri beklerken canları sıkılıyordu gün boyu. Köpek besliyor, gemicilerin uzak ülkelerden, balta girmemiş ormanlardan getirdikleri egzotik kuşlarla avunuyorlardı. Yine de vakit geçmiyordu bazen. O zaman, sıkıntıdan patlamamak için, özel müşterilerini okşadıkları bastonlarıyla köpekleri kışkırttıkları da oluyordu. Köpekler hırlayarak üzerlerine saldırsa da oturdukları iskemleden kıpırdamıyordu haspalar. Ak gerdanlarına kolye takıp kıçlarına bol etek giyiyorlardı. Şişman, kederli ve dalgındılar. Ve neyse ki kadınsız her erkek için vardılar. Oysa şimdi Mestre'ye dek gitmek, üşenmeden tren ya da otobüse binip, eğer vakit geçse Piazzale Roma'dan bir taksiye atlayıp selamete çıkmak gerekiyordu.

Bir dolap kapağına yapılmış bu resmin devamını, yani aslı Malibu'da bulunan öteki kapaktaki resmi keşfeden araştırmacıların Ruskin'den Proust'a yerleşmiş bir görüşü, Carpaccio'nun tablosundaki kadınların müşteri beklediklerı tezini çürüttüklerini biliyordu Kâmil. Kadınlar gerçekte dolabın öbür kapağındaki resimde ördek avlayan –lagünün saydam suyuna bir dalıp bir çıkan yeşil başlı ördekleri ne tuhaftır ki okla vuran– kocalarını bekliyorlardı. Ama fuhuş peşine düşmüş sarhoş bir sanat tarihi profesörü gecenin bu saatinde bile doğrucu Davut olmak zorunda değildi ya!

Kâmil selamete değilse bile, bir taksiden karaya çıktı. Orada, çınarların altında cadde boyunca dizilmiş, müşteri bekleyen kızları görür görmez de keyfi yerine geldi. Allah'tan Mestre vardı şu yeryüzünde. Mestre adında, dört yanı suyla çevrili olmayan, bir yerden bir yere gitmek için otobüs ya da taksiye de binebileceğiniz bir kent ve orada geceyarısından sonra açık barlar, lokantalar, sokakta dolaşan insanlar ve çok şükür kadınlar vardı. Venedik'se, gece bataklıkta yatan kör bir canavardı, kapalı pencerelerinden ışık sızmayan bir sessiz gemi. Arabalar da vardı Mestre'de, neonlar ve asfalt caddeler. Lagünden esen rüzgâr yosun, iyot, tuz kokuyordu. Arabada fuhuş yapan uzun bacaklı kızların etekleri savruluyordu gecede. Hayır savrulmuyor, alacalı resimler gibi hışırdıyordu. Daracıktılar çünkü, davetkâr kalçalara yapışmışlardı. Gerçekte savrulan Kâmil Uzman'ın yaşamıydı. Giovanni Bellini'nin Madonnalarıyla karanlıkta bir yüz savrulup gidiyordu işte. Bodrum katındaki sarhoş sofrası, yatılı okulun karanlık koridorları boyunca sürüklediği yalnızlık, yatakhanede kurduğu hayaller savrulup duruyordu rüzgârda. İstanbul'da sabaha karşı, duvarları manzara resimleriyle kaplı bir apartman katının Boğaz'a açık penceresi pervaza vuruyordu. İçeride, soluğu anason kokan çıplak kadının yanına uzanmış uykuyu bekliyordu Profesör Uzman; uykunun onu alıp götürmesini, derin bir suya, bir tablonun karanlık fonundan fışkıran ışığa doğru çekmesini bekliyordu. Önce ıslak, kaygan bir boşluğa düşsün bedeni, karanlık, dipsiz kuyuda yol alsın, sonra ışığa kessin her yer, o yoğun ışıkta eriyip gitsin bir daha yeryüzüne çıkamadan; bu uzun, el yordamıyla yürüdüğü yola kaldığı yerden devam edemeden, öyle yalnız, tek başına.

Kızlardan birine yaklaşıp fiyatını sordu. Gülümsedi kız. İki eliyle araba sürer gibi yaptı. Kâmil onun "Araban yoksa olmaz bu iş" demesini beklemeden uzaklaştı, bir başkasına yöneldi. Ondan da benzer bir yanıt alınca keyfi kaçtı. Üçüncüsüne yanaşmadan önce keyfinin de fazla başıboş kaldığını, fırtınada kentin rıhtımlarını döven, duvarlar ile köprülere saldıran deniz gibi bir gidip bir geldiğini düşündü. "Arabam yok, ama param çok!" dedi kıza. Yüksek topuklu ayakkabılarına rağmen ufak tefek görünüyordu. Çelimsizdi biraz, öbürlerinden de daha yaşlıydı. Göğüslerinin gövdesine oranla iri olduklarını fark edince sevindi Kâmil. Üstelik esmer ve ince belliydi. Ağzı da güzel sayılırdı, kırmızı ve kocaman. Kız, "Olur" dedi, "istersen şu ağacın arkasında yaparız." Birlikte yürüdüler. Ağacın arkası yeterince karanlık değildi. Caddeden geçen arabaların farları gündüz gibi aydınlatıyordu ortalığı. Bir sokağa saptılar, sonra bir başka sokağa. Sokağın bitimindeki boş arsanın duvarına geldiklerinde, Kâmil kadının eline elli bin liret tutuşturup sırtını duvara dayadı. Bir eliyle önünde diz çöken kadının göğüslerini okşarken öbür eliyle pantolonunun düğmelerini çözdü. Soğuk gecede kızgın bir demir çubuk gibi dikildi erkeklik organı. "Bu bokun azı azdırır çoğu sızdırır" gibisinden bir şeyler geçti zihninden. Bir gece, sızmadan önce babası mı söylemişti, bir yerde mi okumuştu yoksa; çoğu da azdırıyormuş demek! Kadın alesta beklerken Kâmil onun gözlerine baktı. Kapkaraydı. Sonrasını pek iyi anımsamıyor. Sonrası biraz belirsiz. Hâlâ sarhoş, sendeleyerek kendini bir taksiye attığında cebindeki tüm paranın çalındığının farkına varacak sonradan. Ama sonradan.

Beşinci bölüm

Oda karanlık, her iki pencerenin kepenkleri de kapalı. Dün gece geç vakit, Piazzale Roma'da bir bankamatik ararken de her yer böyle karanlıktı. Gazete bayilerinin hemen arkasında, kanala bakan bir banka buldu, kredi kartıyla para çekip taksi şoförüne borcunu ödedi. Sonra bankanın önündeki boş alanda, kapalı parkın karşısına oturup bir puro yaktığını, gecenin sessizliğinde Venedik'in ışıklarını söndürmüş bir gemi gibi açık denizde yol aldığını, neyse ki limandan ayrılırken gemiye son anda yetişebildiğini anımsıyor. Evet bir gemide şimdi. Kamarasına kapanmış denizin hışırtısını dinliyor. Ya fırtınaya tutulup batarsa gemi! Pencerelerden içeriye su dolmaya başlarsa! Öyle yavaş yavaş, *aqua alta* geldiğinde kapıdaki tahta perdenin altından sızarak değil, pencere camları ile tahta kepenkleri bir anda tuz buz edip odaya saldırırsa deniz, onu böyle savunmasız, yatakta çırılçıplak boğarsa. Yan bölmedeki pompa da bir işe yaramaz o vakit. Önce eşyalar savrulur; soba, sandalyeler, masanın üzerinde açık duran dosyalar ile notları. Sonra, kitapları alıp götürür su, yatak tavana doğru yükselmeye başlar. Ya da tavan üstüne çöker o nefes almaya çabalarken.

Gözlerini tavanın kirişlerine dikmiş, karanlıkta olmadık şeyler düşünüyor. Nedense kendine şiddetli bir ölüm yakıştırıyor, beklenmedik bir son. Oysa Venedik'te yaşanacak güzel günler var daha. Bugün değilse de yarın, Mestre'de olup bitenleri unuttuktan sonra, Correr'e gidecek yine. Orada, resimdeki kadına gülümseyecek. "Günaydın! Özledim sizi Caterina." Sahi adı ne olabilir kütüphaneci kızın? Mutlaka Caterina'dır, Azize Caterina'ya benzediğine göre. Ya da Caterina Cornaro, on altısında dul kalan kraliçe. Ona, Giovanni Bellini'nin resmindeki azizeye tıpatıp benzediğini, ressamın gerçekte Venedikli bir soylu kadını model almış olabileceğini söylemeli. Tanışmak için ne güzel fırsat! Evet, bugün değilse bile yarın mutlaka gitmeli kitaplığa, ona bu benzerliğin nedenini sorup geçmişini, Venedikli bir aileye mensup olup olmadığını öğrenmeli.

O gün evden dışarıya çıkmadı Kâmil. Kepenkleri de açmadı. Karanlıkta bir süre yattı, sonra lambayı yakıp kitap okudu. Okumaktan sıkılınca da kalktı çiçekleri suladı. Akşama doğru karnı acıktı. Ev sahibi, eksik olmasın, ağzına dek doldurmuştu buzdolabını. Canı uzun uzadıya yemek yapmak istemedi. Dolaptan mozzarella peyniri ile domates çıkardı, kendine zeytinyağlı, kekikli, güzel bir salata hazırladı, bir de Parma jambonu dilip tabağa serdi. Jambon öylesine inceydi ki, tabağın mavisi görünüyordu altından. Kırmızı şarap da çıkardı, ama yemekte şişeye dokunmadı. İçkiyi fazla kaçırmamaya kararlıydı. Karnını doyurduktan sonra, İstanbul'daki bir meslektaşına mektup yazmak için masaya oturduğunda dayanamadı, kahveyle birlikte bir küçük kadeh *grappa*'yı yudumlayarak içti. Sonra bir tane, bir tane daha. Dördüncü kadehi bir dikişte bitirdi. Bu soğukta insanın içini ısıtıyordu *grappa*, zihnini açıyordu.

O zihin açıklığıyla uzun bir mektup yazdı meslektaşına. Gentile Bellini üzerine araştırma yapmak için geldiği Venedik'te kardeşi Giovanni Bellini'nin Madonnalarını nasıl keşfettiğini, bu rastlantının onu derinden etkilediğini, hani nasıl derler –"can evinden vurulmuş gibi" mi?– sarsıldığını uzun uzadıya anlattı.

Alkol iyice açmıştı belleğini. Yazdıkça İstanbul'da geçen çocukluğunu anımsadı. O bodrum katındaki mutsuz yılları. Babası, içki sofrasında arkadaşlarıyla, kimi zaman da eve getirdiği kadınlarla birlikteyken o yatak odasına sığınır, orada, lambanın çiğ ışığında okurdu. Ta ki babası sallanarak gelip okumanın yarar ve zararları konusunda nutuk atmaya başlayana kadar. Onu daldığı kitabın dünyasından kopardığı için öfkelenmezdi babasına; annesi öleli beri yatağına başka kadınları, çoğu kez de mahallenin orospularını aldığı için de gücenmezdi. Ama sofaya kurulan çilingir sofraları, bitip tükenmek bilmeyen sarhoş muhabbetleri, tartışmalar, sonra sabaha karşı, herkes gidip ortalık yatışınca eve çöken o iğrenç anason kokusu. Kim derdi ki çocukluğunda nefret ettiği bu koku bir gün onun da yaşamına girecek, babasının deyimiyle "adına benzeyen" olgunluk yıllarının sadık dostu olacak. O da, sirozdan ölen babası gibi, kırkından sonra sarhoş yatağında bir gecelik kadınlarla sabahlayacak. Kâmil, ilkokuldayken bile, odasında ışık hiç sönmesin isterdi. Annenin anısı öylesine yakın, o denli gerçekti ki... Lamba söner sönmez üzerine eğilip alnından öpecek onu, hâlâ yaşıyormuş, yıllar önce ölüp biricik oğlunu terk etmemiş gibi kulağına yumuşacık dua sözleri fısıldayacak. "Sahi ne diye öldün bir kış akşamı, beni yatağımda böyle yalnız, çekili perdenin ardında kıpırdayan gölgelerle baş başa bırakarak ne diye öldün sanki! Bak burada, Venedik'teyim işte. Daracık bir odada yapayalnız. Lambayı söndürünce gel eğil üzerime, alnımdan, yanaklarımdan öp. Gözlerini kaçırma benden, hâlâ çok seviyorum seni, yakınlığını çok özlüyorum. Bakışlarını kaçırma ne olur, doyamadım sana. Ama inan çok darıldım!" Kâmil'in gücendiği tek insan hayal meyal anımsadığı annesiydi, sarhoş babası değil. Belki çıkıp gelir, kapadığı kapılardan görünür diye uzun süre belli etmemişti annesine olan dargınlığını.

Derken bu dargınlık yerini çaresizliğe bırakmıştı. Onu bekleyecek kadar bile tanımamıştı ki! Yıllar sonra çocukluğunun bodrum katı kadar karanlık bir stüdyoda böyle birden içine dolan, alıp götüren özlem, Giovanni'nin Madonnalarıyla karşılaşınca onulmaz bir boşluk duygusuna yol açmıştı, annenin yokluğunu yeni fark etmiş gibi kahreden bir duyguya. Bir fotoğrafı olsa bari, albümün köşesinden baksa ona, gözlerini bir an bile kaçırmasa. Ama tek bir fotoğrafı bile yoktu annesinin. Belki vardı da şeytan alıp götürmüş, sattığı için getirmemişti. Şimdi, bu yalnız Venedik gecesinde, dua fısıldayan dudaklar kıpırdadıkça karanlığa çiziliyordu yüz, sesten biçime dönüşüyordu.

Resme başladığı günler geldi aklına. Gerçekte dışarıya, açık havaya çıkma isteğiydi onda bu manzara merakına yol açan. Uzun yıllarını yatılı okulda geçirmişti, çocukluğunuysa bir bodrum katında. Kâmil'e öyle geliyordu ki aradığı ışık, paletindeki renkler, ne yazık ki göz açıp kapayana dek geçip giden o güneşli pazar sabahları, çocukluğundaki karanlıktan, ergenlik çağı boyunca dar yatağında uykuyu beklerken yatakhanenin tavanından buz tutmuş camlara doğru yayılan gece lambasının kör ışığından bir öç almadır. Ya da tüm bunlara, şimdi anımsayamadığı, geçmişte kalmış, bilinçaltının derinliklerinde yatan tüm karanlık mekânlara, o belirsiz, loş yerlere, çıplak kadın gövdeleriyle birleşilen basık tavanlı odalara, güneş görmeyen avlulara, hep geceyarısı dolaştığı köhne, ahşap evlerin İstanbulu'na bir misillemedir. Evet, askerî terimle söylemek gerekirse, biraz geç kalmış bir misilleme, bir karşı taarruz. Kâmil birçoğunu neredeyse ezbere bildiği Akdeniz limanlarının güneşli sokaklarında dolaşır, bazen de öğle uykusuna yatmak için perdeleri çekerken, birkaç günlüğüne kiraladığı tatil evinin geniş, ferah salonuna vuran yakıcı ışıkta ya da sehpasını kurduğu bir çayırda, peşini bırakmayan, nereye gitse onu izleyen bir karabasanı, bir ilk karanlığı içinde taşıdığını, belki de hayattaki tek yükünün sehpası ile boyaları, dosyaları ya da o eski bavulu değil bu karanlık olduğunu biliyordu.

Yarısı çoktan geride kalmış, yoksunluk ve yolculuklarla, geçici aşklarla yaşanmış bir ömrün yalnızlığında aradığı pek fazla bir şey de yoktu zaten. Belki bir sıcaklık, gidorok azalan dostluklar ve kadınların ilgisi. Bazen, resmî bir kurum ya da zengin bir vakfın davetlisiyken lüks otellerin konforlu, büyük odalarında kaldığı da oluyordu. Banyoları bile, yıllarını tükettiği, tuvaleti dışarıda, çatı katındaki öğrenci odalarından –nedense "hizmetçi odası" deniliyordu Paris'te yoksul gençlerin barındıkları bu yerlere– daha büyüktü bu otel odalarının. Daha sıcak, daha aydınlıktı. Belki de, denize ya da bulvara bakan büyük pencerelerinden aynalarına vuran ışık nedeniyle öyle geliyordu Kâmil'e. O aynalardı sevişmek isteğiyle girip küvetlerinde doyuma vardığı banyoları büyüten. O aynalardan silinen nice görüntü, içkiyi fazla kaçırdığı geceler zihnine üşüşüyordu. Önce kendi görüntüsü beliriyordu çırılçıplak, tüylü ve göbekli. Gençlik fotoğraflarına inat, o fotoğraflardaki incecik beline, omzuna dek inen saçlarına, bir teline bile ak düşmemiş sakalına inat, hantal görünüşüyle aynayı boydan boya kaplıyordu. Kâmil, elini erkekliğine götürüp okşamaya başladığında, tavandan sarkan bir un çuvalı gibi ayakta dikiliyordu. Yüzü de bembeyazdı, gözlerini hafif kısmış, kendini hazzın gerilimine bırakmış, bir maskeli baloda titreyerek dans edercesine. Ve mor, karga burnuyla soluyup duruyordu. Gentile'nin portresindeki Fatih'in kemerli, uzun ince burnuna benzetirdi bir zamanlar kendi burnunu. Ama artık, içkinin ve yılların etkisiyle genişleyip yayvanlaşmıştı burnu. Körpe bir patlıcanı andırıyordu o böyle küvette dikilmiş doyuma varmaya çabalarken. Neyse ki, epeydir sakalını kestiğinden etli, güzel dudakları da ortaya çıkıyor, ablak yüzü yalnızca çirkinliğiyle belirmiyordu aynada. Hem acı patlıcanı kırağı çalmaz, bu biçimsiz, mor burundan fazla bir hayır gelmese de! Zihnine başka görüntüler de takılıyor, geçmişin anıları dalga dalga vurdukça Göksu'daki karabataklar gibi alçalıp yükselmeye başlıyorlardı. Genç kadınların esmer gövdeleriydi çoğu. Ne bakışları vardı ne yüzleri. Tombul memeler ile ıslak apış aralarından ibarettiler. Ve Kâmil Uzman, eli erkeklik organında, onları anımsadıkça aynanın karşısında doyuma varıyor, sonra küvetin bir köşesinde sızıp kalıyordu. Ne var ki, bir süredir aynalar boşalmıştı. Zihninde olup bitiyor gibiydi her şey. Sanat tarihi profesörü, sabah tıraş olurken yalnızca kendi bakışlarıyla karşılaşıyor, bir suçlu gibi ezik, ancak kendi yüzünü görebiliyordu.

Mektubu yazıp bitirdiğinde *grappa* şişesini çoktan yarılamıştı. Uykusu gelmezdi artık. Ama dışarıya çıkmak, Venedik'in ıssız, dar sokaklarında dolaşmak da istemiyordu. Bu saatte gidebileceği ne bir kahve vardı ne de bir bar. Bir ara casino'ya gitmeyi düşündü, ama hemen caydı. Ömründe bir kez kumar oynamış ve tüm maaşını kaybetmişti. Kumar gibi içkiye de tövbe etse, edebilse! Bir düzene koysa artık yaşamını. Aklı başında meslektaşları gibi evlenip çoluk çocuğa karışsa, gecenin bu saatinde, yabancı bir kentte *grappa*'ya talim etmese sabaha dek, ya da Mestre'de karanlık bir duvar dibinde... Onun da bir yuvası olsa!

Kederli bir gülümseme yayıldı yüzüne, ama kendini hemen toparladı. Yuvayı yapan dişi kuşmuş, o bir güvercin miydi ki yuva kursun kuytuya, hacı baba leylekler gibi bir bacanın üzerinde eşini beklesin, onunla kanatlanıp sıcak ülkelere, ta Arabistan çöllerine dek uçsun kış gelince, Mekke'ye gidip hacı olsun? İçki, belli bir dozdan sonra mizah duygusunu artırıyordu. Masa başında sızıncaya dek içti. Yine de dinç uyandı ertesi gün. Venedik'e geldiğinden bu yana ilk kez dizkapağındaki ağrıyı hissetmedi. Demek ki içmesi gerekiyordu her gece. Şarap, bira gibi mayalı içkilerden vazgeçip rakıya –o da bulunmadığına göre– *grappa*'ya dönüp sağlığına kavuşmalıydı. Neşeyle yüzünü yıkayıp tıraş oldu. Ve o gün her şey, öngördüğü gibi gelişti.

* * *

Correr'de bir ara fırsat gözetip yanına geldi kızın.

– Adınız Caterina değil mi? diye sordu. Kız biraz çekingen:

– Hayır Lucia, diye karşılık verdi.

– Peki ben Caterina diyebilir miyim size?

– Nasıl isterseniz.

– Yanlış anlamayın lütfen. Lucia da güzel bir ad. Ama size Caterina demek istememin haklı bir nedeni var.

– Neymiş o?

– Böyle ayaküstü anlatamam. Vaktiniz varsa çıkışta bir kahvede konuşalım.

Kız duraksadı bir an. Belki de Kâmil'in profesyonel bir çapkın olduğunu düşündü. Ama ona neden ısrarla Caterina demek istediğini de merak ediyordu.

– Peki, ama yalnızca bir kahve içimi.

– Tamam anlaştık. Çıkışta Florian'da buluşalım.

– Orası çok turistik. Üstelik pahalı. Ben başka bir kahve biliyorum.

– Peki istediğiniz yere gideriz. Aşağıda bekleyeceğim sizi.

Kâmil asansörün çıkışında sevinçten uçuyordu. Hayat böyle sürprizlerle doluydu işte. Yeter ki cesaretin olsun. Avludaki heykellerden birinin altında beklemeye başladı. Kız kapıda görününce güneş de açtı. Yine o puslu, kar toplayan kış güneşi. Bir şey söylemiş olmak için:

– Kar mı yağacak dersiniz? diye sordu kıza.

– Hiç sanmam.

– Gerçi Venedik'e ilk kez geliyorum, ama bana kalırsa bu güneş karın habercisi.

– Anlaşılan hava durumuyla yakından ilgilisiniz.

– Benim yaşıma gelince sizin de meteoroloji uzmanı kesileceğinizden eminim.

– Pek yaşlı göstermiyorsunuz. Kaç yaşındasınız peki?

Kâmil bu soruyu beklemiyordu. Daha doğrusu tanışalı on dakika bile olmamışken, kitaplığın avlusunda durmuş böyle havadan sudan konuşurlarken, pat diye yaşının sorulmasından hiç hoşlanmamıştı. İşi şakaya vurdu.

– Yolun yarısında sayılırım.

– Dante gibi mi?

Bu soruyu da beklemiyordu. Biraz uçarı ve hazırcevap da görünse, kültürlü kızdı.

– Evet, dedi, ama yolun yarısındayken kendimi karanlık bir ormanda bulmadım.

– Umarım öyledir. Size doğru yolu gösterecek biri gerekirdi yoksa. Belki bir eş.

– Evliyim zaten.

– Öyleyse bir dost. Her neyse, bana neden Caterina dediğinizi söylemeyecek misiniz?

– Sabredin biraz. Önce kahveye gidelim.

– Çok vaktim yok. Bir kahve içimi demiştik.

– İtalya'da bir kahve içimi saniyelik iş. Bir cappuccino içimi diyelim.

– Peki öyle olsun.

Kız, doğrusu pek hoşsohbetti. Tahmininden daha cana yakın bulmuştu onu Kâmil. Avludan çıkıp kemerli sütunların altından *Procuratie*'ler boyunca yürüdüler. Campo San Stefano'ya varmadan dar sokakların birindeki küçük kahveye girdiler. Kâmil hemen daha büyükçe bir yere gitmelerini önerdi. Tezgâhın önünde dikilmek istemiyordu. Kız ona, ders verir gibi, her ülkenin gelenekleri olduğunu, İtalyanların kahve içmek için masaya oturmayıp ayakta dikildiklerini, bu kadar güzel İtalyanca konuşan birinin de, yabancı bile olsa zaten bunu çoktan öğrenmiş olması gerektiğini söyledi. Konuşma tarzında bilgiçlik yoktu. İnce bir alay seziliyordu yalnızca. Kâmil ona İstanbul'dan geldiğini, orada bir üniversitede sanat tarihi dersleri verdiğini, araştırma yapmak için Venedik'te bir süre kalacağını, neyse ki Correr'de kendisi gibi üniversite profesörlerinden başka sevimli öğrenciler ile güzel kütüphaneci kızların da çalıştığını bir çırpıda anlatıverdi. Konuştukça cesareti artıyordu. Bu arada Lucia bir kahve ısmarladı, Kâmil de bir cappuccino. Kız, İtalyan usulü, bir dikişte bitirdi kahvesini. Kâmil bir *toscani* yaktı, cappuccino'sunu yudumlamaya başladı. Tezgâhtarın uyarısı üzerine puroyu söndürmek zorunda kalınca keyfi kaçtı.

– Daha uygun bir yere gitsek? Puromu içebileceğim şöyle güzel bir kahveye.

– Hâlâ bana neden ısrarla Caterina demek istediğinizi söylemediniz. Kahvem çoktan bitti oysa.

– Bir tane daha için.

Yanıtını beklemeden kıza bir kahve daha ısmarladı, kendisine de bir *grappa*.

– Haklısınız, diye devam etti sonra, asıl konuya gelelim. Ama öylesine cana yakınsınız ki... Bu güzel sohbet hiç bitmesin isterdim...

– Yalnızca sanat tarihçisi değil iyi bir strateji uzmanına da benziyorsunuz.

– Soyadım Uzman zaten, ama hangi stratejiden söz ettiğinizi pek iyi anlayamadım.

– Elbette anladınız. Hadi fazla sabrım kalmadı artık.

Kâmil ona, Venedik'e geldiği günün ertesinde Accademia'ya gittiğini, Giovanni Bellini'nin Madonnalarına bakarken *Kutsal Söyleşi* adlı tablonun dikkatini çektiğini, çünkü belki onun da bildiği gibi Cem Sultan'ın tasvir edildiği Vatikan'daki bir freskte... Kestane rengi gözlerini Kâmil'e dikmiş ilgiyle dinliyordu kız. Kâmil onun resme meraklı olduğunu anlayınca sevindi, *Kutsal Söyleşi*'deki Azize Caterina'ya tıpatıp benzediğini, oysa Caterina'nın Vatikan'daki freskte büyük bir olasılıkla Lucrezia Borgia'nın gerçek yüzüyle resmedildiğini, buna karşılık Giovanni'nin modelinin XV. yüzyılda yaşamış Venedikli bir kadın olması gerektiğini, bu kadının soy kütükleri incelendiğinde belki de...

– Sözünü ettiğiniz tabloyu hiç görmedim, diye kestirip attı Lucia.

– İsterseniz hemen şimdi gidip görebiliriz. Bugün Accademia geç saate kadar açık.

– Ne yazık ki vaktim yok. Hadi hoşça kalın. Kahve için teşekkürler. *Ciao ciao*!

Kâmil elinde sönük purosuyla öylece kalakaldı. Kızın böyle ansızın çekip gitmesine bir anlam verememişti. Ne güzel konuşuyorlardı işte. Ne yapacağını bilemedi bir an, yutkundu. Bir *grappa* daha söyledi. Giderek kalabalıklaşan kahvenin tezgâhına yaslandı, günün başladığı gibi bitmediğine üzüldü. Bundan fazlasını beklemiyordu gerçi, yine de bir süre daha konuşabilirler, belki yarın akşam yemeği için sözleşebilirlerdi. Neden yalancıktan evliyim demişti sanki. Belki de kız, çoğu genç kadının tersine, evli erkeklerden hoşlanmıyordu. Her neyse, başladığı gibi bitmemişti gün, ama kötü bittiği de söylenemezdi. Hem gece yeni başlıyordu daha.

Kahvede ışıklar yandı. Çevresini saran geveze kalabalıktan birden sıkıldı Kâmil. Hesabı ödeyip çıktı. Çıkar çıkmaz da kar başladı.

Jacopo

Bir kalaycının oğluydu Jacopo. Zaten Rönesans'a damgasını vuran ünlü ressamların çoğu zanaatkâr ailelerin çocukları değil miydi? Uccello bir berberin oğluydu, Lippi bir kasabın, Carpaccio sepicinin, sonradan Bellini ailesine damat olacak Mantegna ise bir marangozun oğlu. Yoksuldular. Bir *maestro*'nun yanına çırak girdiklerinde atölyeyi silip süpürmek, ateşi yakmak, boyaları kardıktan sonra bulaşığı yıkamaktı işleri. Bir prensin sarayında çalışırken bile fazla kabul görmüyor, yemeklerini uşaklarla birlikte mutfakta ya da ahırda yiyorlardı. Yüzyılın ikinci yarısından sonra durumları biraz değişecekti gerçi; Jacopo, Scuola di San Giovanni Evangelista'nın en saygın üyeliğine yükselip uzun süre Ferrare Markisi Lionello d'Este'nin konuğu olacak, oğulları Gentile ve Giovanni "Pictor Nostrii Dominii" yani devlet ressamı unvanını taşıyacaklardı. Gentile, ki Kâmil Uzman araştırmasını asıl onun üzerinde yoğunlaştırmak istiyordu, daha da ileri gidip İmparator III. Ferdinand'ın verdiği "Kont Palatin" nişanına Fatih'in bağışladığı "Bey" unvanını da ekleyecekti sonradan. Ama başlangıçta tümünün alçakgönüllü, bir *bottega*'nın çalışma düzenine adanmış hayatları vardı. Venedik Cumhuriyeti sanata önem verdikçe, onların yapıtlarında kendi görkeminin, gücünün, kara ve denizdeki egemenliğinin farkına vardıkça toplumda saygınlık kazandılar. Yanık söğüt dalından kalemleri, domuz kılından fırçaları, bitki kökleri ile topraktan, meyve suları ile yumurta akından, kemikler ile dağ taştan bin bir zahmetle elde ettikleri boyalarıyla kotarılmış tablolarına yaratıcı dehalarını kattılar. Ve birbirinin içinden çıkan Rus bebekleri gibi çoğaldılar.

Jacopo baba mesleğini öğrenecek yerde San Marco Bazilikası'na gidip eski Bizans mozaiklerini seyrediyor, bütün zamanını kubbeler ile duvarları ışıl ışıl kaplayan o altın parıltısında geçiriyordu. Eğer öyle yapmasaydı hiç kuşku yok ömrü kap kacak kalaylamakla geçecekti, perspektif çalışmalarıyla değil. Murano camıyla kaplı mozaikler de, pencerelerden vuran ışığı emmeden göze yansıttıklarından pırıl pırıldılar. Kilise geceleri de aydınlatılıyordu. Binlerce mum ışığında sarı, yeşil, mavi, beyaz, kırmızı küçük parçacıklar bir araya gelip evrenin oluşumunu, Âdem ile Havva'nın Cennet'ten kovuluşlarını, dev kanatlı meleklerin önünde oynanan İsa ve havarîlerinin otuz altı kısım tekmili birden serüvenini ve elbette Nuh'un gemisine sığınan hayvancıkların öyküsünü anlatıyorlardı...

Venedik Cumhuriyeti'nin simgesi aslandı başrolde. Nuh Peygamber kırmızı ibikli çil horozların, paytak ördekler ile kibirli kazların, yeşil tüylü geveze papağanların arasında gemiye iki tavus kuşunu yerleştirirken, kocaman boynuzlu mandalar ile uzun kulaklı tavşan sürüsünün içinden çekip çıkardığı bir aslancığı okşamayı da ihmal etmiyordu. Bir zamanlar Roma İmparatorluğu'nun arenalarında Hıristiyanları paramparça eden aslanlar San Marco Bazilikası'nın mozaiklerinde nasıl da uysal, yumuşak, cana yakındılar! Evcil kediler gibi sıvazlanmaktan, okşanıp şımartılmaktan hoşlanıyorlardı besbelli. Zaten Aziz Marcus da Mısır çöllerinde onlarla düşüp kalkmamış mıydı kafası kesilmeden önce! Ve tufan olup dünyayı sel basanda, günahkârlar dalga dalga köpüren mavi-beyaz mozaik denizinde boğulup telef olanda, gemiden salınan beyaz güvercinin ardından karaya ilk ayak basan onlar değil miydi!

Jacopo yalnızca hayvanların değil insanların da başlarına gelenleri okuyabilirdi kilisenin duvarlarında. Kutsal yapı, kalaycı oğlunun önünde açılan rengârenk bir kitaptı. Bakıp da görmesini bilene nice öyküler anlatan, dersler veren sonsuz bir derya. Bu kitabı yazanlar da, başta Aziz Marcus olmak üzere, tonozların altında yerlerini almışlardı. Venedik'in koruyucusu, taht kadar görkemli bir koltuğa oturmuş, İncilini yazmaktaydı. Daha doğrusu, "Yahya devetüyü giyinmişti; belinde deriden kuşağı vardı, çekirge ve yaban balı yerdi" cümlesinden sonra bir an ara vermişti yazmaya, dirseğini parşömenin üzerine dayamış, başı sağ elinde dalıp gitmişti. Daha başlangıçta böylesine ayrıntılara girerse nasıl bitirecekti öyküsünü? Nasıl anlatacaktı insanlara İsa'nın işlerini? Parmaklarının arasından uzayan kamış, başındaki kırmızı-yeşil halenin sınırına değiyordu. Eski kaynaklarda belirtildiği gibi azizin burnu uzun, kaşları inik, saçları önden dökülmüştü. Sağ köşede yanıp sönen İskenderiye Feneri'ni, kentin surları ile kulelerini, masanın üzerinde unutulmuş o küçücük ibriği bile görebilirdi Jacopo. Aşağıda, omzundaki damacanadan yeryüzüne Fırat'ın suyunu boşaltan yarı çıplak, sakallı adamı saatlerce seyredebilirdi. Öbür köşelerdeki İncil yazanlar da görülmeye değerdi elbet, ama müstakbel ressamın gözünde Aziz Marcus'un yeri başkaydı. Azizin, İncilini bitirip Pietro'nun onayını aldıktan sonra İskenderiye'ye gelişi, orada aslanlarla halleşip kaynaştıktan, ağzından bal akarcasına verdiği o tadına doyulmaz, inandırıcı vaazlardan sonra Neron'un askerlerince yakalanıp öldürülüşü, asıl önemlisi de öldükten sonra başına gelenler yakından ilgilendiriyordu Jacopo'yu. Marcus'un cesedinin iki Venedikli tüccar tarafından İskenderiye'den kaçırılıp bu kilisenin yapıldığı yere gömülmesi bir efsane değil, kalaycı oğlunun gerçekten inandığı bir olay, ayrıntılarını *Legenda Aurea*'dan bildiği bir öyküydü. Yoksa yüzyıl sonra, büyük oğlunun başlayıp küçüğünün tamamladığı o koskocaman tabloda, Aziz Marcus vaaz verirken onu dinleyen halk ve kentin mimarîsi böylesine mükemmel, bu denli ayrıntılı, ama o ölçüde de fantezist bir biçimde betimlenebilir miydi? Evet, kilisenin sürekli değişen, renkten renge giren mozaiklerinin parıltısında Marcus'un ölümden sonraki yaşamını hayalî bir serüvene bakar gibi izlemişti Jacopo. İskenderiye'den çalınıp Müslümanların denetiminden saklanmak için tuzlanmış domuz butlarının altına gizlenen cesedin kaçırılış öyküsünü, azizin adını taşıyan kilisenin duvarlarından öğrenmişti.

Bir köşede yelkeni toplanmış, bordasına iplik iplik yeşil dalgaların vurduğu gemi kayalara bindirmek üzereydi. Aziz Marcus arka güvertede ayakta durmuş, fırtınalı denize meydan okur gibiydi. Oysa aşağıda, depoda olması gerekmiyor muydu, domuz butlarının altına uzanmış bir ceset halinde? Jacopo bu soruyu o dönemde yanıtlayamazdı elbet. Bir ustanın yanına çırak olarak bile girmemişti henüz, sonradan çizeceği o ayrıntılı desenlerin, herkesi şaşırtacak gerçekçi yaklaşımın etkisinden çok uzaktı. Belki de, mozaik sanatçısı bir başka efsaneyi resmetmişti duvara; Venedik halkına, parça parça, santim santim, elindeki tüm olanakları kullanarak, sağlığında bu kıyılara geldiği söylenen Aziz Marcus'a bulutları aralayıp "*Pax tibi Marce Evangelista meus*!" diye haykıran meleğin kehanetini anımsatmak istemişti. Pazar ayininde kiliseyi dolduran yorgun tersane işçilerine, cam üfleyenler ile at nallayanlara, balıkçılara, gemici ve tüccarlara, albenili giysileriyle ön sırada yer alan devlet erkânına, kâtipler ile senatörlere, amiraller ile Büyük Meclis üyelerine, hatta bizzat dogenin kendisine varıncaya dek herkese sonunda Tanrı iradesinin gerçekleştiğini, Marcus'un kutsal naaşının artık sonsuza dek burada yatacağını bildirmeyi amaçlamıştı. "Bakın burada yatıyor atamız, İncil yazan ölümsüz Marcusumuz! Enginde gemilerin, savaşta askerlerin, barışta bakire kızların koruyucusu aslan yeleli aziz burada yatıyor işte, bu mermer döşemenin altında!"

O yıllarda Tintoretto ünlü tablosunu yapmamıştı henüz. Jacopo, ansızın patlak veren kasırgada azizi yakmak isteyenlerin telef oluşunu, kargaşadan yararlanan Venedikli tacirlerin çıplak ölüyü bir deveye yükleyişlerini, rüzgârda savrulan giysileriyle kalabalığın beyaz sütunlu kemerlerin altına sığınışını, kırmızı gökte kapkara bulutlar dağılırken ışık ile gölgenin oyununu, bir gün kendisinin de çizeceği "kaçış noktası"na doğru daralan revaklı alanların mimarîsini göremezdi. Bellini ailesinin kurucusu Jacopo'nun çocukken San Marco Bazilikası'nın mozaiklerinde gördüğü, Aziz Marcus'un dalgın bakışları ile kayalara doğru sürüklenen geminin teknesinden ibaretti. Belli ki gece gündüz çalışan, kocaman kıçlı kalyonlar ile hızlı kadırgalar üreten Venedik Tersanesi'nde kalafatlanmıştı bu tekne. Kara kazanlarda kaynayan katranla sıvanıp onarılmıştı. Adriyatik'in en hırçın fırtınaları, en tehlikeli kayalıklar bile bir şey yapamazdı ona.

Serenissimo Cumhuriyeti o devirde Akdeniz'in en güçlü devletiydi. Adriyatik kıyısından Karadeniz'e, İskenderiye'den İstanbul'a bir sürü limanda ayrıcalıkları, depoları, balyosları vardı. Dogeler Sarayı'nın giriş kapısındaki kabartmada aslanın önünde diz çöken Francesco Foscari'nin askerî siyaseti ve bu uğurda kellesini kaybeden komutan Carmagnola'nın cesareti sayesinde, karada Lombardiya'nın zengin kentleri Brescia ve Bergamo'ya dek neredeyse tüm Kuzey İtalya'yı egemenlik altına almış, Avrupa ülkeleriyle iyi ilişkiler kurmuştu. Ticaret gemileri Adalar Denizi'nden Felemenk'e, İngiltere ve Baltık limanlarına doğru yelken açıyor, Canal Grande'ye bakan mermer sarayların depoları Uzakdoğu'dan, ancak Marco Polo'nun ulaşabildiği Çin'den gelen baharat ve porselenlerle, Anadolu çinileri ve Girit şaraplarıyla, kuzeyden gelen bakır, demir, gümüşle, İngiliz kumaşları ve Sibirya kürkleriyle dolup taşıyordu. Yedi deryalar geçen gemilerin flamalarında San Marco aslanının yelelerini dalgalandırıyordu rüzgâr. Ne var ki bu güçlü devlet Floransa gibi parlak sanatçılardan, Paolo Veneziano ile Jacobello del Fiore'nin henüz tümüyle Bizans etkisinden kurtulamamış işlerini saymazsak, görkemini evrenselleştirecek bir resim ekolünden yoksundu. At arabasıyla yarım günlük mesafedeki Padova'da, Scrovegni Kilisesi'ni süsleyen Giotto'nun fresklerinden bile haberi yoktu kimsenin. Oysa Floransalı usta, turkuvaz mavisiyle bezediği fondan kurtarmıştı figürleri; onlara devinim kazandırmış, hayat vermişti. Bir aile öyküsü anlatır gibi resmetmişti Kutsal Kitap'ı. Evet Giotto'nun marifetlerini Venedik bilmiyor, belki de bilmezden geliyordu. Kuşkusuz bu nedenle Gentile da Fabriano ve çırağı Antonio Pisanello'ya başvurmuş, Dogeler Sarayı'nın duvar süslerini onlara yaptırmak istemişti. Her iki ressam da, bazı kaynaklara göre aynı zamanda, bazılarına göreyse değişik zamanlarda Venedik'e geldiler. Ve Cumhuriyet'in görkemine yakışır bir biçimde donattılar Büyük Meclis'in sıvası yeni kurumuş duvarlarını. Gentile ile Antonio'nun marifetlerini bugün seyretme olanağımız yok ne yazık ki. Bir yangında yok olup gitti tümü. Ve Jacopo Bellini de, onların peşine takılıp gitti. Roma ve Floransa'da, ustası Gentile da Fabriano'nun atölyesinde yetişip ünlendikten, çiğ iken Verona ve Ferrare'de piştikten sonra, Venedik'e döndü. Kendi atölyesini kurabilirdi artık. Çok sevdiği ustasının adını büyük oğluna, kızı Niccolosa'yı ise ressam Mantegna'ya verebilirdi. Küçük oğlu Giovanni'ye gelince, bu kızıl saçlı, sessiz, annesi Anna Riversi'ye hiç de benzemeyen garip oğluna verebileceği pek bir şey yoktu baba Jacopo'nun.

* * *

Kâmil Uzman, Jacopo Bellini üzerine aldığı notları San Marco'nun mozaiklerini inceleyen bir makalenin fotokopisiyle birlikte dosyasına yerleştirirken kar başladı. Lapa lapa yağıyordu bu kez. Camın ötesinde gökyüzü simsiyah bulutlarla kaplıydı. Kitaplığın salonunda gün boyu gözleri boşuna Lucia'yı aramıştı. Ne ensede toplanmış siyah saçlar görünmüştü ortalıkta, ne de kitap raflarının önünde gülümseyen o beyaz yüz. Lavanta kokusunu da duymamıştı. Zaten bu soğuk, tatsız havada burnu koku alamayacak kadar tıkalıydı. Sağ dizindeki sızının azalması neyi değiştirmişti sanki! Şimdi de nezle olmuştu işte, yağmurda dolaşmanın, "güneş kar topluyor" gibi meteorolojik kehanetlerde bulunmanın bedelini ödüyordu. Yaşlanmaya başladığını kabullenmeli artık! Havayı bahane edip yorgunluğunu, böyle sürekli bir yerlerinin ağrıyıp sızlamasını Venedik'in nemine, ıslak rüzgâra, *aqua alta*'nın kaprislerine yormaktan da vazgeçmeli. Yaş kemale erdi çoktan. Zaman hızlandı, hareketleri yavaşladıkça.

Belki de, manzara resimleri yaptığı için havayla bunca yakından ilgiliydi Kâmil. Bu sabah, Correr'e gelir gelmez, Lucia'ya "Bakın gördünüz mü Caterina, dün söylemiştim size. Bu güneş aldatıcı, bu güneş kar topluyor demiştim. Sonunda haklı çıktım işte!" diyebilmeyi ne kadar çok isterdi. Ama kız hiç görünmemişti ortalıkta. Kâmil onu uzun süre beklemiş, sonra çaresiz, çalışmaya dalmıştı. Lucia'nın kötü hava koşulları nedeniyle geciktiğini tahmin ediyordu. Demek ki uzakta oturuyor, belki Mestre'de. Oysa kızı, herhalde Giovanni Bellini'nin Caterina'sına benzediği için, eski bir sarayda hayal etmişti. Dar kanallardan birine bakan, sıvası yer yer dökülmüş, görkemini dışarıdan belli etmeyen bir Venedik sarayında. Evet, mutlaka buraya yakın bir yerde oturuyordu. Öyleyse neden gecikmişti peki! Hasta mıydı yoksa! "Güzelim, hazırcevap kızım benim, bir tanem. Hastalanmış yatıyor sarayında Venedikli prensesim..." Bakarsın geliverirdi belki. Elinde kalın ciltli kitaplar, kapıdan yine gülümserdi. O zaman birlikte öğle yemeğine bile çıkabilirlerdi. Şöyle lüks bir lokantanın en kuytu masasında baş başa, dışarıda Venedik'in çatılarına, ıssız alanlardaki kuyulara, mürekkep rengi suya kar yağarken.

Kâmil öğlene dek Jacopo hakkında notlar aldı, bilgi topladı. Lucia'ysa hâlâ görünürde yoktu. Kar dindiğinde biraz umutlanır gibi oldu. Sonra, yeniden yağmaya başladığında, kızdan iyice kesti umudunu. Sanki sözleşmişler de Lucia randevuya gelmemiş gibi kendini terk edilmiş hissetti. Ve okumaya daldı yeniden. Neyse ki kitaplık bugün geç vakte kadar açıktı. Jacopo Bellini'nin biri British Museum öteki Louvre'da bulunan çizim defterlerinin büyük bir olasılıkla Ferrare'de yapıldıklarını bir yere not etti. Dönemin resim tekniklerini, perspektif çalışmalarını içeren bu defterlerin her ikisini de, baba Jacopo vasiyetinde büyük oğlu Gentile'ye bırakmıştı. Gentile de Louvre'dakini İstanbul'a giderken yanında götürüp Mehmed'e hediye etmişti. Bu paha biçilmez yapıtın sonradan nasıl olup da Fransa'ya kadar geldiğini merak ediyordu Kâmil. Merak ettiği bir başka konu da, Jacopo'nun, küçük oğlu Giovanni'ye neden hiçbir şey bırakmadığıydı. Defterlerden Venedik'te kalanı, ancak Gentile'nin ölümünden sonra, o da *Aziz Marcus'un İskenderiye'deki Vaazı* tablosunu bitirmesi koşuluyla Giovanni'ye intikal edebilmişti. İncelediği bir başka belgeden küçük oğlun ailenin tüm mirasından yoksun bırakıldığı, hatta kız kardeşi Niccolosa'nın evlenme törenine bile çağrılmadığı anlaşılıyordu. Anna Riversi, Jacopo'nun piçini kabullenmemişti bir türlü. Yalnızca Anna mı? Ailenin tüm bireyleri dışlamışlardı Giovanni'yi. Mantegna bile onu yıllar boyu en büyük rakibi olarak görmüş, gizliden gizliye kıskanmış, belki de kariyerini engellemeye kalkışmıştı. O da kendi köşesine çekilmiş, öyle sessiz, babası ve ağabeyiyle işbirliği yapar gibi görünse de, acıyla örmüştü kozasını, bir gün Mantegna'nın etkisinden kurtulacağını, Jacopo'dan da, Gentile'den de daha güzel, çok daha mükemmel tablolar yapacağını umarak. Kâmil 1459 tarihli bir noter anlaşmasındaki şu cümleyi not defterine yazdı: "San Lio Mahallesi'nde yalnız yaşayan ressam Giovanni Bellini..."

Ne yazık ki Jacopo'dan pek az yapıt kalmıştı. Bellini atölyesini kuran ressamın, Murano'daki Vivarinilerle amansız bir rekabete giriştikten sonra yaptığı işlerin önemi de hâlâ tartışmalıydı. Bazı sanat tarihçileri çizim defterlerinden yola çıkarak Jacopo'nun çok önemli, hatta dâhi bir sanatçı olduğunu öne sürüyor, bazılarıysa elde yeterince yapıt bulunmadığından kesin bir yargıya varmaya çekiniyordu. Yetmiş yıllık ömrünü sanata adamış, Nicolas d'Este'nin portresini yapma yarışında Pisanello'yu saf dışı bırakıp büyük ödülü kazanmış Jacopo'dan hangi tarihte yapıldıkları bile belirsiz hepi topu dört yağlıboya tablo kalmıştı. Duvar freskleri ve portre çalışmaları çeşitli yangınlarda yok olup gitmişti. Verona'da Castel Vecchio Müzesi'ndeki *Aziz Hieronymus*'un dışındaki öbür üç tablo, Jacopo'ya atfedilen, ama onun yapmış olduğu kesinlikle kanıtlanamayan diğer on tablonun çoğu gibi Madonnalardan ibaretti. Baba da, sonradan küçük oğlunun fırçasıyla ölümsüzlük kazanacak, tüm dünyada hayranlık uyandıracak "Meryem ve çocuk İsa" konusunda kendisini sınamış, anlaşılan pek de başarılı olamamıştı.

Kâmil geçen gün Accademia'da gördüğü, küçük oğulun Madonnalarının yanına asılmış Jacopo'nun iki tablosunu anımsadı. İlkinde Meryem başını hafif yere eğmiş, belirsiz bir noktaya yöneltmişti bakışlarını. Çocuk

İsa da, tüm gövdesini örten koyu kırmızı giysisiyle sırtını Meryem'e dayamış, ilk bakışta fark edilmeyen çiçek işlemeli bir minderin üzerinde oturuyordu. Nedense bir meyve –armut ya da elma, belki bir küçük kavun– tutuyordu sol elinde. Sağ elini, tabloya bakanı takdis eder gibi yukarıya doğru kaldırmıştı. Anne ile çocuğun arasında hiçbir sevgi bağı, bir şefkat iletişimi yoktu sanki. İsa, Meryem'den bağımsız, tek başına ve güçlüydü. Siyah bir sandalet geçirmişti sol ayağına. Yere, sol köşedeki meşin ciltli, kırmızı kitap kadar sağlam basıyordu. Bakışları da canlıydı, öyle kararlı, kendinden emin. Annenin ne güvencesine ne de yakınlığına gereksinimi vardı. Sonra neftî fondaki meleklerin başları ile Meryem'in mantosunun rengi neredeyse birbirinin aynıydı. Küçük sarı çizgiler olmasa fark edilmeyecek kadar siliktiler. Belli ki renk karşıtlığını, gölge ışık düzenini gerektiği gibi kuramamıştı ressam. Çocuğun altında duran minderin ayrıntıları, annenin mantosundaki kırışıklar ustaca çizilmiş, özenle işlenmişti belki, ama tablo tümüyle dramatik duygudan yoksundu.

Öbür tablodaysa Meryem kollarında sıkıca tuttuğu İsa'ya bakmaktaydı. Çocuk ile anne birbirlerine çok yakındılar bu kez. Hatta çocuk, çıplak ayaklarını annenin sağ koluna dolamış, bir elini göğsüne ötekini çenesine doğru uzatmıştı. Arsızca yüzünü okşar gibiydi Meryem'in. Ama tablonun tüm yüzeyine yalnızca mavi ve kırmızı renkler egemendi. Çocuğun çizimi de aceleye getirilmişe benziyordu. Hem çocuk ne kadar da çirkindi öyle, annenin güzel, düzgün yüzüyle tam bir çelişki içinde. Meryem'in parmakları da, doğrusu pek biçimsizdi. Uzatmaya ne gerek, dışlanan oğul Giovanni'nin kendi dramını yansıtan, gerçek annenin özlemiyle yapılmış

Madonnalarının yanında epeyce sönük kalıyorlardı. Jacopo'nun annesi ölmemişti ki! "Sizin hiç anneniz öldü mü?" diye içinden bağırmak geldi Kâmil'in. Kendini güç tuttu. Jacopo, çocukken, yiten anneyi yalnız yatağında hiç beklememişti ki! Giovanni'ydi şefkatten yoksun bırakılan, belki de annesi evden kovulan, ömrü boyunca onu her gün biraz daha çok özleyen. Onun için Madonnaları böyle duygulu, bu denli etkileyiciydi, birbirine sarılmış anne ile çocuğun ardında güneş batar, akşam olur, doğaya yumuşak, tatlı bir ışık düşerken.

İşte böyle, sonunda oğul öcünü almıştı babadan. Ona hayat veren, verirken de anneden yoksun bırakan Jacopo'yu aşmıştı. Yaşamda kaybedenin sanatta her zaman kazandığını düşündü Kâmil. Ve akşama dek baba ile oğul arasındaki ilişkinin gizini çözmeye çalıştı. Kitapların yazdığı gibi gerçekten saygı ve sevgiye dayalı bir ilişki miydi acaba, yoksa ifadesini Madonnaların o kederli, suçlu bakışlarında bulan bir nefret mi? Eldeki bulgular ne yazık ki bu soruya kesin yanıt verecek kadar yeterli değildi. Kimdi Giovanni'nin gerçek annesi? Jacopo evlenince bu günahkâr kadını kovmuş muydu evden; Anna Riversi, Gentile'den sonra günah çocuğunu da emzirmiş miydi, yoksa çocuk memeye saldırdıkça, tablolardaki Meryem gibi dışlamış mıydı onu; "İşte bakın ve Jacopo'nun bu arsız piçini sevmediğimi, ondan refret ettiğimi görün" der gibi yüz mü çevirmişti? Çocuk belki de tanıdığı, kovulmadan önce az bir süre için de olsa sıcaklığını duyumsadığı gerçek anneyi onun için mi böylesine çok, bu denli acıyla özlemişti? Kim bilir daha neler olup bitmişti Bellinilerin hayatında? Kaynaklar onların yalnızca yapıtlarıyla ilgili bilgi veriyor, yaşamlarını es geçiyorlardı. Her neyse, aslında yapıtlardı önemli olan, ama onların çoğu da yok olup gitmişti. Kâmil "Kalanları görebilsem bari" diye geçirdi içinden, "özellikle de Gentile'ninkileri". Ama Giovanni peşini bırakmıyordu bir türlü, hangi belgeye el atsa, nereye gitse, Alaaddin'in sihirli lambasından çıkar gibi karşısına dikiliyordu.

Akşama dek çalıştı. Kitaplıkta kendisinden başka kimse kalmayınca da hemen kalkmadı yerinden. Masanın ışığını söndürüp bekledi. Önüne darmadağın saçılmış kitaplardaki resimlerin renkleri soldu, harfler karardı. Bir süre karanlıkta pencere camına gelip duran Venedik akşamını seyretti. Giudecca Kanalı bomboştu. Ne bir *vaporetto* vardı geçen ne de bir yolcu gemisi. Karşı kıyıda evlerin ışıkları çoktan yanmıştı. Kar yağmaya devam ediyordu. Bir an önce eve dönüp hemen yatağa girmek, büzülüp tortop olmak istedi. Çocukluğunun soğuk ve yalnız gecelerindeki gibi camlar buğulanırken yatakta uykunun gelmesini beklemek. Ne yüzünü hayal meyal anımsadığı annenin geri döneceği vardı ne de Lucia'nın. Birden, kızın adının İtalyanca'da ışık anlamına geldiğini anımsadı. Yarın ona "Demek ben haklıymışım Caterina" diyecekti, "güneşin kar topladığını nasıl da bildim!"

Altıncı bölüm

Sabah kötü uyandı. Gördüğü düşün etkisiyle canı yataktan kalkmak istemedi uzun süre. Düş değil düpedüz bir karabasandı. Ne yapmaya çalışsa son anda bir engel çıkıyordu. Öğle sıcağında dut ağacının gölgesine uzanmış kitap okurken kurtlar dadanıyordu yapraklara. Bir anda tüm yaprakları yiyip bitiriyorlardı. Güneş gözlerine vurunca elindeki kitabı bırakmak zorunda kalıyordu. Yüzme havuzunun kenarında kan ter içindeydi. Sarışın bir kadın, yanından hışımla geçip atlıyordu suya. Tam o da atlayacakken su çekiliveriyordu. Bir kadınla yataktaydılar. Kadın esmerdi bu kez, çok güzel bacakları vardı. Sarhoş olmasına rağmen hemen sertleşiyordu cinsel organı. Tam girecekken büzülüp küçülüyordu. Derste birden unutuyordu söyleyeceklerini ya da sözcükler ağzına biriktiğinden konuşamıyordu. Giderek çoğalıyordu sessizlik. Öğrencilerin bakışlarını üzerinde hissediyordu. Neyse ki zil çalıyor, sınıf boşalıveriyordu birden. Apar topar Bebek İskelesi'ne koşuyor, vapuru son anda kaçırıyordu. Evde, yaptığı son resmi duvara asacakken kapı çalınıyor, açtığında kanatlı bir ejderha dalıyordu içeri.

Kâmil hâlâ yataktaydı. Gece boyunca birbirini izlemişti karabasanlar. Bir ara kalkıp su içtiğini, sonra yine uykuya daldığını anımsıyor. Sabaha karşı, sıcaktan olmalı, hep yaz güneşini gördü düşünde, serin, mavi suları aradı. Bir de Boğaz'ın rüzgârını. Belki bu nedenle, uyanıp kendine gelir gelmez, kesinlikle tanımlayamadığı bir özlem kapladı içini. Önce Lucia'yı özlediğini sandı. Bugün gelir mi acaba? Dün gelmediğine göre bugün mutlaka gelir. Kapıdan içeri girince yine o baygın koku sarar her yanı. Kütüphaneci kızın bir eşyasına sahip olmak isterdi, değersiz, küçük bir şey. Lavanta kokan bir fular örneğin ya da file çoraplar. Bu tür çorap giyip giymediğini bile bilmiyordu, onu hep pantolonla görmüştü çünkü. Ne olur kısa bir etek giyse, omzuna salıverse saçlarını, uzun, düzgün bacaklarını üst üste atıp Florian'da tam karşısına otursa. Bir mendile bile razıydı. Elinde kocaman kitaplarla yanından geçerken mendilini düşürse yere, o hemen mendili alıp uzatsa, "İki elim de dolu gördüğünüz gibi, sizde kalsın!" diyerek şeytanca gülümsese kız. Lucia'nın yokluğunda gün boyu mendili koklar, kendini bir lavanta tarlasında hayal ederdi.

Birden kızın parfümüyle ilgili çağrışımın kaynağını buldu Kâmil. Gözünün önüne Akdeniz güneşinde dalga dalga yayılan mor lavanta tarlaları geldi. Oysa dışarıda belki hâlâ kar yağıyordu. Belki de güneş açmış, Büyük Kanal'a bakan sarayların balkonlarında buzlar erimeye başlamıştı. Köprülerden sarkan buzlar da eriyordu belki, San Zaccaria Rıhtımı'na bağlı gondolların koltukları su içindeydi. Kalkıp gece açık bıraktığı sobayı söndürmeye niyetlendi. Oda sımsıcaktı. Pencerelerin camı buğulanmıştı yine. Sobayı söndürse, camın buğusunu silip dışarıya bir göz attıktan, sabah güneşinin kanala vuran ışığını gözleriyle gördükten, kış uykusuna yatmış kentin sokaklarında eriyen karın, saçaklardan sarkan buzların hayal değil gerçek olduğuna kanaat getirdikten sonra kendine bir kahvaltı ziyafeti çekse. Şöyle tavşankanı bir çay, mümkünse ince belli bardakta, zeytin –ama ışıl ışıl, kocaman kalamata zeytini– beyazpeynir, rafadan yumurta –kaşıkla ilk vuruşta çatlayıp kırılan cinsinden– kızarmış ekmekte çoktan erimiş tereyağının üzerine sürülmeyi bekleyen gül reçeli, öyle tam kıvamında, çayın rengine yakın. Gerçi doktor tereyağı yemesini yasaklamıştı ama olsun.

Bir süre sonra Kâmil'in özlemi nitelik değiştirmeye başladı. Lucia'dan Bebek'teki evine, arada bir kendine çektiği kahvaltı ziyafetlerine doğru yöneldi. Venedik'e geldi geleli sabahları puronun eşliğinde içtiği bir ya da iki cappuccino'yla yetiniyordu. Oysa şimdi İstanbul'da olsaydı masa çoktan balkona kurulmuş, sandıktan sakız gibi tertemiz bir örtü çıkarılıp serilmiş, rengârenk reçel kavanozları ile envai çeşit peynirler yan yana dizilmiş olurdu. Boğaz masmavi ışıldıyordur az ötede. Bebek Koyu'na demirlemiş tekneler de öyle, bir alçalıp bir yükseliyorlardır suyun kıpırtısında bembeyaz, martı kuşları kadar hafif. Radyoda barok müzik, mutfakta demlenen çayın fokurtusu vardır. Mevsimlerden yazdır mutlaka, bilemedin ilkbahar. Ve sefih gecenin yorgunluğu meyhanede unutulmuş bir gül gibi içten içe kanamaktadır.

Pek sevmedi bu gül benzetmesini. İçki yorgunluğunu anlatan, yeni bir güne kahvaltı ziyafetiyle başlamanın sevincini çağrıştıran bir başka benzetme bulmalı. Ya da hemen kalkıp giyinmeli. Dışarıda karlar eriyordur mutlaka. Kubbeler ile kırmızı çan kuleleri çoktan sisten sıyrılmıştır. Sabahın ilk saatlerini kaçırmamalı. Bakarsın işe yarar bir gün, bir manzara resminin çizgisine olmasa da renklerine girer.

Yataktan kalkmadı. Özlemin çağrısı nasıl da tatlıydı! Aklı lavanta tarlasına gitti yine. Lucia bugün mutlaka gelir. Fazla vakit kaybetmeden yola çıkmalı. Kahvaltıyı falan da boş ver. Sahi görür görmez ne diyecekti ona. "Demek ben haklıymışım Caterina, güneşin kar topladığını nasıl da bildim!" gibi bir söz galiba. Peki ya güneş yine kar topluyorsa dışarıda? O zaman başka bir şey bulmalı, ama ne? "Çok özledim sizi" dese fazla romantik kaçar. "Bu sabah aynaya baktınız mı hiç?" diye sorsa, sonra yanıt ne olursa olsun, "Öyleyse gelin Accademia'ya gidelim. Orada, Giambellino'nun –ressama çağdaşları gibi hitap etmek geliyordu içinden– tablosunun karşısında kendinizi dilediğiniz kadar seyredebilirsiniz" dese biraz fazla akademik. En iyisi "Merhaba!" demek ya da "Günaydın!"

Evet, "Günaydın Caterina, dün çok merak ettim sizi." O zaman kız da sorardı:

– Başıma bir şey gelse üzülür müydünüz?

– Elbette üzülürdüm, kahrolurdum.

– Ah siz Doğulu erkekler, hep böylesiniz.

– İnanın çok üzülürdüm.

– Doğru mu söylüyorsunuz?

– Eğer yalan söylüyorsam sizi bir daha görmek nasip olmasın!

– Ne kadar da ustasınız!

– Resim yapmakta mı?

– Hayır, gönül çelmekte.

Evet, mutlaka böyle derdi Lucia, o da, bunca sevdiği, hep dilinin ucuna gelse de bir türlü tam olarak söylemeyi beceremediği "gönül çelmek" deyiminin İtalyancasını öğrenmiş olurdu.

"Güzelim!" diye geçirdi içinden, "hazırcevap sevgilim!

Lavanta çiçeğim benim!" Ve belleğinde, sarı-yeşil günebakanlara, kekik kokan mavi dağlara doğru rüzgârda dalgalanmaya başladı lavantalar. Birkaç yıl önce, arabayla Reillanne'a giderken bir lavanta tarlasında durmuştu. Bu kez sarıklı avında değil, bir ressamın peşindeydi. İstanbul'dan İsviçre ve Berlin'e, oradan da Paris'e uzanan çileli yaşamının son yıllarını Provence'da bir köyde geçirmiş ve yurdundan, dostlarından uzak bu bölgenin düşkünlerevinde ölmüş ressam Fikret Muallâ, hırçınlığı, efsaneleşmiş kişiliği ve yaratıcı dehasıyla aklından çıkmıyordu. Amacı Muallâ'nın yaşamındaki bazı karanlık noktaları aydınlatmak, her zaman yaptığı gibi, iz sürüp belge toplamaktı. Ressamın ölümünden çok sonra Paris ve İstanbul'da açılan sergilerde gördüğü tabloları yeşil-sarı –ama çok kederli, yalnızlığı, ölümü çağrıştıran bir sarı– kırmızı ve mavi, özellikle de mavi bir parıltıda, hoş bir renk alacasında kıpırdayıp duruyorlardı zihninde. Fikret Muallâ'nın Paris'te yaşadığı mekânları görmekle başlamıştı işe. Sanatçının savaş sırasında neredeyse her gün gittiği, gece yaptığı resimleri bir şişe şarap karşılığında sattığı, kışın soba kenarında yer kapabilmek için "karga bokunu yemeden" yollara düşüp daha gün doğmadan kapısından içeriye girdiği Dôme Kahvesi'ni örneğin. Bir karakalem deseninde bu kahvenin adını İngilizce'de "çöküş" anlamına gelen *Doom* diye yazdığını biliyordu. Zaten tam yirmi üç yılını geçirdiği Paris onun çöküşüne tanık olmamış mıydı? Parasızlık, alkol, çatı katı ve otel odaları, deliliğe kadar varan vehimlere kapılmalar ve Sainte-Anne Akıl Hastanesi.

Muallâ'nın izini sürmek için geldiği Paris'te ilk işi Sainte-Anne'a uğramak olmuştu. "Deli" yaftası yapıştırılan ressamın kapatıldığı yeri görmek istiyordu. Oysa doktorasını yaptığı yıllarda buraya çok yakın bir öğrenci yurdunda kalmıştı Kâmil. Ne var ki, belki de bilinçaltı bir korunma içgüsüyle, kapısından içeriye adım bile atmamıştı. Santé Hapishanesi'nin yanı başındaydı yurt. Akıl hastanesiyse bir sokak ötede.

Paris'te gördüğü, hatta ateşlenince acil servislerine kaldırıldığı hastanelerden pek farkı yoktu Sainte-Anne'ın. Yine de, eski yapılar arasında dolaşırken, koğuşlara girip çıkan hemşirelerin her defasında kapıları içeriden kilitlemeleri dikkatini çekmişti. Bir de demir parmaklıklar. Sainte-Anne gerçekte, yüksek duvarları, bir parka da baksalar içeriden kilitli koğuşları ve Nuh Peygamber'den kalmış izlenimi uyandıran mutfak bacasıyla hastane ile hapishane arasında bir yerdi. Oysa Fikret Muallâ, Kâmil Uzman'ın eski dergi koleksiyonlarından bulup çıkardığı bir yazısında, "Ben hürriyetimi çok severim" diyordu.

> Bunu naçiz sükûtumda bulurum. Resim yaparken, ibadet eder gibi, sükûtu, beynimin tepesinde, saçlarımın tepesinde hissedemezsem, o zaman bilirim ki yanlış bir işle meşgulüm ya da işgal edilmişimdir. Bu sırada bana, benim nazarımdaki sanata neler söylemezler; "İşte zavallı yine resim yapıyor. Para kazanacağı yerde boyalarla, fırçalarla uğraşıyor, sonra ekmek parası bulamıyor!" Doğru, bu bezirgânların hakları var. Resim yapmak, resim yaptırmak zengin cemiyetlerin lüksüdür ve ben leblebiciler arasında bir ucubeyim. Ben bu kitle içinde onlarca deliyim.

Fikret, Nuruosmaniye Camii'nin avlusunda gördüğünden bu yana aklından çıkmayan, ayağından zincirlerle bağlı niyet kartalının tutsaklığında, besbelli ki, sanatçının kaderini görüyordu. Ona göre bu kartal, "zebunkeşlik numunesi leblebicilerin emri altında, bu üsera karargâhında bir lokma ekmeğe muhtaç" ya da, gerçekte "dağların üstündeki bulutların da üstünden uçmaya alışmış bir mahluk"tu. Ömrünün son yıllarında, Reillanne'daki inzivasında, köyün çan kulesine tüneyen bir kartalı ya da karşıda, Alp Dağları'nın doruklarına biriken bulutları gördüğünde, bu yazıda söylediklerini anımsamış mıydı acaba? İşte Kâmil bu tür sorulara yanıt bulmak, yazmayı tasarladığı incelemede hiç olmazsa Muallâ'nın anısını yaşatabilmek için Paris'e, oradan da trene binip Avignon'a dek gelmiş, Avignon'dan kiraladığı arabayla Reillanne'ın yolunu tutmuştu.

Sanatçı, Sainte-Anne'dan çıktığında kim bilir nasıl hafif, ne denli özgür hissetmişti kendini. Ama Santé Sokağı ile Alesia Sokağı'nın birleştiği kavşağa doğru yürüyüp az ileride İmpasse du Rouet'deki çatı odasına kavuştuğunda tutsaklık yeniden başlamıştı. Yaşamında tadabildiği tek özgürlük yaratmaktı, yani keyfince resim yapabilmek. Yalnız yaşamında mı? Kâmil, Muallâ'yı Karacaahmet'teki mezarında bile resim yaparken hayal ediyordu.

Belki bir iz bulurum umuduyla, Paris'e gelir gelmez Muallâ'nın uzun yıllar yaşadığı atölyesini de ziyaret etmişti. Atölye eski bir yapının altıncı katında, çatıların altındaydı. Ah Paris'in çatı katları! O ünlü şarkıya konu olmadan önce nice yoksul sanatçıyı, şairi barındırmış, onların dehasına, yalnızlığına, acılarına tanık olmuşlardı. Üniversite öğrencisi olduğu her halinden belli bir kız açmıştı kapıyı. Muallâ'yı tanımıyordu, eskiden ayyaş bir Türk ressamın burada oturduğunu duymuştu o kadar. Yine de içeriye buyur etmişti Kâmil'i. Uzun bir koridordan geçip iki penceresi olan tek odaya girmişlerdi. Duvardaki rafta birkaç kitap, yerde daracık bir yatak ve pencerenin önünde masa. Evet, hepsi bu kadardı işte. Kâmil'in öğrenciyken kaldığı odalardan farksızdı. En küçük bir iz bile yoktu Muallâ'dan. Tam çıkmak üzereyken döşemedeki boya lekeleri dikkatini çekmişti. Kız farkında bile değildi lekelerin. Belki de temizleyip çıkarmaya çalışmış, başaramamıştı. Lekeler, tıpkı tablolardaki gibi direniyorlardı zamana. Muallâ'yı Paris'te, uzun yıllar oturduğu bu bol ışıklı, ufacık atölyesinde hayal etmişti. Yerde aynı alçak divan, ortada yemek masası, masanın üzerinde bir tabağa konulmuş dört elma, hasır kaplı bir İtalyan şarap şişesi, iki biber, bir baş soğan. Yanda bir resim sehpası, boyalar. Sonra, yanmayan bir kömür sobası ile eski terlikler. Sehpanın önünde yayları içine çökmüş, kumaşı patlamış bir koltuk. Duvarda alıcısını bekleyen tablolar. Fikret'in üzerinde kol ağızları akmış soluk bir ceket. Ceketin yakaları kancalıiğneyle tutturulmuş. Boynunda yollu bir yün atkı. Nedense, yaz ortasında ziyaret ettiği eski atölyesindeyken, bir kış gecesine yerleştirmeyi uygun bulmuştu yoksul ressamın hayalî portresini. Belki de, atölyenin tasvirini bir yerlerde okumuştu, şimdi Venedik'te, sıcak yatağına uzanmışken pek iyi anımsamıyor. Ya da, o yıllarda resimlerini hep gece yaptığını bildiği için böylesini uygun görmüştü.

Sanatçı işte bu odada, genellikle geceleyin bir çırpıda kâğıt üzerine yaptığı resmi ertesi sabah koltuğuna sıkıştırıyor, Dôme'a uğramazsa Buci Sokağı'nın yolunu tutuyor, orada Sen Nehri'nin sol yakasındaki galerilere birkaç kuruş, bazen de bir yemek karşılığında yapıtını satmaya çalışıyordu. Bu tarz yaşadığı ve çalıştığı için ilk kişisel sergisini ancak Dina Vierny'nin önayak olmasıyla 1954'te, Paris'e gelişinden tam on dört yıl sonra açabilmişti. Ve sonunda, aç kalıp metro koridorlarında izmarit toplama pahasına da olsa, kendini Paris'teki sanat çevrelerine kabul ettirmeyi başarmıştı. Ne var ki yaşamına bir düzen veremiyor, alkolizmin sınırlarında dolaşmayı sürdürüyordu hâlâ. Ne yeni taşındığı sağ yakadaki otel odasında, ne de felç geçirip ölümün kıyısından döndükten sonra yerleştiği "koruyucu meleği", koleksiyoncu Madam Anglès'in evinde rahat edebiliyordu.

İşte böyle, şu koskoca Paris'te, Paris'i bırakın yeryüzünde sipsivri kalmış bir insandı Muallâ. O bir kıyı adamıydı, yersiz yurtsuz bir göçebe. Sonunda yine Madam Anglès sayesinde bir Provence köyüne, Reillanne'a atabilmişti kapağı. Kâmil, Mistral'ın yağmur bulutlarını sürükleyip götürdüğü bir gecenin ertesinde Avignon'dan bu köye gitmek için yola çıkmış, ressamın Fransa dönemi üzerine araştırma yapmak için iz bıraktığı yerlerin peşine düşmüştü. Pırıl pırıldı gökyüzü; öylesine derin, mavi. Ne bir bulut, bir tek top bulut tünemişti dağların doruğuna, ne de gökyüzünde dönüp duran kartallar vardı. Güneş tepesinde "ateşten bir sarık"tı Kâmil'in, Cem Sultan gibi bir "dülbendlü" olmasa da. Yakıcı, bir salgın hastalık gibi hain, Van Gogh'u delirten temmuz güneşi.

Kiliselerinde vaaz verdiği kuzeyin puslu kentlerinden buraya, Kâmil'in ardında bıraktığı Arles'a bu güneşi, kırmızı kiremitli çatılar ile günebakan tarlalarına vuran bu yoğun ışığı aramak için gelmemiş miydi Van Gogh da? O zaman hiç kimse değer vermese de bugün milyonlarca dolara satılan ünlü tablolarının neredeyse tümünü bu ışığın gölgesinde yapmamış mıydı? Peki ya sonra?

Sonrası malum. Sonrası okul kitaplarında bile yazılıydı. Bir kadının sıcaklığından, sevgiden uzak çileli günler, kulağını kesip aynanın karşısında kendi portresini yapmalar, çıldırtan güneş, Akdeniz'in o yakıcı, yok edici güneşi ve kargalarla birlikte buğday tarlasına inen ölüm. Cézanne da, az öteki Sainte-Victoire Dağı'nı bu ışığın kireç beyazında yüzlerce kez çizmişti. Dünyanın dört bir yanına dağılmış tablolarda dağ, kırmızı topraktan bulutsuz göğe doğru yükseliyordu şimdi, bakan herkesi büyülüyordu. Gerçekte dağın kendisi değil Cézanne'ın fırçasıyla ona verdiği biçimdi önemli olan. Ama arabanın camından Kâmil'in o biçimi tüm ayrıntılarıyla görmesi olanaksızdı. Oysa ışık hiç değişmiyordu. Renkler de öyle, kıpır kıpırdılar. Yeşilin, mavinin, kil topraktan yükselen pembelerin uyumunda sanki dağ yaklaşıyor, arabaya doğru geliyordu. Cézanne hakkında okuduğu kitaplardan biliyordu Kâmil. Ressam bir tepenin yamacına ya da bir zeytin ağacının gölgesine yerleştiriyordu sehpasını. Gölge pek koyu değildi belki, ama Cézanne bu bölgenin çocuğuydu. Alışıktı yakıcı güneşe. Sainte-Victoire Dağı'nı boyamaktan bıkıp usanmıyordu bir türlü. Tıpkı Fikret Muallâ gibi. O da bu yöreye gelip demir atmış, Akdeniz'in ışığında evleri, ağaçları, kıyıda ağlarını ören balıkçılar ile Camargue köylülerini, mavi fonda kısa kesilmiş saçları, çivit mavisi bakışları ve olmayan gözleriyle devinip duran çıplak kadınları –evet, hele onları!– balık lokantaları ile barları, mor tezgâhlı pembe, sarı, mavi, yeşil kahveleri, o kahvelerde üst üste yuvarladığı şarap kadehleri ile yalnız ve mutsuz insanları bıkıp usanmadan, kendini hırpalarcasına resmetmişti. Yolda, ister istemez, Muallâ'nın bir dostuna gönderdiği mektupta Cézanne hakkında söyledikleri gelmişti aklına:

Provence olağanüstü güzellikte bir bölgedir biliyorsunuz. Oraya gidip Baba Cézanne'ın yaşadığı ve resmettiği yerleri tavaf etmek istiyorum.

Demek ki Cézanne'ın yaşadığı, yüzlerce tablosunu yaptığı bu bölge, arabanın camından hızla geçen bu mavi-yeşil manzara Fikret Muallâ'nın Kâbesi'ydi. Ne yazık ki bu isteğini gerçekleştirememişti ressam, Cézanne'ın coğrafyasını keyfince tavaf edememişti. Yaşamının son dört yılını geçirdiği Reillanne'da parasız ve yalnızdı. Yaptığı tabloların tümünü, ona düzenli bir çalışma ortamı sağlayan Madam Anglès'e vermek zorundaydı. Üstelik ayaklarını felç yokluyordu arada bir, aylarca köy kahvesine bile inemediği oluyordu. Hem Muallâ'nın Kadıköyü'nde, "Bakla Tarlası"nın yanındaki evde başlayıp Kâmil'in az sonra varacağı Reillanne köyünde son bulan serüveni bir hazin türküydü, Cézanne'ınki gibi durmuş oturmuş, sakin bir küçük burjuva yaşamı değil. Zaten iç dünyasının renkleri, karmaşası, kendi acılarıydı doğada aradığı. Onun tablolarından yola çıkarak, Cézanne'ınkilerde olduğu gibi bir Provence topografyası oluşturulabileceğini hiç sanmıyordu Kâmil. Bu konuyu enine boyuna tartışmak istiyordu yazacağı incelemede. Hele bir İstanbul'a dönsün, topladığı malzemeyi şöyle bir sersin orta yere, Boğaz'a karşı oturup yazmaya başlasın, gerisi mutlaka gelirdi. Muallâ'nın tuvaline, Sainte-Anne'da çizdiği desenlere yansıyan kendi korkuları, karabasanları, özlemleriydi. Özellikle de özlemleri. Onun için mavi egemendi sanatına. Bu mavi kimi zaman Prusya mavisi acılığındaydı kimi zaman da, eğer özlediği çocukluğu ve kadınlarsa, mutluluğu çağrıştıran kobalt mavisi kıvamında.

On beş yaşında yitirdiği annesi Nuber Hanım'ın ölümünden bu yana, belki gerçek anlamda bir sevgilisi olmadığından, Berlin'de öğrencilik yıllarında âşık olduğu kız, ayağındaki sakatlığı yüzüne vurduğundan ya da kim bilir dört yaşına dek kız çocuğu gibi saçı uzatılıp etek giydirildiğinden, evet şu kahrolası yaşamının hiçbir döneminde sürekli bir aşk ilişkisine bir türlü zaman ayıramadığından hep kadınları özlemişti Fikret Muallâ. Onları düşlemiş, çarşıda pazarda dolaşır, kaldırımlarda "icrai meslek" eder, sokaktan geçer, Dôme Kahvesi'ne ya da Palette'de otururlarken hep onları resmetmişti. Çoğunun donuktu bakışları, gözleri yoktu. Modigliani'nin tablolarındaki kadınları andırıyorlardı. Sarışın, kızıl saçlı, esmer ve kumraldılar. Ve bir ayağı topal, kısa boylu, şişman ressam için nasıl da ulaşılmazdılar! Ona Kaliforniya'dan çok sevdiği Peanut kutuları, Amerikan sigaraları, gofretler gönderen dostlarına Reillanne'dan yazdığı mektuplarda, "Artık bana lazım olan bir paket var ki onu zaten gönderemezsiniz" diyordu ressam. "On beş-on altı yaşlarında bir *dolar prensesi,* sevimli bir *Call-girl ya da Scarlet,* beni öldürmeden, terk etmeden ve bana ihanet etmeden yaşatacak biri." Fikret Muallâ yıllarca oturduğu İmpasse du Rouet'deki atölyesinde, mekân tuttuğu Paris kahvelerinde, iyice alkol bağımlısı olup köprü altlarında yatıp kalkmaya başladıktan sonra ya da paranoya krizlerinin ardından kapatıldığı Sainte-Anne'ın koğuşlarında, hemşireler kapıları dışarıdan kilitleyip gidince kim bilir ne çok özlemişti kadınları! Galatasaray Lisesi'nde yatılı okurken kaptığı İspanyol nezlesini annesine bulaştırdığında, Nuber Hanım'ın genç yaşta bu dünyayı bırakıp gitmesinden kendini kim bilir nasıl sorumlu tutmuştu!

Yolculuk boyunca, giderek Muallâ'yı sevmeye, bir bakıma kendini onunla özdeşleştirmeye başlamıştı Kâmil. Akademik kariyer yapacağına Paris'te bir ressam olarak kalmaya karar verseydi, kim bilir belki Muallâ'nınkine benzer bir yaşamı olurdu, öyle savruk, yalnız ve hazin.

Bir mektubunda ressam, eşyalarını Reillanne'a taşıyan kadından söz ederken, "Güzel kırmızı saçları var" diye yazıyordu, "boyalı değil. Hem zengin hem de otomobili var. Tam da '*Chauffeuse*',[1] ona ısınmamak imkânsızdı. Marsilya'ya gidersem herhalde taciz edeceğim."

Ne yazık ki Marsilya'ya hiçbir zaman yolu düşmeyecekti Muallâ'nın. Avignon-Reillanne arasında da mekik dokumayacaktı. Ne Paris'e dönecekti bir daha, ne de çocukluğunun ve delikanlılığının İstanbulu'nu görmek nasip olacaktı. Kâmil'in temmuz güneşinde, henüz, gölgeler bile uzamıyorken geçtiği bu yoldan, talihsiz ressam o güzel dulun eşliğinde bir gece vakti geçmişti. "Her yer tilkilerle doluydu" diye yakınıyordu bir başka mektubunda da, "herhalde ya tavuk peşinde ya da çulluk ve bıldırcın peşindeydiler, külhanîler..."

Kâmil'se güpegündüz katediyordu aynı yolu. İyi ki de öyle yapıyordu. Manzara nefisti çünkü. Sağda bulana durula akan, yörenin yaşam kaynağı Durance Irmağı, solda Van Gogh'un ünlü tablosundaki kederli günebakanlar. Ve uzakta, servilerin ardına sıralanmış mor dağlar. Arabanın camından hızla şeftali ağaçları geçiyordu, sonra sazlıklar. Ve Apt'a dek yol, bağların, hep bağların arasından dolana büküle uzanıyordu.

Kâmil bir yandan araba kullanırken bir yandan da çevreye, doğanın cömertçe sunduğu renk alacasına da-

1. Kadın sürücü. Isıtan kadın anlamına da gelir.

lıp gitmiyordu yalnızca. Reillanne'a yaklaştıkça heyecanı da artırıyordu. Orada, Alpler'in eteklerine yakın bir tepenin yamacındaki evinde hayal ediyordu Muallâ'yı. Ve sanatçının resimlerinden, bir de dostlarına yazdığı mektuplardan tanıdığı köyü çok merak ediyordu. Az önce Cavaillon'u geride bırakmıştı. Kavunlarıyla ünlü bu kent nedense Muallâ'nın mutsuz aşklarını, altmışından sonra belki "gırgırına" ama tutkulu bir biçimde, hatta saplantıya varacak ölçüde arzuladığı genç kızları anımsatmıştı ona. Cavaillon kavunu nefis kokar, elinize aldığınızda ağırdır, görünüşteyse çok hafif. En irisi bile genç kız memesi büyüklüğündedir, öyle yusyuvarlak, sert ama içi yumuşacık.

Birden, Venedik'te bir kış sabahı Cavaillon kavununu özledi Kâmil. Tadından çok kokusunu. Paris'te öğrencilik yıllarında bol bol yerdi.

"Çevrede on bir-on üç yaşlarında kızlar var" diye yazıyordu Muallâ. "Ben şu sıralarda altmış yaşındayım. Bu, ahlaksız, iğrenç bir domuz yaşıdır. Ben de memnu meyveyi tatmak istiyorum."

Elektriği bile olmayan Ayvalık'a resim öğretmeni sıfatıyla atandığı zaman, kendi deyimiyle çoktan "Ayvalık'ta ayvayı yemişti" ama memnu meyveyi hiçbir zaman tadamayacaktı. Reillanne'a ilk geldiğinde, memnu meyveyi bulmasa da, "polisleri ve pis otelcileriyle maruf bir kerhane" olarak tanımladığı Paris'in gürültüsünden, kalabalığından, "kırk haramîler" dediği tablo tacirlerinden uzakta, bir parça huzur bulabilmişti. Kısa bir dönem sürmüş olmakla birlikte onu sağlığına ve yaratıcılığına kavuşturan bu mutluluğun köy ortamından, Reillanne'ın temiz havası ile –suyundan değildi herhalde çünkü suyun haricinde her türlü alkollü içkiyi orada da içmeye devam ettiği anlaşılıyordu– alçakgönüllü insanlarından kaynaklandığı mektuplarında açıkça görülüyordu. Kâmil iyi ki yanına almıştı *Dostlara Mektuplar*'ı. Bir kahvede mola vermek için durduğunda açıp orasından burasından okuyordu. Özellikle de Reillanne'dan hoşnutluğunu belirten bölümleri. Sanatçının çevresinden, komşularından, hatta ona kol kanat germiş insanlardan yakınmadığı anlar öylesine enderdi ki, belki de Muallâ'nın hep mutlu olmasını istediği için dönüp tekrar tekrar okuyordu bu sevinçli anların izdüşümlerini:

> Çok şükür Paris denilen o iğrenç şehri, dört hafta oluyor, temelli olarak terk ettim. Yedi yüz kişilik sevimli ahalisi olan, Reillanne adında, beş yüz elli metre yükseklikte dağlar arasında, küçük, şirin bir köydeyim şimdi.

Ne var ki yalnızlık, İstanbul'da Bakırköy Akıl Hastanesi'nde Neyzen Tevfik'le birlikte altı ay yattığından bu yana peşini bırakmayan karabasanlar, hastalık ve ölüm korkusu Reillanne'da da ağır basacak, tıpkı Paris karakollarında ya da Hôtel Monceau'nun dar odasında felç olana dek yaşadığı çileli günlerdeki gibi sanatçının dünyası bir kez daha cehenneme dönecekti. Bu cehennemi de, yine sanatçının mektuplarından tahmin edebiliyordu Kâmil:

> Beni sorma, ben adamakıllı ihtiyarladım. Felçliyim, sol tarafım tutmuyor, yürüyemiyorum (...) Alt taraftan da, hemen hemen her gün, ishal ve amel beni mahcup ediyor, önünü alamıyorum. Bir canım çıksa gözüm arkada kalmayacak. Böyle bir şey duyarsan sevin. Eh kurtuldu dersin.

Mola bahanesiyle ikide bir durup Mualla'nın mektuplarını okuyarak sanatçının dünyasına girmeye, son yıllarının acılarını, sevinçlerini, yalnızlığını anlamaya çabalıyordu. Ona öyle geliyordu ki ancak böyle nüfuz edebilir ressamın yapıtına, yaşamı ve sanatı üzerine yeni şeyler söyleyebilir. Reillanne'a varmamıştı daha, yol uzadıkça uzuyordu. Böyle giderse biteceği de yoktu. Muallâ'nın "kulübem" diye söz ettiği, Madam Anglès'den dört guaş tablo karşılığında kiraladığı, sırtını bir Roma kemerinin yıkıntısına dayamış evini ve zamanının çoğunu geçirdiği Mösyö Canoni'nin kahvesini, karaciğeri "boku yediğinden" o kahvenin barındaki artık eskisi gibi içemediği içkileri de henüz görmemişti. Ressamın tablolarından birçoğunu Paris'teki özel koleksiyonlarda görmüştü ama. Renklerini Provence ışığından alan suluboyalarda mor üstünde sarı-kırmızı bir hayal kentti Cannes. Yalnızca limandaki yelkenliler değil taş yapılar ile kale duvarları, eski saat kulesi, hatta sokaklar bile mor denizin üstünde bir alçalıp bir yükseliyordu. Sonra, fonda portakal rengi güneşi, gökyüzünü tümüyle kaplayan kireç beyazı bulutları ve mor kilisesiyle Reillanne sarıların, mavilerin, kırmızıların arasında belirirken ön planda, hasır kaplı bir Chianti şişesinin yanındaki tabağa sere serpe uzanmış o kocaman balık. Pembe örtülü masaya yerleş, limonu kesip üzerine sık, manzaraya karşı afiyetle bir güzel ye! Ama tabakta nasıl da mahzun duruyordu donuk bakışlarıyla balık, nasıl da yalnızdı, öyle sapsarı, kederli. Belki de Madam Anglès'in zokasını yutan ressamı, onun köydeki yalnızlığını cisimleştiren bir simgeydi, kim bilir! Ve Muallâ tabloyu bitirdikten sonra, "Ağlamaktan / ağlamaktan yine zehroldu şarabım bu gece" diyerek mi dibini bulmuştu kendisi gibi bodur ve şişman, tablonun sağ köşesinde içilmeyi bekleyen Chianti şişesinin? Evet, geceleri sık sık ağladığı oluyordu yaşlılığında. Ve bir başka tabloda, lokantanın açık penceresinden görülen Reillanne, yeşil tepenin yamacına yaslanmış kırmızı kepenkli evleri, göğün mavisine karışan çan kulesi ve kulenin üzerinden akıp giden beyaz bulutlarıyla benzerlerine bu yörede çok sık rastlanan tipik bir Provence köyüydü. Köy, tablonun genel izleğiydi belki, ama ressamın kahramanları, kriz anlarında çizdiği hayvanlar hariç tablolarının hemen tümünde yer alan figürler, yani bar tezgâhlarının müdavimleri ile garsonlar ve bir köşede alesta bekleyen siyah köpek, ilk bakışta hemen öne çıkıyordu. Fikret Mullâ Paris'i bırakmış, ama Paris kahvelerinin hayaletleri burada bile onun peşini bırakmamıştı.

İçinden nehir geçen tüm Provence kasabaları gibi tepelerle çevrili Apt'ı geride bıraktıktan sonra kiraz bahçeleri arasında bulmuştu kendini. Toprak da renk değiştirmişti, sarıdan kırmızıya dönerek. Kâmil arabayla aşıboyası madenlerinin yakınından geçiyordu, ama kırmızının böyle ansızın yolunu kesmesi, manzarayı birden değiştirmesi Fikret Muallâ'nın renk dünyasıyla ilgiliymiş gibi geliyordu ona. Ressam yaşamı boyunca çok çile çekmişti belki, "sırtlanlar" diye adlandırdığı, çoğu hayal ürünü "kara kuvvetler"den bir türlü yakasını kurtaramamıştı. İstanbul'da sanatına musallat olan "leblebiciler" Paris'te kılık değiştirip sanrıya dönüşmüş, hayatını zehir etmişlerdi. Ama öldüğünde renkli ve saf, alabildiğine ışıklı bir dünya bırakmıştı geride. Onu tanımadan resimlerini görenler başına bunca dert geldiğini tahmin edemezlerdi. Kâmil, Muallâ'nın resimlerinden yansıyan bu ışıklı dünyanın bir parçasıymış gibi algılıyordu doğayı. Toprak ile kirazların kırmızısı, tepelerin yeşili ile ırmağın mavisi temmuz güneşinde eriyor, renkler birbirine karışıyordu.

Derken, evet çok iyi anımsıyor, bir lavanta tarlasına girince daha da canlanmıştı renkler, devinimleri artmıştı. Mualla'nın çizmeye doyamadığı caz orkestralarındaki çalgıların, olgun bir balkabağına benzeyen – hayır sarıklı Osmanlıların değil bu kez!– davul ile saksofonların ritmiyle, rüzgârda dalgalanmaya başlamıştı lavantalar. Ömründe ilk defa bir lavanta tarlası görüyordu. Arabadan inip tarlaya dalmış, uzun süre kaybolmuştu morlar arasında. Baygın kokulu bir demet lavanta toplamıştı Mualla'nın mezarına koymak için. Gerçi kemikleri çoktan yurduna götürülmüştü ressamın, artık Üsküdar'da, Karacaahmet'te yatıyordu, ama olsun. Burada ölmüş, önce bu ülkenin toprağında huzur bulmuştu ya! Mezarına olmasa da evinin bir köşesine koymak istiyordu lavanta demetini, Mualla'nın trajik yaşamının tanığı taş duvarlar, boyalarını kardığı paleti ve sehpası, son yıllarında elinde olmadan pislettiği yatağı! Bundan böyle hep lavanta koksun istiyordu.

Bir dönemecin ardından görünmüştü Reillanne. Ressamın tablolarındaki gibiydi, yüksek bir tepenin yamacına tünemiş, Ortaçağ'dan kalma şato kalıntısı ve kilisesiyle öyle bir başına, doruklarına bembeyaz, top top bulutlar üşüşen Alpler'e karşı yapayalnız bir köy. Tırmandıkça evler çoğalmıştı. Kırmızı, yeşil, mavi kepenklerin arasından geçip gitmişti Kâmil. Mualla'nın evi en tepede, kilisenin çan kulesine neredeyse bitişik, taş duvarlı ve tek katlıydı. Yokuşun başında, eski Roma kemerine komşu olduğundan yüksekçe bir terası vardı. Burada yaptığı bir tablodaki gibi kepenkleri mora boyanmıştı.

Tüm köyde bir tek onun evinin kepenkleri mordu, menekşeye çalan acı bir mor. Sımsıkı kapalıydılar ne yazık ki! İçeriye girememişti. Odalarını, yaşamında ilk kez edinebildiği banyosunu, Türkiye'deki dostlarından gelen sucuk, pastırma, sigara paketlerini heyecanla açtığı mutfağını, özlem dolu mektuplarını eski yazıyla çalakalem yazdığı masayı, geceleri renkli düşler görüp sanrılarla boğuştuğu yatağını görememişti. Madam Anglès'in üç yıl önce öldüğünü biliyordu. Ama kızı Françoise'ın evi onarttığını, yazları buraya tatile geldiğini söylemişlerdi. Lavanta demetini kapıya bıraktıktan sonra çaresiz yukarıya, kiliseye doğru çıkmıştı. Orada, çan kulesinin gölgesindeki banka oturmuştu. Aşağıda kırmızı kiremitli çatıları, döne kıvrıla günebakan tarlalarına dek inen dar sokakları, geniş alanı ve çeşmesiyle köy, karşıda Alp Dağları vardı. Fikret Muallâ'nın da dört yıl boyunca bu manzaraya baktığını, mor bulutlar dağların doruğuna toplanırken İstanbul'u, gençliğinde yaptığı suluboya resimlerde hâlâ cıvıl cıvıl yaşayan Boğaz'ın mavisini, Eyüp'teki mezar taşlarını, Ayasofya'nın sarı duvarlarını, Haliç'teki yelkenliler ile Erenköy'ün köşklerini özlediğini, belki eli annesinin yumuşacık elinde, kendini Kadıköy vapuruna binerken hayal ettiğini düşünmüştü. Sonra köye inmişti. Muallâ'nın Kanunî adını taktığı Canoni'nin Kahvesi'ni sormuştu. Çok eski, çok güzel bir kahveydi, yıllardan beri hiç değişmemiş, tezgâhı, aynaları, masaları, hatta iskemleleri bile yenilenmemişti. Duvarda Muallâ'nın arkadaşı, Fransız ressam Philippe'in tabloları asılıydı. Philippe'i sormuş, iki yıl önce öldüğünü öğrenmişti. Canoni de çoktan göçüp gitmişti bu dünyadan. Kahveyi artık torunu işletiyordu. Ona Muallâ'yı tanıyıp tanımadığını sormuştu. "Sizi görür görmez bizim Muallâ için geldiğinizi anladım" demişti torunu, "buyrun bir şeyler içelim." "Bizim Muallâ" deyişinde gerçek bir yakınlık vardı. Ressamı hiç görmemişti oysa, ama içki düşkünlüğünü, kendine özgü yaşama biçimini, özlemden kahrolduğu geceler evin terasına çıkıp dağlara karşı kurt gibi ulumasını dedesinden çok dinlemişti. Bara, sıra sıra dizilmiş içki şişelerinin karşısındaki yüksek taburelere tünemişlerdi. Kadehlerini Muallâ'nın anısına kaldırırken Kâmil'in içinden ressamın ölümüne değil de yaşamına ağlamak gelmişti. Paris'te genç Türk ressamlarıyla ne çok söz ederlerdi Fikret Muallâ'dan. Onun kemikleri Reillanne'dan Türkiye'ye gönderildiği yıl gelmişti Paris'e, çiçeği burnunda bir ressam adayıydı. Ama cesaret edip de sürdüremememişti resmi, kendini akademik araştırmalara verip yeteneğini iyice köreltmişti. Belki de, kim bilir fazla yeteneği yoktu. Yine de, ancak zaman karar verebilirdi buna. Belki onun da manzara resimleri, Muallâ'nınkiler gibi, yıllar sonra beğenilip ateş pahasına kapışılırdı.

"Muallâ haklıydı galiba" diye geçiriyor içinden Kâmil yataktan çıkmadan, "bir ressam için ölüm, keyfince resim yapmak değilse eğer, ne ki? O zaman kimse rahatsız edemez seni, sokakta sehpanı kurmuş resim yaparken işine karışamaz. Muallâ'nın deyimiyle 'naçiz sükûtunla' tek başınasındır, böyle hayatla, ıvır zıvırla, aşkla işgal edilmiş değil. Aslında gerçek sanatçı mor rengine hayran kalır lavanta tarlasının, bir kadında yaşayan kokusuna değil."

Konu gelip Lucia'ya dayanmıştı yine. Kızı bugün görmeden yapamayacaktı. Kalkıp giyindi, tıraş oldu. Kapıyı açıp tahta perdenin üzerinden atlar atlamaz Venedik'in nemli soğuğu vurdu yüzüne.

Yedinci bölüm

Karlar erimemişti. Puslu bir hava vardı dışarıda. Kent bir tek rengin egemenliğindeydi: kurşunî. Her şey, rıhtımlara birikmiş karlar bile kurşunîye çalıyordu; kubbeler, duvarlar, köprüler ile kanallar. Kâmil Piazzale Roma İskelesi'nde 52'yi beklerken kentin durgunluğuna bir anlam veremedi. Havadandır. Bu berbat, insanın kemiklerine işleyen soğukta, bu karda kışta kim çıkar evinden! Peki işe gitmek zorunda değil mi bu insanlar? Venediklilerin işe gitmek zorunda oldukları düşüncesi rahatlattı Kâmil'i. Lucia'nın bugün de Correr'e gelmemesinden korkuyordu. Belirsiz, nedenini kendisinin de tam olarak bilmediği, tuhaf bir korkuydu, terk edilmişlik duygusu gibi bir şey.

Vaporetto da iskele gibi bomboştu. Arka bölüme geçip dışarıda oturmadı bu defa. İçerisi bile soğuktu. Camın kenarına ilişip Giudecca'nın görüntüsüne bıraktı kendini. Kanalda hiçbir hareket yoktu. Ne araba vapurları ne de yük tekneleri görülüyordu ortalıkta. Gemiler de limandan ayrılmışlardı. Vinçler başka bir dünyadan gelmiş acayip yaratıklar gibi çelik bacaklarını açmış, puslu havaya öylece asılı kalmışlardı. Birini bekliyor gibiydiler. Giudecca Kanalı'nın yoğun trafiğini göremeyince keyfi kaçtı. Bir ara, ağzına dek mobilya yüklü bir tekne *vaporetto*'yu izledi, sonra Lido'ya doğru uzaklaştı. Birileri ev taşıyordu anlaşılan. Kâmil bir tekne yükü ev eşyasının böyle suyun üzerinden kayıp gitmesini biraz tuhaf buldu.

San Zaccaria'ya yanaştıklarında bir tek yolcu bile kalmamıştı vapurda. Biletçi demir parmaklığı açıp Kâmil'i de indirdikten sonra kaptanın yanına gitti. Bir şeyler konuştular. Buğulu camın ardında bir kadın varmış gibi geldi Kâmil'e. Daha dikkatli bakınca yanıldığını anladı. Lucia'nın hayalini mi görmeye başlamıştı yoksa! *Vaporetto* uzaklaşırken ardından baktı. Güvertede bir adam paltosuna sarılmış oturuyordu. Kâmil sisin içinde yanan puronun ateşini gördü. Kendisi iskelede olduğuna göre bu adam kimdi? Kuşkusuz yoktu öyle biri, Kâmil kendini uzaklaşan vapurun arka güvertesinde hayal ediyordu. Vapurdan inen son yolcu olmak iyi değildir. Boğaziçi vapurlarında yıllarca aklını kurcalamıştı bu boş inanç, iskeleye atlayan son yolcu olmamaya çabalamış ve bunu her defasında başarmıştı. Başına bir iş gelmese bari! Tanrı'ya inanmıyordu, ama bu tür saçmalıklara, arada bir kahve falına baktığı gibi, tümüyle de ilgisiz değildi.

Boş alanı hızlı adımlarla geçti, kapalı kepenklerin önü sıra Correr'e dek yürüdü. İç avluyu La Piazza'ya bağlayan demir kapı kapalıydı. Kendini tüm kapıların dışında, sokağa bırakılmış bir kedi kadar yalnız hissetti. Evden çıktığında başlayan sağ dizindeki ağrı iyice artmıştı. Oturup dinlenecek açık bir kahve bile yoktu görünürde. Gerisin geriye dönüp Florian'ın önünden geçti, Dogeler Sarayı'nın karşısındaki Cafe Chioggia'ya girdi. Girer girmez de dipte bir masa buldu kendine. Hiç olmazsa burası kalabalıktı. Bir cappuccino söyledi garsona, yanında da bir bardak su ile *grappa*. Gözü barın duvarındaki takvime ilişince evden çıktığından bu yana zihninde oluşan tüm soru işaretleri siliniverdi. Pazardı. Hay Allah! Nasıl da unutmuştu bugün pazar olduğunu! Venedik'te en kötü gündür pazar. Yalnız Venedik'te mi? Dünyanın tüm kentlerinde pazar böyle durgun, iç karartıcı, ölüdür. Hele mevsim kışsa, pusluysa hava. Herkes hafta sonu evine gitmiş, birkaç daimî yatılı öğrenciyle birlikte okulda yalnız kalmışsan.

Onlar da kar kış demez zemheride futbol oynarlar. Hareket alanın iyice daralmış, için büsbütün kararmıştır. Arka bahçeye gitmek yasaktır zaten, futbol sahasındaysa, eğer spora meraklı değilsen, yapacak fazla bir şey yoktur. Uzun koridorlar çoktan arşınlanmıştır, kitaplar okunmuş, dersler ezberlenmiştir. Ön bahçede çınarların altında bir banka oturup yüksek duvarlara bakarsın gün boyu. İçinden kanatlanıp uçmak gelir. Duvarları aşıp karşı kilisenin çan kulesine konmak, sonra süzülmek kapalı göğe doğru, aşağıda Çukurcuma'nın denize inen karlı sokaklarına inat Hazarfen Çelebi gibi Üsküdar'a konmak istersin. Ama yasalar vardır, yerçekimi kuralları ile tüzükler. Değil uçmak, oturduğun yerden kalkıp da kantine bile gidemezsin. Pazarları kantin de kapalıdır çünkü. Gidebileceğin tek yer sınıftır. Ama bitmek bilmeyen akşam etüdü boyunca sınıftan çıkmayacaksındır zaten, kenefe dahi gitmen yasaklanmıştır. Paltona sarılıp ön bahçede öyle kalakalırsın elin böğründe, zihnin körelmiş. Yatakhanede yaptığın gibi hayal bile kuramazsın, hayallerin tümü kurulup tüketilmiştir çoktan. Az sonra, duvarların dışında akşam olacaktır. Beyoğlu'nda ışıkların erken yandığı bir kış akşamı. Ve pazar günlerinin sıkıntısı ömür boyu bırakmaz peşini. Nereye gitsen, kiminle olsan pazarın esirisindir artık.

Kâmil kahvede pazar yalnızlıklarını anımsarken *grappa*'ları da peş peşe yuvarlıyordu. Oysa yatılı okula gitmeden önce, çocukluğunda nasıl da aydınlık, neşeli, günlük güneşlik olurdu pazar günleri. Sokakta oynarken caddenin öbür yanına geçmesi bile yasaktı, ama kimin umurunda! Mahalle arkadaşlarıyla caminin yanındaki boş arsada buluşur, masmavi gökyüzüne salıverirdi uçurtmasını. Ya da deniz kıyısına inip Yenikapı'da kayık kiralarlardı. O zamanlar sahil yolu açılmamıştı henüz, Demiryolu boyunca bostanlar yemyeşildi. Herhangi bir kasabadan farkı yoktu İstanbul'un kenar mahallelerinin. Yıkık surların tepesine çıkıp günbatımını seyrederlerdi. Güneş denize doğru alçaldığında kırmızıya keserdi dünya. Balıkçı tekneleri erguvan rengi denize yayılıp ağ salardı. Bembeyaz bir yolcu gemisi, uzak ülkelere kaçıp gitme arzusu uyandırmadan, martıları peşine takmış yavaşça uzaklaşırdı. İlk sigaranın keyfini de surların tepesinde tatmıştı Kâmil. İlk öpüşün heyecanını da. Sonra ilk aşk ve ilk acı... O zamanlar gerçekte ilk acıyı, ilkokul son sınıfta sevdiği kızın mahalleden taşınmasıyla değil çok daha önceleri, karanlıkta beyaz bir yüz olarak anımsadığı annesini yitirdiğinde yaşadığını bilmiyordu. Çocukluğun soğuk geceleri ne de olsa erken unutulur ergenlik çağında.

Aradan yıllar geçip de profesör olduktan sonra yatılı okulun arka bahçesinden İstanbul'un resmini yapmak istemişti. Bir pazar günü okul müdürünün eşliğinde havuzun tam yanına, güllerin arasına yerleştirmişti sehpasını. Müdür onu yalnız bırakınca da birbirine karmıştı renkleri. Güneşli bir İstanbul yaparken her şeyi bozmuş, ona yıllar boyu yasaklanan manzaradan öç alırcasına tablonun yüzeyini kurşunîye boyamıştı. Boğaz'ın girişindeki gemileri de kaldırmıştı birer birer. Uzakta Adalar görünmüyordu artık. Açık denizi, kurşunînin üstüne lacivert çekip yeniden boyamış, aynı rengi biraz açarak kubbeler ile minarelerin konturlarını, sonra Topkapı Sarayı'nın sünnet edilmiş küçük kulelerini yapmıştı. On altı yaşının yalnızlığı, kentin sokaklarında dilediğince dolaşamamanın, kıyı kahvelerine, çınar altlarına, sinemalara gidememenin o kahrolası çaresizliğiydi spatulanın ucunda oluşan dünya, İstanbul'un arka bahçeden görünüşü değil. Onun için Haliç böyle kat kat mürekkep rengindeydi, Tophane Rıhtımı'nda gemiler kapkara. Gökyüzünden donuk bir ışık düşüyordu denize, ama evleri, sokakları, açıkta demirlemiş olması gereken gemilerin bıraktığı boş alanı aydınlatmaya yetmiyordu.

Açık havada, güneşli bir günde yapılmış bu kurşunî tablonun Bebek'teki evin bir köşesinde gün ışığına çıkmayı beklediğini düşündü Kâmil. Bugüne dek resimlerini sergilememekle ne iyi yapmıştı. O öldükten sonra değeri anlaşılacak, sanat tarihi profesörü Kâmil Uzman'ın aynı zamanda ilginç bir manzara ressamı olduğu, İstanbul'u resmederken gerçekte kendi özgün dünyasını, bu kentteki yaşamını, bunalımları ile sevinçlerini çizip boyadığı ortaya çıkacaktı. O zaman eleştirmenler ve sanat tarihçileri, şimdi kendisinin Venedik'te Gentile Bellini için yaptığı gibi geçmişini araştırıp daimî yatılı okumasının nedenini öğrenirler miydi acaba? Annesinin ölümünden sonra onu geceleyin yatakta nasıl beklediğini, babası yeniden evlenince nasıl sarsıldığını, biraz büyüdükten sonra nasıl hırçınlaşıp evi birbirine kattığını, ilkokulu bitirdiği yıl sevdiği kız mahalleden taşınınca nasıl kahrolup üvey annesini suçladığını, kadıncağızın üzerine yürüyüp tıpkı Fikret Muallâ gibi onu tartaklamaya bile kalkıştığını, bunun üzerine yatılı okula verildiğini, hafta sonları ziyaretine gelip onu çıkarmak isteyen babasını değil görmek yüzüne bile bakmak istemediğini, iyice içine kapanıp kendini derslerine verdiğini, gece yatakhanede rengârenk kadınları – hep kadınları– özlediğini, düşlerinde bir bodrum katında gölgeler kıpırdarken üzerine eğilen yuvarlak, beyaz bir yüz gördüğünü, sonra o yüz karanlıkta eriyip gidince her şeyin bir anda karabasana dönüştüğünü keşfederler miydi? Resimlerindeki coşku ile hüznün, o turuncu günbatımlarının, kobalt rengi denizlerin, ufukta giderek küçülen gemilerin simgesel anlamlarını bulup çıkarırlar mıydı?

Kâmil Uzman resmin simgelerle değil fırçayla yapıldığını, palette karıp tuvale taşıdığı renklerin duyguları değil bir plastik kompozisyonu ifade ettiğini, çizgi ve boyananın doğayı yansıtır gibi görünseler de aslında resmin kendi gerçeğini anlattıklarını, bazen de hiçbir şey anlatmadıklarını biliyordu. Yine de Venedik'te bir kahveye oturmuş kurşunî pazar günlerini düşünmekten alamıyordu kendini. *Grappa* içini ısıttıkça gevşiyor, İstanbul bazen yoğun bir sisin bazen de gökyüzünde dağılan kurşunî, mor bulutların arasından çıkıp gözünde canlanıyordu. Onu böyle bir yalnızlık abidesi gibi Chioggia'nın dibindeki masaya oturmuş ikide bir sönen purosunu yakarken görenler, içinde nice güneşlerin açtığını tahmin bile edemezlerdi. Evet, yaşamındaki tüm ölü pazarları çağrıştıran bu tatil gününün durgunluğuna, San Giorgio Maggiore'nin çan kulesine abanmış kapalı göğün yol açtığı karamsarlığa, hatta kıyıda ölü bekleyen boş tabutlar gibi sallanıp duran gondollara rağmen mutluydu. Yarın Lucia'yı görecekti çünkü. Ya bugün, bu Allah'ın belası pazar nasıl geçecek, ne zaman bitecekti peki?

* * *

Önce bir açık lokanta bulup karnını doyurdu. Yemekte de fazla şarap içmedi. Aç karnına yuvarladığı *grappa*'lar midesini bulandırmıştı. Sonra biraz açılmak, pazar kasvetini dağıtmak için Giardini'ye doğru yürümeye karar verdi. Hotel Danieli'nin önünden geçip "İççekişler Köprüsü"nün tam karşısındaki köprüye çıktı. Dogeler Sarayı'nı zindana bağlayan ünlü köprü barok süslemeleriyle küçük bir evi andırıyordu. İstirya taşından kabartma heykelleriyle kanalın üzerine asılmıştı öyle bembeyaz, gümüş bir takı gibi. Mahkûmların zindana atılmadan önce son kez gün ışığına baktıkları kafesli pencereler bomboştu. Bir gondol köprünün altından geçip dar kanal boyunca ilerledi. Birbirlerine sarılmış bir çift vardı içinde. Kâmil onları ancak arkadan görebiliyordu. Kadın erkeğin paltosuna girip büzülmüştü. Çevresine bakmıyordu bile. Belki de çoktan uyumuştu. Erkek iyice sarıp sarmalamıştı kadını, akordeoncunun yanında dimdik oturuyordu. Balayındaydılar kuşkusuz ya da Venedik'e evlilik yıldönümlerini kutlamak için gelmişlerdi. Akordeon kederli bir ezgiye başladı. Hep böyle olur, çiftler mutluluklarını paylaşmak, bilemedin mutlu oldukları yılları anımsamak için gelirler bu kente, akordeon "Ölü Yapraklar"ı çalsa da. Bir gondolda mutlu olmak zorundadırlar. Kâmil kanalın bulanık suyunda uzaklaşan gondola bakıp içini çekti. Yalnız mahkûmlar değil âşıklar da iç çekermiş demek! Lucia'ya aşkını ilk kez kendine itiraf etmiş oldu böylece. Ama hemen toparlandı, "Hadi canım sen de!" diye geçirdi içinden, "ben daha ne kadınlar gördüm. Öyle kadınlar gördüm ki her biri ateş parçasıydı."

Köprünün merdivenlerinden inerken şeytanca gülümsedi. Ne var ki sağ dizindeki ağrıyı tam gövdesinde hissetti bu kez. Gülümseme yüzünde donup kaldı. Yarın gidip mutlaka baktırmalı. Artroz başlangıcı olabilir ya da daha ciddi bir şey. Her neyse ihmal etmeye gelmez. Sabah erkenden doktorun kapısına dayanmalı. O zaman Correr'e yetişemez ama. Kitaplık yarın yalnızca öğlene dek açıktır. Hastane ile kitaplık, daha doğrusu Lucia arasında bocaladı bir süre. Sonra kararını ertesi güne bıraktı. Hele bir yarın olsun da... Yürümekte güçlük çekiyordu. Solda San Zaccaria Kilisesi'ni görünce duraksamadan girdi.

İçerisi karanlıktı. Bir sıranın üzerine oturup ağrının geçmesini bekledi. Beklerken de uzun uzun göz gezdirdi çevreye. Tüm Venedik kiliselerinde olduğu gibi buranın da duvarları tablolarla kaplıydı. Ama karanlıkta pek seçilmiyordu figürler, renkler de öyle, soğukta birbirlerine sokulup örtünmüş gibiydi. Ağrı geçmeye yüz tutunca oturduğu yerden kalktı, mermer sunağa doğru ilerledi. Günlük kokuyordu her yer, ama bu kokuda bile bir nem çağrışımı vardı. Sunağı duvardan ayıran devasa arkalık dikkatini çekti. Yandaki kumbaraya bozuk para atar atmaz aydınlandı mekân. Arkalığın üzerine nakşedilmiş resim tüm boyutlarıyla ortaya çıktı. Kâmil, Giovanni Bellini'nin yapıtını hemen tanıdı. Ressamın yaşlılığında yaptığı bir tabloydu. Tam ortada, altın sarısı mozaiklerle süslü bir kubbenin altında mermer tahtına oturmuştu Meryem, kucağında yine çocuk İsa'yı tutuyordu. Bu kez Meryem'in mavi mantosu ile kıvrımlı, apak başörtüsüne takılmadı bakışları. Annesinin yardımıyla ayakta duran çocuğa da fazla bakmadı. Uzun saçlı bir küçük melek tahtın ön basamağına oturmuş viyola çalıyordu. Kanatları yoktu. Neftî entarisi ve portakal rengi şal pırıl pırıldı üzerinde. Tahtın iki yanındaki figürlerin giysileri de rengârenkti. Sağda kitap okuyan sakallı adamın koyu kırmızı, sımsıcak bir urbası vardı, onun berisinde profilden görülen genç kadınınsa yaldız işlemeli, ama solmuş, eflatun bir tuvaleti. Sağ elinde bir cam kâse tutuyordu. Her ikisi de ayaktaydılar. Tahtın solundaki uzun boyunlu, zayıf kadın ile cepheden görülen saçları dökülmüş adam İskenderiyeli Azize Caterina ile Aziz Pietro olmalıydılar. Giovanni'nin *Kutsal Söyleşi*'sindeki Caterina'yla hiçbir benzerliği yoktu bu kadının. Yüzü solgun, ağzı küçüktü. Alnıysa daracık. Işık da, o tablodaki gibi kaynağı belirsiz, içeriden fışkıran bir ışık değildi. Geri plana sıkışmış incir ağacı ile akasyanın üzerindeki gökyüzünden vuruyordu içeriye, figürlerin giysileri ile yüzlerini aydınlatıyordu. İki yanı da açık, tuhaf bir mekândaydılar sanki, oysa kubbe karanlıkta kalmıştı. Kendi dünyalarındaydılar. Aziz Pietro sağ elindeki kocaman kitabın ağırlığıyla biraz yana eğilmiş gibi duruyordu, sol elinde demir bir anahtar vardı. Caterina bakışlarını öne eğmişti. Çokbilmiş bir kadın hali yoktu üzerinde. Hafif öne doğru çıkmış narin gövdesi, solgun yüzü, uzun beyaz boynuyla yine çok güzeldi, ama Accademia'daki Caterina'ya hiç mi hiç benzemiyordu. Meryem ile çocuk İsa da öyle, bambaşka bir görünümdeydiler. Onların da gözleri yere dönüktü. Ne tabloya bakana, ne de birbirlerine bakıyorlardı. Sağda kitap okuyan gür sakallı aziz kimdi acaba? Ya onun ardındaki uzun saçlı, sarışın kadın? Elindeki cam kâsenin içindeki ne olabilirdi? Azizin urbası ile genç kadının eflatun tuvaletini upuzun, tuhaf bir tüy ayırıyordu. Belki bir tavus tüyü, belki de gerçekte olmayan, ressamın imgeleminden tabloya düşüvermiş kocaman kanatlı bir kuş tüyü. Ya da hurma dalı, kendini İsa yolunda feda edenlerin simgesi bir kuru dal çölün sıcağında sararıp solmuş.

Kâmil bir tabloya böyle uzun süre bakınca olur olmaz sorular birikirdi zihninde. Hacimlerin dağılımını, renklerin uyumunu merak edecek yerde figürlerin kimliklerini sorgulamaya başlardı. Bu kez de öyle oldu, döşemeye çıplak ayakla basan eflatun giysili genç kadına takıldı aklı. Sakallıyı da merak ediyordu, ama asıl dikkatini çeken cam kâseli, saçları alev rengi o gizemli kadındı. Soldan sağa Aziz Pietro, Caterina, Meryem ve İsa, bir de viyola çalan melek. Geriye, kendi dünyalarına dalıp gitmiş kadın ve sakallı adam kalıyordu. Onlar da kutsal kişilerdi kuşkusuz, ama kimdiler, ne işleri vardı Meryem'in yanında? Kadın neden sağ elinde cam kâse, sol elinde bir hurma dalı tutuyordu? Kâmil bu sorulara hemen yanıt bulamayacağını anlayınca tablonun bütününe döndü yine, bozuk parayla çalışan ışık sönünceye dek biçimler ile renklerin büyüsüne bıraktı kendini. Hacimler nasıl da uyum içinde mekânda yerlerini almış, mükemmel bir geometride birleşmişlerdi. Nasıl da canlıydı figürler, renkler de öyle, her biri kendi ışığını yaratırcasına kıpır kıpır. Yarın, Lucia'yı görür görmez ona "Demek ki ben haklıymışım Caterina, güneşin kar topladığını nasıl da bildim!" demeyecekti, hayır! San Zaccaria'daki cam kâseli genç kadının kim olduğunu soracaktı.

* * *

– Elinde cam kâse tutan kadın mı? Elbette biliyorsunuz kim olduğunu, dedi Lucia. Bir yandan da, her zamanki gibi fişleri düzenliyordu. Kâmil'e bakmadı bile. Çok meşgul görünüyordu. Kâmil'se karşısına dikilmiş, dersini bilmeyen bir öğrenci gibi mahcup, yere bakıyordu.

– İnanın bilmiyorum, diye karşılık verdi. Bu yüzden dün gece gözümü kırpmadım.

– Uykusuzluğa başka çare mi yok!

– Ne mesela?

– Buradan çıkıp biraz temiz hava alabilirsiniz.

Aksiliği üstündeydi. Onu görmek istemiyordu anlaşılan. Kim bilir belki varlığından bile rahatsız oluyordu. Kâmil fazla üzerine varmadı. Ne de olsa yeni tanışmışlardı. Bir bilse onu nasıl özlediğini! Aklından hiç çıkmadığını, Venedik'te gün boyu onun hayaliyle dolaştığını! Süklüm püklüm yerine döndü. Öğlene dek çalışır gibi yaptı, ama aklı kızdaydı. Sonunda omzuna salmıştı işte saçlarını. Dalgalıydı, kar yağdıran bulutlar gibi kapkara, biraz kabarık. Ayağında yine topuklu ayakkabılar, üzerinde kot pantolon vardı. Bu kız hiç kısa etek giymeyecek anlaşılan. Bacaklarını, o düzgün, güzelim bacaklarını bir kez olsun göstermeyecek. Belki havalar ısındığında... Ama o zaman çoktan dönmüş olacaktı. Bu olasılık pek hoşuna gitmedi Kâmil'in. İstanbul'u özlüyordu, ama Lucia'yı daha çok özlüyordu. "Ben senin yanındayken bile hasretim sana!" diye geçirdi içinden. "Venedik'i bırakmak zor, seni bırakmak daha da zor! Seni koyup gitmek var ya asıl o koyuyor adama!" Shakespeare'in bir dizesini böyle çevirmişti o sarhoş şair. Meyhanede nasıl da gülmüşlerdi "Koskoca Shakespeare böyle konuşur mu?" diye. Değil Shakespeare yeri gelince herkes böyle konuşabiliyormuş demek. "Büyük konuşmayacaksın hayatta. Bir gün başına gelirse görürsün, seni koyup gitmek var ya... her neyse buradayım daha, hiçbir yere gideceğim de yok! Yeter ki gülümse biraz, öfken geçince yanıma gelip gönlümü al! Niye kızdın acaba? Hafta sonun çok mu kötü geçti, sevgilinle mi kavga ettin yoksa? Hayır annene kızdın, sevgilin yok ki senin, annenle yalnız yaşadığın belli, eski bir Venedik sarayında yaşlı annenle yaşadığını tahmin edebiliyorum, beyaz saçlı, yumuşacık bir kadın, belki aksi biraz, sen de ona çekmişsin, ama hayattaki tek yakının, onun için üzme onu olur mu cici kız!" Nasıl da böyle samimi olabiliyordu. Daha iki gün öncesine kadar kızın adını bile bilmiyordu. Sahi adı Lucia'ydı, *Kutsal Söyleşi*'deki Caterina'nın tıpkısı.

Kitaplık öğleyin kapanıyordu. Kâmil son dakikaya kadar Lucia'nın gelip bir şeyler söylemesini boşuna bekledi. Değil o, arşiv sorumlusu bile yanaşmadı yanına. Oysa Gentile Bellini'nin İstanbul yolculuğuyla ilgili belgeleri araştıracağına söz vermişti. Vakti olmadı belki, belki de her an Lucia'yla konuşma fırsatı yaratan bu tuhaf sanat tarihi profesörünü gözü tutmadı, Türk'tü ne de olsa! Saçı başı darmadağındı. Giyimine önem vermediği gibi pek yakışıklı da sayılmazdı. Üstelik boyu Lucia'nınkinden daha kısaydı galiba, girişte askıya bıraktığı paltosu da bir hayli eski. Kâmil'in bu paltoyu İstanbul'un en pahalı mağazalarından birinden aldığını, kış boyunca üzerinden hiç çıkarmadığını, hatta bazı geceler Boğaz vapurunun arka güvertesinde ona sarılıp uyuduğu için böyle eprimiş göründüğünü, ceplerinin hâlâ susam koktuğunu nereden bilebilirdi. Kâmil kitaplık kapanmadan önce Lucia'nın yanına gelerek elinde cam kâse tutan kadının kimliğini söylemesini, sonra da "Kusura bakmayın kırdım sizi. Bugün biraz sinirliyim de..." demesini bekliyordu. Ne var ki kız hemen kaybolmuştu ortalıktan. Umutsuzca masadan kalktı, paltosunu askıdan alıp giymeden önce tuvalete yöneldi. Kapıyı açar açmaz o baygın lavanta kokusu çarptı burnuna. Üzerinde "Kadınlar İçin" yazan kapıyı yavaşça araladı. Lucia'yı orada, aynanın karşısında saçlarını tararken gördü. Kulaklarına dek kızardığını hissetti. Hemen kapadı kapıyı, oradan koşarcasına uzaklaştı. Asansörle aşağıya indiğinde hâlâ heyecanı yatışmamıştı. Az kaldı bir çuval inciri berbat edecekti. Nereden aklına esmişti kadınlar tuvaletine bakmak, bir gizli gücün çekimine kapılmış gibi Lucia'yı orada aramak, ışık kadar güzel o temiz, saf kadını. Yürüdükçe açıldı. Paltosunu kitaplığın askısında unuttuğunun farkında bile değildi. San Zaccaria Rıhtımı'nda rüzgâr iliğine işleyince kendine gelebildi ancak. Soğukta böyle paltosuz dolaşamazdı. Eve gitmeye karar verdi. Ve hemen caydı kararından. En iyisi açık bir kütüphane bulup elinde cam kâse tutan kadının gizini çözmekti. En olmayacak zamanda bile saplantılarından kurtulamıyordu. Öyle ya Lucia işin bahanesiydi. Onun yardımı olmadan da merakını giderebilirdi.

Querini-Stampala Vakfı'nın yolunu tuttu. Yapıya sonradan eklendiği ilk bakışta göze çarpan ahşap köprüden geçip içeriye girdi, kitaplığın dibinde sakin bir masa buldu kendine. Giovanni Bellini üzerine yazılmış monografiler yan bölmedeydi. Gidip getirdi tümünü, masanın üzerine tuğla koyar gibi üst üste yığdı. Teker teker açıp San Zaccaria Kilisesi'ndeki resmin röprodüksiyonlarını aramaya başladı. Kitapların tümünde tablodan söz ediliyordu, ama figürlerin kimliği hakkında yeterli açıklama yoktu. Lucia'nın sabahki tutumu geldi aklına. Ona yalnızca bir kadın olarak değil, bir dost, hatta bir meslektaş olarak da ihtiyacı vardı demek. Yoksa böyle ikide bir, çalışırken bile, neden aklına düşsün ki! Umutsuzluğa kapıldı birden, her şeyi yüzüstü bırakıp gitmek, bir daha dönmemecesine Venedik'i terk etmek istedi. Evet bırakmalı bu soğuk, rutubetli kenti, konukseverlikten nasibini almamış bu ruhsuz insanları, tortusu dibe çöken yıllanmış suyu, eski saraylar ile çok eski kiliseleri, o kiliselerin karanlık duvarlarında kumbaraya bozuk para attıkça aydınlanan tabloları, hele onları, paraya dönüşen tüm sanat yapıtlarını bırakıp gitmeli. Hiçbiri belki hiçbir zaman sergilenmeyecek, pazarda alınıp satılmayacak, açık havaya çıkmak amacıyla, evet yalnızca bu sıradan mutluluk için yapılmış İstanbul peyzajlarıyla avunmalı bundan böyle... Ve Lucia'yı unutmalı. Ama ışığı unutmak mümkün mü, ışığın resmi yapılamaz belki, yine de denemeli, ışığın resmini yapabilir misin, Lucia'nınkini Giovanni Usta yapmış işte, *Kutsal Söyleşi*'de onun saçlarını, onun yüzünü, onun çıplak boynunu, sessizliğini, çocuk İsa'ya bakışından doğan, giderek tablonun tüm yüzeyini, Accademia'nın salonlarını, hatta tüm kenti, evet en uzak mahallelerine, alanlarına, o alanların ortasındaki kuyuların dibine varıncaya dek tüm Venedik'i kaplayan sessizliği çizmekle yetinmeyip ışığın da resmini yapmış, belirsiz bir yerden fışkıran ışığın resmini. O tabloda Lucia bakıyor, çocuk İsa ile Meryem değil. Ne var ki adı nedense Caterina olmuş Lucia'nın. Tarihte anlatıldığı gibi çok bilmiş bir hali de yok. Sevecen, durgun bir genç kadın o, soylu bir Venedik ailesinin tek kızı. Evet, sen de resmini yapabilir misin bu kadının? Yüzüne vuran ışığın resmini tabiî, Lucia'nın portresini değil. Ressam geçindiğine göre hadi yap bakalım bir benzerini, çiz ışığın, yani yaşamın yüzünü ak kâğıda!

Bu ışık konusu bastırdıkça içi acıyordu Kâmil'in. Başlamadan biten bir aşkın acısı değildi canını yakan. Belleğinin ta derinlerinde bir yere ışık düştükçe kıpırdayan o belirsiz yüzdü. Kâmil elbette resmini yapamazdı bu yüzün, o güzel beyazlığını, yumuşaklığını, dua fısıldarken dudaklarının sessizce açılıp kapanışını çizemezdi. Gidip de bir daha dönmeyenin, bir yaşam boyu süren bekleyişin resmini kim yapabilmiş ki!

Akşama doğru kitaplık dolmaya başladı. Çoğu üniversite öğrencisi bir yığın genç, o farkında olmadan Kâmil'in çevresini almışlardı. Gençlere yer açmak için kalkıp kitapları yerine koydu. Tam masasına geri dönecekken gözü bir kitaba ilişti. Kalın ciltlerin arasına sıkışmış incecik bir broşürdü. Alıp karıştırmaya başladı. Daha ilk sayfaları çevirirken sevinçten gözleri parladı. Aradığını bulmuştu. San Zaccaria Kilisesi'ndeki tablodan bir detay sayfayı boydan boya kaplıyordu. Kırmızı urbalı sakallı ile elinde kâse tutan genç kadını hemen tanıdı. Detayın altında "*San Hieronymus ve Azize Lucia*" yazıyordu. Rahatlayıp gevşediğini, gün boyu süren gerilimin bedeninden yavaşça çözüldüğünü hissetti. Bu kadarı yeterdi ona. Elinde kâse tutan kadının hayatında bir yeri olacağını nasıl da sezmişti! Lucia'yla aralarında hiçbir benzerlik yoktu gerçi. Alev rengi saçları, solgun yüzü, ince gövdesiyle tam bir azizeydi tablodaki kadın. Ama âşık olduğu kadının adını taşıyordu. Daha doğrusu âşık olduğu kadın, o azizenin, gözlerini bir cam kâse içinde körlere, ışıktan yoksun tüm insanlara sunan Azize Lucia'nın adını taşıyordu. "İşte gözlerim burada, bu kâsenin içinde. Bense karanlıktayım. Alın gözlerimi seyreyleyin dünyayı" mı demek istiyordu? "Denizin mavisi sizi şaşırtmasın! İşte böyle koyu mavidir deniz, laciverttir, turkuvaz rengidir, som mavidir. Ağaçların yeşilini de sevin, kelebeğin kanadındaki renklerin tümünü, yağmurdan sonra güneşin yedi rengiyle parıldayan ve altından geçen oğlan çocukları kız, kızları oğlan yapan gökkuşağını da! Bakmasını bilin doğaya, insanları yakından görün! Yüzlerindeki acıyı, sevinci, ihaneti, belki yakışık almayacak ama hazzı, evet tüm doyumları tanıyın. Kimi almış başını gider, kiminin başını sokacak bir damı bile yok, kimiyse düpedüz sahtekâr. İşte gözlerim, bakın ve tanıyın onları!"

Kâmil yerine döndü, kitaplara dalmış gençlerin arasında kafasını toparlamaya çalıştı. Neyse ki içki içmemişti bütün gün. Venedik'e Santa Lucia İstasyonu'nda ayak basmıştı. Sonra Accademia'da Gentile Bellini'nin tablolarını ararken kardeşi Giovanni'nin *Kutsal Söyleşi* adlı tablosu çıkmıştı karşısına. Bu yapıttaki Azize Caterina ona yıllar önce Vatikan'da gördüğü, aralarında Cem Sultan'ın da bulunduğu kalabalığın ortasında bilginlere ders verip doğru yolu gösteren Caterina'yı anımsatmıştı. Oysa Pinturicchio bir azizede olması gereken niteliklerin tam karşıtı bir genç kadını, Lucrezia Borgia'yı resmetmişti Caterina'da. Sırf Borgiaların dairesini süslemek için kalkışmamıştı elbet bu işe, onun da bir bildiği vardı. Papa Alexander'e yaranmak istiyordu belki, belki gizliden Lucrezia'ya âşıktı. Öyle ya kim âşık olmazdı üstadın duvara olanca güzelliğiyle nakşettiği bu sarışın, ince yüzlü, narin kadına? Correr'de gördüğü, görür görmez de çekim gücüne kapıldığı kütüphaneci kız tıpatıp Accademia'daki Caterina'ya benziyordu, Vatikan'dakine değil. Ama Vatikan'dakinin karakter özelliklerini taşıyordu belki de. Ve Lucia'ydı adı, gözlerini bir cam kâse içinde körlere, daha doğrusu bakıp da görmesini bilmeyenlere sunan Azize Lucia. Her neyse, adları değişse de, resimlerde çoğalsalar da, bir tek onu, Lucia'yı seviyordu, yani cam kâseli kadını, yani Caterina'yı, yani babasıyla Vatikan'ın balkonundan atların çiftleşmesine bakan şehvet düşkünü Lucrezia'yı, evet bir tek onu seviyordu.

Keyfine diyecek yoktu Kâmil'in. Bir rastlantı mıydı bütün bunlar, yoksa bir araya getirilmeyi bekleyen bir "puzzle"ın parçaları mı? Vakıf binasından çıktı. Ahşap köprünün ayakları altında gıcırdadığını duydu bir an. Hava kararmak üzereydi. Soğuk kırılmıştı biraz. Paltosunun yokluğunu pek hissetmeden önüne çıkan ilk bara girdi, kalabalığın arasında bir yer buldu kendine. Sonra yerini beğenmeyerek camın yanındaki masaya oturdu ve hemen bir bardak beyaz şarap söyledi. Sonra bir tane, bir tane daha. Kadehleri böyle peş peşe ilk kez yuvarlamıyordu ama, bu akşam şarabın tadı bir başkaydı.

Camdan dışarıya bakınca karşıdaki gazete bayii ile manavı gördü. Turistlerin egemenliğine terk edilmiş kentte gerçek bir yaşamın da sürüp gittiğine, insanların akşam eve yiyecek götürebildiklerine sevindi. Karanlık perde perde iniyordu alana. Önce tam karşıdaki kilisenin çan kulesini örttü, sonra evlerin çatılarını. Kule, Venedik'in bazı çan kuleleri gibi eğik değildi. Su temelini oymuyor mu acaba bu yapının, tuğlaları için içe kemirmiyor mu? Kent denize gömüldüğünde yine böyle dimdik mi kalacak, kırmızı kiremitli çatının tam ortasında küçük kubbesi, kubbenin üzerinde belki yerküreyi simgeleyen yuvarlak topu ve ön cephenin yukarısındaki taş heykelleriyle böyle kendinden emin, heybetli mi duracak o zaman da? Alanın bitiminde sıvası dökülmüş duvarları, yer yer çürümüş, kapalı kepenkleri ve çatıdan kış göğüne yükselen huni biçimindeki taş bacalarıyla üç katlı, eski mi eski bir saray yavrusu vardı. "Kilise hâlâ ayakta, ama bunun işi bitik" diye düşündü Kâmil, "birçok eski saray gibi içinde kimse oturmuyor artık." Oysa bir zamanlar açık pencerelerinden alana vuran ışık belki buraya, bu kahvenin terasına dek geliyordu. Belki de o zaman bu kahve yoktu. Kim bilir hangi soylu aileye aitti, kimler doğmuştu yüksek tavanlı, duvarları resimlerle kaplı odalarında, görkemli salonlarında ne şölenler verilmişti? Kemerli, küçük sütunların süslediği ön balkona çıkan davetliler alanın öbür ucundaki kanalın iki rıhtımını birleştiren taş köprüye –belki de daha alçak yapıların ötesindeki başka saraylara– bakarken aralarında neler konuşmuşlardı? Giderek yaklaşan Türk tehlikesinden mi söz etmişlerdi, uzak ülkelere yelken açan, depoları mal dolu gemilerden mi yoksa? Belki İstanbul'un düşmesine üzülmüşlerdi ya da savaşta ölen bir yakınlarına. Şimdi kapalı kepenklerin ardına çekilmiş, son demlerini yaşıyordu saray, karanlık ve kimsesiz.

Manavın ışığı yandı derken. Sıra sıra dizilmiş portakalların, muz hevenkleri ile elmaların, mandalina, armut, havuç ve salatalıkların renkleri geri geldi. Domatesler kan kırmızısıydı, karnabaharlar kirli beyaz. Kocaman greyfurtlar yaz güneşi gibi sapsarı parıldıyordu. Renkler manavın vitrinindeydi artık ya da tablolarda. Kenti terk edip gitmişler, saraylar ile müzelerin, kiliselerin duvarlarına yerleşmişlerdi. Yine de mavileri, kırmızıları, sarının tüm tonlarını yiyeceği geliyordu insanın. Renkler geride kurşunîyi bırakmıştı bekçi olarak. Doğaya onun hükmü geçiyordu artık; lagünün, çevre adaların, kanallar ile gökyüzünün rengini o belirliyordu. Kurşunî deyip geçmemeli. Kışın Venedik'te su da kurşunîdir, yapılar da. Ama tonları farklıdır her birinin, sedef beyazı ile ay beyazının, küf yeşili ile çayır yeşilinin farklı oldukları gibi. Karaya çalan bir kurşunî gelip yerleşir kanallara, kar gondolların siyahını beyaz bir manto gibi örter. Kentin bildik kırmızısı –çatılar, duvarlar, çan kuleleri– beyazla yer değiştirir. Venedik kurşunî ile beyazın egemenliğindedir artık; kar eridikçe beyazın tadı kaçar, yağmur boz bir perde çeker kent ile suyun arasına.

Neyse ki yağmur yağmıyordu. Kâmil havanın yumuşadığını, sokaklarla alanları can evinden vuracak bir sağanağın eli kulağında olduğunu düşündü. Dizi ağrımaya başladı yine. Ama içtikçe ağrı azaldı, sonra birden kesiliverdi. Kahveden çıkıp San Zaccaria'dan 52'ye bindiğinde ne ağrı kalmıştı, ne keder. *Vaporetton*nun arka güvertesindeki banka oturdu. Üşümüyordu. Venedik'te bütün bir kışı paltosuz geçirecek kadar sağlıklı hissediyordu kendini. Deniz trafiğini düzenleyen üçü bir yerde kalasların tepesindeki martılara, motor taksiler ile *vaporetto*'ların farlarına, karanlık suyu bir anda yalayıp geçen kırmızı yeşil ışıklara bata çıka Giudecca

Kanalı'ndan Piazzale Roma'ya geldi. Evden içeriye girdiğinde biraz çakırkeyifti. Dolaptan bir şişe kırmızı şarap çıkarıp içmeye başladı. Bir yandan da tencereye attığı *tortellini*'lerin pişmesini bekliyordu. Su kaynadıktan az sonra ateşi söndürüp *tortellini*'leri süzgeçten geçirdi. Üzerlerine parmesan koyup kırmızı şarabın eşliğinde yemeye başladı. Venedik'te, kanal seviyesinin altındaki stüdyosunda bir yeraltı adamı gibi tek başına akşam yemeğini yiyordu işte. Kendine acımadı hayır, nicedir acıma duygusunu unutmuştu. Yalnızlığın içinde ikinci bir insan olduğunu, bir zamanlar çok sevdiği o şarkıdaki gibi yalnızlığıyla hiçbir zaman yalnız kalmadığını düşündü. Ve gün, başladığı gibi bitmedi elbet.

Sekizinci bölüm

Stüdyonun kepenkleri sımsıkı kapalı, en küçük bir ışık sızmıyor içeriye. Kanalın şıpırtısı da duyulmuyor. Ne geçen bir motor taksi, ne gondolcuların şarkıları, hiç, ama hiçbir şey bozmuyor sessizliği. Kâmil gözlerini basık tavana dikmiş yatıyor sırtüstü. Öldüğü gün boylu boyunca uzatıldığı tabutta da böyle yatacak, gözlerini, nice manzaralar, kentler, kadınlar görmüş, ama dünyaya hâlâ doymamış yorgun gözlerini boşluğa dikip bekleyerek. Musalla taşının üzerinde "bir namazlık saltanat"tan sonra imam, "Ölüyü nasıl bilirsiniz?" diye soracak cemaate, onlar da –hepi topu birkaç kişi– "İyi biliriz!" diyecekler. Ve tabut, mezara indirildiğinde bir avuç toprak atılacak üzerine. Eğer vasiyet ettiği gibi karşı kıyıda Anadoluhisarı Mezarlığı'na gömülürse, Göksu'nun yatağından sızan suyla yumuşamış çamurlu toprak dolacak gözçukurlarına. Ve kurtlar ile böcekler... Düşünmesi bile korkunç, ama elinde değil, aklına geliyor işte. Burada, Venedik'te suyun saraylara yaptığını İstanbul'da toprak üstlenecek, obur bir fare gibi kemirecek tabutu, sonra sıra kefene gelecek. Sonra da... kapalı gözlerinden mi başlayacaklar yemeye, yoksa nice güzel kadın öpmüş ağzından mı? Belki kefen içinde bile kendine dikilecek yer arayan cinsel organından başlarlar, o böyle upuzun yatmış susarken.

Yavaştan bir ses geliyor kulağına. Aynı anda yatak belli belirsiz aralarla sarsılmaya başlıyor. Tekdüze, sinir bozan bir gürültü, çok yakından geliyor gibi. Yan bölmedeki pompanın çalışmaya başladığını anlıyor Kâmil. Demek ki kanalın suyu taştı. Ya pencerelerden de dolarsa içeriye! Ama kepenkler sımsıkı kapalı. Duvarlar da, rutubete rağmen, oldukça sağlam görünüyor. Pompanın giderek çoğalan gürültüsüne bakılırsa korkacak bir şey yok. Aklına ev sahibinin uyarısı geliyor. Demek ki duşun naylon perdeyle ayrılmış bölümündeki motor, kanala pompalamakta suyu. Yavaşlar birazdan, su azaldıkça sesi kesilir. Yan dönüp büzülüyor yatağın içinde, dışarıdan gelecek tehlikeye karşı bir kirpi gibi tortop oluyor. Artık hiçbir şey etkileyemez onu, ne su basması ne ölüm korkusu. Ormanın dibindeki bir mağarada sanki ya da bir ağaç kovuğunda öyle büzülmüş, iki büklüm bekliyor. Neyi bekliyor peki? Suyun tümüyle kanala pompalanmasını mı, kanalın seviyesinin alçalmasını mı yoksa? Akşamı bekliyor belki, içki saatini. Ya da yarını, güne dinç başlamanın coşkusunu. Bugünü sayma, bugün işe yaramaz artık! Ama yarın... neyse ki yarın diye bir şey var bu uzayıp giden, hızlanıp yavaşlayan, bazen çok yavaşlayan zamanın içinde. Doğal bir felaketten kaçıp inine sığınmış bir mağara adamı o, korkuyla yarını bekleyen. Beklerken de karanlık duvara bir bizon resmi çizen. O ilk resimden bu yana çağlayıp çoğalarak bir ırmak akıyor nice güzellikleri geleceğe taşıyarak, bir ulu ırmak genişleyen yatağında akıp gidiyor kıvrıla büküle, insanın elinin çizdiği tüm resimleri sürükleyip götürerek. Kâmil hiç sergi açmamış da olsa, peyzajları sanat değeri taşımasa da bu ırmağın bir parçası olduğunu, onunla denize kavuşup ölümsüzlüğe erişeceğini biliyor. Ölümsüzlük... Mağara duvarına ilk resmi çizen insan eli ölümsüzlüğün peşinde miydi, yoksa avlayacağı bizonun mu? Yanıtlaması güç bir soru. Derken peş peşe yağmaya başlıyor sorular. Kim yaptı bugün yerinde yeller esen duvar nakışlarını, toprakta çürüyen çömlekleri, o korkunç maskeler ile Ortaçağ canavarlarını? Hangi el yonttu ilk mermeri, boyaları kimler kardı, kimdi mozaikleri döşeyen, tanrılar ile insanları, ölümsüzler ile ölümlüleri sevişt iren? Sevişmek... Hayat suyunu fışkırtmak bir karanlığın içine, ölümü çığlık çığlığa orada yenmek. Sorular Venedik'in ansızın bastıran sağanağı gibi sicim sicim zihnine yağarken yine pompaya takılıyor aklı. Yeni yağlanmış demir pistonların sürekli bir devinimde, giderek çoğalan bir sarsıntıda hızla gidip geldiğini duyuyor. Dün gece Mestre'de, istasyondaki tahta barakanın karanlığında içine girdiği kadının kendine daha rahat, daha güvenceli bir duruş aramak için çeşitli pozisyonları denerken yaptığı gibi. Aslında unutmak istiyor barakada olan biteni, yemekten sonra geç vakit Mestre'de fahişelerin peşine düştüğü o ağaçlı caddeyi, sonra geçen gece tüm parasını çalan kadını sokak sokak arayışını, bulduğunda aralarında geçen pazarlığı, polise şikâyet etmezse bu kez para almadan sevişme önerisini, birlikte istasyona gelip artık kullanılmayan alet edevatla dolu barakadaki çığlıklarını unutmak istiyor, İstanbul'da geceleri lodosun çıldırttığı kedileri unutmak istediği gibi.

İçeriye girdiklerinde ayağı bir demir parçasına takılınca yere yuvarlandı Kâmil, başını köşedeki traverslere çarptı. Kadın hiç oralı olmadan üzerine eğildi hemen. Çakmağın alevinde bir yüz aydınlandı. Kâmil bir an kadının bakışlarından ürktü, ama belli etmedi. Ağzı kocamandı yine, dudaklarına ruj sürmüştü. "Hiç kıpırdama hazır yere yatmışken" diye mırıldandı, bacaklarını iki yana açıp üzerine çömeldi. Kâmil'in pek işine gelmiyordu bu pozisyon. Toprak nemliydi. İliklerine dek üşüdüğünü hissetti. "Sen ayakta dur" dedi kadına, "ben arkadan geleyim." Kalkıp yüzünü duvara dönen kadına arkadan yaklaştı, biraz öne eğilmesini söyledi. Önce eliyle yokladı apış arasını, külot giymediğini fark edince sevindi. Pantolonunun düğmelerini kolayca çözdü karanlıkta. Oysa ayakta duramayacak kadar sarhoştu ve kan sızıyordu alnından. Tam içine girecekken yüzünü ondan yana döndü kadın, ensesinden tutup kendine doğru çekti. Ağızları birleşti bir anda. Kâmil fahişelerin ağızdan öpüşmediklerini bildiğinden şaşırdı, dilini kaçırmayı denedi. Ne var ki kadın vantuz gibi yapışmıştı dudaklarına. Uzun süre öpüştüler. Neden sonra, "Hadi gel artık!" diyebildi, ama ayakta sevişmeye alışık olmadığından, belki de bu işi karanlıkta beceremeyeceğini fark ettiğinden sımsıkı sarıldı kadına. Yere yuvarlandılar.

Sonrasını gerçekten unutmak istiyor Kâmil, karanlıkta el yordamıyla okşadığı memelerin iriliğini, içine girer girmez dönüp onu altına alan kadının sıcak soluğunu, üzerinde gidip geldikçe her defasında biraz daha hızlı ve çok daha sert inen darbelerle delik deşik oluyormuşçasına korkuya kapılışını, çığlık çığlığa sevişirlerken geçen trenlerin uğultusunu, lodoslu bir İstanbul akşamından, çatıda gebe kalana dek dolaşan dişi kedilerin çıkardıkları sesler ile vapur düdüklerinden kalma o boğuk uğultuyu belleğinden çıkarıp atmak istiyor. Şu an yalnızca Lucia'yı düşünmeli. Masada fişlerin arasında otururken gülümseyişini, ensesinde topladığı uzun, siyah saçlarını, o geniş alnı ile çıplak boynunu, tablodaki çocuk İsa'nın üzerinde yoğunlaşan sevecen bakışlarını çoğaltmalı hayalinde. Onun ışığıyla yunup arınmalı. Ama olmuyor işte, ağzına vantuz gibi yapışan öteki kadının kocaman, kırmızı ağzı düşüyor aklına. Dilinin sivri bir kama gibi ağzında dönüp durduğunu, damağına değdikçe acıttığını hissediyor. Bunca deneyden, İstanbul'un buluşmaevleri ile Paris'in "Hôtel de Passe"larında harcanmış gençlik yıllarından sonra ömründe ilk kez öpüştüğü bir fahişenin anısıyla baş başa. Eğer para alsaydı kesinlikle öpmezdi onu, ağzını ağzına dayayıp dilini bir hançer gibi böyle bağrına saplamazdı. Neden bir fahişe gibi davranmadı ona, önce parasını alıp işini çarçabuk bitirmedi? Polise şikâyet edeceğinden mi korktu, yoksa gerçekten hoşuna mı gitti yabancı şiveli, soğukta üşüyen bu paltosuz adam? "Sahi neden geldin üzerime, beşikte sallar gibi devinip durdun kollarını gövdeme dolayıp? Raylar demir tekerleklerin altında esneyip genişlerken geceyarısı trenlerinin uğultusunda neden böyle ezip geçtin beni?"

Gece geç vakit, bir fahişeyle yattıktan sonra odasına dönerken hep bu ezilmişlik duygusunu yaşardı, kadının üzerine çıkan kendisi de olsa, hazzı paylaşmadığı için belki, belki yapayalnız kaldığından. Yine de bilmediği kentlerin batakhanelerini keşfe çıkar, sabaha dek çamurlu, dar sokaklarda dolaşırdı. Bir genelevin ter kokan pis yatağında, az sonra sevişeceği kadını beklerken, kendini evindeymiş gibi rahat hissediyordu. Ama sonra, kadın odadan çıkıp yatakta yalnız kaldığında ansızın bastırıyordu pişmanlık duygusu. Gün boyu kapanıp kendini hırpalarcasına çalıştığı kitaplıklar, giriştiği ciddi araştırmalar, tozlu rafların kokusuna karışan eski elyazmalarının epriyen dünyası, gerçekte bu geceyarısı serüvenlerini, yalnız sevişmelerini, fahişelerin peşine düşmelerini unutmak için miydi?

Bir tomruk kadar ağır hissediyor gövdesini. Kanalın suyuyla şişmiş, battı batacak. Beyaz tenli, esmer fahişenin iri memelerine tutunsa belki kurtulur, can simidine sarılırcasına yapışır onu yukarı doğru çeken balonlara. Barakadan çıkıp istasyonun büfesine oturduklarında memelerinin balon gibi olduğunu mu söylemişti kadına, yoksa çocukluğundan kalma bir anı mıydı bu balon hikâyesi, pek iyi anımsamıyor. Elinde kırmızı, yeşil, mavi, beyaz, bembeyaz balonlarla mahalleden geçen baloncunun sesini çok iyi anımsıyor ama. Yoğurtçu ile eskicinin seslerinden daha boğuk bir sesti, yeraltından gelir gibi. "Baloncuuu!" diye bağırırdı, "Ne güzel balonlarım var!" Kâmil bodrum katının penceresine tırmanıp cama dayardı yüzünü. Önce çamurlu ayakkabılarını görürdü baloncunun, sonra ipin ucundaki balonları. Öylesine çoktular ki, adamın ayakları yerden kesiliverecekmiş gibi gelirdi Kâmil'e, rüzgâra kapılıp havalanacak gökyüzüne doğru, balonların ipini bırakmazsa uçmaya başlayacak. Baloncu balon olmuş uçuyor! Çocukluğunun sesleri arasında çok özel bir yeri var bu sesin, üfledikçe şişen, şiştikçe yeğnileşen rengârenk balonların.

Bir ara iki kocaman balona sımsıkı yapışmış yükselirken görüyor kendini. Sonra barakadaki kadın bir kartala dönüşüyor. Gagası sivri değil kartalın, ama dili çatallı. Pençelerini etine saplamış kanat çırpıyor üzerinde. Çırptıkça bakır rengi tüyler sokağa savruluyor. Derken havalanıyorlar. Venedik aşağıda kırmızı bir oyuncak gibi. Çan kuleleri ile kubbelerin üzerinden geçip Alp Dağları'na doğru uzaklaşıyorlar. Geride kalıyor kent, dağlar karlı doruklarıyla aşılmaz bir duvar önlerinde, aşağıda irili ufaklı adacıklar ve deniz. Kartal, bir uçurumun yamacındaki yuvasına götürüyor onu. Orada, sarp kayaların gölgesinde oyacak gözlerini, sonra ciğerini yiyecek. Issız bir kumsalın üzerinden uçarlarken birden patlayıveriyor balonlar.

Kâmil yan bölmeden gelen patlamayla irkildi. Yataktan fırlayıp duşun kapısını açtı, naylon perdeyi kaldırdığında pompadan çıkan dumanı gördü. Şaltere uzandı hemen, evin elektriğini kesti. Peki ne olacak şimdi, yükselen su nasıl pompalanacak kanala? Duman biraz dağılınca patlamanın nedenini anladı. Pistonlardan biri kırılmıştı. Şalteri yukarı kaldırdı yeniden, pompa tek pistonla işlemeye başladı. Bir süre sonra da kendiliğinden durdu. Rahatlamıştı. Lavaboda yüzünü yıkadı. İçeriye geçip kepenkleri ardına dek açtı. Soğuk havayla birlikte kış göğünü çekti içine. Dışarısı günlük güneşlikti.

* * *

Uzun süre sokaklarda dolaştı. Canı Correr'e gitmek istemiyordu. Lucia'ya kırılmıştı biraz. Daha yumuşak davranabilir, işini bitirdikten sonra birkaç güzel söz söyleyip gönlünü alabilirdi. Güneş, Venedik'e geldiği günkü kadar parlaktı, gökyüzü pırıl pırıl. Rıhtımlar boyunca yürüdü. Kahvelerin, barların, vitrinleri turistik eşya dolu mağazaların önünden geçti. Sağ dizindeki ağrı yoklayana kadar keyfi yerindeydi. Ağrı bir köprünün merdivenlerini çıkarken saplanınca keyfi kaçar gibi oldu, ama üzerinde durmadı. Lucia'yı görmeyecekti bugün. Ne bugün ne de yarın... Biraz da o özlesin bakalım. Sahi Correr'e birkaç gün uğramazsa özler miydi acaba, gözleri İstanbullu sanat tarihi profesörünü arar mıydı? Kâmil paltosunu anımsadı. Gece Mestre'de bir ara üşümüş, sonra, içkinin sayesinde, soğuğu hissetmez olmuştu. Bugünse nefisti hava, güneş bayağı ısıtıyordu. Ama belli olmaz, bakarsın kapar akşama doğru. Derken bir sağanak ya da daha kötüsü yine kar. Bu güneş kar topluyor. Lucia'ya "Güneş kar topluyor" demek isterdi, "paltomu almaya geldim." Kız gülümser miydi bu kez, her zamanki cana yakınlığıyla, "Üşümediniz mi bütün gün?" diye sorar mıydı? Kâmil onunla ilgilenmesini, sağlığını merak etmesini istiyordu gizliden gizliye, ama bunu kendisine itiraf etmekten kaçınıyordu. Diyelim ki sordu, sonra ne olacak peki? Seni sevdiğini, bütün gün yolunu beklediğini, sensiz yapamadığını mı söyleyecek? Canı cehenneme! Hem paltoya ne gerek, bu güneş yeter. Üstüne giyip dolaş dur sokaklarda!

Akşama dek ağzına bir damla içki koymadan dolaştı. Günbatımında Accademia Köprüsü'nün üzerindeydi. Delikanlı sehpasını kurmuş resim yapıyordu. Günbatımını yanlış yöne yerleştirmişti yine. Salute'nin kubbeleri, Canal Grande, gondoldaki çift, her şey geçen gün gördüğü tablonun aynısıydı. Çoğaltıyor kerata. Çoğaltıp turistlere hep aynı manzarayı satıyor. Ne yazık! Oysa genç daha, geçen günkü terbiyesizliğine rağmen sempatik bir tipi var. Ama yeteneği yok. Güneş çıkar çıkmaz buraya gelip köprünün üzerine kuruyor tezgâhını, hep aynı yanlış günbatımını aynı dekorun içine yerleştirdikten sonra aynı müşterilere pazarlıyor. "Sanat ile ticaretin püf noktası da işte burda" diye içinden geçirdi. "Piyasadan ne talep gelirse gelsin yüreğinin sesini dinleyeceksin, paranın hışırtısını değil. Piyasa bugün kazandırır yarın batırır. Ne ruhu ne acıması vardır piyasanın, ne de yaratıcılıkla bir ilgisi. Peki büyük ressamlar ısmarlama çalışmamışlar mı hiç, özellikle de Rönesans sanatçıları? Çalışmışlar elbet, geçinmek zorunda oldukları için prenslere, burjuvalara resim yapmışlar saraylarını süslesinler, satın alıp evlerinin duvarlarına assınlar diye. Ama kendi dramlarını, sevinç ve kederlerini, özlemlerini de koymuşlar yapıtlarına, hiçbiri pazar için üretmemiş. Peki o bayıldığın Canaletto, koskoca Rubens? Onlarda mı yok saymışlar müşteriyi, İngiliz koleksiyoncuları ile Anvers burjuvalarını? Her neyse, bu genç ressam kendini yetiştireceğine işin kolayına kaçıyor. Çünkü ekmek kapısı olarak görüyor sanatı." Bu kez geçen gün yaptığı gibi delikanlının önünde durmadı. Köprünün merdivenlerini indiğinde hâlâ sanatın bir piyasası olup olmaması konusunda kararsızdı. "Olması gerekli belki" diye düşünüyordu, "ama olmaması daha iyi."

Campo San Stefano'da Tommaseo'nun heykeline karşı bir puro yaktı. Üstat çok mu fazla kitap yazmış acaba? Çok yazdıysa şiir değil manzume yazmıştır. En iyisi yarın Correr'de bir kitabını bulup okumalı. Correr'e gitmeden yapamayacağını biliyordu. Bugün bir geçse... Bu güneşli, güzel kış gününü bir devirse rahatlayacaktı. Tommaseo üzerine hiçbir şey bilmiyordu, ama onun tavuk yumurtlar gibi düzenli aralarla kitap yumurtladığı kanısına varmıştı nedense. Evet, yoksa heykeltıraş neden redingotun altına tuğla yığar gibi yığsın kitapları! Bebek Parkı'nda Fuzulî'nin de bir heykeli var. Çınarların altında, Boğaz'a karşı elindeki kitaba bakar durur yıllardır. O kitap şairin divanı mıdır, Kuran mı yoksa? Bir tek kitap işte, Fuzulî ona bakar durur. Yapayalnızdır parkta, arada bir önüne kurulan atlıkarıncada çocuklar çığlık çığlığa oynasalar da, bankların üzerinde sevgililer öpüşseler de kimse, evet "bad-ı saba"dan gayrı kimse kapısını açmaz Bağdatlı şairin. Başına birkaç yaprak düşer bazen, bazen de martılar gelip konar.

Kâmil okulda bir türlü sevememişti Divan şiirini. Geçer not almak için ezberlediği gazelleri, kasideleri anında unutuverirdi. Ne sarayın gözdesi Bakî ne şuh Nedim, hiçbiri umurunda değildi. Lise yıllarından belleğinde bir tek beyit kalmıştı o kadar. O zaman, uzak bir çölde yaşayıp Hazreti Ali'nin türbesini beklemiş ve orada ölmüş bir sanatçının heykelinin karşısında oturacağını, *Leyla ve Mecnun*'un şairiyle birlikte karşı kıyıya bakıp bazı akşamlar onun tek beyitiyle demleneceğini bilemezdi elbet:

Ne yanar kimse mana ataş-i dilden özge
Ne açar kimse kapumu bad-ı sabadan gayrı.

Zavallı Fuzulî! İstanbul'un düşünü kur yıllar yılı, Diyarırum'a, uzak ülkelere kaçış özlemiyle yan tutuş ve Kerbela'da geçir ömrünü! Orada, peygamberin torunlarının türbesine karşı kuş uçmaz kervan geçmez bir çölde şiir yaz senden daha yeteneksiz şairler Topkapı Sarayı'nda göklere çıkartılır, yumurtladıkları her dizeye bin akçe bağışlanırken. Ve orada, yalnızlık içinde öl kahrından! Hiç görmediğin İstanbul'a ancak heykelin dikilsin. Yaşarken dertli başına devlet kuşu değil, öldükten sonra Bebek'teki bronz takkene martılar konsun!

Fuzulî'nin heykelinin tam karşısında Boğaz mavi bir sudur, akar gider şimdi. Şeytan akıntısı Kandilli'de yalıları döver. Oradan bakıldığında Rumelihisarı karşı tepenin yeşil yamacına başka bir dünyadan gelip konmuş gibidir. Kulelerin üçü de, yukarıdan aşağıya aynı hizadadır. Ve asma köprünün çelik putrellerini sarsarak akıp giden araba seli sabaha dek hiç durmaz. Bir renk cümbüşünde, dinmeyen bir uğultuda devinip durur İstanbul.

Kâmil bu sabah pompa çalışmaya başlayınca hissettiği iç sıkıntısını, o korkunç boğulma duygusunu İstanbul'da hiçbir zaman yaşamadığını düşündü. Venedik'in yüzyıllarca karayla bağının kesilmiş olmasından mı kaynaklanıyordu bu duygu, yoksa sokakların darlığından mı? Belki de bu izlenime yol açan bir zamanlar Akdeniz'in en görkemli kentinin bugün terk edilmiş saraylarında hayaletlerin cirit atması, gece sokaklarında birkaç gölgeden başka hiç kimsenin dolaşmamasıydı. Venedik XV. yüzyılda nasılsa öyle kalmıştı. Oysa İstanbul büyümüş, yayılıp genişlemiş, surların dışına taşmakla yetinmeyerek çevredeki ormanlara, tepelere, dar vadilere bile el atmış, oralarda da yuvalanmıştı. En lüks mahalleden yokuş aşağı inerken bir bostanda bulabilirsin kendini. Çevre yollarında saatlerce araba sürebilirsin, bir yakadan ötekine, Asya'dan Avrupa'ya, bir denizden bir başkasına dolaş dur dilediğince; İstanbul bitmez, İstanbul alır götürür, evet doğru, bu kent caddelerin, vapurların, araba selinin, eski Bizans sarnıçlarının uğultusunda alır götürür seni, ama nereye? Kâmil'i İstanbul hep merkezin dışına, tepeler ile Boğaz kıyısındaki küçük balıkçı lokantalarına, o lokantaların masalarındaki bin bir çeşit meze ile rakı şişelerine, şişeleri birlikte boşalttığı kadınlara götürmüştü. Ve sehpasını kurduğu rüzgârlı bayırlara. Bazen, tam resim yaparken, gün kararır ansızın, bir anda tüm renkler silinir. Öyle, mürekkep gibi karaya keser her yer; su, ağaçlar, bulutların Boğaziçi'ne vuran gölgesi. Sonra sağanak, toparlanıp kaçana kadar indirir dam çatı demeden, bulut geçiyor sanırsın oysa gün boyu hızı kesilmez yağmurun, Göksu çamurlu akmaya başlar, Boğaz'ın ortasına dek yayılır çamur, bir gemi –sanki uzak muson ülkelerinden birinde çamura yatmış mandadır– geçince dalga değil çamur vurur kıyıya, yalı rıhtımlarını döven artık hep odur, döverken Otağ Tepe'nin tüm molozunu –neyse ki lağımını değil, henüz değil!– o güzelim bahçelere taşıyan.

Tommaseo'nun heykeline bakmaktan usanmıyordu Kâmil. Gören de birini bekliyor sanacak. Bakarsın o da olur bir gün, Lucia'yla burada, böyle güneşli bir havada, heykelin dibinde buluşurlar. O Accademia'dan yeni çıkmıştır, kendisi de bir kahveden. "Haklıymışsınız" diyerek boynuna sarılır, "meğer Giovanni Bellini'nin tablosundaki Caterina'nın burnundan düşmüşüm de haberim bile olmamış!" O zaman Kâmil de, "Ben söylemiştim size... peki onun kadar bilge misiniz bakalım? Bilge ve günahsız" derdi. Hayatını, aşklarını hemen anlatmayacağına göre konuyu değiştirir Lucia. Belki yolculuktan söz eder, İstanbul'a gitme arzusundan. Çok mu gezmeli şu dünyada, yoksa yaşadığın kentten dışarıya adım atmamalı mı? Şehzade Cem, Akdeniz'i doğudan batıya geçti de ne oldu? Ya Fikret Muallâ? Cem'e zehir sunan yolculuk bir düşkünler yurdunda teslim almadı mı onu da, kendi denizine çekip boğmadı mı? Fuzulî, İstanbul'a varmadan Kerbela'da bitirirken yolunu bir gül bahçesinde bile dinlenememiş. Ama heykelinin elinde bir kitap var şimdi, çölde geçen yalnız gecelerin, çektiği çilenin bedeli bir başyapıt. Üç dilde yazdığı divanına, karşılık beklemeden yaratmanın, şu fani dünyada bir şeyler yapmış olmanın iç huzuruyla bakıyor, Tommaseo'nun kendini beğenmiş edasıyla değil. Evet Kuran olamaz şairin elinde tuttuğu kitap, mutlaka divanıdır. Eğer bir gün, Venedikli âşıklar gibi Tommaseo'nun heykelinin dibinde buluşurlarsa, "Sizin Venedikli şair pek verimli anlaşılan" diyecekti Lucia'ya, "baksanıza nasıl da kitap sıçıyor!"

İçinde kabaran öfkeyi bastırmaya çalıştı. Lucia'dan öç almak istiyordu. Selam bile verilmeyecek bir insan mıydı ki bir kez olsun başını işinden kaldırıp ona bakmamıştı? Sahi bunca değersiz, bu kadar horgörüye layık mıydı? Üzerine fazla düştüğü için mi onun gözünde saygınlığını yitirmişti acaba? Ağzında purosu San Zaccaria'ya dek yürüdü. Oradan bir *vaporetto*'ya binip Giudecca'da indi. Venedik'ten uzaklaşmak istiyordu. Ama gidebileceği uzak bir yer de yoktu. Lido'ya ya da daha ötedeki bir başka adaya gitse akşam geri dönemezdi. Rıhtım boyunca yürüyüp bulduğu ilk kahveye oturdu. Venedik karşısındaydı işte. Elini uzatsa dokunabileceği kadar yakındı. Oturduğu yerden kanalın karşı kıyısındaki parkı, ağaçların ardından yükselen Correr'in sarı badanalı duvarlarını görebiliyordu. Kitaplık bu saatte çoktan kapanmıştır. Uykuya dalmıştır resimler. Bellini kardeşlerin marifetleri belki hâlâ kıpır kıpırdır sayfalarda. Hep onları düşünürsen uyumazlar ki. Kim bilir belki dile gelip konuşurlar da. Resimler dile gelir mi? Ah bir dile gelseler, anlatsalar öykülerini! Şimdi, boş salonda lambalar sönmüştür. Ve çok genç, çok beyaz, hep kot pantolon giyen çok güzel bir kadının lavanta kokusu kaplamıştır kitaplığı. Girişteki askıda eski mi eski bir palto, İstanbul'un yağmuru ile sulusepkenini yemiş, ıslanıp kağşamış bir gocuk sahibini bekliyordur. Yarın gidip almalı onu, sonra içeriye girmeden, Lucia'ya bir merhaba bile demeden çekip gitmeli.

Dokunsalar ağlayacaktı. Nasıl da yumuşayıvermişti birden, iyice alıngan bir yaşlı adam olup çıkmıştı. Ya da evden kaçmış, soğukta sığınacak yuva arayan bir çocuk. İç çekip duruyordu önünde sere serpe uzanan kente karşı. Kanalın bu yakasında Boğaz'ın Anadolu kıyısındaymış gibi hissediyordu kendini. Onun gerçek dünyası buradaydı, alçakgönüllü insanların, yıllar boyu balıkçılar ile tersane işçilerini barındırmış bu iki katlı evlerin arasında. Zattere Rıhtımı'nın süslü yapılarından eser yoktu burada. Büyük Kanal'ın sarayları da, Santa Maria Salute'nin çift kubbeli, ezici taş mimarîsi ve deniz gümrüğüyle birlikte karşı kıyıda kalmıştı. Gümrük kulesinin üzerindeki bronz heykellerin omuzladığı altın küreyi karanlıkta seçebiliyordu. Bir zamanlar kentin tek girişiydi orası, yelken toplayan kocaman gemiler San Marco Havuzu'nun karşısındaki bu en uç noktanın açığında demirlemek zorundaydı. Lucia'nın davranışı bir gümrük duvarı gibi dikilmişti önüne, onu Venedik'ten soğutmuştu. Hava iyice kararıncaya dek Giudecca Adası'ndaki kahvede oturdu. Bir tek kahve içti, ardından da bir bardak su. Sonra, geç vakit, *vaporetto*'yla Piazzale Roma'ya döndü. Eve girer girmez, giysilerini çıkarmadan yatağa uzandı. Radyodaki müziğin akışına bıraktı kendini. Kanaldan geçen bir motor taksinin gürültüsü Chopin'i bastırıncaya dek dinledi. Sonra kapattı radyoyu, yan dönerek sabahki gibi tortop oldu. Paltosu olsaydı ona sarılıp uyurdu belki. Kalktı, soyundu. Yatağa yeniden girdiğinde bir yatılı okul öğrencisiydi sanki, öyle mahzun, dünyaya küsmüş. Yorganı başına çekip sabaha dek ağladı.

Gentile

Haber geldiğinde Gentile, Büyük Konsey toplantı salonunun fresklerini onarıyordu. Rutubete yarım yüzyıl bile dayanamamıştı resimler; boyalar aşınmış, bazı ayrıntılar silinip gitmiş, figürler parça parça düştükçe arkadan duvar görünmeye başlamıştı. İskelede iki büklüm çalışıyordu üstat. Çırakların hazırladığı boyaları eski freskin üzerine sürmekle yetinmiyor, kentin tarihini anlatan sahnelerin çoğunu yeniden çiziyordu. Bu iş karşılığında ücret talep etmemiş, masrafların devlet tarafından karşılanmasının yeteceğini söylemişti. Bir tek koşulu vardı yalnız. Fondaco dei Tedeschi'nin gelirine ortak olmak. Senato kabul etmişti bu koşulu ve Gentile Bellini'ye yılda yüz yirmi duka gelir sağlayarak onu bir anlamda devlet sanatçısı yapmıştı. Fresklerin onarımının yanı sıra dogelerin portrelerini yapmakla da yükümlüydü artık. Ne var ki, bir gün Gran Turco'nun portresini yapmak üzere İstanbul'a davet edileceği aklının ucundan bile geçmezdi. Bir görevli mühürlü zarfı getirip eline verdiğinde, babası Jacopo'nun gençliğinde hayran olup yanına çırak girdiği adaşı Gentile da Fabriano'nun ustalığına hiçbir zaman erişemeyeceğini düşünüyordu. Onun yapıtını onarmak bile büyük bir onurdu Gentile için. Ellisini geçmişti. Babasının atölyesinden ayrılıp kendi adına çalışmaya başladığından bu yana fazla bir şey koyamamıştı ortaya. San Marco Bazilikası'nın orgu için yaptığı süslemeler, San Lorenzo Giustiniani'nin başarısız bir portresi ve Scuola di San Marco'nun ısmarladığı iki tablo.

Giustiniani'yi ayakta, yıllar boyu oruç tutmaktan zayıflamış, bir deri bir kemik kalmış bedenine bol gelen kıvrımlı, beyaz giysisinin içinde profilden çizmişti. Çevresindekilere oranla iyice büyüktü İl Beato, sol elinde Kutsal Kitap vardı, sağ eliniyse havaya kaldırmış önünde diz çöken rahibi takdis ediyordu. Sağ yanındaki iki melek küçücüktü. İlki uzun mu uzun bir haç tutuyordu elinde, ikincisi Papalık takkesini. Oranların gerektiği gibi hesaplanamadığı ilk bakışta belli oluyordu. Tablonun arka planıysa sapsarı bir boşluktan ibaretti, ne bir ağaç, ne dağlar, ne çayırın ortasından akan ırmak, hiç, ama hiçbir şey koymamıştı fona. Aceleye getirmişti biraz, Bizans ikonalarına özendiği de söylenebilirdi. Bütün bu aksaklıklara rağmen, avurtları çökmüş, zayıflıktan buruşup incelmiş yüzün ifadesinde İl Beato Lorenzo Giustiniani'nin çilekeş yaşamından, kendini kapattığı o ıssız adadaki manastırın karanlığından, dünya nimetlerinden uzak durmanın getirdiği iç huzurdan bir şeyler vardı. Modelinin yüz çizgilerini gerçekçi bir bakışla, abartmadan, ayrıntılara inerek yapmaya çalışmış, hiç olmazsa bu konuda başarı sağlayabilmişti.

Giovanni Mocenigo'nun Portresi'ndeyse dogenin çiçek işlemeli sarı takkesi giysinin düğmeleriyle uyumluydu, sımsıkı örtmüştü sol kulağını. Mocenigo kalın boynu, yuvarlak çenesi, birbirine kenetlenmiş ince dudakları ve kocaman burnuyla sarı fonda iyice belirgindi. Servetinden en küçük bir iz bile yoktu bakışlarında, profilden çizildiği için nereye baktığı da belli olmuyordu. Devletin cisimleşmiş somut simgesiydi artık, Venedikli bir tüccar değil. Onu, doge seçilmeden önce olduğu gibi her yerde göremezdiniz. Sarayın duvarları ardında halktan uzaktı, iktidarın yalnızlığında öyle bir başına, düşünceli. Biraz da yorgun. Yorgun, ama yeterince yaşlı değil, henüz değil. Oysa akıp gidiyordu zaman. Mocenigo geçici, makamı kalıcıydı. Portreyi bir kum saatini örnek alarak yapmıştı belki de, takkenin ucundan geniş omuzlara doğru yıllar akıp gitmiş, iktidarın sonu yaklaşmıştı. Doge bu olasılığı duymasın diye mi takkenin beyaz astarı sol kulağını sımsıkı örtüyordu? Yoksa kulağından içeriye zehir akıtılmaması için alınmış bir önlem miydi? Öyle ya, bakarsın bir katil ya da bir rakip yanına sokulup bir şeyler fısıldar, o da daha iyi duyabilmek için kulağını yaklaştırdığında Danimarka kralının başına gelen onun da başına gelebilir. Gentile modelini olduğu gibi çizmişti gerçi, ama kuşağı örten beyaz astara simgesel bir anlam yüklemeyi de başarmıştı. "Yine de" diye düşünüyordu haber geldiğinde, "doge takkesi yapmak Mehmed'in sarığını çizmekten daha kolay olmalı." Ömründe hiç padişah sarığı görmemişti ki! Fondaco dei Turchi'de Osmanlı tüccarlarının giydiği sarıklar elbette İstanbul fatihininkinden farklı olmalıydı. Hiçbiri başı açık dolaşmıyordu zaten. Ya sivri bir külah giyiyorlardı ya da silindir biçiminde upuzun serpuşlar. Kiminin Venedik'in bacaları gibi yukarıya doğru genişleyen şapkaları da vardı. Ama en çok balkabağı büyüklüğündeki o dilim dilim sarıklarıyla dikkat çekiyorlardı. Bu yüzden başlarına gelmedik bela da kalmıyordu. Bir süre önce Eflak Voyvodası Prens Vlad, huzuruna başı açık çıkmayı reddettikleri için Osmanlı elçilerinin sarıklarını kafalarına çiviletmişti. Mehmed'in de ondan aşağı kalır yanı yoktu. Vlad gibi insanları şişe geçirip kızartmasa da kazığa oturtmakta pek mahir davranıyordu. Bir vaazında kendisini Deccal'e benzeten papazı eşeğiyle birlikte aynı kazığa oturtmuş, hasbahçede bin bir özenle yetiştirdiği salatalıkların çalındığı vehmine kapılınca da kuşkulandığı saray bekçilerinin karınlarını açtırıp bizzat kendisi bakmıştı. Şehvet düşkünlüğü de dillere destandı. Daha çok tüysüz delikanlıları yeğlediği, ne var ki âşık olup haremine kapattığı Bizanslı bir bakireyi "kafa esenliğine kavuşmak için" kendi eliyle hançerlediği söyleniyordu. Haz düşkünü olduğu kadar tat düşkünüydü de. Kuşsütü dahil tatmadığı yemek yok gibiydi. Yiyip içtikçe şişiyor, gövdesi yağ bağlıyor, ata binmekte bile güçlük çekiyordu. Doktorlar fır dönüyorlardı çevresinde, Serenissimo'nun tuttuğu kiralık katiller de.

Gentile, İstanbul Sarayı'nın duvarlarını aşıp fırtına hızıyla Venedik'e ulaşan, Rialto'dan Büyük Meclis'e dek her yerde anlatılan bu söylentilere inanmak istemiyordu. Ama Kaptan Antonio Rizzo'nun akıbeti de, gövdesi Negroponte'de (Eğriboz) testereyle ikiye biçilen Paolo Erizzo'nunki gibi aklından bir türlü çıkmıyordu. Her neyse, o bir ressam olarak portresini yapacağı insanı tüm özellikleriyle, iyi ve kötü yanlarıyla tanımak, modelinin en derin, en bilinmez yönlerine inmek zorundaydı, koskoca İstanbul fatihini yargılamak durumunda değil. Hem Mehmed ona poz vermeyi kabul edecek miydi bakalım? Belki de, Floransalı tüccar Jacopo Tedaldi'den öğrenmek istediğini ona da soracaktı. Kent karaya ne kadar uzaklıkta, surlarla çevrili mi, iyi korunuyor mu? Günde kaç kadırga yapılıyor tersanede, Serenissimo'nun gerçek müttefikleri kim? Sorularıyla onu da ortak edecekti fetih hayallerine. Ama o hain Floransalının bilgilerine sahip değildi ki! Kendisinden Venedik'in ayrıntılı bir planını yapmasını isteyecekti belki de. Ya da gerçekten portresini yaptırıp geleceğe kalmaya niyetliydi. Yalnız köhne Bizans'ın değil istersen tüm dünyanın fatihi ol, doğudan batıya Tanrı'nın yarattığı uçsuz bucaksız topraklar üzerinde egemenlik kur, karaya ve denize hükmün geçsin, eğer bir resmin yoksa unutulur gidersin, öldükten sonra kimse bilmez ahvalini, ne kulların hatırlar ne torunların.

Heyecanla indi iskeleden, önlüğünü çıraklara verdikten sonra sarayın salonlarını hızla geçti, merdivenlerden avluya vardı, San Marco Alanı'nı bir uçtan bir uca koşarcasına katederek dar sokaklarda gözden kayboldu. Kanallar boyunca yürüyor, köprülerin birinden inip öbürüne çıkıyordu. Ter içinde kalmıştı. Yürüdükçe içinde yükselen heyecan giderek azaldı. Gran Turco daha geçen yıla dek amansız bir savaş sürmüyor muydu Venedik'e karşı? Ordunun başında en alınmaz kaleleri kuşatıp ticaret gemilerini bile topa tutmuyor muydu? Barış antlaşması imzalanır imzalanmaz Senato'ya mektup göndererek Doge Giovanni Mocenigo'yu oğullarından birinin düğününe davet etmesi, döküm ustalarının yanı sıra bir de ressam istemesi biraz tuhaftı. Bir ince hesap, kötü bir niyet olmasın bu girişimin ardında? Müslüman padişah dininin yasakladığı bir işe ne diye kalkışsın ki? Neden çiğnesin şeriat hükümlerini?

Evine gidecek yerde kardeşi Giovanni'nin atölyesine doğru yöneldi. Epeydir görüşmemişlerdi. Babalarının ölürken her iki çizim defterini de ona bırakması kardeşini gücendirmiş, zaten duygulu, içe dönük bir sanatçı olan Giovanni'yi daha da alıngan yapmıştı. Kendi köşesinde durmadan çalışıyor, sabırla kozasını örüyor, gözü Madonnalar ile çocuk İsalardan başka bir şey görmüyordu. Talih kuşu bir kez daha kendisinin başına konmuştu işte, Giovanni'nin değil. Yine de, böyle durduk yerde aslanın ağzına kendi ayağıyla gitmekten korkuyordu.

İstanbul'un Türklerin eline geçtiği haberi Venedik'e ulaştığında kent halkı günlerce yas tutmuş, çanlar gece gündüz hiç durmamıştı. Sonra, İstanbul'dan kaçıp kurtulabilenlerin akını başlamıştı. Rahipler, bilginler, yaralı askerler, evi barkı yıkılmış, yakınları esir düşmüş ya da öldürülmüş soylular dalga dalga İtalya'ya geliyor, yaşadıkları karabasanı anlatmaktan bıkıp usanmıyorlardı. Başlarına gelen felaket anlata anlata bitecek gibi değildi ki! Kentin düşmesiyle yalnızca bin yıllık Bizans yıkılmamış, Doğu Akdeniz'den esen korkunç kasırga binlerce Hıristiyan'ı önüne katıp batıya doğru sürüklemeye başlamıştı. Kıyametin çok yakında kopacağına inanıyordu halk, kilise ve manastırlarda Tanrı'nın bir an önce Deccal'i helak etmesi için dualar ediliyor, mumlar yakılıp Meryem'e adaklar adanıyordu. Aziz Yuhanna'nın Vahyi'ndeki canavar suretinde Mehmed'in tasvirleri yapılıyordu. O tasvirlere, tıpkı vahiydeki gibi secde ediyordu insanlar. Yedi başlı canavarın on boynuzu üzerindeki on tacın resmedilmesi, Gran Turco'nun on krallığı ele geçirdiğinin işaretiydi. Mesih gelip onu cehenneme kapatıncaya, cinler ile murdar ruhların meskeni yıkılıncaya dek zulmetmeye devam edecekti Hıristiyanlara. Sonra, toprak bağrında yatan ölüleri geri vermeden eski gök ile eski deniz ve eski toprak yenileriyle yer değiştirecekti. Canavar, helak olmadan, insan suretinde bir portresinin yapılmasını istiyordu demek.

Giovanni çok iyi karşıladı kardeşini. Korkularının yersiz olduğunu, İstanbul'a mutlaka gitmesi gerektiğini, uygun görürse Büyük Konsey'in toplantı salonundaki fresklerin onarımını kendisinin üstlenebileceğini söyledi. "Aziz Yuhanna'nın Vahyi'ni unut" diyordu ağabeyine, "Kilise'yi bu işe karıştırma. Patmos'daki mağarada olan biten bırak orada kalsın. Sen kendi işine bak!" Gentile o gece rahat uyudu. Ertesi sabah da erkenden yol hazırlıklarına başladı.

* * *

Kâmil Uzman, Correr'de pencere yanındaki masaya oturmuş Giudecca Kanalı'na bakarken Gentile Bellini'nin İstanbul yolculuğunu hayal ediyordu. Sabah erkenden kitaplığa gelmiş, paltosunu askıdan alıp okuma salonunun en kuytu köşesine yerleşmişti. Lucia henüz yoktu görünürde. Böylesi de, kuşkusuz daha iyiydi. Kız gelmeden Gentile Bellini'yle ilgili belgeleri arşiv sorumlusundan istedi. Yerine dönüp oturduğunda Mehmed'in davetini Gentile'nin nasıl karşıladığını, o anda neler hissettiğini tahmin etmeye çalışıyor, bir yandan da kanaldaki trafiği izliyordu. Bembeyaz, kocaman bir araba vapuru limana yanaşmak üzereydi. Vapurun yanından hızla geçip gidiyordu motor taksiler. *Vaporetto*'ların içi kalabalıktı. Bir gondol, nedense tek bir gondol, kanalın tam ortasında, araba vapuruna meydan okurcasına ağır ağır Giudecca Adası'na doğru gidiyordu. Kâmil, kentin gezilecek yerleri dururken sabahın ilk turistlerini Giudecca'ya götüren gondolu görüntüye biraz aykırı buldu. Sonra, aklı Gentile'ye gitti yine, üstadın yardımcılarıyla bir yelkenli gemiye binip bu kanaldan Adriyatik'e açıldığını düşündü.

Sahi, Büyük Konsey Salonu'nun fresklerini onarırken açıkgöz davranıp işi sağlama aldıktan, yani "devlet sanatçısı" unvanını kopardıktan sonra bu sıfatla İstanbul'a davet edilince neler hissetmişti acaba? Venediklilerin Deccal'le bir tuttukları Mehmed'in davetine sevinmiş miydi, yoksa nedensiz bir korkuya kapılıp soluğu kardeşi Giovanni'nin atölyesinde mi almıştı? Ona mı danışmıştı karar vermeden önce? Babası öldüğüne göre bu konuda güvenebileceği başka kimse yoktu. Evet, Giovanni'ye gitmiştir mutlaka, o da ağabeyine "Senin yerinde olsaydım bir an bile duraksamazdım, hiç bu fırsat kaçırılır mı!" demiştir. Kâmil küçük kardeşin böyle düşünmeyeceğini, en azından ağabeyiyle böyle konuşamayacağını, kendi halinde, iddiasız bir insan olduğunu tahmin edebiliyordu. Ama, her sanatçı gibi onun da içinde bir aslan yatıyordu elbet. Yoksa yıllar sonra, bir zamanlar küçümsediği unvanların hiçbirini kabul etmezdi. Etmezdi de ne yapardı peki? Kim bilir ne yapardı. Bu sorulara yanıt bulmak için gelmemişti ya dünyaya! İki kardeşin neler konuştuklarını hiçbir zaman bilemeyecekti. Onarıldıktan yüzyıl sonra bir yangında yok olup giden fresklerin neye benzediklerini bilemeyeceği gibi. Ama kesin bildiği bir şey vardı, o da Gentile'nin 1479 eylülünde İstanbul'a doğru yola çıktığı. Jacopo'nun çizim defterlerinden birini padişaha hediye etmek amacıyla yanında götürdüğünü de biliyordu. Demek ki Gentile nam nakkaş, suretini yapmak için yedi deryalar aştığı Gran Turco'ya layık görmüştü baba yadigârı hazineyi, kardeşi Giovanni'ye değil.

Gemi engine açıldığında arka güverteden son bir kez Venedik'e baktı Gentile. Kent, kırmızı beyaz bir tülün ardında kalmıştı. Gerçekte babasının gölgesinde yaşanmış bir ömür, domuz kılından fırçalar ile havanda dövülen toprak boyalar arasında tüketilmiş bir gençlikti geride kalan. Yine de mutlu sayılırdı. Bir eş, bir kardeş, atölyesi ile işi ve resimler resimler... Dünyası bunlardan ibaretti işte. Ama gelmiş geçmiş kentlerin en güzelinde yaşadığından emindi. Venedik koskoca bir tarih vermişti ona, San Marco'nun mozaiklerini sunmuştu. Kim bilir ne çok özleyecekti bu mozaiklerin parıltısını, Dogeler Sarayı'nın pembe mermerlerini, evlerin suya vuran beyaz, sarı, toprak rengi suretlerini, boz bulanık kanallar ile taş köprülerin gölgesini. Ve Rialto'da balık pazarının tezgâhlarına serilmiş, üzerlerine su serpildikçe pulları güneşte balkıyan pırıl pırıl balıkları, o kabuklu kırmızı yengeçler ile duyargaları oynaşan ıstakozları, gözleri hâlâ canlı, galsamaları şişmiş açık deniz canavarları ile küçücük gümüşleri, kırmızı, beyaz, kül rengi balıkların tümünü. Vakit buldukça Rialto'ya gidip San Giacomo'nun duvarındaki güneş saatinin altında saatlerce pazarın devinimini izlerdi. Sabah erkenden başlardı alışveriş. Cam damacanaların içinde zeytinyağı sarı-yeşil, fıçılardan şişelere dolan şarap kırmızı, beyaz, lâl renginde alıcısını bekler; küflü peynirler ile kanlı etlerin kokusu Doğu limanlarından yeni gelmiş baharat kokularına karışırdı. Sonra o bin bir çeşit otlar, her biri değişik renkte meyveler, müşterilerin önünde kat kat açılan siyah, neftî, sütbeyazı, Edirne kırmızısı ipek kumaşlar, camekânlarda altın, yakut, elmas, gümüş takılar ve kafeslerin içinde masmavi yağmurkuşları ile mahzun maymunlar.

Kalabalığa karışıp sarıklı Osmanlı tüccarları ile köleler arasından pazarın en ücra köşelerine doğru sürüklenir, orada Meryem'in tahtı için silikat, İsa'nın çıplak bedenine üstübeç, doge portrelerine zincifre arardı. Eriğin çürümüşünü, iri ve dişli sarmısakları, hâlâ can çekişen tavukların kanat kemiklerini özenle seçer, yerden yumurta kabukları toplardı. Venedik yalnızca unvan ve şöhret sunmamıştı ona, tablolarının renklerini de bağışlamıştı. Ve o eşsiz doğasını.

Birden kızıla keser her yer; uzakta, karlı dağların üzerinde top top bulutlar şişer. Gökyüzü uçuk sarıdır hâlâ, bulutlar turuncu. İsa Golgotha'da değil sanki oralarda bir yerde çarmıha gerilmiştir. Rüzgârın çıkmasını beklersin, dağlardan denize doğru önüne katıp getirsin bulutları, getirip kentin üzerine parça parça serpsin. Göğün uçuk sarısı silinsin yavaşça acılar dinerken. Ama bir türlü esmez rüzgâr. Denizin üstü dümdüzdür, ilerideki sazlıklara kadar çarşaf gibi bembeyaz, kıpırtısız. Sonra, günbatımından çok sonra kararır sular, yabankazlarının çığlıklarından başka ses duyulmaz olur. Ne yabankazlarını koyabilirsin tabloya, ne de kanat hışırtılarını. Dağların üzerinde toplanan bulutlar da öyle, gelip fırçana takılmazlar kente doğru yaklaşsalar da. Gün boyu değişen, denizin gelgitiyle yosun yeşilinden maviye, laciverde, beyaza dönen, dip akıntılarıyla ayrışıp birleşen suyun devinimini de mümkünü yok yakalayamazsın.

Gentile, Venedik'in doğasını resmedemediği için mutsuzdu. Ama kentin dört bir yanını çeviren denizin resmini yapmayı bir kez olsun aklının ucundan bile geçirmemişti. Onun işi kutsal kitaplarla, azizler ve azizelerleydi. Bir de iktidardakilerle tabiî. *Scuola*'lar kendi azizleri ile meleklerin resmini yapmasını istiyorlardı ondan, devletse dogelerin. Ressamın dünyasında doğa manzaralarına, evinden atölyesine giderken seyrine doyamadığı gökyüzüne, yüksek duvarların ardına gizlenmiş bahçelerdeki ağaçlara yer yoktu. Köprülere, yemyeşil kanallar ile kuytu alanlara, evlerin fresklerle süslü cephelerine de. Oysa bir tablonun içinde dolaşır gibi dolaşıyordu kenti, kanallar boyunca bir gondolda ilerlerken, pırıl pırıl mozaiklerin, fresklerin altından geçiyordu. Ama değil bunlar, kentin istirya taşından yapılmış sarayları bile yer almıyordu yapıtlarında. Ne tuhaf, İstanbul'a giden bir geminin güvertesinden denize baktığında farkına varmıştı bu gerçeğin. Venedik'in ona benzersiz bir renk şöleni sunduğunu lagünden uzaklaşırken anlamıştı. Döner dönmez kentin günlük yaşamına da ilgi göstermeye, mümkünse sokaklarını, evlerini, kanalları ile köprülerini de resmetmeye karar verdi. Evet, kurtulmalıydı sarayın karanlığından, sanatını sokağa çıkarıp biraz temiz hava aldırmalı, devletin ya da dinin simgesi de olsalar tek tek bireyleri değil kalabalıkları, Venedik'in kendi halinde yaşayan insanlarını da tablolarına koymalıydı. Hiç olmazsa onları, pencereden sokağa bakanlar ile çamaşır asanları, balıkçıları olmasa bile gondolcuları, tören kalabalığının içinde kaybolup gitmiş o cüce ile bodur ağaçların taş avludaki aykırılığını.

Gece gözüne uyku girmedi. Gemi sallandıkça döşeme gıcırdıyor, mumun titrek alevinde gölgeler bir uzayıp bir kısalıyordu. Dalgaların uğultusunu dinledi uzun süre. Akşama doğru rüzgâr hızını artırınca kabarıp büyümeye başlamışlardı. Sonra beyaz köpüklerden başka hiçbir şey görünmez olmuştu. Yıldızsız, karanlık bir geceydi üzerlerine çöken, doğayı sarıp sarmalayan. Artık iyice yalpalıyorlardı. Kaptan Melchiorre Travizano büyük yelkeni toplatmıştı. Bir süre öyle ilerlediler kör karanlıkta, sonra rüzgâra kapalı bir koy bulup demirlediler. Yeniden yola koyulduklarında fırtına yavaşlamış, rüzgâr keşişlemeden esmeye başlamıştı. Ne var ki dalgalar çatlayıp yarılmaya devam ediyorlardı yine, gemi üzerlerinden aştıkça burundaki Meryem Ana bir alçalıp bir yükseliyordu.

Gentile alışık değildi deniz yolculuğuna. Güvertede fazla kalamamış, kamarasına inip mumu yakmıştı. Dolabın açık kapağı duvara vurup duruyordu. Gemi inip kalktıkça uçurumlar açılıyordu önünde. Dalganın üzerinden kayıp derin bir boşluğa düşecek, karanlık deniz yutacak onu. Ya da köpüklerin ortasından bir ejderha çıkıp korkunç ağzı, çatal dili, sivri pençeleriyle gemiye saldıracak. Sonra bir kuyruk darbesiyle... Tayfalar yan bölmede derin uykudaydılar. Horultuları dalgaların uğultusunu bastırıyordu. Fırtınayla boğuşup durmuşlardı gün boyu. Karanlık bastırınca hepsini bir korku sarmış, burna gidip Meryem Ana'nın önünde duaya başlamışlardı. Mehmed'i düşündü. Neye benziyordu acaba, nasıl biriydi? Anlatılanlara bakılırsa kan dökücü, korkunç bir canavar, İblis'in ta kendisi. Evet, İblis'e benziyordu mutlaka; dalgalar tekneye vurdukça geminin önünde açılan deniz uçurumlarından zebaniler çıkacak, Mehmed'in komutasında saldıracaklardı. Cehenneme padişah olmuştu Gran Turco, harlı ateşe, kaynayan kazanlara, azabın her türlüsüne artık onun hükmü geçiyordu. Yine Kaptan Antonio Rizzo'nun kazıkta can verişi geldi aklına. Rizzo'nun acıklı sonunu Venedik'e bizzat gelip Senato'ya rapor veren Fabrizio Corner'den dinlemişti. Rizzo'nun gemisi, tıpkı İstanbul'a giden bu gemi gibi erzak yüklüydü. San Marco aslanının yeleleri dalgalanıyordu flamasında. Boğaz'dan geçerken Mehmed'in ejder başlı toplarından birinin güllesiyle isabet alıp denizin dibini boylamıştı. Domenico di Maestri'nin seyir kâtipliği yapan oğlu Nicolo hariç tayfaların tümünün kazığa oturtulmasını buyurmuştu Mehmed, sonra da kenti kuşatıp Bizans'ın canına okumuştu. Gentile o zaman gençti daha, yirmi beşinde bile yoktu. Barışa inanıyordu, savaş resimleri yapsa da.

* * *

Sahi, Gentile Bellini nam nakkaş, Dogeler Sarayı'nın fresklerini onarıp bozulanların yerine yenilerini koyarken Türklerle savaşan çifte sıra kürekli, yirmi dört oturaklı Venedik kadırgalarını, güçlü kuvvetli gemiciler ile zırhlı askerleri de çizmiş miydi, yoksa dinsel konularla mı yetinmişti? Bu soruya kesin bir yanıt veremezdi Kâmil. Ama o henüz doğmadan Venedik'e gelen, daha sonra Floransa'da San Romano Bozgunu'nun tasvirlerini yapan Paolo Uccello'nun tablolarındaki o müthiş kargaşayı, zırhtan bile kan fışkırtan mızraklarla atların çilesini, birbirlerine girmiş, bir demir yığını halinde kılıç üşürüp gürz sallayan, yay çekip ok atanları, sanki yerdeki ölülerin, kopmuş kelle, kol ve bacakların sorumlusu onlar değilmiş gibi tüm enerjilerini savaşa harcayanları bir Floransa yolculuğunda görmüş olduğunu varsayabilirdi. Uccello, cengin en kızıştığı anda bile sürülmüş tarlaların içinde koşturan tazıları, hoplayıp zıplayan tavşanlar ile ceylanları da, "İşte yaşam sürüp gidiyor, siz birbirinizi boğazlarken" dercesine tablonun bir köşesine yerleştiriverir. Birbirlerini boğazlayanlar yalnızca savaşmak için gelmişlerdir yeryüzüne, her insan gibi elleri, ayakları, yüzleri, her asker gibi bir bekleyenleri yoktur. Zırhtan ibarettirler, kalkan, kılıç, kargı, miğfer ve bayraktan ibaret. Ama zırhı bile deler mızrakların temreni; atlar kişner kılıçlar şakırdarken ormanda "Ölüm! Ölüm! Ölüm!" diye yankılanır trompet sesleri. Her at bir ölümdür artık, her atlı bir başka ölüm.

Gentile bu korkunç insan kırımını, Floransalı ressamın perspektif uğruna boylarını biraz fazla uzattığı kargılar ile şaha kalkan süslü mü süslü, beyaz, siyah, portakal rengi atları görmüştü belki, belki de Dogeler Sarayı'nın duvarlarında Serenissimo'nun askerî gücünü seyreylemek için Tintoretto'yu beklemek gerekecekti. Yaşlılıktan gözleri görmeyen Enrico Dandolo'nun kadırgasından İstanbul surlarına kasırga gibi saldıran Haçlıların İsa ve Meryem aşkına nasıl kendi din kardeşlerini kılıçtan geçirdiklerini, rahibeler ile bakirelerin ırzlarına geçip sonra hepsini esir pazarlarında nasıl bir kupa şaraba sattıklarını, bu şerefe erişemeyenlerin gemi direklerinden burçlara atlarken armut gibi kanlı denize dökülüşlerini, sözün kısası kentin Türkler tarafından yağmalanışından tam iki buçuk yüzyıl önce kendi soydaşları tarafından da talan edildiğini –eğer Villehardouin'i okumadıysa– bilmiyordu üstat. Dördüncü Haçlı Seferi'nden yıllar sonra İstanbul'a seyrüsefer eylerken savaş değil barış götürüyordu gerçi, ama Türklerin barbarlığıyla ilgili söylenenler de herhalde aklından çıkmıyordu.

Venedik doğudan gelen tehlikenin gerçek boyutunu Negreponte düştüğünde fark edebilmişti ancak. Oysa Bizans yıkılalı beri Peleponisos ve Mora elden gitmiş, Balkanlar'da tüm kaleler teker teker düşmüş, yeşil flamalarında beyaz hilaller dalgalanan gemiler Adalar Denizi'nde egemenlik kurmuştu. Bir şalgam koparır gibi Mehmed'in bizzat kendisi koparmıştı Bosna Kralı'nın kellesini. Türkler yalnızca Gelibolu'da değil Varlona'da bile tersane kurmuşlar, Serenissimo'nun yenilmez sanılan donanmasının karşısına kalyonlar, kadırgalar, rüzgârdan hızlı çektirmeler dizmişlerdi. Karada olduğu kadar deniz savaşında da üstün, azimli ve gözü pektiler. Sağ kalırlarsa ganimet, ölürlerse cennet vaat edilmişti onlara. Ne karıları vardı, ne çoluk çocukları. Arkalarından ağlanmayan askerlerdendiler. Venedik Negreponte'ye ağlar günlerce yas tutarken, Gentile de zavallı Paolo Erizzo'nun kaderine ağlamış olmalıydı. Kâmil, ressamın Erizzo'yu tanıdığını biliyordu. Dogeler Sarayı'ndaki bir toplantıda karşılaştıklarını da. Soylu, kendine güveni tam, cesur bir askerdi. Ama kaleyi teslim edeceği yerde ne diye, "Gidin padişahınıza söyleyin, bir domuz eti tıkınmadığı kalmıştı, onu da yiyip öyle gelsin!" demişti sanki. Savaş yeteneğinden çok üniversitede verdiği derslerle ünlü donanma komutanı Nicolo da Canale kuşatmaya zamanında müdahale etmeyince kent halkı Türklere yem olmuş, Mehmed'in kellesini gövdesinde bırakmaya söz verdiği Erizzo da testereyle ortadan ikiye kesilmişti. Sonra yeniçeriler kafayı gövdeden ayırmadan belden yukarısını denize, belden aşağısını köpeklere fırlatıp atmışlardı. Adayı karadan ayıran dar boğazın sularında sürüklenip gitmişti Erizzo'nun dik başlı, yarım cesedi. Evet, ne yazık ki aynen böyle olmuştu, ama ne gam! Sonunda barış gelmişti ya! Doğa kendini yenilemiş, güllelerin düştüğü tepelerde ot bitmiş, çayırlar gövermişti. Dağkeçileri yamaçlara yayılıyorlardı yine, kadınlar korkusuzca süt sağıyor, artık her gece Meryem Ana'ya sığınmıyorlardı. Mezarsız ölülerin toprağına su yürümüş, ağaçlar çiçek açmıştı. İnsan yaşamının yine hiçbir değeri olmasa da, bir başka savaşa dek Tanrı'nın ölümlü kulları rahat nefes alabileceklerdi.

* * *

Vahşet görüntüleri giderek silindi Gentile'nin zihninden. Hoş bir iyimserlikle doldu içi. Savaş çağrışımları uzaklaştıkça İstanbul'un hayali netleşir gibi oldu. Bu kentin adını ilk kez Bizans İmparatoru VIII. İoannes Venedik'i ziyarete geldiğinde duymuştu. Daha çocuktu o zaman. San Marco Alanı'nı dolduran kalabalığın arasından rıhtıma doğru süzülerek aslanlı sütunun dibinde güç bela bir yer bulabilmişti. Doge Foscari tören alayının eşliğinde Bucintoro'ya binmiş, konuğunu karşılamak üzere direklerinde çift başlı kartallar dalgalanan imparatorluk gemisine doğru gidiyordu. Kış güneşi yeni doğmaktaydı. Sabaha hiçbir ses değmemişti daha, sarayın pembe sureti suya vurmamıştı. Birden trompetler çalmaya başladı, ardından da çanlar. Bir anda gürültüyle doldu sokaklar, kanalların durgun suyu titredi. Derken kalabalıkta da bir kıpırdanma oldu. "Yaşasın İmparator!" haykırışları trompet ve çan seslerini bastırdı. Bucintoro'nun denizin üzerinden hızla kayan kırmızı bir kuş gibi Foscari ile İmparator İoannes'i rıhtıma getirişini, San Marco Bazilikası'nın önünde dogenin ona kentin armasını sunuşunu, imparatorunsa, Venedik dogelerini Bizans'ın atadığı eski zamanlardan kalma bir edayla tahtından bile kalkmadığını bugünmüş gibi anımsıyor. O zaman, saatler süren tören boyunca İstanbul'u düşlemiş, Venedik'in gerçek efendisinin Bizans imparatoru olduğuna iyice kanaat getirmişti. Oysa majesteleri hasta ve yorgundu. Uzun deniz yolculuğuna dayanamayıp dört gün bir ıssız adada dinlenmiş, karaya ancak ondan sonra ayak basmıştı. Aslında ayak bastığı denizin orta yerinde bir kentti, kara değil. Damla hastalığından mustarip olduğu için de kalkamamıştı tahtından. Yoksa Venedik, o devirde de, Bizans'tan daha güçlüydü. Sonra Bizans'la birlikte imparatorun kellesi de düşmüştü. İoannes'in değil, kardeşi Konstantinos'un kellesi. O zaman Gentile, Foscari iyice yaşlanıp makamını bırakmaya zorlanınca Venedik'in bu en uzun ömürlü dogesini kırışık alnı, çıkık elmacıkkemikleri ve başındaki altın işlemeli takkesiyle resmedeceğini bilemezdi elbet, bir gün Bizans'ı yıkan Osmanlı padişahının portresini yapmak için Konstantinos'un kentine doğru yola çıkacağını da. Eski günler geride kalmıştı artık. Onu, biraz da ürkütücü bir gelecek bekliyordu, meçhul bir zamanda. Sabaha dek kamarasında bu meçhul zamanı düşündü. Sonra, mum sönüp deniz yatışınca, artık duvara vurmayan dolap kapağının güvencesinde uykuya daldı.

Ertesi gün arka güverteye çıktığında kaba dalgalıydı deniz, rüzgârı arkaya almış pupa yelken gidiyorlardı. Kara görünmüyordu. Serdümenden başka kimse yoktu görünürde. Rüzgârın uğultusu yelkenlerin hışırtısına karışıyor, dönüp duran makaralar, direklerin gıcırtısı Gentile'ye o güne dek hiç duymadığı, gizemli bir müzik şöleni gibi geliyordu. Uzun süre bu yabancı sesleri dinledi. Sonra dümen başındaki delikanlıya yaklaşıp selam verdi. Delikanlı dümene bir kadına sarılır gibi sarılmış, gövdesiyle üstüne abanmıştı. Sarı saçları rüzgârda dalgalanıyordu. Bacakları gergin, gemiyi rotada tutmaya çabaladıkça pazuları şişiyor, dümenle sevişmiyor hayır, düpedüz dövüşüyor; denizin öfkesini ona ileten bir araç dümen, delikanlı gemiyle değil doğayla mücadelede. Deniz bir aygır şimdi, Gentile San Marco Bazilikası'nın bronz atlarından biliyor, İstanbul'dan geleli beri şaha kalkmasalar da kimse duramaz üzerlerinde; deniz bir aygır, gemi ona yapışmış süvari. Oturup kalkıyor üzerinde, sağa sola yalpalıyor çaresiz, bir öne bir arkaya gidip geliyor, aygır azdıkça çekiyor dizginleri, boynuna daha sıkı sarılıyor. Gemi denizin ayrılmaz bir parçası artık, kader yoldaşı. Venedik tersanelerinde kalafatlanmamış olsa hiç kuşku yok birleşecek onunla, bağrında kaybolup gidecek, bir kaya parçası gibi boylayacak dibi. Orada, karanlık mavilikte ne fırtına, ne rüzgârın uğultusu var. Ne de nefes almanın mutluluğu.

Gemi ine kalka yoluna devam ederken delikanlıya nereli olduğunu soruyor. Murano yanıtını alınca seviniyor birden. Nedenini kendisinin de bilmediği, belleğini aydınlatan anlık bir sevinç bu. Orada cam şişeler, sürahiler, kırmızı, yeşil, duman rengi çeşmibülbüller yapan ustalar geliyor aklına. Kum ve ateşten yeni bir dünya yaratıyorlar. Onların sayesinde her şey daha güzel, hayat renkli, bazen de saydam. Onların sayesinde damacanada zeytinyağı ışıl ışıl, şarap şişede kırmızı. Ve evlerin içi aydınlık. Hem Muranolu cam ustaları çapkın olur, kadınlarsa alımlı. "Burada dümene yapışacağına yavukluna sarılıp koynuna girsene, senin de bir evin, çocukların olsun, denizle boğuşacağına cama üfle, sanki iş mi yok Murano'da; ama serüven, uzak iklimlerin çağrısı, hep başka limanlar, o limanlarda şarap ve kadın, belki para, sonra açık denizde rüzgârın türküsü, bütün bunlara kapılmış bizim serdümen" diye düşünüyor Gentile, ömründe denizaşırı bir yolculuğa ilk kez çıktığına hayıflanarak. Tüm varlığını sanatına adadı o, ne kadınların peşinden koştu ne servetin. Fırça ve boyalarla düşüp kalktı ömür boyu, neft, yağ, tutkal, tuval, kömür kalem ve çerçevelerin arasında yaşadı. Her şeyini yapıtına verdi. Delikanlı Murano'dan demek. Vivarinilerin işlerinden haberi var mıdır acaba? Elbette yoktur. Nasıl olsun ki. O Akdeniz'in limanlarını dolaşıp duruyor. Karadeniz'e, Azov'a, Kızıldeniz'e bile gidiyor belki. Vivarinilerse, ailecek atölyelerine kapanıp Madonnalar, İsalar, azizler ve melekler yapıyorlar, fona hayalî kentler, hayalî şatolar, hayalî denizler yerleştirerek. Bu gidişle onlar kazanacak yarışı. Keşke Mehmed'in davetini kabul etmeseydi. Hep daha çok çalışmak, sipariş aldıkça işi büyütmek, ortaya sürekli yeni yapıtlar koymak gerek. Şu delikanlıya bak, genç yaşında dünyayı dolaştığı belli. Saçına ak düşmüş, dümen tutan elleri yorgun. Ama gözlerinin içi ışıldıyor. Dünyaya doymadığı belli. Uzak ülkelerin özlemi kıpırdıyor içinde. Her gün yeni bir denizde yol almak, bir başka limana demirlemek, hep değişik, çekici, kendini ele vermeyen kadınlarla beraber olmak. Oysa o ellisini bekledi demir almak için, kentlerin en tehlikelisine, en gizemlisine, belki de en işvelisine ulaşabilmek için.

İstanbul'a daha önce gidip gitmediğini soruyor delikanlıya. Gitmiş elbet, hem de birkaç kez. Her defasında yeni yerler keşfetmiş, olmadık belalar gelmiş başına. Zaten Akdeniz'de gitmediği liman yok gibiymiş. Cezayir'i, Cerba'yı, Magosa'yı, İskenderiye'yi de biliyormuş. Oralarda da sürtmüş epeyce, kadınlarla düşüp kalkmış, sarhoş olup bıçak çekmiş, *Medina*'ların dar sokaklarında kaybolmuş, ama İstanbul başkaymış, ne Venedik'e benziyormuş ne de öbür kentlere. İstanbul altın kubbeli, sırça köşklü, mavi denizli bir masal kentiymiş. Camiye dönüştürülmüş olsalar da en görkemli kiliseler, en kalabalık çarşılar, en güzel bahçeler oradaymış. En güzel kadınlar da. Ama, Galata genelevlerindeki gayrimüslimler hariç, görmek mümkün değilmiş hiçbirini. Ahşap evlerin kafesli pencerelerinden bile sokağa bakmıyor, haremden pek az çıkıyor, çıktıklarında da yüzlerini peçeyle kapatıp siyah ağaların gözetiminde dolaşıyorlarmış. Bu ağalar Habeş ülkesinden gelen esirlermiş. Hadım edildikten sonra alınıyorlarmış hareme. Ama, zamanla, kesik uzuvları uzayabiliyormuş. Onlar da, padişah ne kadar kuvvet macunu yerse yesin kadınların tümünü tatmin edemeyeceğine göre...

İşin tadını kaçırmaya başlamıştı delikanlı. Gentile onun yanından hemen uzaklaştı. Harem öyküleri duymak istemiyordu artık. Venedik'te hangi meyhaneye gitsen, hangi handa konaklasan, kafayı bulduktan sonra herkes Müslüman haremlerinden dem vuruyor, orada olan bitenleri kulaktan dolma abartmalarla bire yüz katarak anlatmaya başlıyordu. Tunus beyinin hareminde bir gece, dolunayda çırılçıplak yıkanan kadınlar kendi aralarında... ya da İstanbul sarayında Mehmed bir bakirenin tadına baktıktan sonra ikinci bakirenin gerçekte bakire olmadığını fark edip haremindeki tüm kadınların öldürülmesini buyurduğunda yüzleri gece kadar karanlık, şişman ve sapık siyah ağaların çuvallara doldurup denize attıkları zavallı Çerkez, Yunan, Slav güzelleri, o bembeyaz tenleri her sabah kuşsütüyle yıkanan kadınlar kanlar içerisinde... Aşağıya inmek gelmiyordu içinden. Kaptanı görmeye karar verdi. Venedik'ten demir alalı pek bir araya gelmemişler, şöyle doğru düzgün konuşmamışlardı. Sessiz biriydi Melchiorre Travisano. Kamarasına kapanıp gün boyu haritaları inceliyor, ne tayfalarla ne de konuklarıyla fazla ilgilenmiyordu.

Güverteden birinci kata indi, Travisano'yu kamarasında yine harita başında buldu. Masanın üzerini boydan boya kaplayan mavi-yeşil denizlerin, papağanlar ile maymunların cirit attığı kara parçalarının, adaları çevreleyen kırmızı ve siyah çizgilerin dünyasında her şeyi unutmuş gibiydi. Gentile'yi fark etmedi bile. Elinde pergel, durmadan daireler çiziyor, sonra cetvelle dairelerin merkezinden adalara, haritanın ucundaki eğri büğrü, acayip biçimlere doğru dikey yollar açıyordu. Surlar, mazgallar, burçlar, kuleler, kuytu limanlara baş aşağı demirlemiş gemiler, gemilerin direklerinde kırmızı flamalar vardı. Köşeleri, sivri uçlu rüzgârgülleri kaplamıştı. Kocaman bir balığın sırtına binmiş denizkızlarını, kayaların üzerinde dans eden tek bacaklı garip yaratıkları, bir köşeye gelişigüzel çizilmiş hilkat garibelerini ve kapkara, çıplak zencileri de gördü. Deniz ile karaların arasında kalan boş alanlara kargacık burgacık yazılar yazılmış, dairelerin içine birtakım sayılar karalanmıştı. Gentile, Travisano'nun portolanonu kendi yaptığı tablolardan daha ilginç, çok daha eğlendirici buldu. Eniştesi Mantegna da Montova Sarayı'nın duvarına buna benzer bir harita çizmişti, ama kaptanınki biraz daha karmaşıktı. Uzak denizlere, bilinmeyen ülkelere, oralarda yaşayan garip yaratıkların dünyasına alıp götürüyordu insanı. Bu gözlemini kaptana söyleyince yaşlı denizcinin güneşte yanmış, tuz ve rüzgârdan kırış kırış olmuş yüzünde bir kıpırtı belirdi, kır sakalının örttüğü dudakları aralandı. Yolculuğun başından beri ilk kez gülümsedi Travisano. Sonra, nasıl olduysa çenesi açılıverdi. Uzun uzun konuştular. Daha doğrusu o anlattı, Gentile dinledi. Venedikli tacirlerin hesabına az yer dolaşmamıştı şu ahir ömründe. Felemenk'in yününü, Ceneviz'in kadifesini, Milano ve Floransa dokumalarını Doğu limanlarına taşımış, oralardan Avrupa'ya tuz, şap, kenevir, baharat, ipek ve resimlerdeki Madonnaların manto boyası için lacivert taşı getirmişti. Ne var ki sıkılmaya başlamıştı artık. Bir süredir kendini tümüyle haritalarına vermiş, çarpım cetvelleri ile kadranı, pusula ve usturlabı Akdeniz'in bildik limanlarına bilmem kaçıncı kez gitmek için değil yeni ülkeler, başka denizler keşfetmek için kullanmaya başlamıştı. Bulabildiği tüm haritaları inceliyor, Venedik'te basılmış kitapları, Marco Polo'nunki de dahil, yutarcasına tekrar tekrar okuyor, bir yandan da hesap ve hendese bilgisini geliştirmeye çalışıyordu. Eskiden yaptığı gibi daha çok mal alıp satmak, en kısa yoldan menzile varmak için kullanmayacaktı bu bilgileri. Tüm çabasını Hindistan'a, hatta Cipango'ya batıdan ulaşmak için harcayacaktı. İlk kez Afrika'ya yaptığı bir yolculukta tanıştığı Okyanus böyle göz alabildiğine günlerce, aylarca, yıllarca uzayıp gitmiyordu elbet. Onun da bir sonu, ulaştığı bir ada, bilemedin bir kıyı, belki de bir kara parçası olmalıydı. Gördüğü haritaların çoğunda okyanusun sınırına çizilmiş Leviathan'a inanmıyordu. Denizin bittiği yerde gemileri yutan bir canavar ya da derin bir uçurum olamazdı. Yoksa Akdeniz'in de, Musa'nın Kızıldenizi gibi, yarılıp açılması gerekirdi günün birinde. Açılıp dibindeki tüm yaratıkları kusması gerekirdi. Travisano çok portolano görmüştü hayatında, her birini teker teker incelemiş, üç kıta ile iki denizin arasındaki adaları, koyları, limanları, ırmak ve deltaları, sonra sığ alanlar ile tatlı su kaynaklarını işaretlemişti. Dünya, Venedik matbaalarında çoğaltılan Ptolemaios coğrafyasındaki kadar olamazdı. Ptolemaios'un yirmi yedi haritası dünyanın tümünü değil bilinen yerlerini gösteriyordu ancak. Bu coğrafyaya iyice aşinaydı. Gündoğusunda ırmakları, gölleri ve uçsuz bucaksız çölleriyle Asya, günbatısında Okyanus'a bir kol gibi uzanan Avrupa, kuzeyde yarımadalar ve güneyde Hint Denizi ile koskocaman Afrika. Bu kara parçasını dolaşarak da Hindistan'a ulaşmak mümkündü belki, ama Portekizli gemicilerin anlattıklarına bakılırsa kıyı boyunca uzayıp gidiyordu kıta, her defasında yeni bir engelle karşılaşılıyordu. Bir keresinde o da gemisiyle güneydeki burna dek inmiş, açık denizle karşılaşınca ters rüzgârlardan, dip akıntılarından korkarak gerisin geriye dönmüştü. Dönerken de kıyı boyunca ormanlardan gelen tamtam seslerini, yırtıcı hayvanlar ile kuşların çığlıklarını dinlemişti. Hâlâ, geceleri uykularını bölüyordu o sesler, altın ve elmasla birlikte gemiye yükledikleri zenci kölelerin haykırışları rüyalarına giriyordu. Andrea Bianco adlı hemşerisinin çizdiği iki haritayı da anımsıyordu. Ticaret kadırgalarında kaptanken, bir limandan ötekine, boğazlardan adalara Akdeniz'i boydan boya geçerken boş durmamış, Okyanus üzerine de kafa yormuştu. Bianco Asorlar'a, Madera'ya, belki daha uzaklara kadar gitmiş, Bajador Burnu'nu dönmeyi başarmıştı. Yoksa haritalarında Madera'nın batısındaki o büyük adaya yer vermezdi. Adanın ismini Vinland koyduğuna göre Okyanus orada bitiyordu demek, sanıldığı kadar geniş de değildi. Gemicilerin *İmago Mundi* adlı bir kitaptan söz ettiklerini de duymuştu. O kitapta, rüzgâr elverişli, gemi sağlamsa Okyanus'un birkaç günde geçilerek Hindistan'a varılabileceği yazılıydı. Evet, mutlaka bir başka yol olmalıydı doğuya, Mehmed, ipek ve baharat ticaretini denetim altına aldığına göre, Venedik'in yaşayabilmesi için Hindistan'a başka bir denizden gitmek gerekiyordu.

Gentile, Travisano'nun anlattıklarını ilgiyle dinliyor, yaşlı kaptan konuştukça gözünün önünde sapsarı, kızgın çöller, sarp kayalar, uçsuz bucaksız denizler canlanıyordu. Nasıl da büyüktü dünya! Git gidebildiğince batıya doğru, istersen kuzeye yönel ya da güneye, dağları denizleri aş, vadilerden, düz ovalardan geç, yine de varamazsın bir sınıra. Demek ki Venedik dünyanın merkezi değildi. Kilise'nin iddia ettiği gibi Kudüs de merkez olamazdı. Venedik onun yaşamının merkeziydi belki; doğduğu, büyüdüğü, çalıştığı, durmadan çalıştığı kentti, tutkuyla sevdiği, her şeyini, özellikle de yaratıcı dehasını borçlu olduğu yer. Ama başka kentler de vardı yeryüzünde, Travisano'nun portolanosundaki başka ülkeler, uzak limanlar ile yeni denizler.

Kamarasına döndüğünde kıpır kıpırdı içi. Dünya büyümüş, ufku genişlemişti. Babası Jacopo'nun çizim defterlerindeki gibi artık hiçbir engel tanımıyordu göz, hayal gücü sonsuzdu. Defteri dolaptan çıkardı, olmayan, bundan sonra da olmayacak çocuğunu okşar gibi kalın cildi okşadı. Sonra bronz çivilerle süslü kağşamış kapağı kaldırıp yalnızca Venedik matbaalarında kullanılan parşömene çizilmiş desenlere göz gezdirmeye başladı.

Ne çok şey öğrenmişti bu defterden! Sevgili babasının

yolu o daha çocukken Floransalı ressam Leon Battista Alberti'ninkiyle kesişmiş, önce Venedik'te, sonra Ferrare'de Lionello d'Este'nin sarayında bir araya geldiklerinde Eukleides geometrisinin kurallarını tartışmışlardı. Mimar Filippo Brunelleschi'nin çizimlerini de incelemişlerdi birlikte. Bu kurallar uyarınca tablonun yüzeyine bir üçüncü boyut katma fikri, gerçekliği belli bir "kaçış noktası" etrafında kurma deneyimleri, çizgilerin o noktaya doğru yönelişi allak bullak etmişti ressamın dünyasını. Bu yeni teknik şaşılacak bir derinlik getiriyordu mekâna, nesneleri orantılı olarak boşluğa yerleştirme olanağını sağlıyordu. Kesitler üst üste konulup mekân belli bir görüş açısına oturtularak doğa tıpatıp taklit edilebiliyor, akılcı bir düzenlemeyle gerçek tablonun yüzeyine olduğu gibi aktarılabiliyordu. Her şey, tüm boyutlarıyla gerçekmiş izlenimini uyandırıyordu. Göz, tablonun dışında değildi. Nasıl gerçekliğin içindeysen tablonun da öyle içindesin artık. Dolaş dur sütunların arasında, merdivenlerden in çık, arkadaki açık kapıya, olmadı dağlara doğru yürü yürüyebildiğince, köprülerden, alanlardan geç. Ne güzel, dünyayla aranda hiçbir engel kalmamış, görüş açın gerçekle birebir örtüşmekte, ufka doğru giderek küçülmekte eşyalar, çizgiler belli bir noktaya doğru uzaklaşıp birleşmede.

Gentile kendi tablolarını yaparken, arka plandaki o mimarîyi taş taş, sütun sütun, kapıymış, pencereymiş, döşeme ve tavanmış demeden tüm ayrıntılarıyla kurarken uzun uzun incelemişti bu defterdeki desenleri. Babasının Floransalı ressamların izinden gitmediğini biliyordu. Çünkü bir Venedikliydi o, bu kentin renklerine açmıştı gözlerini, kanallar ile denizin büyüsünü yaşamış, ömrü boyunca sarayların uyumlu mimarîsini seyreylemişti. Onun için de hiçbir zaman tümüyle taklit etmemişti doğayı, desenlerin arka planındaki sarp kayalar, kent mimarîsi kadar ayrıntılı çizilmiş ağaçlar ile ırmaklar, bitki örtüsü ile hayvanlar kendi hayal dünyasının ürünüydü. Hele hayvanlar, o yırtıcı parslar ve aslanlar, kuytu bir avluda gezinen çatal boynuzlu geyikler, maymunlar, Aziz Georgius'un elinde can veren ejderhalar, sürülmüş tarladaki yabandomuzu, dağın yamacından inen ceren ile çatıya tünemiş kartal, hatta Pilatus'un sarayındaki zincirli ayı ve ortalıkta dolaşan sahipsiz köpekler, sonra atlar, Bizans'ın bronz atları. Yıllar önce bir yağmanın ardından Venedik'e getirilip savaş ganimeti olarak San Marco'nun balkonuna konmuş dört at Piazzetta'ya karşı şaha kalkıyordu artık. Ve Gentile o atların ülkesine doğru yol alan bir gemide, Travisano'nun portulanı'ndaki denizler, babasının çizdiği desenlerdeki hayvanlarla sarmaş dolaştı.

Jacopo'nun günlerce San Marco'nun balkonundaki atları incelediğini anımsadı. Pegasus'u çizerken bu atları model almıştı kuşkusuz. Defterde Pegasus, Eros ile yaşlı bir satiri sırtına almış, ormanın derinliklerine doğru götürüyordu. Kim bilir nasıl sevişeceklerdi orada, birbirlerini tırmalayıp kovalarken nasıl kendilerinden geçeceklerdi! Sonra bir pınar kenarında çimenlere uzanıp... Eros ile satirin, atın üzerine serilmiş bir aslan postunda çırılçıplak oturduklarını fark etti. Eros arkadan satire iyice yapışmış, sol eliyle dizginleri, sağ eliyle atın hızından dehşete düşen sevgilisinin kolunu tutmuştu. Kadınları at üstünde dölleyen Türkler gibi iç içeydiler. Babası nasıl gösterebilmişti bu cüreti, atın kuyruğunu şehvetle kavrayan yaşlı satirin cinsel organını da nasıl böyle ucu kıvrık bir boynuz gibi çizebilmişti. Günahsız Bakire ile çocuğu çizen el, bu hayvansı arzuları resmeden el olamazdı. Tanımadığı bir genç kadınla aynı yatakta görür gibi oldu babasını. Çırılçıplaktılar. Birbirine karışıyordu çığlıkları. Giovanni'nin bu çığlıkların doruk noktasına ulaştığı anda ana rahmine düştüğünü düşündü. Sonra, tiksinerek, bu uygunsuz düşünceyi kovmaya çalıştı zihninden. Giovanni sevgili kardeşiydi onun, bir günah çocuğu olsa da.

Bir başka sayfada bu kez aynı atın üzerinde elinde meşalesiyle garip bir Türk vardı. Beline dek inen sivri sakalı, başında sarığı ve uzun entarisiyle sevişmeye hazır gibi görünmüyordu. Yaşlıydı zaten, meşaleyle orada ne aradığı da pek belli değildi. Önünden geçtiği sarayın avlusunda Romalı askerler İsa'yı kamçılıyorlardı. Vurdukça kan fışkırır çıplak gövdeden, mızrak yumuşak eti deler, ince uzun bacaklar gerilir, haz kamçıdan günahsız bedene geçer. Gentile bozkırda bir toz bulutunun yaklaştığını görür gibi oldu. Terkilerine aldıkları çıplak çocuklarla iç içe, omuzlarında yayları ve ellerinde eğri kılıçlarıyla dörtnala yaklaşıyordu atlılar. Bu dehşet görüntülerinden kurtulabilmek için defterin sayfalarını hızla çevirmeye başladı. Ama onu yatıştıracak tek bir sahne bile bulamadı. İsa ya haçını taşıyordu ya da çırılçıplak çarmıhtaydı yine. Meryem'in yüzü kederli, bakışları acılıydı. Vaftizci Yahya'nın kesik başı güzel Yudit'in tepsisindeydi elbet, başsız cesetlerse kabirlerinde. Sivri çan kuleleri ile kubbelerin göğe yükseldiği bir kentin kapısından çıkmış, surlar boyunca mezarlığa doğru yürüyordu cenaze alayı. Yapraklarını dökmüş ağaçların dallarına kargalar konmuştu. Kaplumbağadan korkuyordu bir çocuk. Başını yazdığı kitaba yaslamış bilginin çürüyen cesedi boylu boyunca uzanmış yatıyordu. Birbirine girmişti atlar ile ejderhalar, parçalanmış gövdeler üst üste yığılmış kanıyorlardı; mağarasında tefekküre dalan ermişin –bu garip ermiş herhalde Aziz Hieronymus olmalıydı– yaşamı bile sakin değildi. Sandaletlerini çıkarıp rahata kavuşmuştu belki, elinde de İncil vardı. Ama akreplerle çevriliydi dört bir yanı. O aldırmasa da yılanlar pusudaydı. Batık geminin mallarıyla birlikte, boğulmuş tayfaların cesetleri de kumsala vurmuştu. Aslanlar da öyle, rüzgârda salınan yeleleri ve korkunç bakışlarıyla sıra sıra ermişin mağarasına doğru yürümekteydiler.

Bir sayfada cehennemin kapısı açılmış, zebaniler dünyaya doluşmuşlardı; bir başka sayfada aslanın pençesinde çırpınıp duruyordu zavallı ceylan, ve Davut, sol elinde kılıç, sağ eliyle Golyat'ın kesik başını kaldırmış gülümsüyordu. Viyola çalan melekler ile biri elinde elma tutan üç güzel kadın da vardı gerçi; çocuk İsa annesinin kollarında mutluydu. Ama ağır basan dehşetti yine de, hangi taşı kaldırsan bir çıyan çıkıyordu altından, nereye el atsan ölümle, işkenceyle, azapla karşılaşıyordun. Gentile bütün bunların gerçekte bir bahane olduğunu, babası Jacopo'yu konunun değil mimarî yapıların ilgilendirdiğini, onun gözünde asıl bu şiddet sahnelerinin yer aldığı mekânların, arka plandaki manzaraların önem taşıdığını biliyordu elbet. Babası yarı hayalî yarı gerçek bir kent mimarîsi oluşturmuş, ince hesaplı perspektif uygulamalarıyla Tevrat ve İncil'in öyküsünü, kimi zaman da mitoloji kahramanlarını bu mimarînin içine yerleştirmişti. Kemerli sütunları loggia'ları, alanları, bu alanlara bakan balkonlu cepheleriyle Venedik vardı Jacopo'nun desenlerinde ve korkularıyla karabasanlarının, günahlarının, o sınırsız düş gücünün ürünü canavarlar. Gentile işte bu canavarların varlığından ürküyor, her Venedikli gibi onu da etkileyen, giderek bilinçaltında bir saplantıya dönüşen Türk korkusuyla ürperiyordu. Evet, İstanbul yolunda korku bir türlü yakasını bırakmıyordu ressamın. Yolculuk hiç bitmesin istiyordu. Denizi, dalgaları, rüzgârı sevdiğinden, geminin inip kalkmasına bayıldığından değil, Mehmed'in korkusundan. Travisano'ya hiç söz etmedi bundan, yolculuk boyunca endişelerini, hayallerini, karabasanlarını içine gömdü. Bir ara, babasının çizim defterini kaptana hediye etmek geçti aklından. Portresini yaptırmak istese bile, bir Müslüman'ın, hele bu Gran Turco'ysa, baba yadigârı hazineyi hak etmediğini düşünüyordu.

* * *

Arşiv sorumlusu, Gentile Bellini'nin İstanbul yolculuğuyla ilgili kaynak kitapları Jacopo'nun Louvre'daki çizim defterinin tıpkıbasımıyla birlikte masaya koyduğunda Kâmil hâlâ pencereden dışarıya bakıyordu. Önüne bir anda yığılan kitaplardan ürktü. Öylesine çoktular kı! Sonra birer birer gözden geçirmeye başladı. İşine yarayabilecekleri bir yana ayırdı, öbürlerini paltosunu koyduğu sandalyenin önündeki masaya doğru itti. Jacopo'nun çizim defterine yer açılmış oldu böylece. Tıpkıbasımın önsözünde defterin serüveni de anlatılıyordu. Bu akıl almaz serüvenin ayrıntılarını not etmeye başladı. Aslında pek bilinmiyordu ayrıntılar. Defter, Gentile'nin Venedik'e dönüşünden sonra Fatih'in kitaplığında kalmıştı. Siyah Kalem'in hâlâ gizi çözülmemiş resimleri ile minyatürlerin, tezhipli elyazmaları ile kâğıt oymalar ve hat yazılarının arasında. Mehmed'in ölümünden sonra Bayezid babasının resim koleksiyonunu Galata'da satışa çıkardığında tablo ve ikonalarla birlikte bu deftere de fiyat biçilmiş miydi acaba? Herhalde biçilmemişti. Yoksa Fatih portresi gibi Venedik balyosu tarafından üç beş akçeye satın alınır, doğru Venedik'e götürülürdü. Balyos Zen'in sarayında dururdu yıllarca, bir ceviz sandıkta meraklısını bekleyerek.

Defterin çok uzun süre, neredeyse üç yüzyıl Topkapı Sarayı'nda kaldığı anlaşılıyordu. Sonra... sonrası gerçekten şaşırtıcıydı. Fransa Kralı XV. Louis'nin casuslarından Guérin adında biri XVIII. yüzyılda İzmir'de rastlıyor defterin izine. Ve 1728'de kralın kütüphanecisine gönderdiği mektupta bu "eşsiz yapıt"ın mutlaka edinilmesi gerektiğini bildiriyor. Bildiriyor, ama yapıt Versailles'da değil, Devrim sırasında soyluların malikâneleri yağmalanırken Guyenne'de bir şatonun tavan arasında bulunuyor. Oradan da Louvre'a. Ama daha kim bilir kimlerin elinden geçip bazı sayfaları iyice yıprandıktan, desenler sararıp solduktan sonra.

Bu yolculuğun tüm uğraklarını merak ediyor Kâmil, defterin İstanbul'dan nasıl İzmir'e gittiğini, Fransa'ya getirildiğinde nerelerde kalıp kimler tarafından korunduğunu, bakılıp incelendiğini bulup ortaya çıkarmak için çırpınıyor. Ama eldeki veriler bu kadar, şimdilik bu kadar, yapacak fazla bir şey yok. Belki Fransa'ya gelmeden önce, İstanbul'da bir nakkaş gördü onu. Kendi yaptığı resimlere benzemeyen Jacopo'nun desenlerini uzun uzun inceledi. Ne var ki, geleneğe bağlı kalma zorunluluğundan, belki de korkusundan, defterdeki figürleri, hayvan ve insan suretlerini –hele insan suretlerini– taklitten kaçındı. O nakkaşı çok merak ediyor işte, Jacopo'nun etkilerinin bazı minyatürlerde görülebileceğini düşünüyor, bu varsayımının kendi hayal gücünden kaynaklandığını, hiçbir zaman gerçek olmayacağını bilse de. Hiç belli olmaz, bakarsın bir araştırmacı, ondan daha dikkatli ya da daha şanslı biri keşfeder bu etkiyi, Rönesans ile Doğu'nun kucaklaştığı resmi bulup ortaya çıkartır.

"Şimdilik defterin büsbütün yok olmadığına şükretmeli" diye içinden geçirdi Kâmil; üç yüzyıl boyunca kaybolmuş zaten, Fâtih'in kitaplığından sonra belki bir sahafın karanlık, tozlu dükkânında sedef kakmalı bir sandığın ya da nakışlı, kapaklarında laleler açan, çayırlar göveren bir dolabın içinde yeniden hayata dönmeyi, gün ışığına çıkmayı beklemiş. Belki üç yüzyıl boyunca hiç kimse bakmamıştır Jacopo'nun aslanlarına, hayalî kentler ile yırtıcı hayvanlarına, Meryem'in kederli yüzüne. Sonra bir gün, o desenleri çizen el toprağa karışıp kemikleri bile kalmadıktan yıllar sonra... "Jacopo'nun defteri bu uzun yolculuğa çıkmasaydı belki benim de buralara dek gelmem gerekmezdi" diye düşündü. İstanbul'da Topkapı Müzesi'nde incelerdim üstadın hünerlerini.

Birden İstanbul'un hayali düştü aklına. Venedik'e gelmeden az önce yaptığı bir manzara resmindeki gibi kentin silueti fonda, yüzeyi neredeyse tümüyle kaplayan denizin ucundaydı. Minareler ile kubbeler siste belli belirsizdi. Kapalı göğün aralığından donuk bir ışık vuruyordu denize, vurduğu yeri de sanki hiç aydınlatmıyordu. Bomboştu suyun üstü. Ne bir gemi, ne balıkçı kayıkları, ne de İstanbul'un denizinden hiç eksik olmayan martılar. Kent çok uzakta, ufuk çizgisinin biraz önünde ince uzun bir heyula gibiydi, öyle kapkara, dikey ve eğri çizgilerle sarmaş dolaş. Gentile de, bir eylül sabahında İstanbul'u geminin güvertesinden böyle görmüştü kuşkusuz. Belki kentin silueti o tablodaki kadar uzun, siste çizgiler böyle belirsiz değildi, minareler de delmiyordu gökyüzünü. Ama Ayasofya'nın kubbesi ile Mehmed'in yapıya eklediği tek minare o zaman da vardı. Kıyı boyunca uzayıp giden surlar ile burçlar, kuleler, kulelerin sivri külahları da. Gemi yaklaştıkça Galata'nın yamacından yükselen İsa Kulesi'ni görmüş olmalıydı. Ve şimdi yerinde yeller esen başka surlarla yemyeşil vadileri.

Öğrencilik yıllarında Marsilya'dan İstanbul'a dönüşlerini anımsadı. Kent sabaha karşı belirirdi ufukta, ama gemi yaklaştıkça sanki o uzaklaşırdı. Varsın uzaklaşsın, bir bekleyeni yoktu ki Kâmil'in! Yine de, bir an önce kavuşmak isteğiyle kıvranırdı güvertede tek başına, öbür yolcular uykudayken denizde giderek çoğalan yelkenliler ile mavnaları –sahi o zaman kocaman karınlı mavnalar da vardı– balıkçı teknelerini ve uzakta sere serpe uzanmış sevgilisini, onu bekleyen sadık kentini seyreyleyerek. Gemi uzun süre yol aldıktan sonra sisin içinden sıyrılmaya başlardı İstanbul. Kurşun kubbeler, ince uzun minareler ve sisi delen sarı ışığıyla Beyazıt Kulesi. Sarayburnu'nun önünden geçerlerken deniz fenerini, surları, Sultanahmet Camii ile Ayasofya'nın yoğun, taş duvarlarını, surların içinden fışkıran ağaçlar ile Kubbealtı'nı görürdü. Solda Haliç'in girişi, pis ve balıksız su kentin derinliklerine doğru uzayıp gidiyor işte, tortusu dibe çöktükçe durulup bulanıyor. Mezar taşları yamaçlara serpilmiş azı dişleri gibi beyaz ve çarpık, arkalarında taş yapılar ile birkaç otel. Gökdelenler yok daha, kentin profili henüz bozulmamış. Uskurlar döndükçe fokurduyor su, suda vapurlar, kayıklar, takalar.

Vapurlar insan, kayıklar balık dolu, takalar ağzına dek yüklü. Ve sabah alacasında Köprü'de telaş. Galata'nın orta yerinden kesik başıyla göğe yükseliyor İsa Kulesi. O başı onardılar sonradan, kurşun kaplayıp sivri bir külah oturttular yapı eski görünümüne kavuşsun diye. Ve Paris'te geçirdiği öğrencilik yılları boyunca onu bekleyen İstanbul, Galata Kulesi'yle birlikte değişmeye başladı. Önce yavaştan, pek çaktırmadan, sonra hızlanarak baş döndürücü bir tempoyla enine boyuna ve dikine büyüdü. Paranın çekimine kapıldı. Onu yıllarca bekleyen sevgili ne çabuk uydu yabancının iğvasına, nasıl da allanıp pullandı, her akşam sahneye çıkmakta inat eden yaşlı bir kokona gibi çirkinliğini gizlemek için pırlanta yüzük, altın bilezik, inci kolye takar oldu. Kıyılara beton dökülüp ağaçlar kesildi. Toplu konutlar kurt gibi yiyip bitirdi Boğaz'ın yamaçlarını. Yalılar ya yıkıldı ya kendiliğinden çöktü. Çirkin apartmanlar dikildi yerlerine. Ve bir gecede yanıp kül oldu Galata Köprüsü. Artık sabah telaşı yok yenisinin üzerinde; vapurlar yanaşmıyor, kılavuzlar bacalarını kırıp geçmiyor altından, kahvelerinde nargile içilmiyor. Boğaz'ın iki yakasını da arabalı vapurlar değil çelik putrelli asma köprüler birleştiriyor. Lise son sınıftayken Birinci Boğaz Köprüsü'nün yapımına karşı çıkan eylemlere katılmıştı, bugünmüş gibi anımsıyor Kâmil, "Boğaz'a bir köprü yerine Fırat'a yüz köprü!" sloganını sokaklarda haykırarak, polisten dayak yemeyi, okuldan kovulmayı, sorgudan, işkenceden geçmeyi, hatta hapislerde çürümeyi göze alarak. Evet, o zamanlar köprülerin İstanbul'a değil, kışın bebelerin soğuktan donduğu, yol ve köprü olmadığından hastaneye vaktinde yetiştirilemeyen anaların doğururken öldüğü, açlık ve işsizliğin kol gezdiği Güneydoğu'ya yapılması gerektiğini savunuyordu. Bu görüşünde haklı mıydı peki? Şimdi, ikincisinin ardından Boğaz'a üçüncü asma köprünün yapılması gündemde olduğuna göre fazla bir anlamı yok bu sorunun. "Boğaz'a bir değil Fırat'a yüz köprü!" görüşünü belki de yalnızca o savunuyor hâlâ, meyhanede kafalar dumanlıyken. "O zaman" diye söze giriyor, ama dinleyen kim! "O zaman" diye ısrar ediyor kızıp masaya bir yumruk indirerek, "Boğaz'a değil de Fırat'a yapılsaydı köprüler bugün Güneydoğu'da Genelkurmay'ın deyimiyle 'düşük yoğunlukta' bir savaş sürüp gitmez, gencecik insanlar ölmezdi." Ve Correr'de, Jacopo'nun defterine yeniden dalmadan önce, "Ne güzel!" diye geçiriyor içinden, "Gentile Bellini'nin gemisi Galata Rıhtımı'na yanaştığında bir tek köprü bile yoktu İstanbul'da. Üstat Galata'dan Sarayburnu'na kayıkla geçmiştir."

* * *

Gentile Galata'dan Sarayburnu'na kayıkla geçti, ama hemen değil. Gemi limana demirlediğinde yorgundu. Yine de ertesi gün, hatta gelir gelmez yardımcılarıyla birlikte padişahın huzuruna çıkarılacağını umuyordu. Ama öyle olmadı. İlk gün kaldığı handan dışarı bile çıkmadan Ceneviz podestasının sarayına baktı durdu. Bu yapı düşman Ceneviz'in Osmanlı ülkesindeki varlığını anımsatıyordu ressama. Kendi hemşerilerinden önce gelip Galata'ya yerleşmişler, kuşatmada Mehmed'le işbirliği yaparak imtiyazlarını korumuşlardı. Mehmed kadırgalarını karadan yürütürken durumu Bizans imparatoruna haber vermek şöyle dursun, padişahla anlaştıkları bile söyleniyordu. Daha Bizans düşmeden Galata'nın anahtarlarını Türklere teslim etmişlerdi. Oysa Venedikliler onlardan daha fazla sahip çıkmışlardı buraya, Balyos Girolamo ve iki oğlunu da, daha niceleri gibi bu uğurda feda etmişlerdi. Girolamo'nun ölümü kentin yağmalandığı haberiyle birlikte Venedik'e ulaştığında çanlar durmadan çalıyor, sokaklarda halk birbirine sarılıp ağlıyordu. Yıkılan Bizans değil Venedik'in kalbiydi sanki. Podestanın sarayı taş duvarları, saraydan çok bir kaleyi andıran heybetiyle savaşları, deryada durmaz gider gemilerin, kadırga, kalyon, güge ve sintinelerin devinimini, şakırdayan kılıçlar ile sivri okların, rüzgârdan hızlı sipahilerin döktüğü kanı anımsatıyordu Gentile'ye. O tüm bu acılardan, yıkımlardan uzak yaşamış, renklerin dünyasında mutlu olabilmişti.

Huzura kabulünü beklerken Galata'nın dik yokuşlarını, Haliç boyunca uzayıp giden üç kat hisar duvarlarını arşınladı, kapılardan girdi çıktı. Kasımpaşa Tersanesi'ne nazır Meyit Kapısı, Haliç kıyısında Azap Kapısı, Sibirya'dan Karadeniz'e, oradan da Galata'ya getirilip vezir kaftanları ile elçi mantolarını süsleyen samur kürklerin sergilendiği Kürkçü Kapısı, yine Haliç kıyısında, ışıl ışıl zeytinyağı damacalarının stoklandığı depolara açılan Yağkapanı Kapısı, sonra Kurşunlu Mahzen Kapısı, kuzeyde kara içinde Küçükkale ve Büyükkale kapıları. Bütün bu kapıları dolaştı, ama asıl girmek istediği saray kapısının, eşiğine bile ulaşamadığı Büyük Kapı'nın dışında kaldı. Sonra içi on kat zindan olan İsa Kulesi'ne çıktı.

Yukarıdan bakıldığında kent çepeçevre görülebiliyordu. Kuzeyde, hemen surların dibinden bağlar, bahçeler başlıyor, sık ağaçlı bir orman tepeleri tümüyle kaplıyordu. Gentile, ormanın içindeki av köşkü ile bir derviş tekkesini kuşbakışı da olsa uzaktan seçebildi. Sonra doğuya yöneltti bakışlarını Boğaz'ı, gelip geçen tek tük gemileri, nasılsa denizin üzerinde batmadan duran beyaz kule ile kulenin tam karşısındaki iskeleyi gördü. Kocaman kıçlı bir kalyon iskeleye yanaşmış yük boşaltıyordu. Ama asıl liman güneyde, Haliç'in girişindeydi. Su ikiye bölüyordu kenti, Galata'yı Kostantinopolis'ten ayırıyordu. Karşı kıyıda yedi tepeli kent tek ya da iki katlı kâgir ve ahşap evleri, tuğla duvarlı bazilikaları, mermer sütunları, bahçe ve bostanları, sur içindeki inişli çıkışlı dar sokakları, kurşun kaplı bedesteni, çarşıları, han ve hamamlarıyla eylül güneşinde parıldıyordu. En yüksek tepeye Ayasofya kadar görkemli bir cami yapılmış, minarelerin çevresinde dükkânları, medresesi, aşhane ve imarethanesiyle koskoca bir külliye oluşmuştu. Bizans kiliselerinin bir kısmı da olduğu gibi ayaktaydı. Gentile, Boğaz'ın girişine hâkim, ağaçların arasından belli belirsiz seçilen köşk ve kubbeleriyle geniş bir alana yayılmış, yüksek surlarla çevrili sarayı da gördü. Mehmed orada, büyük kapının ardında dünya imparatorluğu hayalleriyle baş başaydı. Venedik'le barış imzaladığına göre başka bir ülkeye sefer yapacak demekti. Ama nereye? Anlatılanlara bakılırsa hazırlıkları büyük bir gizlilik içinde yürütüyor, seferin menzilini sakalının bir teli dahi bilse o teli koparıp atacağını söylüyordu. Demek sakallıydı Mehmed. Gentile'nin o güne dek yaptığı portreler içinde sakallı olanı yoktu. Hem sakallı hem sarıklı bir Müslüman'ın portresini yapmak, herhangi bir Müslüman'ın da değil, Gran Turco'nun portresini üstelik, onu ölümsüz kılmak her çizgide, her fırça vuruşta biraz daha tanımak, görünüşün ardındaki insanı yakalayabilmek düşleri, istekleri, zaafları, iyi ve kötü yönleriyle Gran Turco'nun içinde yatan insanı... Belki de uyuyan yırtıcı hayvanı. Mehmed'in onu bu kente çağırmasının nedeni, İslam'ın koyduğu resim yasağını çiğnemeyi göze alabildiğine göre, ölümsüzler arasına katılma arzusu olmalıydı. Portresini yaptırmakla yeni ülkeler fethedecek değildi ya! Olsa olsa bir dilberin, bilemedin kullarının gönlünü fethedebilirdi. Bu arzunun hükümdarın içini kemirmeye başladığını, yaşlandıkça ölüm korkusuyla birlikte fani âlemde baki kalacak bir şeyler, özbenliğinden, kendi suretinden de bir şeyler bırakma düşüncesini körüklediğini tahmin edebiliyordu. Anlaşılan, resmini yaptırıp yalnızca fetihnamelere değil yeryüzüne de basmak istiyordu tuğrasını, "İşte ben hep buradayım, ölmedim daha, bakın ve görün, iyice tanıyın beni, ben Sultan Murad Han Gazi oğlu Fatih Sultan Mehmed Han Gazi el Muzaffer" dercesine!

Gentile kente baktıkça, eski Bizans'ın yerine kurulmakta olan Müslüman mahallelerini, Haliç boyunca sıralanan depoları, kalabalık çarşılar ile kervansarayların iç avlularını yukarıdan gördükçe Osmanlı başkentinin yeni bir uygarlık yaratmakta olduğunu anlıyor, Mehmed hakkındaki olumsuz düşüncelerini, önyargılarını gözden geçirme gereğini duyuyordu. İsa Kulesi'nden inip Galata ahalisini yakından tanıyınca bu izlenimi daha da pekişti. Kentin Türklerin eline geçmesinden sonra kaçan Cenevizli ailelerin çoğu geri dönmüş, eski evlerine yerleşip işlerine bıraktıkları yerden devam etmeye başlamışlardı. Kapısı mühürlü ev hemen hemen yok gibiydi. Cenevizlilerin yanı sıra Rum ve Latinlerin sayısında da artış olduğu görülüyordu. Al, yeşil, mor giysileri içinde dolaşan Yahudilere de rastladı sokaklar boyunca; padişahın yeni yaptırdığı bedestende Tatar, Kıpçak, Gürcü, Çerkez, Sırp, Arap, Ermeni ve Türklerden oluşan kalabalığın arasına da karıştı. Her sokağında bir kilise olan Galata'da sinagog bile vardı, ama Bizans devrinden kalma Arap Camii'nin dışında tek bir mescit yoktu. Meyit Kapısı'ndan Mumhane'ye, oradan Gümrük Kulesi'ne dek yürüdü; kalafatçıların, kürekçilerin, çorbacıların, urgancıların, odabaşıların arasından geçti, onların değişik giysilerine, fes üzerine sardıkları beyaz destarlar ile neftî tolmalarına, domates kırmızısı pabuçlarına bakmaktan kendini alamayarak, ilk fırsatta her birinin resmini çizmeyi hayal ederek. Kıyıda durup odun kayıklarına binmiş, sakız gibi tertemiz gömlekleriyle ayakta kürek çeken gemicileri de uzun uzun seyretti. Bizans surlarını yıktıktan sonra Ceneviz kalelerini un ufak eden, Friuli'ye dek Adriyatik kıyısındaki Venedik limanlarına gülle yağdıran, kadırga batırıp toz koparan balyemez toplarını da gördü Tophane'de. Yeniçerilerin korumasında asi evlatlar gibi mağrur ve korkunçtular.

Huzura kabulünü beklerken Galata'nın meyhanelerini dolaştı, belki can sıkıntısından, belki de Venedik'i, orada bıraktığı atölyesi ile işini özlemeye başladığından, Rum meyhanelerinde tüysüz sakilerin sunduğu lâl renkli, türlü türlü Ancona, Sakız, Mudanya, Edremit, Bozcaada şaraplarından içti. Ve bir gece, Dimitri'nin Taş Merdiven Meyhanesi'nde o kör dilenciye rastladı. Saçı sakalı birbirine karışmış, avurtları çökmüş, lime lime giysileri içinde bir deri bir kemik kalmıştı. Sağ eliyle sopasına dayanıp sol eliyle etrafı yoklayarak, kararsız adımlarla masaların arasından geçerek, sarhoş gemiciler ile papazların, gizlice şarap içmeye gelmiş Müslüman kalafatçıların alay ve küfürlerine aldırmadan ocağın başına çöktü. İkisi de kaymış, akları bile seçilmeyen gözlerine vuran ateşin yalazında ayaklarını ısıtmaya başladı. Gentile, kel başlarında bir tutam saç bırakmış yeniçerilerin karşısındaki masada tek başına oturuyordu. Rumca konuşmalar Frenkçe küfürlere karışıyor, korsan kılıklı Araplar bir köşede zar atıyor, sübyan sakiler arada bir geğirip bıyık buran yasakçıların çevresinde fır dönüyorlardı. İyice yükünü almıştı meyhane. Dilenci, ayaklarını bir güzel ısıttıktan sonra, keyfi yerine gelmiş olmalıydı ki dua edip para istemeye başladı. Hemen susturdular. O da, inadına, bir ilahi tutturdu bu kez. Dokunaklı bir sesi vardı. Bitmeyen bir acıyı, özlemi, Doğu'nun karasevdalarını çağrıştıran bir ses. Dilencinin dişsiz ağzından değil meyhanenin nemli, taş zemininden geliyor gibiydi. Gürültüye rağmen duvarlarda yankılanıyor, ocaktan masalara gidip geliyor, sonra tavana yükseliyor, kapıya yönelip kendine çıkacak bir yer arıyordu. Dilenci onulmaz bir derdin hâlâ kanayan yarasından mustarip, tüm Galata'ya, sağır duvarlar ile denize, burçlarda uğuldayan rüzgâra söylüyordu ilahisini.

Bir kez yüzünü gören ömrünce unutmaya
Tesbihi sen olasın ol ayruk din tutmaya

İsrafil sûr urıcak mahluk yerden durıcak
Senin ününden artık kulağım işitmeye

Zühre gökten inüben sazın nevaht ederse
İşretim sen olasın gözüm senden gitmeye.

Gentile sözlerini anlamadığı ilahiyi bir Bizans *psalmodi*'si sandı önce, sonra dilencinin sesinde bir gizem sezdi, iyice kulak kabarttı. Bir alçalıp bir yükselerek meyhanenin duvarlarında yankılanmaya devam ediyordu ses. Kimi sözler uzuyor, her vurguda kesilip tekrar çoğalıyor, bazen su gibi akıp gidiyor, bazen de tıkanıp kalıyorlardı. O zaman soluk almakta güçlük çekiyordu dilenci, yırtık libasından görülen göğsü daralıyor, yüzü kıpkırmızı oluyordu. Gentile ezginin büyüsüne bıraktı kendini, meyhanenin gürültüsüne karışan ilahiyi uzun süre dinledi. Sonra onu masasına çağırdı. Kör, cılız gövdesinden beklenmedik bir çeviklikle yerinden sıçradı, sopasına dayanma gereğini bile duymadan kuş gibi sekerek ressamın masasına konuverdi. El yordamıyla şarap kupasını buldu, bir dikişte bitirip yenisini istedi. Susamışa benziyordu, şaraba değil de dünyaya; göremediği, ancak dokunarak ulaşabildiği her şeye susamış bir hali vardı. İkinci bardağı içtikten sonra kendi dilinde nereden gelip nereye gittiğini sordu Gentile'ye. Yanıt alamayınca ressamın kolunu tuttu, omuzlarını, yüzünü, saçlarını yokladı, elini kadife giysinin üzerinde gezdirirken boyundan sarkan haça rastlayınca durdu. Yüzü buruştu bir anda, alnı kırış kırış oldu. Kâfir taifesini hiç sevmediğini, Venedik'te yıllarca esir kaldığını, dillerini öğrenip aşlarını yediğini, ama çok acılar da çektiğini bir çırpıda anlatıverdi. Gentile ne diyeceğini şaşırmıştı. Venedik'ten geldiğini gizledi dilenciden, kendini Floransalı bir tacir olarak tanıttı. Ne tuhaf, Galata'da bir Rum meyhanesinde rastladığı kör dilenci Venedik'i anlatıyordu ona, esaretten, yokluktan, yoksulluktan, kâfirlerin tuhaflıklarından söz ediyordu.

Tersanede boğaz tokluğuna çalıştırılmış, sonra bir

soylu aileye satılmış, onların mutfak hizmetindeyken evin kızına daha ilk görüşte tutulmuş, bu gizli aşkın ateşiyle günbegün kavrulmaya başlamış, ömründe gördüğü ilk peçesiz kadının ay yüzüne, keman kaşlarına, elma yanaklarına, kiraz dudakları ile inci dişlerine sevdalandığını cümle âleme haykırmamak için kendini zor zapteder olmuştu. Dört yanı suyla çevrili kentte içindeki yangını bir türlü söndüremiyor, aklına sevgilisinin kirpikleri düştükçe iğneli fıçıdaymış gibi kıvranıp duruyordu. Çocukluğunda kâfir kadınlarının Müslüman mahallesinden kaçırdıkları bebekleri iğneli fıçıya attıklarını duymuştu. Onu da şehri Venedik'te ay yüzlü bir dilber koymuştu iğneli fıçıya, çevirdikçe çeviriyor, kan revan içinde bırakıyordu. Nicedir ilahilerini ağzından düşürmediği Derviş Yunus'un dediği gibi aşk kana boyamıştı fakiri, ne âkildi ne divane, baştan aşağı yareydi. Gece, ortalıktan el ayak çekilip herkes uykuya daldıktan sonra mutfaktaki yatağından kalkıyor, giyinip sessizce sokağa çıkıyor, kanallar boyunca yürüyüp alandaki kuyuya varıyor, kapağı kaldırarak umutsuz aşkını kuyunun dibindeki suya anlatıyordu. Tek sırdaşı su olmuştu esarette. Onu dost bilmiş, kalbini ona açmıştı. Ne var ki bir gün dile gelmişti kuyu, su çeken efendinin hanımına her şeyi anlatıvermişti. Sen istediğin kadar güven dipsiz kuyuya, suyu sırdaşın bil. Gün olur dile gelir ser verip sır vermeyen su, evet su bile. Kuyunun dili çözülür. İşte o zaman seyreyle dünyayı. Gel gör bakalım aşk neylermiş adamı. İçinde hâlâ kanayan bu aşkın onulmaz yarasıydı işte, Yunus'un ilahilerinde dile gelen bir kanlı kaderdi. Aradan uzun yıllar geçmiş de olsa Venedikli sevgilisinin yüzünü unutamamış, gözlerini de bu uğurda kaybetmişti dilenci. Efendinin hanımı onu ele verince kızın babası öfkeden deliye dönmüş, sevgilisinin yüzünü bir daha göremesin, yeryüzünün bin bir çeşit rengini yemiş yercesine bir daha tadamasın diye gözlerine mil çektirmiş, sonra da artık bir işe yaramayacağından, azat edip ilk gemiyle memleketine göndermişti.

Göndermişti, ama İstanbul'a varana dek başına gelmedik bela kalmamıştı zavallının. Gemiye saldıran korsanlar herkesi kılıçtan geçirirken Kelimei Şahadet getirerek kurtulabilmiş, Mağrip'te cami avlularında dilenip Maşrik'te ağaç kavuklarında uyumuştu. Acem ülkesine geçmişti oradan, fakirhanelerin soğuk odalarını, yakıcı güneşi, akşam rüzgârını, sesleri ve nefesleri anımsıyordu, ama gittiği ülkelerden tek bir görüntü yoktu belleğinde. Körlüğe zamanla alışmıştı. Ve zamanla, Venedikli sevgilisinin yüzü, iyice yer etmişti içinde. Onun suretiyle halleşip kaynaşmış, onun varlığında eriyip yok olmuştu.

Dilenci, Dimitri'nin meyhanesinde geç saate dek macerasını anlattı Gentile'ye. Venedik'ten, aşktan, ölümden, en tuhafı da resimden konuştular. Artık gözleri görmüyordu, ama içindeki can gözüne yansıyordu dünya. Can gözünde her şey ay gibi parlak, su gibi saydamdı. Renksizlik âleminde yol alır olmuştu nicedir. San Marco'nun altın sarısı mozaiklerini unutmamıştı belki, siste kurşunî, gün ışığında yeşil, günbatımında kan kırmızısı kanalları da. Ne var ki aslolan içindeki boşluk, can gözündeki beyazlıktı.

İstanbul'a geldiğinde Galata meyhanelerinde dilenirken bir gece şarabı fazla kaçırıp sopasıyla etrafa saldırmaya başlayınca yaka paça dışarıya atılmış, kendini sokakta bulmuştu. Bir süre hiç kıpırdamadan, çamur içinde ölü gibi yattığını anımsıyordu. Sabaha karşı, biraz ayılır gibi olunca, köpeklerin havladığını, rüzgâra karışan ezan sesini, nasılsa kulenin tepesine tünemiş bir leyleğin kanat çırpışını duymuştu. Sonra birden kesilmişti sesler. Dünya sessizliğe bürünmüştü. Derken, yavaştan bir ney sesi gelmeye başlamıştı. Aslında can kulağıydı ney sesini duyan, ona başka güzelliklerin, yeni bir dünyanın kapısını açan. Sabah oluyordu. Sabah olduğunu taze ekmek kokusundan anlamıştı. Sonra bir başka koku çarpmıştı burnuna, keskin bir gül kokusu. Dünya gül kokuyordu artık. Kokunun peşine düşünce ney sesi de giderek yaklaşmıştı. Evlerin duvarlarına dokuna dokuna surlara varmış, bulduğu ilk kapıdan kent dışına çıkmıştı. Dallarda hışırdayan rüzgâra bakılırsa bir ormandaydı. Gül kokusunu yalnızca burnunda değil tüm gövdesinde, teninin en ücra gözeneklerinde hissedinceye kadar yürümüş de yürümüştü. Allah ona işte böyle açmıştı Gül Baba'nın yolunu. Şeyhin kutlu elini öpüp müridi olmuş, renksizliğin sırrına ermişti. İlahilerini sevgilisine değil Allah'a söylüyordu artık, zaten esaretteyken görüp âşık olduğu da sevgilinin yüzü değil Allah'ın cemaliydi. Şimdi, nice acılardan, yalnızlıklardan, içinde buyuyen boşluktan sonra daha iyi anlıyordu bunu. Körlüğünü kabullenmeyi öğrenmişti. Asolan bu dünya değildi çünkü. Âlem fani, renkler aldatıcıydı. Evet, kör dilenci Dimitri'nin meyhanesinde aynen böyle dedi Gentile'ye, onu masasına çağıran kâfirin Venedikli bir ressam olduğunu bilmeden.

Şeyh tekkede çiledeyken *Mesnevî*'den parçalar okuyordu bazen. Tümünü, evet tümünü anımsıyordu dilenci, belki de gözleri görmediğinden dimağı genişlemiş, zihni açılmıştı. "Yüz renkli elbise" demişti şeyh bir gün, "İsa'nın saf küpünden saba rüzgârı gibi sade ve latif bir hale gelir, tek bir renge boyanır. Birlikteki bu tek renklilik, insana usanç ve sıkıntı veren tek renklilik değildir. Belki o tek renk deniz gibidir, ona dalanlar da balık gibi hayat ve neşe içindedir." Sonunda şeyhin sayesinde dalabilmişti bu denize, çok şükür tek rengin sırrına ermişti. Renksizlik mertebesine ulaşabilmesi içinse daha çok zikir yapması, çilede kalması, gönül yarasını bu kez Allah için tazelemesi gerekmişti. Şeyh yine bir gün *Mesnevî*'den naklen şu soruyu sormuştu ona: "Kırmızı, yeşil, sarı... bu üç renkten önce ziyayı görmezsen bunları nasıl görürsün?" Ve eklemişti: "Gece olunca o renkler örtüldü, o vakit rengi görmenin nurdan olduğunu anladın." O gün bu gündür içindeki nura gark olmuş, renkleri unutmaya başlamıştı dilenci.

Gentile sabaha dek uyuyamadı. Yatağında dönüp duruyor, dilencinin anlattıkları bir türlü aklından çıkmıyordu. Ömrünü renklere adamıştı bu yaşa dek, boyalarla düşüp kalkmıştı. Ama Doğu'ya gelir gelmez kör bir dilenci bir başka dünyanın kapısını aralamıştı ona. Bu dünyada yokluktu aslolan, varlık değil. Renkler, renksizlik âleminde ummanda birer katreydi. Dilencinin anlattıklarını düşünürken Rum ressamları ile Çin ressamlarının öyküsü geliyordu hep aklına. Dilenci Gül Baba'dan şöyle nakletmişti:

Rum ressamları ustalıklarına toz kondurmuyorlar, Çin ressamları dersen onlar da öyle. Bunun üzerine padişah iki ülkenin de sanatçılarını sınavdan geçirmeye karar veriyor. Ortası perdeyle ikiye ayrılmış geniş bir salon tahsis ediyor onlara. Duvarları süslemelerini buyuruyor. Çin ressamları yüz çeşit boya kullanıp kısa sürede rengârenk, güzel mi güzel, ilk bakışta insanı büyüleyen bir resim yapıyorlar. Rum ressamlarına gelince, onlar hemen duvara dökmüyorlar hünerlerini. Duvarları cilalamaya başlıyorlar. Dilencinin deyimiyle "gök gibi tertemiz, saf ve saydam" bir hale getiriyorlar. Yarışma süresi dolunca padişah Çin ressamlarının işine bakıyor önce, resmin güzelliği karşısında kendinden geçiyor. Sıra Rum ressamlarının işine gelince, onlar salonu ikiye bölen perdeyi kaldırıveriyorlar. Cilalanıp iyice parlatılmış duvara aslından daha renkli, çok daha güzel bir biçimde yansıyor karşı duvardaki resim. Böylece yarışmayı Rum ressamları kazanıyor.

Dimitri'nin meyhanesinde gece geç vakit başı dönmeye başlamıştı Gentile'nin. Şaraptan değil dilencinin anlattıklarından. Bu renksizlik bahsinin bitip tükeneceği yoktu. Dilenci nakış diyordu hep resimden söz ederken, değil Tanrı'yı insanı bile resmetmenin büyük günah olduğuna inanıyordu. "Biz" demişti meyhaneden ayrılmadan önce, "tasvir etmek şöyle dursun hayal bile edemeyiz Allah'ı ama O, Kuran'da da buyurduğu gibi bize şahdamarımızdan daha yakındır."

Ertesi gün Gentile, Galata'dan Sarayburnu'na kayıkla geçti. Limanda hiç oyalanmadan yokuş yukarı Atmeydanı'na doğru yürüdü. Gökyüzü pırıl pırıldı. Venedik'in o aydınlık, saydam günlerine benzeyen bir gün. Güz güneşi sokaklara vuruyor, tek katlı ahşap evlerin çatılarını, kapıların önüne oturmuş çubuk tüttüren ihtiyarların yorgun ve uykusuz yüzlerini, çocukların oynadıkları çöp yığınlarını aydınlatıyordu. Yaprak dökümü başlamamıştı henüz. Ulu bir çınarın gölgesinde durdu, çeşmede elini yüzünü, saçları dökülmüş başını yıkadı. Su serin, çeşme gün ışığında bembeyazdı. Bir an, taşa kazınmış yazıya takıldı gözü. Uzunlu kısalı harfler, sarmaş dolaş nokta ve virgüller tek çizgi halinde, sağdan sola uzayıp gidiyorlardı. Yuvarlaktı bazıları, bazılarıysa üzerlerinde bir iki ya da üç nokta, dimdiktiler. Kayık ile kürek, çanak ile çomak biçiminde olanlar da vardı, yılan gibi kıvrılanlar da. Ne anlatıyorlardı acaba? Kuran'dan bir ayeti belki, belki çeşmeyi yaptıranın macerasını. Ya da tarih düşürmüştü hattat, ama Gentile tarih düşürmenin ne olduğunu bilmiyordu ki. Ülkesine dönmeden öğrenecekti gerçi; sur kapılarının, hisarların, köprülerin de bir belleği olduğunu anlayacaktı. Yazı, belki taşa kazındığından, kabartma bir heykel izlenimi uyandırıyordu. Çengellerin, yuvarlaklar ile dik ve eğri çizgilerin doğada benzeri olmayan bir kompozisyon oluşturdukları söylenebilirdi. Göz yalnızca sağdan sola değil yukarıdan aşağıya da bakabiliyordu biçimlere, onların deviniminde belli bir uyum görebiliyordu.

Birden, bu uyumun üstüne alıcı bir kuş gibi çöktü karanlık. Gentile bulut geçiyor sandı. Ama geçen bir kafileydi. Nereden çıkmışlardı böyle güpegündüz, nasıl olmuş da onları fark etmemişti. Yazının estetiğine daldığı için herhalde. Ardına iki ases takmış, eli kılıcının kabzasında dimdik yürüyordu sekbanbaşı. Omzunda falaka değneği asılıydı. Aseslerin arasında güçlükle adım atabilen, boynuna tahta çember, başına demir şebeke vurulup burun ve kulaklarından mıhlanmış bir adam vardı. İte kaka sürüklüyorlardı zavallıyı. Gentile adamın suçunu merak etti, ama sormayı göze alamadı. Kadının karşısına çıkarılacak mıydı acaba, yoksa sorgusuz sualsiz, böyle yarı baygın cellata mı teslim edilecekti? Kafilenin peşinden gelen birkaç çocuk suçluyu taşlamaya başladılar. Bir taş başına isabet edince yere yuvarlandı adam. Asesler koluna girip hemen kaldırdılar. Gentile, sokağın çamuruna bulaşan kanı gördü o an, taşların arasında koyu kırmızıydı. Bir evin penceresinden atlayan kedi telaşla kanı yalayıp uzaklaştı. Çeşmenin havuzuna dolan suyun serinliğinde, çınarın sararmaya yüz tutmuş yaprakları arasından vuran gün ışığında yaşamak başlı başına bir mutlulukken, tanık olduğu olay keyfini kaçırmaya yetmişti. Kafilenin ardından baktı uzun süre. Sonra sokaklara daldı. Atmeydanı'na varmadan birkaç kez yitirdi yolunu, yine çeşmeli küçük alanlardan, dev çınarların altından, kafesli pencerelerin önünden geçti; pislik içinde oynayan çocuklar, kapıların eşiğine oturmuş ihtiyarlar, bir deri bir kemik kalmış uyuz kediler gördü. Camiye dönüştürülmüş kurşun kubbeli kiliselerin görkemi, derme çatma evlerle tuhaf bir tezat oluşturuyordu. Venedik saraylarına aşina gözleri boşuna taş yapılar, geniş alanlar aradı. İnsanlar bu dünyadaki geçici varlıklarından hoşnutmuşlar gibi içinde yaşadıkları mekânlara değil, Tanrı'nın huzuruna çıkmak için bir araya geldikleri camilere, toplu halde gittikleri bedesten ve hamam gibi yerlere önem vermişlerdi. Kafesli pencerelerin ardındaki dünyayı, evlerin içini de merak ediyor, ama bazen bir kapı aralığından gözüne çarpan avlulara bile bakmaya cesaret edemiyordu. Müslüman mahallelerinde fazla dolaşmamasını söylemişti balyos. Hırsızlar kol geziyordu ortalıkta, imparatorluğun dört bir yanından zorla getirilen işsiz güçsüz takımının üst üste bekâr odalarına yerleştirildiği söyleniyordu. Bu nedenle Mekkece münasip Vezir Karamanî Mehmed Paşa emrine beş cellat, topçu ve azep çavuşları, bostancı odabaşısı, yeniçeri tüfekçi ve mataracıları ile falaka değnek verilmişti.

Atmeydanı'na geldiğinde yorulmuştu. Biraz dinlenmek için alanın orta yerinden yükselen dikili taşın karşısındaki burmalı direğin dibine oturdu. Birbirlerine sarılmış üç yılan vardı direğin ucunda. Birinin başı kopmuştu. Kör dilencinin bu direk hakkında söylediklerini anımsadı. Mehmed bir gece, tebdili kıyafet saraya sarhoş dönerken atıyla buradan geçmiş ve bir kılıç darbesiyle yılanlardan birinin başını koparıvermişti. İşte bu yüzden ertesi gün yılanların istilasına uğramıştı kent. Sarnıçlardan, sur diplerinden, ağaç kovuklarından çıkan yılanlar lağımlardan evlerin içine dek girmişler ve bebeleri beşikte, gelinleri gerdekte sokup öldürmüşlerdi. Ne süte kanıyorlardı ne şekere. Çatal dilleriyle ıslık çalarak sofaların orta yerinden akıp gidiyorlardı. Onların bu halini anlatırken gülümsüyordu dilenci. Yılanların saldırısına seviniyor gibiydi. Ona bakılırsa, burmalı direk benzeri daha nice tılsımlı sütun vardı İstanbul'da. Avratpazarı'ndaki bin bir parça beyaz mermerden yapılmış, minare gibi içi merdivenle çıkılır sütunun tepesine konan kuşlar gerçekte kuş suretine girmiş bakirelerdi. Muratlarına eremedikleri için böyle acı acı ötüyorlardı kuşluk vakti. Tavukpazarı'ndaki kızıl renkli sütunun tepesineyse her akşam bir kartal konup, dirilen Kral Konstantinos'un ciğerini yiyordu. Su Kemeri'nin tam karşısında da göğe baş çekmiş, yekpare zenburi taş bir sütun vardı ki, yılan sokmasın diye mermer sanduka içerisine koyup bu sütunun tepesine çıkarmışlardı bir Bizans prensesini. Ama yılan sütuna tırmanıp sandukaya girmenin bir yolunu bulmuş, prensesi oracakta el değmemiş ak memesinden sokup öldürmüştü. Prenses sütüyle beslenen yılan, padişah olurmuş yeraltı ülkesine, dilenci öyle diyordu. Sonra Altı Mermer derler uzak bir mahallede, kentin koyunları rahat otlasınlar diye bir başka sütunun üzerine tunçtan kurt heykeli yapmışlar, ne var ki heykelin başını surlardan yana çevireceklerine deryadan yana çevirdikleri için sürüyü kurtların parçalamasına engel olamamışlardı. Bir de Atmeydanı yakınında yekpare, dört köşe kırmızı zenburi taş üzerinde boyu minare boyunu geçer bir sütun vardı ki... Gentile artık dayanamayıp susturmuştu dilenciyi. Yoksa meyhanede sabaha dek, bıkıp usanmadan İstanbul'un tüm tılsımlı sütunlarını anlatacaktı.

Yerinden kalkıp Ayasofya'ya doğru yürüdü. Dilencinin anlattıklarını değil Ayasofya'nın sütunlarını görmek istiyordu. Rialto'da gemicilerden çok dinlemişti Ayasofya'yı. Boş zamanlarında, ya da işe biraz ara verip dinlenmek istediğinde, Rialto'ya gider, para karşılığında gemici öyküleri dinlerdi. Bu öyküler çoğu kez abartmalı da olsa eğlendirirdi Gentile'yi, onu kendi dünyasından uzaklaştırıp Doğu'nun gizlerine, mucizelerine, renklerine –evet renklerine!– götürürdü. Bir defasında yaşlı ve dindar bir gemici Ayasofya'nın kubbesi altında uçmaya hazır bekleyen meleklerden söz etmişti ona. Korkunç bakışlarını, mozaiklerin parıltısında hışırtısı duyulan geniş kanatlarını ve nasıl karınlarından konuştuklarını anlatmıştı.

Gemiciye bakılırsa siyasî olayların zuhurundan Cebrail sorumluydu. Kent Latinler tarafından ele geçirilse de bunun çok sürmeyeceğini, imparatorun tahtına geri döneceğini, ne var ki onun da sarıklı bir başka hükümdarın elinde can vereceğini önceden bilip Tanrı'nın iman sahibi kullarına söyleyen oydu. Megadük Notaras ile Balyos Giralomo'nun acı akıbetlerini de. Mikail kanatlarını vurup hışırdattıkça melekler katından sesleniyor, doğal felaketleri haber veriyordu. "Yer sarsılacak" dediyse yer sarsılıyor, taş üstünde taş kalmıyordu. "Günahlarınızın kefaretini vebayla ödeyeceksiniz" dediğinde veba geliyor, sokaklardan her gün yüzlerce ceset toplanıyordu. Denizin çatlayıp yarılacağını da o haber vermişti. Ve bir akşam çatlayıp yarılmıştı deniz, gemiler ile tayfaları yutmuştu. İsrafil'in sesi, karnından konuşsa da, sûr sesiydi. Kıyametin habercisiydi o ve hâlâ susuyordu. Ama bir gün konuştuğunda tam konuşacaktı. Dördüncü melek meleklerin en korkuncu, Tanrı'nın gözbebeği Azrail'di. Hükümdarların ölümünü duyuruyordu işitene. Arap orduları kenti kuşattığında Muhammed'in bayraktarı Eyüb El-Ensarî'nin surlar önünde attan düşüp öleceğini söylemişti, bir gün mezarının bulunup sarıklı hükümdar tarafından ziyaret edileceğini de. Enrico Dandolo'nun ölümünü de haber vermiş, hatta savaş kadırgasına gidip ihtiyar dogenin canını bizzat kendisi almıştı.

Bir başka gemici de Ayasofya'nın mozaiklerini anlatmıştı Gentile'ye. Pantokrator İsa ile Meryem'in önünde diz çöken Bizans imparatorlarının beyaz, mavi, kırmızı giysilerinden, altın sarısı fonda simsiyah parıldayan Yunanca yazılardan söz etmişti. Hatta Mehmed kente girdiğinde Venedik'e sığınan bir rahip, İmparator Kapısı'nın üzerindeki mozaikte "Barış sizinle olsun. Ben evrenin ışığıyım" yazdığını söylemişti, barıştan da, evrenin ışığından da umudunu kestiğini itiraf ederek. Ayasofya'ya gidip bütün bunları kendi gözleriyle görmek istiyordu işte. Enrico Dandolo'nun mezarı da oradaydı. Haçlılar surlara saldırırken bir Venedik kadırgasında elinde kılıç, görmeyen gözleriyle askerlere cesaret verdiğini biliyordu doksanlık dogenin. Ama kent Haçlılardan yüzlerce yıl sonra bu kez de Türkler tarafından yağmalanırken yeniçerilerin Dandolo'nun kemiklerini mezardan çıkartıp köpeklere attıklarını bilmiyordu. Bir an önce gidip görmek istiyordu Ayasofya'yı, Dandolo'nun mezarını ziyaret edip baş ucuna bir mum dikmek, sayısını papazların bile bilmediği karanlık dehlizleri, galerileri, somaki sütunlarıyla koca yapı uğuldarken kubbenin altına çepeçevre dizilmiş pencerelerden vuran ışıkta Bizans mozaiklerini seyreylemek istiyordu.

Ayasofya'dan içeriye girer girmez gözlerine inanamadı. Bembeyazdı duvarlar. Mozaiklerin tümü örtülmüş, dev kubbenin altına Arap harfleriyle tek bir yazı konulmuştu. Anlamasa da ürktü yazıdan; gövdesinde her an öfkeye dönüşmeye hazır bir ürperti hissetti. En küçük iz bile yoktu meleklerden. Pantokrator İsa ile Meryem ve imparatorlar da kirecin altında kaybolup gitmişlerdi. Pencerelerden içeriye dolan ışığa boğulmuştu yapı, hacmi daha da genişlemiş, sanki kubbe derin bir uçuruma dönüşmüştü. Tam çıkıp gitmek üzereyken arkasında bir sesin "Ey resme tapan, kendi içine bak biraz da, sureti gönlünde ara!" dediğini duydu. Dönüp bakınca kör dilenciyi tanıdı. Kaidesi bakır kaplı dev sütuna sırtını dayamış, başını yukarıya, kubbenin altındaki pencerelerden vuran ışığa kaldırmıştı. Orada bir şey arıyor gibiydi. "Kör de olsan çok bakmaya gelmez" diye devam etti, "dört melek ile havariyun el ele tutuşup maazallah başına yıkarlar mabedi."

Gentile meyhane arkadaşını burada göreceğini hiç ummuyordu. Sevindi bu rastlantıya. Ona doğru yürüdü, koluna girip birlikte çıkmalarını önerdi. "Hayır olmaz" diye direndi dilenci, "biliyorum sevmedin burayı. Ama bak, şu terleyen mermerin içindeki deliğe bak!" Ve parmağını deliğe sokup devam etti:

"Resmini yapmaya geldiğin Padişah Efendimiz var ya, İstanbul'u alınca burayı camiye çevirmeden önce o da benim gibi şu deliğe parmağını sokmuş ve kubbeyi döndürüvermiştir."

Gentile dikkat kesilmiş dinliyordu. Tuhaf bir çekim gücü vardı konuşmasında, bir çeşit büyü.

"Ben kubbeyi döndüremem. Artık bunu hiç kimse, Padişah Efendimiz bile yapamaz. İstanbul'u almakla işlediği sevaba çok günah karıştırmıştır çünkü. Baş ucunda istavrozlarla uyumaktadır. Günahların en katmerlisini de senin elinden kendi suretini yaptırmakla işleyecektir. Suretini yaptırıp kullarını ona tapmaya zorlayacak. Her neyse, bana kulak ver şimdi. Bu kubbenin yıkıldıktan sonra nasıl sevgili peygamberimiz Muhammed Mustafa Sallallahü Aleyhi ve Sellem Efendimizin tükürüğüyle yeniden tutturulduğunu deyivereyim sana!"

Dilenci uzun uzun Ayasofya'nın yapılış öyküsünü anlattı önce. Daha temel oturmadan mimarın ortadan kaybolduğunu, duvarcı ustalarının yıllarca mimarın geri dönmesini beklediklerini, imparatorun bile bütün çabalarına rağmen sırra kadem basan mimarı bulamadığını, aradan yedi yıl geçtikten sonra bir gün... Bu öyküyü biliyordu Gentile. Ayasofya'yı yapan mimarın temellerin oturması için ortadan kaybolduğunu, bir rivayete göre Roma'ya gidip San Pietro'nun kubbesini yaptığını, sonra İstanbul'a geri dönerek işe bıraktığı yerden devam ettiğini, çünkü bu arada temellerin sağlam bir zemine yerleşip oturduğunu birçok kez dinlemişti. Mimarın öyküsünü kısa kesip peygamberin tükürüğü bahsine gelmesini söyledi.

"Ahir zaman nebisi Muhammed Mustafa Sallallahü

Aleyhi ve Sellem Efendimizin doğduğu gece vuku bulan zelzeleyi bilmez kâfir taifesi" diye söze başladı dilenci, "sen de bilmezsin. O gece denizler taşıp dağlar yürümüş, yıkılan mabetlerde putlar paramparça olmuştur. Ayasofya'nın kubbesi de gümbürdeyip inmiştir aşağıya, onu tekrar mabedin tepesine oturtmaya da imparator dahil kimsenin gücü yetmemiştir. Bunun üzerine üç yüz keşiş Mekke'ye gidip çocuk Muhammed'in tükürüğünü bir hokkaya koymuşlar, ayrıca Ebu Talib tarafından ceylan derisine nakşedilen kutlu elinin resmini de zemzem suyuyla ıslatarak İstanbul'a getirmişler ve Ayasofya'nın harcına karıştırıp kubbeyi yerli yerine oturtabilmişlerdir."

Gentile kubbeye çevirdi bakışlarını, yukarıda göğü kaplayan bir boşluk, derin bir uçurum gördü. Başı döndü birden, gözü karardı. Aynı anda beyaz badanalı duvarlar, öyle bomboş, ressamı deli edercesine dönmeye başladı. Dilenci "Kubbe nasıl? Bana da anlat! Bir ayet var mı tepede, 'Allah göklerin ve yerin nûrudur' diye yazıyor mu?" diye sorup duruyordu. Yere düşmemek için terleyen sütuna yaslandı. Sabah ayazında mermer ıslaktı. Bir serinlik yayıldı gövdesine, mabedin bir yeraltı sarnıcı gibi içinde uğuldadığını duydu. Kendini güçbela attı dışarıya. Dilenci arkasından hâlâ bağırıyordu:

"Oltanı yokluk denizine sal artık, görüntüye aldırma. Sen o suretleri var sanırsın, ama onlar aslında yoktur!"

Gentile, denize inen dar sokaklarda yürürken kör dilencinin sesi yankılanıyordu kulaklarında. "Sen resmi görürsün ancak, ben ressamı!" diye bağırıyordu, "Suretin gücü onu yaratandadır. Var olan bir O'dur, yaratış da O'nundur, buyruk da!"

Dokuzuncu bölüm

Nicedir duymadığı lavanta kokusu burnuna çarpar çarpmaz silkinip kendine geldi Kâmil. Lucia karşısında duruyordu. Saçlarını ensesinde toplamış yine, kocaman bir topuz yapmış. Tanıştıkları günkü gibi güler yüzlü, sevecen. Pırıl pırıl gözlerinin içi. Saydam bir pınar var orada, derin mi derin. Kot pantolon giymemişti bu kez. İyi ki de giymemişti. Kısa eteğin yırtmaçlarından düzgün bacakları görünüyordu. Siyah file çorapların içinde iki antik sütun gibi bembeyazdılar.

– Bana kırgın mısınız yoksa? diye sordu. Geçen gün işim başımdan aşkındı. Üstelik birine sinirlenmiştim.

Kâmil önce somurttu, sonra gülümsedi. Ama ağzını açıp tek söz söylemedi.

– Ne güzel çalışıyordunuz. Kusura bakmayın rahatsız ettim.

– Evet çalışıyordum.

– Sizi rahat bırakayım öyleyse.

– Ama bu işin sonu yok. Her Allah'ın günü çalışacak değilim ya! Vaktiniz varsa çıkışta bir kahve içelim.

– Tamam, diye yanıtladı kız bu öneriyi bekliyormuş gibi, bu sefer benim davetlimsiniz.

Kâmil tüm karamsarlığının bir anda yok oluverdiğini hissetti. Hayır küsmemişti ona, kırgınlığı da hemen geçivermişti. Yeni bir gün başlıyordu işte, Venedik pencerenin ardında, Lucia karşısındaydı. İkisi de birbirinden güzel, alımlı. İkisi de gün ışığında bembeyazdı bu sabah.

– Bugün kitaplık akşama dek açık. Öğle yemeğini birlikte yiyebiliriz.

– Öğleyin yemek yemiyorum. Akşam çıkışta buluşalım.

– Aşağı avluda mı? Ya kar yağarsa! Hatırlarsanız geçen gün güneşin aldatıcı olduğunu söylemiştim size, Caterina demiştim, bu güneş kar topluyor.

– Caterina değil Lucia, diye düzeltti kız. Sonra bu "meteorolojik gözlem"i bir başka kadına yapmış olabileceğini söyledi.

– Yok canım, diye karşılık verdi Kâmil, sizden başka kimsem yok ki benim!

Birden kendini fazla ele verdiğini fark edip işi şakaya vurdu.

– Bir de Prensesim var tabiî, ama o İstanbul'da kaldı.

– Eşinizin adı Prenses mi?

– Hayır, ama ben öyle çağırırım. Bir de kedimiz var, onun da adı Prenses. Pamuk Prenses... Bir görseniz kartopu gibi yuvarlacıktır. Her neyse, güneşin kar topladığını size söylemedim demek.

– Hava bugün de güneşli. Ama belli olmaz, bakarsınız kar başlar yine.

– Öyleyse geçen gün gittiğimiz kahvede buluşalım.

– Kitaplık kapandıktan sonra. Bu kadar yarenlik yeter. Hadi bakalım, biraz çalışın şimdi.

Kâmil masadan uzaklaşan Lucia'ya bakakaldı. Sevinçten içi içine sığmıyordu. Peki nasıl sabredecekti akşama dek, nasıl geçecekti bunca zaman? Çalışarak elbet. Sabah erkenden bunun için gelmemiş miydi kitaplığa? Lucia da, "Bu kadar yarenlik yeter. Hadi bakalım biraz çalışın şimdi!" dememiş miydi? Kız ne söylese ezberinde kalıyordu. İtalyanca'yı gerçek bir Venedikli gibi konuştuğu için belki, belki de düpedüz ona abayı yaktığından. Doğru, çalışması gerekiyordu. Henüz işin başındaydı. Ve Gentile'nin İstanbul yolculuğuyla ilgili kaynaklar hep aynı efsaneleri tekrarlayıp duruyordu. Ressamın İstanbul serüveni, eldeki birkaç gerçek bulgunun dışında, tam bir giz perdesiyle örtülüydü. Bu perdeyi aralamaya çabalamak akşam Lucia'yla buluşacağı saatleri düşlemek kadar çekici değildi belki, ama zamanla boğuşmaktan daha iyiydi. Hem bakarsın ilginç bir belgeye rastlardı bu arada. Balyosun Gentile hakkında Senato'ya gönderdiği bir mektuba örneğin ya da sanatçıyı yardımcılarıyla birlikte Haliç kıyısındaki sarayında ağırladığını gösteren bir tutanağa. Gentile'nin on sekiz ay boyunca nerede kaldığı bile bilinmiyordu. Galata'da bir handa mı, balyosun konutunda mı, Topkapı'da mı yoksa? Saray arşivinde de dişe dokunur bir şey bulamamıştı. Her şeyi, mutfağa alınan öteberiyi bile en küçük ayrıntısına varıncaya dek kaydeden Osmanlılar nedense Venedikli ressamın İstanbul günlerine ilgi duymamışlardı. Belki de padişahın resim merakını kâfirlik sayanların elinde yok olup gitmişti her şey. Geriye kala kala birkaç desen ile Mehmed'in portresi kalabilmişti. Ama ne portre!

Gentile umulmadık bir cüretle modelinin iç dünyasına girip onu iktidarın yalnızlığında betimlemişti. Başında kırmızı serpuşa sarılı, kat kat beyaz horasanî kavuk, kürk yakalı kırmızı kaftanın içinde üşüyor gibi. Yüzü solgun, gözleri çukurlarına kaçmış. Elmacıkkemikleri de siyah fonda belli belirsiz. Üzerlerine ışık düşmese böyle uçuk sarı görünmeyecekler. Kemerli, uzun burnu ağzını örtecek neredeyse, bakışları donuk. Sakalı kürk yakanın renginde, belki biraz daha kızıl, bakıra çalıyor. Ressam, onun en büyük düşünü, en gizli amacını sezdiğinden, San Pietro Kilisesi'nin kubbesi ile Kızıl Elma efsanesi arasında bir ilişki kurmasa da Mehmed'in Doğu Roma'dan sonra Batı Roma'yı da fethetme planları yaptığını bildiğinden, iki Roma sütununun arasına hapsetmiş İstanbul fatihini. Üzerine de Bizans, Karaman ve Pontus taçlarının arasında fildişi gibi parıldayan bir zafer takı yerleştirmiş. Önünde bir balkon duruyor. Balkonun korkuluğunda bir halı ya da değerli bir kumaş var, kumaşın üzerindeyse inci ve elmaslardan bir kabartma. Evet, değerli taşlar kumaşa dikilmiş sanki, sultanın sönük ve kederli bakışlarına inat parıldıyorlar. Ne tam cepheden görülüyor Mehmed ne de profilden. Kâmil'in hiç sevmediği, bir türlü alışamadığı o teknik deyimle "dörtte üç" pozisyonda duruyor, hem yakında hem balkonun berisindeki siyah fonda, yani çok uzakta. Kullarının ulaşamayacağı bir has odada sanki, iki kıta ile üç denize hükmeden bir padişahın olması gereken yerde. Ama hastalık çoktan içini kemirmeye başlamış bile. Küçülen gövde, buruşan ten. Bir fatih de olsa çaresiz yenilecek ölüme.

Bu portreyi yaparken Mehmed'in altı aylık ömrü kaldığından, bizzat doktoru Yakub Paşa'nın –namı diğer Jacopo'nun– onu Borgiaların Cem'e yaptıkları gibi yavaş yavaş zehirlediğinden haberi var mıydı acaba? Elbette yoktu. Ama, sanki bir şeyler sezmiş gibi modelin bakışlarına ölümün gölgesini düşürmüş işte. Cihan padişahının silik kaşları altından nereye baktığı da belli değil, hem bizimle hem kendi yalnızlığında, kendi dünyasında tek başına. Hem güçlü hem zayıf. Zaten resim değil ki o, ölümün pençesinde bir hükümdar!

Kâmil tüm çabalarına rağmen bugüne dek yapıtın aslını görememişti. Yolu ne zaman Londra'ya düşse National Gallery'ye uğruyor, nedense Gentile Bellini'nin çağdaşları Uccello, Pierro della Francesca, Antonello da Messina, Carlo Crivelli, kardeşi Giovanni Bellini ve eniştesi Mantegna'nın yapıtlarıyla birlikte Rönesans bölümünde değil de alt katta, ücra bir köşede sergilenen tabloyu görmek istediğinden müze sorumlularından ya yolculukta ya da onarımda olduğu yanıtını alıyordu. Ve öfkeyle fırlıyordu dışarıya. Waterloo Köprüsü'ne dek yürüyüp bir süre orada sakinleşmeye çalışıyordu. Genellikle de hava yağmurlu oluyordu, Londra'ya küsmüş gibi sessiz akan Thames ise boz bulanık. Sonra, bazen yalnız, bazen atlı polislerle birlikte karşı yakaya geçip orada South Bank Center'ın önündeki bir banka oturuyordu. Bir sabah otelde nal sesleriyle uyanmıştı. Pencereden aşağıya baktığında atının üzerine bir hükümdar edasıyla kurulmuş polisi görmüştü. Başında miğfer, üzerinde gri-beyaz, çok şık bir üniforma, fethettiği kente gırıyordu sanki. Copu, atın erkeklik organıymış gibi yere dek sarkıyor, at yürüdükçe sallanıyordu. Tenha sokakta yavaşça uzaklaşmıştı. Londra'da sabahın ilk görüntüsü bu atlı polisti işte. Gün ilerleyip caddelerde yürüdükçe, metroya binip parklarda dolaştıkça, eski, homurtulu otobüslerin üst katlarına tırmandıkça, "pub"lara girip çıktıkça başka görüntülerle de karşılaşmıştı elbet. Green Parc'ta güneşin açmasını bekleyen yarı çıplak kızlar, Piccadilly'de bir dudağı yerde bir dudağı gökte saksofon çalan zenci, otobüsteki Hintli biletçi, Kızılderili kılığına girmiş mor saçlı gençler ve sabırlı, siyah mı siyah güzelim taksiler. Yine de, aradan bunca yıl geçmiş olmasına rağmen, o atlı polisi unutamamıştı. Ne zaman Fatih'in portresini hayal etse copun görüntüsü düşüyordu aklına.

Londra'da Gentile'nin tablosunu görmek bir türlü nasip olmamıştı, ama bir başka fatihin, Fatih William Büyük Britanya'yı fethettiğinde danışmanlarını topladığı Westminster'ı karşı kıyıdan uzun uzun seyretme imkânını bulmuştu. Beyaz duvarları, sivri kuleleri ve içindeki kilisesiyle İngiliz soyluları gibi dimdikti, mesafeli, biraz fazla alımlı. Eski parlamentonun geçen yüzyılda çıkan bir yangında kül olduğunu, yerine bugünkü gotik yapının dikildiğini biliyordu. Turner'ın parlamento binasının yandığını duyar duymaz atölyesinden fırlayıp alevlerin resmini yapmaya geldiğini de. Tate Gallery'de, Venedik manzaralarının az ötesindeki duvarda mı görmüştü o tabloyu, yoksa bir başka yerde mi pek iyi anımsamıyordu. Tablonun ayrıntılarını çok iyi anımsıyordu ama. Sağda, alevlerin şavkı vuran Westminster Bridge, ön planda yangını coşkuyla, biraz da sadist bir keyifle seyreden çulsuz takımı ve tam karşıda yangın. Hem de ne yangın, öyle kıpkızıl, dünyanın sonunu haber verir gibi. Çok eski, manda derisinden dev bir demirci körüğüyle üflenmişçesine göğe yükselen, sonra da sivri kulelere, ırmağa, köprünün taş kemerlerine yağan kıvılcım yağmuru. Londra'ya her gidişinde kim bilir kaç kez anımsamıştı o yangını! Ve hapisteyken "Çünkü her birimiz öldürür sevdiğini!" diye yazan şairin kentinde olmaktan tuhaf bir haz duymuştu. Mehmed de –evet o bile– öldürmemiş miydi sevdiğini? İrini'yi kendi elleriyle hançerlememiş miydi çıplak bedenine sarılıp hıçkırarak? "Çünkü her birimiz öldürür sevdiğini!" Sözcükler dönüp durmaya başladı Kâmil'in zihninde. Lucia'nın hâlâ içinde yankılanan sesi giderek uzaklaştı. Kendini işine vermek istedi ama beceremedi. Her vurgu, her hece çekiç gibi iniyordu kafasına, indikçe çarmıha bir çivi daha mıhlanıyordu. "Öldürür sevdiğini! Öl-dü-rür!"

Aslında hiçbir zaman inanmamıştı bu İrini efsanesine. Mehmed'in hayatında tek bir kadın böylesine önemli yer tutamazdı. Üstelik hiçbir Osmanlı kaynağında da söz edilmiyordu İrini'den. O İstanbul'a âşıktı. Tek tutkusu kenti almak olmuştu, üç denizin birleştiği yerde Bizans'ın burcuna İslam'ın bayrağını dikmek. Ve hayatı boyunca surlara bayrak dikmişti. Ülkeler fethedip kaleler alarak. Hazdan kıvrılan bedenlere de bayrak diker gibi mi saplamıştı şehvetli zekerini? Orada, bir kadının cinsel organı gibi yavaşça açılan Boğaz'ın kıyısında. Su, iki kıyının arasından akıp gittikçe yol açar arzuya, çıplak gövdeler ürperir. Ne Thames'e benzer Boğaz ne Canale Grande'ye. Ne tortusu dibe çöker ne bulana durula akar kente yüz çevirip. Mavi bir sudur, akar gider öyle koylar ile koruları yalayarak. Ve Mehmed'in sarayı dün olduğu gibi bugün de girişi denetler. Orada, mavi ile yeşilin, atkestaneleri ile çınarların gölgelediği kubbelerin altında, padişahın bir gün Divan'ı toplayıp sevdiği kadını kendi elleriyle hançerlemiş olabileceğini aklı almıyordu Kâmil'in.

Güya padişah sırılsıklam âşık oluyor haremindeki Bizanslı bir kadına. Kadının adı da kendisi kadar güzel: İrini, yani Barış. Mehmed öylesine tutuluyor ki cariyesine, gözü başka hiçbir şey görmüyor. Ne esmer, tüysüz delikanlılar, ne Çerkez güzelleri. Devlet işlerini de ihmal etmeye başlıyor. Bunun üzerine söylentiler yayılıyor sarayda, giderek tüm ülke cihan padişahının aşk dedikodularıyla çalkalanmaya başlıyor. Yok İrini büyülemiş Mehmed'i, hareme kapatıp esir etmiş. Kuvvet macunları da yetmiyormuş artık, padişah güçten düştükçe gaddarlaşıyor, öfkesini hizmetkârlardan alıyormuş. Her kim imalı bir söz söyleyecek olsa hemen boynunu vurdurtuyormuş. Oysa iradesini sınaması gerek Mehmed'in. Bunun öyle yürümeyeceğini, Diyarırum'dan azgın Tuna'ya, Adalar Denizi'nden Deliorman'a, Fırat ve Dicle'nin suladığı topraklara dek tüm Osmanlı mülküne kanıtlaması gerek. Onun kafa esenliği devletin bekaası demek. Divanı Hümayun'u topluyor bir gün, sevdiğini getirip çırılçıplak soyduktan sonra "Bakın ben her şeyden, şu gördüğünüz Allah vergisi güzellikten bile vazgeçebilirim, beni iyi tanıyın, ben Fatih Sultan Mehmed'im" dercesine vezirler ile paşaların gözü önünde İrini'yi öldürüyor. "Çünkü her birimiz öldürür sevdiğini!" Oscar Wilde'dan çok önce bir Osmanlı hükümdarı da hissetmiş aynı şeyi ve ucu sivri, sedef kakmalı hançeriyle... Ama yalan!

Kuşkusuz Angiolello'nun uydurmasıydı bu efsane. Önce Şehzade Mustafa'nın, o hamamda fenalaşıp öldükten ya da zehirlenerek öldürüldükten sonra da Mehmed'in hizmetine giren bu İtalyan, Gentile konusunda da korkunç efsaneler uydurmamış mıydı? Bir gün Vaftizci Yahya'nın kesik başını çiziyor ressam ve padişaha gösteriyor. Mehmed öylesine gerçekçi ki, resmi çok beğenmesine rağmen baş gövdeden ayrılınca boynun kasılıp küçüleceğini, dolayısıyla Yahya'nın boynunun tabloda görünmemesi gerektiğini söylüyor. İddiasını kanıtlamak için de hemen orada bir kölenin boynunu vurdurtuyor cellada. Angiolello ve Keşiş Bandello'yu kaynak gösteren tarihçiler bu uydurmaları tekrarlayıp durmuşlar yüzyıllar boyu. Peki ya doğruysa İtalyan'ın anlattıkları? Ya keşiş Bandello Hıristiyanları korkutmak için değil de gerçekleri söylemek için yazmışsa bütün bunları? Ya Mehmed gerçekten öldürmüşse sevdiğini? Kâmil bu sorulara olumlu yanıt verilmesini ne pahasına olursa olsun engellemek istercesine bazı gerekçeler aradı. Ve not defterine İrini efsanesinin Antikçağ'dan bu yana değişik rivayetlerinin bulunduğunu, Mehmed'in örnek aldığı Büyük İskender'in, tutkuyla sevdiği Campaspe adlı bir kadını en yakın dostu Apelles'e vererek aşkından fedakârlık ettiğini, güzelliğiyle göz kamaştıran bu kadının portresini en yetenekli ressamların bile yapamadığını, Plinius ve Béroalde'ye atıfta bulunarak kaydetti. Vaftizci Yahya'nın boynu hikâyesi de yine Antikçağ'dan günümüze dek ulaşabilmiş bir başka efsaneye tıpatıp benziyordu. Kâmil onu da not etti defterine.

Atinalı ressam Parhasios, yaşlı kölesine işkence yaparak zincire vurulmuş Prometeus'un portresini daha iyi yapabileceğini sanıyor. O, modelinin acıdan gerilmiş yüz çizgilerini resmederken, cellat çivi çakmakta kölenin ayaklarına. Sonunda, can vermeden önce "Ölüyorum Parhasios!" diyor köle. Ressamın yanıtıysa kısa ve sert: "Kıpırdama sakın, öyle kal!"

Bu bir metafor değil düpedüz gerçek. Oysa Kâmil portrenin çizimi ilerledikçe modelin ölüme biraz daha yaklaştığını da biliyordu. *Dorian Gray'in Portresi*'nin yazarını anımsaması boşuna değildi elbet. Hiçbir zaman yeterince gerçekçi olamaz ölümün resmi, çarmıhta can çekişen köle kımıldamasa da, kafa gövdeden ayrılınca boyun kasılıp kaybolsa da, resme can veren el gerçekte can alan eldir. Onun için insan yüzü çizmekten hep kaçınmıştı ya! Manzara resimleri yaparak doğayı öldürmek, salt eşyanın çizimi için kullanılan, ama manzara resimleri için de geçerli olması gereken o tuhaf terimle "ölü doğa"lar yaparak doğayı öldürmek ona yetiyordu. Evet, ressam sonunda öldürür modelini!

Kâmil bu konuyu biraz abarttığının farkındaydı, ama Fatih'in ölümünü düşünmekten de kendini alamıyordu. Venedik'te hazırlanan zehir, padişahın damarlarında dolaşır, topluiğne gibi ayakucundan sarıklı başına doğru yürürken Venedikli ressam da onun portresini yapıyordu demek. Model tam cepheden çizildiğinde bakışlarıyla delip geçer ona bakan gözü, "ben buradayım" dercesine kendi varlığını dayatır. Hem içindedir tablonun hem dışında. Tam profilden çizilen portredeyse model ona bakan göze değil sanki tabloda olmayan bir noktaya yöneltir bakışlarını. Ne buradadır ne tamamen orada, tablonun içinde. Yoktur bir bakıma, bize değil bilmediğimiz bir yere bakmaktadır çünkü. Kendi dünyasında tek başınadır. Ona bakan gözle tüm iletişimini kesmiş, kendi yalnızlığına çekilmiştir. Yüzünün öbür yanını görmeyiz bile, yarı yarıya gölgede, hatta karanlıktadır. Ne karanlığı, yoktur düpedüz. "Oysa Mehmed 'dörtte üç' duruşuyla hem burada, bizimle beraber, hem sarayın yüksek duvarları ardında, mutlak iktidarın yalnızlığında tek başına" diye düşündü Kâmil. "Yatay da olsa biraz bize bakıyor, ama tam olarak nereye baktığı da belli değil. Sanki bize bakıyor, biraz da akıbetiyle kesişen o belirsiz noktaya. İstiyor ki hem mutlak iktidarı cisimleştirsin varlığıyla, hasta ve yorgun düşmüş de olsa biz ölümlüler arasına karışmasın, hem de onu yıllar, yüzyıllar sonra anımsayabilelim. Yalnızca yaptırdığı anıtlarla, cami, medrese, köprü, çarşı, imaret, han, hamam ve suyollarıyla değil gerçek yüzüyle de tanıyalım tuğrasında 'El Muzaffer daima' yazanı. Ama, Gentile'nin fırçasında ölümsüzleşirken ölüme çoktan yenilmiş bile. Bu yüzden öyle solgun, düşünceli. Zehir nicedir damarlarında dolaşmakta çünkü, kalbi kan yerine tüm gövdesine zehir pompalamakta, ten içten içe çürüyüp dağılmada. Şimdi Venedik saraylarını kemiren rutubet, küf ve tuz, bir zehir alaşımında onu da güçten düşürüp yok etmiş bir zamanlar. Ve seferdeyken kan kırmızısı çadırında kan kusarak öldüğünde düşmana değil ressama yenilmiş."

Karardı servi ve surda yeniçeri
Yürüdü ölüler üstünde biten çim
Toprağıma. Yeniktim, akşamdı içim.

Kâmil'in dilinin ucuna padişahın ağzından yazılmış bu dizeler geldi nedense. Şiirin tümünü anımsamıyordu. Ama bu kadarını bile ağız dolusu haykırmak, kitaplıkta çalışanları rahatsız etmek pahasına da olsa şu ölümlü dünyanın gerçeğini kısa etekliğini savurarak kucağında meşin ciltlerle salona girip çıkan Lucia'ya duyurmak istedi. Ne var ki, kendi kendine mırıldanmaktan bile çekindi son anda. Dizeler belleğinde belirdikleri gibi bir anda eriyip kayboldular.

Akşama çok vardı daha. Oysa Kâmil hemen inmesini istiyordu akşamın. Güneş Marghera'nın alev kusan bacalarına doğru alçalır alçalmaz koyu bir mavi gelip dursun cama. Sonra laciverde, kızıla, siyaha dönüşsün kenti bir karabasan gibi sarıp sarmalayarak. Hayır! Hafif bir tül olsun akşam, Lucia'yla buluşacak çünkü, birlikte yemek yiyecekler, inşallah bu kez bir kahveyle yetinip başından savmaz onu, sohbetin en güzel yerinde, "*Ciao!* Benim gitmem gerekiyor" demez. Kahveden çıkıp kuytu bir lokanta bulurlar baş başa bir akşam yemeği için. Gece bir karabasan gibi değil ince bir tül gibi örter Venedik'i.

Bu tül benzetmesi Kâmil'e bir dönemin İstanbul kadınlarını anımsattı. Bazıları iyice örtünür, bir çift gözün dışında yüzlerini göremezsin. Ama o gözler bile yeter görünmeyeni düşlemeye. Kadınlar yabancı bakışlardan kaçırır gözlerini, en değerli varlıkları gözleridir. Zavallı Lucia! O güzelim, kestane rengi gözlerini bir cam kâsenin içinde... Eski İstanbul'da kadınlar çamurlu bir sokağın ucunda kaybolur giderler, gözlerini –evet onları bile– saklamaya çalışarak. Ya da kafesli bir pencereden bakarlar o sokağa. "Eskiler alırım!" diye bağıran bir eskici geçti mi, ya da çerçi, belki bir attar, sucu, ne bileyim o inişli çıkışlı, dar sokakların eski havasını taşıyan bir ses, geçeni eve çağırmaktan geri kalmazlar ama. Su mu alırlar İstanbul'un o bin bir çeşit kaynak sularından en lezzetlisini, suyun da tadı mı olurmuş demeyin, o zamanlar İstanbul'da her biri ayrı tatta, ayrı kokuda yüzlerce su vardı çünkü, eskileri mi satarlar yoksa bilinmez. Belki çerçiden ibrişim, birkaç düğme, kocalarının söküğünü dikmeye topluiğne, yüzük ya da attardan zencefil alırlar, resim yapmak için değil elbet, sütlacın üstüne serpmek için o uzun parmaklı güzel elleriyle. Sahi kimdiler, ne yaptılar bir yaşam boyu eski İstanbul'un kara yaşmaklı kadınları, saklı güzelliklerini tek bir erkeğe mi sundular? Atlı tramvaya binerken sıyrılan eteklerinin altından çiçek işlemeli kombinezonları görülen kadınlar da vardı, siyah bir tülle örtülmüş yüzleri. İşte o saydam, ardındaki yüzü suda bir hayal gibi gösteren tülle örtülsün Venedik. Lucia'yla kanallar boyunca yürürlerken geçmişin tüm kadın yüzleri suda kıpırdasın. "Biz gelip geçtik sen şimdi onunlasın, hayatındaki tek gerçek kadınla" der gibi. Ve n'olur hemen şimdi akşam olsun.

> Akşam olsa diyorsun işte oldu akşam
> siyah örtülere sardı kenti karanlık
> kimine huzur iner gökten kimine gam.

Sabahın erken saatlerinden beri tarih kitaplarını karıştırmaktan, yeni bir belge keşfetmek uğruna eprimiş, tozlu arşiv kâğıtlarını okumaktan, Jacopo'nun çizim defterlerinin tıpkıbasımlarını karıştırmaktan yorulmuş olmalı ki bu dizeler geldi aklına. Şiir her zaman zihnini dinlendirmişti Kâmil'in. Müzik nasıl ruhun gıdasıysa şiir de, onun için, zihnin teneffüsüydü. Resme gelince, herkesten gizlese, kendine bile itiraf etmekten çekinse de, resim her şeyiydi. Lucia da bir resimden çıkıp gelmemiş miydi? "Bir tanem, güzel Caterinam, sevgilim!" Yatılı okulun karanlık koridorlarını arşınlarken ezberlediği "Annabel Lee"nın dışında hiçbir şiiri tam olarak belleğinde tutamamıştı. Hep böyle bölük pörçük dizeler... Fuzulî'den bir beyit, çağdaş şairlerden bir dörtlük, hatta kimi zaman tek bir dize. Ama "Annabel Lee" başkaydı. Baudelaire'e merak sardığı yıllarda duymuştu ilk kez Edgar Allan Poe'nun adını. Şiirin Fransızca çevirisini okuduğunda hiçbir şeye benzetememişti. Çeviri Baudelaire'in değildi zaten. Ama sonra bir gün, Türkçe çevirisi eline geçtiğinde, "Annabel Lee"yi dilinden düşürmez olmuştu. Artık akşam olsa, paltosunu giyip dışarıya, Lucia'nın kahvesine gitse ışıklar yandığında.

Baudelaire de akşamı iple çekmiş bir zamanlar. O da, şu an kendisi gibi, akşamı bekleyen, akşamdan medet umanlardanmış demek. O da gelip geçmiş şu dünyadan, akşam indiğinde fuhuşla kararan –Baudelaire "aydınlanan" dese de– sokaklarda dolaşıp, uzak ülkelerin özlemiyle tutuşarak bir otel odasında ölmüş. Fikret Mullâ gibi felçli ve kırk altısında. "Ne kötü" diye içinden geçirdi Kâmil, "'Yolculuğa Davet' şairinin öldüğü yaştayım, ama yeryüzünde görmediğim ülke kalmadı. Ve çok şükür yaşıyorum." "Hâlâ mı?" diye sormak istedi kendine, sonra duraksamadan yanıtı yapıştırıverdi: "Elbette hâlâ" bu son sözcüğün üstüne basarak. "Çok şükür ne frengiliyim ne de inmeli. Arada bir sağ dizimi bir sancı yoklasa da, geçicidir. Umarım geçicidir. Yine de bir baktırmalı. Her neyse turp gibiyim canım! Hiç kimseye portremi yaptırmaya da niyetim yok. Kendime bile!"

Model ile ressamın ilişkisini düşündü yine. Sevgilisinin resmini yaptıkça, onun yüz çizgilerini, gözlerindeki parıltıyı, yaşama sevincini tuvale aktardıkça başarıya ulaşan sanatçının dramını düşündü. O paletinde kardığı renkleri portreye çalarken sevdiğinin sararıp solduğunu, renklerin teker teker saçlarından, gözlerinden, yanaklarından çekildiğinin farkına varamayacak kadar işine vermişti kendini. Ne var ki portreyi bitirdikten sonra, "İşte yaşamın ta kendisi!" diye bir sevinç çığlığı atıp sevgilisine baktığında kızın ölmüş olduğunu görecekti. Edgar Allan Poe'nun bir kitabında okumuştu bu öyküyü. Ve "Annabel Lee"nin şiirini okyanus kıyısındaki o uzak kentteyken bir kez daha anmıştı.

Gardner Müzesi dönüşü, Gentile Bellini'nin İstanbul'da yaptığı Cem Sultan portresindeki gizi çözmeye uğraşırken birden inivermişti akşam. Zaten gece yapacak bir işin yoksa, sevgilinle buluşmayacaksan, inadına hemen iner akşam. Ama akşamı sabırsızlıkla bekliyorsan bir türlü gelmez. Boston'da da öyle olmuş, zihninde Cem'in kaftanı ile sarığı kıpırdayıp dururken hava ansızın kararmıştı. Otele dönmeden önce bir şeyler atıştırmak, daha doğrusu dünyanın en ucuz ıstakozlarını yemek için limanda bir lokantaya gidiyordu. Hava soğuktu. Işıklar yanmış, kar yağmaya başlamıştı. Noel hazırlığı içindeydi kent. Kötü havaya rağmen caddeler kalabalıktı. Mağazaların içi insan, vitrinler tıka basa eşya doluydu. Ağaçlar çoktan yapraklarını dökmüş, Charles Irmağı donmuştu. Kıştı, bugünkü gibi bildiğimiz kış işte. Ya da bilmeyip masallardan tanıdığımız. Dışarıda kar yağarken ormandaki kulübede pişen sıcak çorba, perinin sihirli değneğiyle bir dokunuşta saray olan kulübe. Ve o kulübede, aynı kadınla yaşanan bir ömür. Çok şükür evli değildi. Bir sıcak çorba meraklısı hiç değil. Limanda dev vinçler ile depoların arasına sıkışmış basık bir meyhane görünce ıstakoz yemekten vazgeçip hemen içeri dalmıştı. Her biri sirke küpü büyüklüğündeki biraları peş peşe devirirken okul yıllarından çıkıp gelmişti dizeler:

Senelerce senelerce evveldi
Bir deniz ülkesinde
Yaşayan bir kız vardı, bileceksiniz.
İsmi Annabel Lee
Hiçbir şey düşünmezdi sevilmekten
Sevmekten başka beni.

Cem'in portresini görmek için gittiği Boston'da bir liman meyhanesinde, o tarihten tam yüz kırk yıl önce ölen –belki de tam orada, meyhanenin bulunduğu yerde aşırı alkolden ölen– Poe'yu anımsamıştı. Yüksek sesle şarkı söyleyen ayyaşlar, gemici fenerleri, kar ve hüzün, her şey onu anımsatıyordu çünkü. Onun öykülerindeki ince belli, uzun siyah saçlı, solgun kadınları, küf kokan odaları, alkol denizinde boğulan mutsuz insanları. Bir cesetle birlikte duvara örülen kara kediyi, yarasa ve kargaları. Evet özellikle de bir kış gecesi, eski mobilyalarla süslü, rutubetli duvarlarında ölmüşlerin portreleri asılı Venedik saraylarında da olduğu gibi geceyarısı dışarıda kar yağar rüzgâr uğuldarken pencereye vurup cırlak sesiyle, "*Nevermore*!" diye haykıran o uğursuz kuşu. Yaşam tüm acıları, yalnızlıkları, yitirdiğimiz tüm kadınlarıyla bu sestedir artık. Gece lambanın ışığında kuzgunî bir kardan başka konuşabileceğimiz tek canlı yaratık yoktur. O da "*Nevermore*!" (Bir daha asla!) diye yanıtlar her sorunuzu. Ne ölüler canlanır ne bir haber gelir yitirdiklerinizden.

Zavallı Eddy önce annesini –nedense hep anneler ölür önce!– sonra üvey annesini –evet üvey anneler de ölebilir!– ilk âşık olduğu kadını, sonra da çocuk yaştaki karısı Virginia'yı yitirmişti. Sevdiği kadınların ölümü kahredici, yıkıcı bir pişmanlık duygusuna yol açmamıştı şairde. Tam tersine onu ölüme aşina kılmıştı. Ölüm aşk suretinde görünmüştü bu kez.

Biz daha bahtiyardık meleklerden
Onlar kıskandı bizi
Evet! bu yüzden, (şahidimdir herkes
Ve o deniz ülkesi)
Bir gece bulutun rüzgârından
Üşüdü gitti Annabel Lee.

Yatakhanede, buğulu camın dışında gelip duran karanlık gecede yorganı başına çekip ağlardı, bir gün mutlak aşkı, karasevdayı kendisinin de yaşayacağını umarak. Ne var ki o yıllarda, en duygulu, en romantik çağında yaşadığı, genelev sokağında karşılıklı sıralanmış köhne evlerin soğuk odalarında, çarşafsız yatakların pisliğinde orospularla vardığı anlık doyumlar, sonra da yakasını günlerce bırakmayan pişmanlıklardı.

Ay gelip ışır, hayalin erişir
Güzelim Annabel Lee
Bu yıldızlar gözlerin gibi parlar
Güzelim Annabel Lee
Orada gecelerim, uzanır beklerim
Sevgilim, sevgilim hayatım, gelinim
O azgın sahildeki
Yattığın yerde seni.

Sabah, uykusuz gecenin bitiminde, yatakhanenin buğulu camına düşlerindeki kadının, olmayan sevgilisinin, belki yıllar önce, bodrum katının karanlığında yitirdiği bir beyaz yüzün resmini çizmek ısterdi. Ne var ki vakit yoktu buna. Çabucak hazırlanıp aşağıya, etüde inmek, zor bir denklemin ya da Türk edebiyatının gelmiş geçmiş en kötü şiirlerinin eşliğinde güne başlamak gerekirdi. Hafta sonlarıysa Tünel'den yokuş aşağı doğru geneleve, çıkışta kendi kendine "*Nevermore*!" diye haykırarak, İstiklal Caddesi'nin kalabalığında boğulmuş bir ceset gibi sürüklenip giderek.

Poe'nun kitaplarında günbegün solarak ölüp gidiyordu kadınlar. Hep boğuldukları yaştaydılar ya da bir bulutun rüzgârından üşüdükleri yaşta. O öyküde de her fırça darbesiyle biraz daha ölüme yaklaşıyordu genç kadın. Ressamın tuvale çaldığı her renk, modelin yüzünden eksiliyordu. Sanatçı bir vampir gibi kurbanının kanını içiyordu onun sararıp solduğunu görmeden. Görseydi bile ne değişirdi? "Ölüyorum!" diyebilme cesaretini gösterse? Ressamın yanıtı hazırdı: "Kıpırdama sakın, öyle kal!" Hiçbir resim bundan daha gerçekçi olamaz. Yaşam kurbanın yüzünden celladın tablosuna geçer. Ve her birimiz öldürür sevdiğini. Evet, öldürür.

Kâmil'in aklı Turner'a gitti yine. Şimdi içinde büyüyordu o yangın, yalnızca Londra'da değil Venedik'te de gökyüzü kıpkızıldı. Bir alev miydi içine düşen, yoksa Lucia'nın ışığı mı? "Her şey, Gentile üzerine yaptığım çalışma bile sonunda gidip Lucia'ya dayandığına göre gerçekten seviyor olmalıyım bu kızı" diye geçirdi içinden. "Ama akşam buluştuğumuzda ona belli etmemem gerekir zaafımı." Düpedüz bir zaaftı işte, beklenmedik bir şey. İnsanın başına her zaman gelmez, ama bir geldi mi o zaman seyreyle yangını. Önce içini sarar alevler, sonra bacayı. Mümkünü yok kaçıp kurtulamazsın. Nereye gitsen, hangi kapıyı çalsan o aşkın esirisindir artık.

Onuncu bölüm

Yine aynı kahvede buluştular. Kâmil biraz erken gelmiş, pencerenin kenarındaki boş masaya ilişmişti. İçerisi sıcaktı ama paltosunu çıkarmamıştı. Çıkarsaydı koyacak yer de yoktu zaten. Masaların hepsi doluydu. Müşterilerin çoğu ayakta dikilmiş *prosecco*'larını yudumluyor, bir yandan da yüksek sesle konuşuyorlardı. O da, Lucia göründüğünde, ikinci *prosecco* bardağını yarılamıştı. Karşısına oturup bacak bacak üstüne attı kız. Ve bacakları neredeyse apış arasına dek Kâmil'in önünde açılıverdi. Yutkundu profesör, bakışlarını başka yere çevirmek istediyse de beceremedi, kulaklarına dek kızardığını hissetti. Bunca deneyimine, elinden gelip geçmiş bunca kadına rağmen bir yeniyetme gibi utanıyordu. Kitaplıkta anımsadığı öğrencilik yıllarıydı belki bu duyguya yol açan, belki de Lucia tanıdığı ilk kadınmış gibi onunla hayata yeniden başlamak isteği. Elliye merdiven dayamıştı oysa. Yaş, o istemese de, çoktan kemale ermişti.

Kız neşeli görünüyordu. Böyle bir bardak dolusu *prosecco* değil kahve ikram etmek için ona söz verdiğini anımsattı. Kâmil alındı birden, ciddi bir edayla hesabın tümünü kendisinin de ödeyebileceğini söyledi. Lucia'nın gözleri parladı o an.

– Bu akşam içkiler benden ama yemeğe karışmam!

Yemeğe de çıkmayı kafasına koymuştu demek. Ne tuhaf oluyor bu kadınlar. Daha dün onunla konuşmak bile istemiyordu. "İyi ki üstelemişim" diye geçirdi içinden, "ağlamayan bebeğe meme vermezler." Aklından geçen bu saçma düşünceyi de pek sevmedi. Kızardığını hissetti yine. İçkisini bitirip bir tane daha istedi. Yoksa sabaha dek, yeni gelinler gibi böyle kızarıp duracaktı. Lucia hiç oralı görünmüyordu. Paydos etmenin keyfini çıkarır gibi bir hali vardı. Kucağında kitaplarla Correr'in müdavimlerine gülümseyen o cana yakın kız gitmiş, yerine Venedikli bir haspa gelmişti. Yüksek topuklu ayakkabılar, güzel bacaklarını biraz esmer gösteren siyah file çoraplar, plili kısa etek ve dar kazak. Öylesine dar ki altında sutyen iyice belirgin. İçeride iki sıcak yavru olduğu belli, birbirlerine sokulmuş iki camgözlü bebek. Aşırı makyaj yapmıştı. Uzun, siyah saçlarını Kâmil'in tam da istediği gibi omuzlarına salmış, dudaklarına mor ruj, kirpiklerine rimel sürmüştü. Kaşları da boyalıydı. Yüzündeki bu değişmeye rağmen hâlâ *Kutsal Söyleşi*'deki azizeye benziyordu.

– Makyaj yakışmış, dedi Kâmil, Caterina'yla bir benzerliğiniz de kalmamış. Sahi, gidip gördünüz mü o resmi?

– Hayır, diye yanıtladı Lucia. Aklının başka yerde olduğu belliydi. Bu akşam sanattan söz etmek, yok, tamam mı?

– Neden konuşacağız peki?

– Sizden. Ya da eşinizden. Sahi eşinizi anlatsanıza bana.

Kâmil ne diyeceğini bilemedi. Zor durumda kalan her erkek gibi kaçamak bir yanıt vermeye kalkıştı önce, sonra lafı değiştirmeyi denedi. Ama Lucia kestane rengi gözlerini ona dikmiş, kabahatli bir çocuğa bakar gibi bakıyordu. Gözlerinde hep o güzel ışık, sonbahar yapraklarının parıltısı, sarıdan kızıla dönen o renk şöleni. Gözlerinde hep ağır akan ırmakların, dünyanın bütün ırmaklarının buğusu.

– Ben evli değilim ki! deyiverdi.

– Merak etmeyin, evli olmadığınızı anlamıştım zaten.

– Nereden anlamıştınız?

– O da benim sırrım.

Kâmil, bir insan sarrafının karşısındaymışçasına kendine çekidüzen verme gereğini duydu. Önce paltosuna gitti eli, sonra saçlarını düzeltmeye çalıştı. Hiçbirini beceremeyince de cebinden bir puro çıkarıp yaktı. Yakmasıyla söndürmesi bir oldu.

– Burada sigara içilmiyordu değil mi? Kalkıp başka bir yere gidelim.

Lucia, Kâmil'in bu çekingen halinden pek hoşlanmışa benziyordu. İyice üstüne vardı.

– Siz aynaya bakmaz mısınız! Evli olmadığınız her halinizden belli.

Kâmil başını öne eğdi. Kızın karşısında giderek utanıyor, ezilip büzülüyordu. Toparlanıp karşı atağa geçmeyi denedi.

– Ya siz, siz kendinizi ne zannediyorsunuz Allah aşkına?

"Allah aşkına" dememişti gerçi, çünkü İtalyanca konuşuyorlardı. Ama içinde Tanrı sözcüğü geçen bir deyim kullanmıştı.

– Hemen öfkelenmeyin canım. Takılıyorum işte. Yoksa kırıldınız mı?

Masanın üzerinde, küçük kabarcıkların kıpır kıpır oynaştığı uzun bardağın hemen yanında duran Kâmil'in sağ elini tutup dostça sıktı.

– Peki sizden de konuşmayalım. Susalım en iyisi.

– Evet susalım, diye onayladı Kâmil.

Sustular. Kâmil pencereden dışarıya baktı. Dar sokaktan bir adam geçiyordu. Yüzünde yarımay biçiminde mavi bir maske vardı. Sonra bir grup genç geçti. Onlar da maskeliydi. Karnavalın habercileri mi yoksa? Aslında Lucia'ya sormak isterdi bu soruyu. Ama kız karşısında somurtup duruyor ya da somurtur gibi yapıyordu. "Herhalde" diye yanıtladı kendi kendine, "karnavalın eli kulağında olmalı. Hay Allah bir bu eksikti!"

Uzun süren bir sessizlikten sonra göz göze geldiler. Ve söz birliği etmişçesine aynı anda koyuverdiler makaraları. Oyun Kâmil'in de hoşuna gitmeye başlamıştı. Yine sustular. Kahve yükünü almıştı iyice. İnsanlar bağıra çağıra konuşuyor, birbirlerine sürekli bir şeyler anlatıyorlardı. Bazı sözcükler Kâmil'in kulağına dek geliyor, Venedik şivesinden sökebildiği kadarıyla "Hava yine bozacakmış." "Sana söylemiştim." "Evet gerçekten ucuz." "Orası öyle." "Karnavaldan kaçamazsın." "Biz yokuz bu yıl." "Taşınmışlar" gibi cümleleri ayırt edebiliyordu. Neden sonra sessizliği Lucia bozdu.

– Hadi İstanbul'u anlatın bana.

Kederli bir gülümseme yayıldı Kâmil'in yüzüne. O konunun çok uzun, çok derin, bir hayli de hazin olduğunu, bir başlarsa sabahı bulabileceklerini söyledi. Ama Lucia bir sanat tarihi profesörünün gözünden değil, bir bekâr erkeğin ağzından dinlemek istiyordu İstanbul'u. Neyse ki fazla üstelemedi. Oyun faslını da uzatmadılar. Kız oturduğu mahalleye yakın bir lokanta biliyordu. Oraya gitmeyi önerdi. Kâmil dünden razıydı zaten, ama biraz ağırdan aldı. Yemeğe çıkıp çıkmama konusunda kararsızmış gibi davrandı. O arada Lucia bir kahve içti, Kâmil de *prosecco*. İçkilerini yenilediklerinde kahve kapanmak üzereydi. İtalya'da bu tür yerlerin böyle erkenden kapanmasına hâlâ alışamamıştı Kâmil. Keyfi iyice kaçtı. Oysa Lucia'yla baş başa bir yemek ihtimali görünüyordu ufukta. Sonra da, bakarsın "duhul" olurdu. Şeytanca gülümsedi. "Duhul falan olacağı yok da sarhoş oluyorum galiba" diye düşündü. Lucia'nın yemek konusunda biraz daha üstelemesini bekliyordu. O önermişti çünkü. Hem ima yoluyla da değil. Yemekte olmasa da kahvede içkileri kendisinin ödeyeceğini söylemişti düpedüz. Yoksa yanılıyor muydu? Sarhoş muydu adamakıllı? Lucia pek oralı görünmüyordu. Ani bir hareketle hesabı ödeyip kalktı. Kâmil de arkasından.

Kahveden birlikte çıktılar. Hava iyiden iyiye kararmış, gece siyah bir tül gibi kenti sarıp sarmalamıştı. Lucia'nın sarı yağmurluğuna takıldı gözleri. Siyah kazağın üzerinde ne güzel duruyordu. Az önce kitaplıkta aklından geçenleri, siyah tülden başlayarak Lucia'ya bir çırpıda anlatıverdi. Bu içten davranış aralarındaki rekabeti gidermeye yetmişti. Önceden anlamışlar gibi Cannaregio'nun yolunu tuttular. Karanlık, dar sokaklardan, köprülerden, tenha kahvelerin önünden geçerek yürüdüler. Sonunda küçük bir alanın köşesindeki lokantayı buldular. Daha masaya oturur oturmaz Kâmil bir şişe beyaz şarap söyledi. Lucia onun bu huyuna alışmıştı artık. Şarabı seçmediğine göre yemekleri kendisinin seçmesini önerdi. Kâmil'in buna hiçbir itirazı olamazdı. Yine de biraz mırın kırın etti, patlıcan kızartmasını beğenmeyip geri gönderdi, parmesan yerine rendelenmiş peynir istedi ve deniz kıyısında olmalarına rağmen neden *spaghetti alle vongole* bulunmadığını sordu. Yemek sırasında, kuşkusuz ikinci şişe şarabın da etkisiyle, iyice açıldı. İstanbul'u da anlatıyordu artık, yolculuklarını da.

Yemek boyunca uzun uzadıya konuştular. Lucia, Kâmil'in tahmin ettiği gibi annesiyle birlikte yaşıyordu, ama eski bir sarayda değil, daha alçakgönüllü bir evde. Evet, ev eskiydi. Tintoretto'nun yaşadığı eve de çok yakındı. Soylu biz Venedikli aileye mensup olduğu doğruydu, ama hiç de umurunda değildi. Correr'deki işine yeni başlamıştı. Hayatından memnundu. Yalnızlıktan da. Hem yalnız sayılmazdı ki. Annesi, sonra yakın arkadaşları vardı. Hayır, bir sevgilisi yoktu şu sıra. Evlenmeyi de hiç düşünmüyordu. Belki ileride, anlaşabileceği birini bulursa. Yaşı önemli değildi. Boyu bosu da. Bir ara makyajını tazelemek için izin istedi. Kâmil böyle daha güzel, çok daha çekici olduğunu söyleyerek şakadan izin vermeyince.

– Durun bakalım, dedi, henüz nişanlı bile değiliz.

Kâmil'in mutlu olması için yetmişti bu söz. "Bu gece" diye geçirdi içinden, "olmazsa yarın gece duhul kesin." Ama o ille de yatmak istemiyordu artık Lucia'yla. Hem istiyor hem çekiniyordu. Resimdeki gibi kalsın istiyordu, Azize Caterina kadar temiz, şehvet duygularından arınmış. Sonra Lucrezia geliyordu aklına. Vatikan'ın duvarındaki o sarışın, ufak tefek kadın da bodur Pinturicchio'ya bakılırsa Azize Caterina değil miydi? Gel de külahıma anlat! Lucrezia'nın ta kendisini yapmış işte. Papanın kızına âşık mıydı acaba? Bu ressam takımı da âşık olmayagörsün. Bıkıp usanmadan hep aynı kadını çizerler. Onun yüzüyle yatıp onun renkleriyle kalkarlar. Körle yatan şaşı kalkar. Lucrezia'yla yatansa... Lucia kalkıp tuvalete gitti. Kâmil de onun yokluğunu fırsat bilip kahvelerle birlikte birer *grappa* söyledi.

Lokantadan çıktıklarında sarhoştular. Alanı geçip nasılsa gecenin bu saatinde hâlâ kapanmamış bir kahve buldular. Bu kez Lucia, Kâmil'in önerisini geri çevirmedi. İçeriye girip kahve ile *grappa* içtiler. Ve orada, kanalın karanlık suyuna bakan masada ilk kez öpüştüler. Kız önce dudaklarını kaçırdı Kâmil'den, sonra kendini bıraktı. Ağzı ıslaktı. Biraz *grappa,* biraz da şarap kokuyordu. Onu uzun uzun öptü Kâmil, sonra bir gondol gezintisi yapmayı önerdi. Kahkahalarla gülmeye başladı Lucia. Venedik'te doğup büyümüş olmasına rağmen o güne dek gondola hiç binmediğini söyledi. Doğru, gondol gezintisi turistler içindi belki, Kâmil de buna katılıyordu, peki *traghetto*'ya[2] da mı hiç binmemişti? O başkaydı, *traghetto*'ya binmeyen Venedikli olur muydu hiç! Öyleyse gondola da binebilirdi. Ha gondol ha *traghetto,* gecenin bu saatinden sonra! İşinde gücünde insanların işiydi *traghetto,* gondolsa aylakların. Kâmil üsteleyince bir gondol aramaya başladılar. Yürürken yalpalıyorlardı. Bir köprüden geçip büyükçe bir kanalın rıhtımına vardılar. Burada evler daha alçaktı, sokaklar da daha geniş. Soğuk havada biraz ayılır gibi oldular. Lucia üstüne çekidüzen verdi, çantasından bir kâğıt mendil çıkarıp Kâmil'in dudaklarındaki ruj izini sildi. Gondol gezintisi için el ele tutuşmaları gerekiyormuş gibi el ele tutuştular. Evlerde ışıklar sönmüş, lokantalar ile kahveler çoktan kapanmış, kanallardan motor taksiler bile geçmez olmuştu. Sonunda, herhalde geceyarısı âşıklarını gezdirmekten dönen bir gondol buldular. Pazarlığı Lucia yaptı. Gondol onu evine dek götürecek sonra Kâmil'i istediği yere bırakacaktı.

2. Büyük Kanal'da karşıdan karşıya geçmeye yarayan dolmuş gondollar.

Kanal boyunca ilerliyorlardı. Derken karanlık, dar bir kanala saptılar. Oradan da bir başka kanala. Öndeki meşin koltuğa oturmuşlardı. Kâmil paltosunu çıkarıp Lucia'nın dizlerine örttü. Aynı anda bir ürperti geçti gövdesinden. Lagünden esen rüzgâr bıçak gibiydi, soğuk ve nemli. Üstelik pis kokuyordu. Bu akşam lavanta parfümünü sürmemişti Lucia. Neden acaba? Oysa az önce tazelemişti makyajını, tuvalette de çok uzun kalmıştı. Orada aynanın karşısında ya da içeride, alçak klozete oturup... Sağ eli paltonun altından Lucia'nın bacaklarına doğru kaydı. Biraz yukarıda, sıyrılmış eteğin hemen altında buldu tüylü, küçük hayvanı. Ateşe değmiş gibi elini çekti. Ama Lucia hemen kavradı Kâmil'in elini, getirip aynı yere koydu. Ve manzara ressamının okşayışlarına bıraktı kendini. Ressamın usta parmakları spatulayı doğrudan tuvale bastırıyormuş gibi kararlı ve sertti. Ne yaptıklarını, nasıl hareket edeceklerini biliyorlardı. Orada, cepleri hâlâ susam kokan eski paltonun altında devinimleri hızlandıkça Lucia'nın soluk alıp verişleri de hızlandı. İyice sarıldı Kâmil'e. Sıvası dökülmüş, üzerlerinde yosun bitmiş duvarlar boyunca ilerlediler. Karanlık suyun yüzeyinden kayıp gidiyorlardı. Kâmil'in de yüzü gerilmiş, kalbi çarpmaya başlamıştı. Birbirlerini görmüyor, yalnızca bedenlerinin sıcaklığını hissediyorlardı. Bir süre öyle kaldılar. Lucia tam haykırmak üzereyken Kâmil onun ağzını sol eliyle kapadı, hırıltıya dönüşen çığlığı boğdu. Aynı anda ılık bir sıvı hissetti parmak uçlarında. Elini çektiğinde kız gevşemiş, kollarını çözüp kendini koltuğa bırakmıştı bile.

Gondolcu, olan bitenden habersiz, küreğin devinimiyle orantılı olarak bir öne bir geriye gidip geliyor, abandıkça sarf ettiği güç yüzüne yansıyordu. Venedik'e gelir gelmez yapmak zorunda kaldığı gondol gezintisini düşündü Kâmil. Aradan yıllar geçmişti sanki. O zaman, elini suya soktuğunda kanaldan tüm gövdesine yayılan ürpertinin bu geceyi haber verdiğini bilemezdi elbet. Ama o gün, sisin içinde siyah bir tabut gibi ilerleyen gondol bir mahzene götürüyordu onu, şimdiyse karanlık gecede, ölü ışıkların aydınlattığı köprülerin altından geçerek, değişik bir hazzın, belki ölümcül bir tutkunun derinliğine doğru sürükleniyordu.

Böyle yan yana oturmuş, pantolonun altında birbirine kenetlenmiş bacakları, okşayacak duyarlı bir nokta, sıcak bölgeler arayan elleriyle daha ne kadar yokladılar bedenlerini, ıssız rıhtımlar boyunca daha ne kadar zaman suyun üzerinden kayıp gittiler, tek sözcük konuşmadan nasıl anlaştılar el yordamıyla anımsamıyor. Anımsadığı tek şey Lucia'yı evine bırakıp kapı gürültüyle yüzüne kapandığında içini dolduran keder. Bildiği, ama nicedir yaşamadığı o kahreden terk edilmişlik duygusu.

* * *

Gondolla tek başına dönmek istemedi. Az önce Lucia'yla kucak kucağa oturduğu meşin koltuğa kaykılıp yarı sarhoş katetmek kenti. Bir kanaldan ötekine, kapalı kepenkler, yosunlu duvarlar, ıssız, karanlık rıhtımlar boyunca gerisin geriye o yeraltına dönmek. Dönerken de yaşamındaki yalnız dönüşleri anımsamak. Bebek'teki evine ya da bir otel odasına. Aynalarına bakmaktan korktuğu, geniş yataklarında tek başına uyuduğu, düşünde, batmadan şişen bir cisim gibi iyice ağırlaşmış gövdesini suda yol alırken gördüğü otel odalarına dönüşler; yayan, gece otobüsleri ya da taksiyle ışıklı caddelerden, karanlık, dar sokaklardan geçerek. Hep bir kadının kokusu kalır geriye, dudaklarını öptürmeden gövdelerini parayla sunan orospuların baygın kokusu. Ama şimdi parmak uçlarında Lucia'nın ıslaklığını hissediyordu hâlâ, *grappa* kokan ağzını; orada boğduğu çığlığın hırıltıya dönüşmesini yeniden duyar gibi oluyordu. Belki de hiç böylesine heyecanlanmadı bir kadına haz verirken. Hiçbir kadını bu kadar istemedi. Azize Caterina ağırbaşlı, günahsız, çocuk İsa'ya bakıyor Giovanni'nin resminde. Pinturicchio'nun freskindeyse isteğin kırbacını yemiş bir genç kadın Caterina. Bakışlarında Lucrezia'nın doyumsuzluğu gizli.

Goldolcu pek memnun olmamıştı. Bol bahşiş verince yatıştı. Bir süre rıhtımda durup uzaklaşan gondola baktı. Aban dur küreğe bakalım nereye kadar gideceksin! Tek kürek işi zordur iki elinle yapışsan da! Yatakhanenin karanlığındaki o sesi yeniden duyar gibi oldu. Bir gece, "Tek kürek mi gidiyorsun?" diye sormuştu yanında yatan arkadaşı. Bu deyimin mastürbasyon anlamına geldiğini bilmiyordu. "İki elinle yapış daha kolay gidersin!" Sonra yıllar, uzun yıllar boyu hep tek kürek gitmişti geceleri. İyi de, şimdi zamanı mıydı bunu anımsamanın? "Ne kötü" diye geçirdi içinden, "yatılı okul bir türlü peşimi bırakmıyor. En romantik gecemde bile!" Sahi, romantik bir gece miydi gerçekten, yoksa yeniyetmelik yıllarındaki gibi yine hep tek kürek mi gitmişti?

Karanlık sokaklara daldı. Yürüdükçe açıldı. Başka şeyler düşünmek istedi, ama bu tek kürek hikâyesi bir türlü çıkmıyordu aklından. "Profesörlüğünden utan" diye azarladı kendini. Sonra gülmeye başladı. Kahkahalarla gülüyordu. "Valla deli diye götürürler adamı! Varsın götürsünler! Mezarlığa olduğu gibi tımarhaneye de gondolla götürüyorlardır herhalde! Tek kürek gondolla!" Gülmekten katılacaktı neredeyse. Lucia'yla olan biteni çoktan unutmuştu. Sonra, biraz yatışır gibi olunca, kızın yokluğunu hissetti. İçi acıdı sanki. Daha şimdiden özlemeye başlamıştı. Saçlarını arkada toplamış, uslu, alımlı bir genç kadın giriyordu salona, elindeki kitapları Kâmil'in önüne bırakıp gülümsüyordu. Onu kitaplarla ilişkisinden dolayı bu denli çok seviyordu belki. "Güzel kızım, kütüphanecim benim!" Atların çiftleşmesini izliyordu Vatikan'ın balkonundan bir başka genç kadın. VI. Alexander yanındaydı. Kadın papaya âşıktı, yani babaya. Aygır onu zor zapteden nöbetçilerin elinden kurtulup ağzı köpük içinde kısrağa aşarken çocukça el çırpıyor, heyecandan içi içine sığmıyor, tutacak başka bir şey yokmuş gibi papanın gümüş asasına sarılıyordu. Tırnaklarını yemeye başlıyordu sonra. "Deli kızım benim, gondoldaki sevgilim! Işığım, orospum, bir tanem!" Ressam her iki kadını da Azize Caterina suretinde tasvir etmişti, ama yıllar sonra resimlerden çıkıp gelen, yolun yarısını çoktan geçmiş iflah olmaz bir sanat tarihi profesörünün hayatına bir kor gibi düşen Lucia'ydı. Kâmil'in içine Venedik'in karanlığından, şu hayalet evler ile çatılardan bir ışıktır düşmüştü. Sevda ateşten gömlekse, paltosundan soyunup o gömleği giymişti çoktan. Yani âşıktı. Bu kadar basit işte, o bayağı şarkılardaki kadar sırılsıklam âşık. Bir gün öğrencilerine tarihin bir döneminde sanatçının asıl amacının ışığı aramak olduğunu söylemişti. Işıktı tablonun odak noktası, hatta ta kendisi. Manzara resimleri yaparken İstanbul tepelerinde, Boğaziçi kıyılarında peşine düştüğü ışığı sonunda yakalayabilmişti işte. Kaynağı belirsiz o yoğun, yakıcı ışık bir tablosuna değil hayatının tam ortasına düşmüştü.

Venedik'in bilmediği bir mahallesinde yürüyordu. Elleri paltosunun cebindeydi. Ve parmak uçlarında kuruyup kalmış bir sıvının heyecanını, yakınlığını, çıldırtan anısını hissediyordu. Lucia'yla iki âşık değillerdi henüz. Ama iki arkadaş, iki suç ortağı, iki sırdaştılar. Uzun süre pencerelerde yanan bir tek ışık bile göremedi. Karanlığa gömülmüştü kent. Ve onun ayak seslerinden başka ses duyulmuyordu. Ne bir gölge geçiyordu, ne de kırmızı-yeşil ışıklarını yakmış bir taksi. Bir zamanlar evden eve veba mikrobu taşıyan fareler de görünmez olmuştu. Kediler derin uykudaydı. Açık bir kahve bulmak umuduyla uzun süre dolaştı. Köprülerden indi çıktı, korku veren dar sokaklara saptı, rıhtımlar boyunca yürüdü. Sonunda küçük bir alanda buldu kendini. Neyse ki en umulmadık anda karşısına hep bir alan çıkıyordu Venedik'te. Hele böyle sabaha karşı, geçmişin hayaletleriyle birlikte yürüyorsan, sevgilini evine bırakıp gecenin çağrısına kapılmışsan, üşüyorsan, ellerin paltonun cebinde, aklın... hayır Lucia'nın apış arasında değildi aklı. Alanın tam ortasında bir kuyu, sol yanında onarılmış, güzel evler vardı. Gün ağardığında kim bilir ne güzel görünecekti renkleri, sarı, vişneçürüğü, limon yanığı. Ama gün ağardığında. Şimdi karanlıktı. Evlerin bitiminden başlayan rıhtıma girdi, yürümeye devam etti. Bir duvardaki Meyrem Ana ile çocuk İsa ikonu dikkatini çekti. Üstü kemer biçimindeki taş çerçevenin içindeydi ikon, figürler karanlıkta seçilmiyordu. Kâmil daha dikkatli bakınca çocuğun anneye sımsıkı sarıldığını fark etti. Düşmekten korkuyormuş gibi küçücük elleriyle Meryem'in boynuna yapışmıştı. Birbirlerine sarılmış, tek beden olmanın mutluluğunda eriyip gitmişlerdi. Düşman gecenin içinde yalnızdılar. Taş soğuktu belki, ama su herhalde daha soğuk olmalıydı. Çerçevenin üstünde FONDAMENTA DEİ MORİ yazısı okunuyordu.

Kâmil rıhtımın adıyla hiç de bağdaşmayan ikonu biraz geçmişti ki, bir kapının yanında duvara zaptedilmiş sarıklı adamın heykelini gördü. Kapı ile demir pencere arasına sıkışmış gibiydi. Sol elinde bir kutu tutuyordu, sağ eli bilekten kırılmıştı. Topuklarına dek inen kaftanın içinde sarığı ve gür sakalıyla İstanbul'dan gelip burada yolunu yitirmiş bir Osmanlı tüccarına benziyordu. Az ileride, bu kez bir kaidenin üstüne konulup duvardaki yuvaya yerleştirilmiş, ilkinden daha kocaman sarıklı bir başka Osmanlı'nın heykelini gördü. O da yolunu yitirmiş gibi şaşkındı. Hatta, neden bilinmez, hafif sağa eğilmişti. Venedik'in çan kulelerini andıran bir duruşta kanala bakıyor gibiydi. Birden aydınlandı su, ışık koyu yeşil bir alana vurdu. Kâmil başını kaldırıp yukarıya baktığında, karşı rıhtımdaki evin penceresinde bir kadın gölgesi gördü. Tül perdenin ardında durmuş aşağıya bakıyordu. Pencerenin biraz altındaki taş kabartmada, sırtında yüküyle bir deve yürüyordu. Oysa ön ayakları kopmuştu hayvanın. Kim bilir ne zaman kanalın dibini boylamışlardı. Önden giden deveci, kabartma yapılırken dönüp arkaya bakmış da, o an donup kalıvermiş gibiydi. Onun da dizden kopan sağ ayağı, deveninkiler gibi kanalın dibini boylamış olmalıydı. Kâmil Ca'Mastelli'yi tanıdı. Venedik'le ilgili bir tarih kitabında bu evin baharat ticaretiyle zenginleşmiş bir aileye ait olduğunu okumuştu. Şimdi kim bilir kim oturuyordu içinde. Kadın pencereden salona geçti. Bu kez daha yoğun bir ışık balkonun kapısından kanala vurdu. Ve nereden geldiği belli olmayan bir gondol ışığa girip çıktı, sonra sessizce uzaklaştı. Hiç kimse yoktu gondolun içinde. Belki de bir tabut vardı, yalnızca bir tabut. Ya da Kâmil'e öyle geldi. Kabartmadaki deveye de bir balya yüklenmiş, iki kocaman kayışla hörgüce sıkıca bağlanmıştı. Kâmil o balyanın da bir tabuta dönüştüğünü gördü. Bir zamanlar merak sardığı halk resimlerindeki gibi Hazreti Ali'ydi tabutun içinde yatan. Ama deveyi güden de oydu. Devenin yularını çekerken dönüp ardına bakıyor, tabutta yatan kendi ölüsünü görünce hayretten donakalıyordu.

Kâmil rıhtımın ucuna dek yürüdü. Orada, duvarındaki tuğlalar görülen ev ile alanın bitiştiği köşede bir başka heykel daha vardı. O da bir kaidenin üzerine konmuştu, ama başında sarık yoktu. Kaftanı da kısaydı. Bir Osmanlı tüccarından çok Roma askerine benziyordu. Omzunda, kabartmadaki devenin yükünden sanki daha ağır bir yük vardı, içi altın dolu bir sandık, belki İstanbul'da, bedestenden alınmış bir musalla taşı. Sakalsızdı. Nedense kocaman, bronzdan bir burun eklenmişti yüzüne. Burun beyaz taşın üzerinde çok aykırı duruyordu. Kâmil korktu bu adamdan. Kendi musalla taşını sırtlayıp İstanbul'dan buraya ölmek için geldiğini düşündü. Ve hemen uzaklaştı oradan. Gün ağarana dek de rıhtımlara pek yanaşmadı.

Karanlık azalmaya başlamıştı. Önce evlerin, sonra kanalların yüzü aydınlığa çıktı. Donuk bir ışık vurdu sokaklara, gece maviye, sonra beyaza kesti. Sabahın ilk taksisi geçti bir kanaldan. Belki hasta götürüyordu, belki bir yolcu. Kâmil bulduğu ilk sabahçı kahvesine girip tezgâhtaki tabureye tünedi. Önce kahve söyledi, ardından da bir *grappa*. İçmeyeceğine dair kendine söz vermişti oysa. Ama kahvenin eşliğinde bir tek *grappa* zihni açıyordu. Yorgun değildi. Kafası karışıktı biraz. Hayal ve gerçek beyninde tango yapıyordu. Ve koskoca bir gün vardı önünde. Correr'e gidip çalışmak istedi, sonra caydı. Lucia'yı bugün görmese daha iyi olacaktı. Bakarsın kız utanır ya da yapışkan biri olduğunu sanır. En iyisi eve dönmek.

Büyük Kanal'a doğru sabah yürüyüşüne devam etti. Bu "sabah yürüyüşü" deyimine de sinir olurdu. Gece uykusunu almış, yâr koynunda yatmamış, ev bark sahibi insanların işiydi sabah yürüyüşü; köpeklerini gezdirmek, büroya kapanmadan önce temiz hava almak isteyenlerin alışkanlığı, onun gibi geceden kalanların değil. Büyük Kanal'da bir iskeleden *vaporetto*'ya bindi. Eve geldiğinde içeri girmek istemedi canı. Hava biraz pusluydu, ama soğuk kırılmıştı. Kış güneşi kanallara vurdukça su kıpırdıyordu. Balkonda açan çiçeklere de vuruyordu güneş, en kuytu sokakları bile aydınlatıyordu. Gerisin geri Piazzale Roma'ya döndü. İskeleden 52'ye binip San Giorgio degli Schiavoni'ye gitmek istiyordu. Dün gece yemekte Carpaccio'dan söz açılmıştı bir ara. Lucia ressamın Dalmaçyalılar için yaptığı *telero*'ları görüp görmediğini sormuş, o da henüz vakit bulamadığını, ama ilk fırsatta üstadın sarıklılarıyla tanışmak istediğini söylemişti. "Umarım siz de ilk fırsatta Accademia'ya ikiz kardeşinizi görmeye gidersiniz" diye de eklemişti. Hâlâ sizli bizliydiler. Gondol gezintisinden sonra kapının eşiğinde iyi geceler dilemişti ona ve arkasından "Seni seviyorum!" diye bağırmıştı. Belki de kapı yüzüne kapandıktan sonra kendisine söylemişti bu sözü, "Canım Caterina" demişti, *"Ti Amo!"*

On birinci

Yerde, safran rengi toprağın üzerinde kemik parçaları, kurukafalar, kayadan fışkıran cılız otlar, sağ bacağı kopmuş bir ceset, sol kolu da yok –bir erkeğe ait olduğu büzülüp küçülmüş hayasından belli– onun hemen yanında sarışın, kıvırcık saçlı bir kadın, onun da belden aşağısı yok ve avını sokmaya hazır bir yılan, kıvrılıp çöreklenmiş. Başka bir canlı da görünmüyor. Yılan, belli ki dönüp kendini sokacak. Her şey çoktan olup bitmiş, çıplak gövdeler etrafa saçılan kemiklerin arasında çürüyüp dağılmada. Bir ayak da var, bilekten kopmuş; onun berisinde bir el, sonra bir hayvanın çene kemiği –manda olabilir– bir kertenkele ve bir yılan daha. Sıcakta kuruyan kaburgalar da var. Güneş görünmüyor gerçi, ama sarı, parlak bir ışık vuruyor gökyüzünden. Sıcak bir ülkede olduğumuz kesin. Denizminareleri ile çakıl taşları da dağılmış orta yere. Demek ki kumsaldayız. Ama deniz çok geride, soldan sağa bir yeşil su, öyle dümdüz, varlığıyla yokluğu belirsiz bir çizgi. Yine de iki gemi yelken açmış gidiyor. Biri hafif yana yatıp yelkenleri toplamış, öteki kayalıkların arasından gündoğusuna süzülmekte. Işık iyice yoğun orada. Vakitlerden bir sabah vakti, belki de günbatımı. Manzaraya tümüyle sarının tonları hâkim. Altta sol köşede bir kütük, iğdiş edilmiş gibi de buruk. Ve sırtını kütüğe dayamış bir iskelet. Önünde kurukafalar dizili. Hayır, bir piramit oluşturmuyor kurukafalar, öyle gelişigüzel yığılmışlar ağacın dibine. Ağaç da, köklerine yakın bir yerden kesilmiş, kütük gibi kuruyup kalmış sanki.

Kâmil'in bakışları ağacın gövdesine dolanan bir nesneye takılıyor. Kuru bir dal sanıyor önce, sonra biraz daha dikkatli bakınca ucu sivri bir kuyruk olduğunu anlıyor. Döne kıvrıla kalınlaşarak ağaçtan sarı fona doğru yuvarlanan kuyruğu izliyor. Bir boa yılanı gibi kuyruk, parlak ve tüysüz. Bittiği yerden tüylü bir gövde başlıyor. Ön pençeleri havada, gerili kanatlarıyla uçmaya hazır bir ejder bu. Ama canavarın korkunç ağzından giren kargı başını delip arkadan çıkmış ve öylece havaya mıhlamış yaratığı. Kan boynundan aşağıya, ziyafet artıklarına doğru akıyor. Evet, bir ziyafet söz konusu. Demek ki bu canavar parçalayıp yemiş herkesi. Elleri, bacakları koparan da o, kemikleri sıyıran da.

Nedense önce ejderin kurbanlarını sonra kendisini görmüştü Kâmil. Onu dize getiren kahraman şövalyeyse şaha kalkan atının üzerinde dimdikti. Ejderin ağzında kırılan kalın, kırmızı kargıyı tutuyordu elinde. Üzengiye sıkıca yapışmış ayağı –şokun etkisiyle attan düşmemek için– belinden sarkan kılıcı, rüzgârda savrulan sarı saçları ve ışıltılı kapkara zırhıyla Ortaçağ'dan çıkıp gelmiş gibiydi. Arkada, atın kuyruğunun berisindeki genç kadın ellerini göğsünde kavuşturmuş, onu ejderin elinden kurtaran şövalyeye şükranlarını sunuyor; tam ortada bir yalnız ağaç yapraklarını döküyor, tepelere doğru küçülerek sıralanmış palmiyeden başka her şeye benzeyen palmiyelerin sol yanında surları, burçları, mazgal delikleri ve yuvarlak kuleleriyle hayalî bir kent dağların önü sıra yayılıyordu. Kulelerin balkonlarına, surlara ve kentin girişindeki asma köprünün üzerine birikmişti sarıklılar. Onları görüp tanımakta bir hayli zorlandı Kâmil. Aziz Georgius ile ejderin cengini izleyip izlemediklerine de bir türlü karar veremedi. Nereye baktıkları belli değildi, çünkü geride, Doğu mimarîsinden –herhalde Kudüs ile eski Kahire'den– izler taşıyan hayalî kentin içindeydiler; oysa her şey öndeki geniş mekânda olup bitiyor ve elbette iyi, kötünün hakkından geliyordu. Oysa önce kötülük vardı. İyilik, ejder kent halkının ona her gün sunduğu bakireleri afiyetle yedikten ve kızı kurtarmaya gelen yiğitleri paramparça ettikten sonra ortaya çıkmıştı. Aslında iyilik tesadüfen oradan geçiyordu. Ejder, mideye indirdiklerini hazmederken ağzından girip boynundan çıkan kargının acısıyla neye uğradığını şaşırdığı an görmüştü iyiliği. Uçan balıkların kanatlarına benzer yosun yeşili kanatlarını açıp havada durmaya çabalaması bundandı. Kırmızı eyerin üstündeydi iyilik. Genç ve yakışıklı, yani sarışındı. "Tıpkı kovboy filmlerindeki gibi" diye içinden geçirdi Kâmil. Ve bıyık altından gülümsedi. "Artık ejdere değil iyiliğin temsilcisi bu parlak şövalyeye yem olacak kız. Canavarın elinden kurtardığı bakirenin ırzına o geçecek. Ama, kovboy filmlerindeki kahraman, haydutların elindeki kızı kurtarınca önce âşık olur ona. Daha doğrusu kız kahramana âşık olur. İşte asıl mesele de burada! Âşık olmak ya da olmamak! '*That is the question.*' Ben Lucia'ya âşığım diye onun da bana âşık olması gerekmiyor. Her neyse, bakarsın iyilik kötülüğü yendikten sonra onun yerini almaz. Bakire de hep bakire kalır ömür boyu."

Tabloda sarıklıların hiçbir rolü yoktu. Biraz düş kırıklığına uğramıştı Kâmil. Neyse ki yanda, Carpaccio'nun Scuola di San Giorgio degli Schiavoni için yaptığı bir dizi tablonun ikincisinde aradığını buldu.

Meğer ölmemiş ejder. Tasması şövalyenin elinde uysal bir köpeğe dönüşmüş. Tasmanın gerçekte Selene kralının kızı Aya'nın kemeri olduğunu biliyor Kâmil. Kemeri canavarın –artık canavar değil bir kuzu o– ağzındaki kargı parçasına dolayan şövalyenin kimliğini de. Carpaccio'ya gelince, ressam Aziz Georgius'un öyküsünü Venedik matbaalarında bin bir özenle basılan Jacopo da Varagine'nin *Legenda Aurea*'sından yürütmüş olmalı. Gerçi resim öykü anlatmaz, ama Carpaccio ne de olsa Gentile Bellini'nin öğrencisi. Ustası gibi, fırça kuvvetiyle bir resimli roman yapmaya –yazmaya– kalkışmış. Zaman ve mekân içinde kurgusu, olay zinciri, kahramanlarıyla otuz altı kısım tekmili birden bir film bahşetmiş seyircisine.

Kapadokyalıdır Aziz Georgius, yani şu bizim Yorgo. Libya güneşinde parıldayan siyah zırhıyla iki dirhem bir çekirdek, köpek gezdirir gibi ipinden tutup önünde diz çöktürmüş ejderi. Az sonra, bir kılıç darbesiyle kafasını uçuracak. "Sen misin Selenelilerin her gün verdikleri iki kuzuyla yetinmeyip ille de bir bakire isteyen kana susamış canavar! Sen misin nefesiyle kaleler yıkan, develer deviren ırz düşmanı! Al bakalım, al da gör gününü, cezanı bul!" dercesine. Dili bir karış uzamış zavallının, yere çakılıp kalmış. İstese de uçamaz artık. O gurbet türküsündeki gibi "kırılmış kanadı, çöllerde kalmış". Evet, Libya Çölü'ndeyiz, Başpiskopos Veragine'ye bakılırsa bir göl kıyısında. Az önce görülen deniz değil, bir gölmüş demek, her neyse ha deniz ha göl, pek fark etmez. Lagün çocuğu Carpaccio her ikisini de bilir, ama elbette denizden yanadır gönlü. Bu kez etraf sarıklılarla dolu ve çok şükür şövalyenin kılıcıyla başlayıp ejdere inen öldürücü darbeyle bitmiyor her şey. Olay yerindeki kalabalığı doyasıya seyredebiliriz.

Kimi atıyla gelmiş, kimi devesiyle. Yayalar da var. Solda at üstünde kral ve kraliçe, sağ beraberlerinde canavara yem olmaktan kurtulan sevgili kızları ve maiyeti. Arkada yaşını başına almış sarıklı ihtiyarlar ve taraçalara birikmiş kent halkı. Kralın bindiği beyaz atın dizginlerini bir seyis tutuyor. Kaftanında kırmızı mor çiçekler açmış, tıpkı Cem Sultan'ın mor nakışlı kaftanındaki gibi. Neyse şimdi unut Cem Sultanı'ı. Gurbette ölenleri unut! Vatikan'ın duvarına değil Capaccio'nun hünerine bakmaktayız. Selene burası ve canavarın mideye indirdiklerinden başka ölen kimse de yok.

Tam karşıda, çatısından flamalar dalgalanan kubbeli bir yapı kat kat yükseliyor. Yapının önünde at üstünde sohbete dalmış iki sarıklı var. İkisinin de umurunda değil dünya. Sağda, kule ve mazgalların önündeki kalabalığın arasında da sarıklılar görünüyor, hem de rengârenk. Kaftanlar mor, kırmızı, alev rengi; sarıklar sarı, beyaz, kırmızı. Belli ki ön sıradan yer kaplamışlar kelle kesimini seyretmek için, arka plandakiler gibi kulelerle taraçaları, mazgal delikleri ile arka locaları doldurmuşlar. Gerçi Aziz Georgius'un kendi ayakta, ama atı da pek uzakta sayılmaz. Kırmızı eyerli, safkan Arap at –azizler de Arap atına biner mi demeyin, Bizans ikonlarından Ortaçağ minyatürlerine, Rafael'den Tintoretto'ya hep beyaz aygırların üzerinde tasvir edilen Yorgo'nun Libya çöllerinde İngiliz kadanasına binecek hali yok ya!– bir başka ata sataşmakta. Ejderle çarpıştıktan sonra hızını alamamış besbelli. Ama beyaz at başını sarıklı kalabalığından yana çevirmiş, hiç yüz vermiyor ona.

Serinin üçüncü tablosuna bakarken keyfi iyice yerine geldi Kâmil'in. Mimarî biraz değişmiş, manzaraya yeni yapılar eklenmişti, ama dekor hep aynıydı. Yine surlar, minareyi andırır sivri kuleler ile kubbeler, "kaçış noktası"na doğru daralan mekânda sarı, kırmızı, beyaz, yeşil renkler. Kırmızı halıyla örtülü bir taş duvarın üzerine çıkmış davul zurna çalmakta kimileri, çalarken de avurtları balon gibi şişmekte. Kimileriyse sohbete dalmış. Zurnacılar nedense Osmanlı sarığı sarmayıp uzun tüylü bir Memluk papağı geçirmişler başlarına. Üzerlerine de papakların renginde kan kırmızısı entariler giymişler. Üç kişiler ve üçünün de entarisi birbirinden farklı. Zurnaların ağzıysa kafalarından büyük. Biri top sakallı, öbürü keçi. Üçüncünün sakallı olup olmadığı belli değil, zurna yüzünü örtüyor çünkü. Davuldaysa, elinde tokmak bir sarıklı var. Davul ortadan kesilmiş dev bir kavun gibi yuvarlak ve sarı. Derisine ışık vuruyor. Doğu'nun büyülü ışığından payını en çok o almış, bir de davulun önündeki yeşil sarıklı. Arkadaki siyah delikanlıysa –belki hadım edilmiş bir haremağası– gölgede kalmış. Davulcunun en az zurnacılar kadar işini ciddiye aldığı elinin duruşundan belli. Sıkıca yapışmış tokmağa vur ha vuruyor. Ama ne bir ses duyuluyor, ne de bir nefes.

Kâmil bazı tablolara bakarken hep bir ezgi duyar gibi olurdu. Giovanni Bellini'nin çalgıcıları örneğin. Onları geçen gün Accademia'da, dizinde çocuk İsa'yı tutan Meryem'in oturduğu mermer tahtın dibinde görmüştü. Kemençe ve mandolin çalıyorlardı. Bir başka tablodaysa, yine Meryem'in ayakucunda flüt ve mandolin çalan iki küçük melek vardı. Ve tavandaki mozaiklerden vuran sarı ışık kadar yumuşak, tatlı bir müzik duyuluyordu. Oysa Carpaccio'nun tablosunda çalgıcılardı önemli olan, çalgılar ya da müzik değil. Zurnalar ile davulun Giovanni'nin mandolinleri ile kemençesinden daha büyük olmaları pek bir şey değiştirmiyordu. Zaten tabloda, çalgılardan daha önemli bir başka nesne daha vardı. Önde, canavarın işini bitirmiş, kral, kraliçe ve prensesten başlayarak tüm Selene halkını vaftiz etmeye niyetli şövalyenin bulunduğu yere çıkan basamaklarda, topatan kavunu biçiminde, bir kırmızı serpuşa kat kat sarılı duran kallavi bir kavuk. Orada, tavşana kaç denmediğinden olsa gerek mahzun duran tazının yanındaki kırmızı papağanla birlikte unutulmuşa benziyordu. Öylesine kocamandı ki, ressam, "İşte bakın, Doğu'dan yeni gelmiş bu balkabağı ebadındaki kavuğu görün, onu ben böyle öne çıkardım, zurnacılar ile davulcuların başlarındaki sarıklardan ayırıp oraya, kutsal suyla yıkanmış tapınağın merdivenlerine ben yerleştirdim" der gibiydi. Belki de Selene kralınındı sarık. Vaftiz olmak için, elinde bu kez kılıç değil bir hamamtası tutan azizin önünde diz çökmeden önce, onu başından çıkarıp oraya koymuştu.

İçinden gülmek geliyordu Kâmil'in. Böyle kıs kıs değil kahkahalarla gülmek. Carpaccio'nun bakışındaki, olayı sergileyişindeki alayı anlamamak için ya ahmak olmak gerekiyordu ya da resimden hiç anlamamak. O güne dek Carpaccio üzerine okudukları geldi aklına. Yaşamı hakkında hemen hiçbir şey bilinmeyen ressamın dehasını, tasvir gücünü, renk ve biçim anlayışını yorumlayan ukalaca yazıları düşündü. Sanatçının yapıtındaki Doğu etkisini araştıran incelemeler de kılı kırk yararak arka plandaki mimarî ile Kahire ya da Şam arasında benzerlikler bulmaya çalışıyor, giysilerin böylesine ayrıntılı ve gerçeğe uygun çizilmiş olmasını ya bir Doğu yolculuğuna ya da o devirde Venedik'te basılan bazı gravür kitaplarına –Bernardo Breydenbach'ın *Peregrinato ad Sepulcrum Christi in Jerusalem*'ine örneğin– bağlıyorlardı. Oysa Kâmil, Carpoccio'nun Doğu'ya bakışındaki temel unsurun ince bir alaydan kaynaklandığını hemen görüvermişti. Lucia'nın sayesinde elbet. Eğer Lucia, *grappa* kokan güzelim ağzını Kâmil'in diline bırakmasaydı, o zemheride kısa etek giyip en değerli hazinesini sanat tarihi uzmanının uzman ellerine teslim etmeseydi elbette bu sabah morali yüksek olarak Scuola Dalmati dei Santi Giorgio e Trifone, diğer adıyla San Giorgio degli Schiavoni'den içeriye adım atar atmaz belki de resim tarihinin akışını değiştirecek, en azından *Quattrocento*'ya yeni bir yorum getirecek bu keşfi yapamazdı.

Karanlıktı içerisi. Çekili perdelerden ışık sızmıyordu. *Scuola*' nın eski günlerinden kalma bir karanlık eşyaya sinmiş gibiydi. Belki de Dalmaçyalıların Türk korkusuyla ülkelerini terk edip buraya, kemikleri ta Kudüs'ten getirilen Aziz Georgius'un koruyuculuğuna sığındıkları zamandan kalmaydı karanlık. Tablolar bu karanlığın içinde, yukarıdan vuran sarı ışığın da etkisiyle solgun görünüyorlardı. Oysa, hiç değilse bazıları, hareket halindeydi. Kral ve kraliçeyi vaftiz eden Aziz Georgius'un çevresindeki kalabalık, çalgıcılar da dahil, donuktu gerçi, kompozisyonun bütününde de bir devinim yoktu. Ama onun yanındaki tabloda Aziz Hieronymus'un çölde bulup yanında getirdiği aslan birbirine katmıştı ortalığı. Manastırın avlusunda kaçan kaçanaydı. Yalnızca kel başlı keşişler değildi korkuya kapılan. Hindi ile tavus kuşu ve çatal boynuzlu bir geyik de onların peşine takılmış sığınacak yer arıyordu. Yalnızca arka plandaki sarıklılar sakindi. Kendi ülkelerinde yırtıcı hayvanlarla birlikte mi yaşıyorlardı acaba? Ve bir Katolik manastırının avlusunda ne işleri vardı?

Kâmil, Carpaccio'nun gizemli dünyasında dolaşmaktan yorulup bir sıraya oturdu. Manastırın avlusundaki devinim fazla belli olmuyordu uzaktan. Işık da sanki giderek azalıyordu. Alt kata indirildiklerinden bu yana, yani beş yüzyıldır, tabloların gün ışığından korunması için pencerelere perde takılmış olabileceğini düşündü. *Scuola* yönetimi ressamın göz nuru, alın teri yapıtlarını o günden bugüne ulaştırabilmişti işte. Oysa Fatih'in hayırsız oğlu babasının tüm resim koleksiyonunu topladığı gibi doğru Galata'ya... "İyi ki Sarayburnu'ndan denize atmamış" diye düşündü. "Belki de atmıştır, çuvallara doldurup haydi cup dibe! Tablolar akıntıyla açığa sürüklenirken Gentile Bellini ile Constanzo da Ferrara'nın renkleri nasıl da direnmişlerdir tuzlu suya, vernik ıslanıp üzerlerinden aktıkça kim bilir nasıl yumuşayıp erimişlerdir! Başka ressamların tabloları da vardı belki içlerinde. İkonalar, minyatürler, Gentile'nin Fatih için yaptığı söylenen bir Meryem Ana tasviri. Giovanni'nin Madonnaları kadar güzel olmasa da, padişah o resme baktıkça kendi annesini, kimliğini hâlâ bilmediğimiz o sarışın, belki esmer, uzun ya da kısa saçlı, beyaz yüzlü kadını düşlemiş miydi?"

Oturduğu sıranın yanında duran perdeyi araladı. Kanalın suyunu gördü önce, sonra tuğla köprünün altında geçen gondolu. Bu gondollardan da kurtuluş yoktu!

Dün gece, paltonun altından Lucia'nın kadınlığına dokunur dokunmaz yanan parmaklarını nasıl geri çektiyse gün ışığı da öyle birden girdi içeri, az önce gördüğü tablodaki canavarın yüzüne vurdu. Tek gözünü, korkunç ağzını, boynundan pençelerine akan kanı aydınlattı. Kâmil bir an, çok kısa bir an, ejderin ölmemiş olabileceğini düşündü. "Belki denizin dibindedir. Derinde, ışığın ulaşamadığı bir yerde." Sonra gülümsedi. "Canavarın denizin dibinde işi ne! İçimizde o, her birimizin kendi ummanında." Perdeyi kapattı, dışarıya çıkmadan önce bir kez daha baktı resimlere. Giderek azalan ışıkta sarı-kırmızıydılar.

Kravatında sarı-kırmızı bir arma vardı, babası elinden tutup yatılı okula yazdırdığında. On iki yaşındaydı. Yeşil boyalı demir kapıdan merkez binaya doğru yürümüşlerdi. Çınarlar yapraklarını dökmemişti henüz, oysa eylül ayındaydılar. İstanbul'da, bazen geç başlar yaprak dökümü, sonbahar bir türlü gelmez. Pastırma yazı uzar gider. Ama onun hayatında çok erken başlamıştı sonbahar. Annesinin ölümüyle takvimden bir yaprak düşmüştü. Dünya, çocukluğunun ilk yıllarındaki gibi karanlık bir bodrum katı değildi belki, ama bir renk şöleni de değildi. Yatakhanede ilk gece, sarı-kırmızı armalı kravatını çözmek için epeyce uğraştıktan sonra takım elbisesini çıkarıp dolaba yerleştirmiş, arkadaşlarının alaylarına aldırmadan yorganı başına çekerek ağlamıştı. Oysa özlenecek bir yaşam bırakmıyordu geride.

"Hani Gül Baba'nın bir tekkesi vardı ya orman içinde" diye söylendi kendi kendine –yine yalnızlıktan kendisiyle mi konuşmaya başlamıştı, yoksa Carpaccio'ya bir diyeceği mi vardı– "işte o ormanın olduğu yere kuruldu okul, Gentile'nin İstanbul'a gelişinden birkaç yıl sonra, Fatih'in oğlu babasının tablolarını satarken. Sen bilmezsin. Ben de çok sonra öğrendim, arka bahçeye girip Gül Baba'nın mezarını keşfettiğim zaman, yani son sınıfta. Sen öleli çok olmuştu, beş yüzyıldan fazla. Keşke ustanın peşine takılıp gelseydin İstanbul'a. O zaman şu minarelerin de bir şeye benzerdi belki, sarıklı kahramanların da! Doğu'yu düşlemek yetmez Vittore! Doğu'nun gizine varmak için çilesini de çekmek gerek."

* * *

Tersanenin giriş kapısının yanında, maltataşı döşeli alana bakan kahvenin terasına oturdu. Hava güneşli, ortalık tenhaydı. Bir ara paltosunu bile çıkarmayı düşündü, öylesine yakıcıydı güneş. Herhalde kar toplamıyor bu kez! Bu güneş sanki baharın habercisi, belki de yazın. İyimserliğine kendisi de şaşırdı sonra. Daha dur bakalım, hele karnaval bir gelip geçsin de... Bir puro yaktı, dumanını gün ışığına doğru üflerken paltosunun cebinden çıkardığı not defterine yazmaya başladı.

Aziz Georgius ile canavarın savaşı, Doğu Akdeniz'de egemenlik için çarpışan iki büyük deniz gücünün, şu tuğla duvarların ardında yapılan kadırgalar ile Haliç'te denize indirilen çektirmelerin, kalyonlar ile baştardelerin mücadelesiydi aslında. Ejderin simgesel anlamı üzerine nice sanat tarihçisi kafa yormuş, ama hiçbiri onun gerçekte Türk tehlikesini haber verdiğini anlayamamıştı. Azizin kılıcında can veren canavar, Mehmed'in ejder başlı topları olamaz mıydı? İstanbul'da Gentile de görmüştü belki o topları, Tophane'de yan yana dizilmiş uslu köpekler gibi Boğaz'ı seyrederlerken. Ama savaşta siyah ve parlak gövdeleri, ejder başlı ağızlarıyla korkunç canavarlara dönüşüyorlardı. O topların ateşiyle Bizans düşmüş, Balkanlar'da nice kaleler yıkılmış ve *Scuola*'nın kurucusu Dalmaçyalıların dünyası kararmıştı. Zaten Azize Ursula'nın öyküsünü anlatan bir başka dizi resimde de, Hunların baskınını tasvir ederken gürbüz Germen askerleri kılığında Türkleri çizmişti ressam. Nereden mi çıkarıyordu bunları? Azize ile refakatindekilerin katledildikleri tabloda yer alan şu üç işaretten.

1) Hıristiyanlara saldıran zırhlı askerler arasında omzunda hilalli yeniçeri mızrağı taşıyan biri vardı.

2) Tablonun tam ortasındaki kırmızı-beyaz flamada Gentile Bellini'nin Fatih portresinden tanıdığımız üç imparatorluğun, Bizans, Trabzon ve Karaman'ın taçları dalgalanıyordu.

3) Boru çalan Arap süvari öbür askerler gibi demir miğfer giymeyip beyaz bir sarık geçirmişti başına. Üzerinde de sarı bir kaftan vardı.

Kâmil, Carpaccio'nun Ursula *telero*'larının asıllarını da, Gentile'ninkiler gibi Accademia'ya gidip henüz görmemişti. Ama Scuola degli Schiavoni'de gördükleri Azize Ursula'nın öyküsünü anımsamasına yetmişti. O tablolardaki ayrıntılar da, Gentile'ninkiler gibi, belleğinden çıkmıyordu. Aziz ve azize öyküleri değil, seri tablolardaki renk uyumu, mekân düzeniydi onu asıl ilgilendiren. Bir de, Türklerin, yani sarıklı Osmanlıların tasviri. Garsona bir bardak beyaz şarap söyledi, bir tabak da *teramizini.* Ve bir yandan şarabını yudumlar öte yandan mezeleri atıştırırken, tersanenin girişindeki aslan heykellerine takıldı bakışları. Gondollar gibi bu yaratıklardan da kurtuluş yoktu. Nereye gitsen, hangi köşeyi dönsen, en umulmadık yerde karşına çıkıyorlardı.

Tersanenin girişinden başka bir tane de yukarıda, demir parmaklıklı yeşil kapının tepesinde vardı. Uçmaya hazır kanatlarıyla bir San Marco aslanı. Carpaccio'nun ünlü tablosundaki gibi pençesinde bir İncil tutuyordu. Kâmil aslanın iki yanından göğe yükselen tuğla kuleleri de gördü. Sağdakine güneş saati ve bir arma kazınmış, soldakine yıldızlı mavi zeminde Romen rakamların parıldadığı bir başka saat konmuştu. Kadran mavibeyazdı, yelkovan ile akrepse sarı. Her ikisi de çalışmıyordu. Kâmil öğle vakti olduğunu alana vuran gölgelerden anladı. Pırıl pırıldı gökyüzü ve gölgeler çok kısaydı. Yeniden yazmaya koyuldu. Bir ara başını kaldırdığında gölgelerin uzamaya başladığını fark etti. Bir askerî motor geçti kanaldan, tersanenin içine doğru gözden kayboldu. Onu, bu kez bahriyelileri taşıyan bir başkası izledi. Demek hâlâ askerî bölgeydi burası, içeriye girmek de mutlaka yasaktı. Bu kez 52 numaralı *vaporetto* geçti, ardından da 23. Kâmil bu *vaporetto*'lardan birine binerek tersanenin içini görmenin mümkün olabileceğini düşündü. Orada eski kadırgaların ruhları dolaşıyordu belki ya da Napolyon'un toplarıyla tarih sahnesinden silinen Serenissimo Cumhuriyeti'nin hayali. Elinde pergel ve gönye, Dülgerler Loncası'nın basık tavanlı atölyesinde krokiler çizen, kadırgaların orta direkleri ile çarmıkları arasındaki orantıyı hesaplayan, küreklerin uzunluğuna son biçimlerini veren Faust'un ruhu da büyük havuzun oralarda bir yerde olmalıydı. Bucintoro ıskartadayken orada parçalanmamış mıydı? Yükselişin de çöküşün de başladığı tersanede. Yine kanaldan geçen donanmaya ait bir koruma gemisini izlerken bu kez de Dante'nin büstünü fark etti. Her zamanki gibi asık suratlı ve dalgındı üstat. Başına yine o tuhaf örtüyü sarmış, gözlerini belirsiz bir noktaya dikmişti. Gelip geçen askerî motorlara, belki de karşı rıhtımdaki evlerin yosun tutmuş, eski duvarlarına bakıyordu. Kâmil, Dante'nin sürgündeyken Venedik'e geldiği yıllarda tersaneye de uğramış olabileceğini düşündü. Ve *Cehennem*'deki dizeler geldi aklına. Kara kara kazanlarda kaynar katranla kalafatlanan kızaktaki kadırgaları –bu "k aliterasyonu" Dante'nin dizelerinde yoktu elbet!– dülgerler ile ateşçilerin, kalafatçılar ile kenevircilerin hummalı faaliyetini görür gibi oldu. Oysa Marco Polo'nun engine yelken açtığı yıllarda buraya birkaç kez gelmiş de olsa, Dante'nin gördüğü Venedik Tersanesi değil karanlık Malebolge Vadisi'ydi.

Yorgunluk hissetmiyordu. Uykusuz bir gecenin ertesinde notları, düşleri ve düşünceleriyle baş başaydı yine. Lucia'yı biraz unutur gibi olmuştu. Eve dönmeli artık, deliksiz bir uyku çekip dinlenmeli. Tam masadan kalkmak üzereyken hain bir bıçak gibi sağ dizine saplanan o sancıyı duydu. Güçlükle doğrulabildi yerinden. İskeleye doğru sendeleyerek yürüdü. Yoldan geçen bir delikanlı koluna girmeseydi düşecekti. Delikanlı onu iskeleye dek götürüp bıraktı. "Yok bir şeyim" diyordu kendi kendine, "şimdi geçer. Bir ağrı yüzünden ölecek değilim ya!"

Giovanni

Giovanni her zamanki gibi gün ağarmadan uyandı, ama yataktan hemen kalkmadı. Bir süre gözlerini tavana dikip sırtüstü yattı, sessizliği dinledi. Gece boyunca çalıp durmuştu çanlar. Ya birini asmışlardı ya da bir olay çıkmıştı. Belki de yine Türklerin bozgununa uğramıştı donanma. Gentile İstanbul'dan döneli beri savaş devam ediyordu. Yine insanlar ölüyordu uzakta. Haberler kötüydü. Türklerin ejder başlı topları kentlerin surlarını yıkmıyordu yalnızca, Venedik Cumhuriyeti'nin deniz ve karadaki egemenliğini de kökünden sarsıyordu. Ortasına gülle düşen gemiler çatırdayarak devrilirken içindeki askerler denizin dibini boyluyor, havada oklar uçuşup duruyordu. Ama, gerçekte bir deniz imparatorluğunun temelleriydi çatırdayan. Kollar, bacaklar kopuyor, kelleler dağ gibi yığılıyordu. Yine birbirini boğazlıyordu insanlar. Ve her geçen gün Serenissimo bir kaleyi, ticaret güvenliğini sağlayan bir imtiyazı, gemilerin fırtınada sığınıp demirlediği bir kuytu limanı yitiriyordu. Dünyada savaş sürerken o burada, karısı ile çocuğunun ölümünden beri neredeyse hiç çıkmadığı atölyesinde Madonnalar, melekler, azizler çiziyor, onların arkasına da sakin ve sessiz manzaralar yerleştiriyordu. Sarı günbatımlarında uzaktı dağlar. Bazen çivit mavisi bulutsuz bir gökyüzü, bazen de dağların üzerinde salınan pamuk pamuk bulutlar oluyordu. İsa'nın cansız gövdesi Meryem'in kollarında yeğnileşirken arkada yumuşak, belli belirsiz bir ışık vuruyordu dağlara. Ipıssız yolları, hiç savaş görmemiş kentlerin çan kuleleri ile köprülerini aydınlatıyordu.

Son zamanlarda evine hemen hemen hiç gitmiyordu. Geceleri de atölyede kalıyor, sabah gün ağarmadan sehpasının karşısına geçip çalışmaya koyuluyordu. O çalıştıkça siparişler de artıyor, Madonnalar ile çocuk İsalar, onların ardındaki yumuşak ışıkta tarlasını süren sessiz ve sakin köylüler, ağaçlar, yeşil, kahverengi, mavi, boz tepeler atölyeden çıkıp zengin evlerinin, kiliselerin, *scuola*'ların duvarlarındaki yeni konumlarına yerleşiyorlardı. Nicedir sokakları unutmuştu. Rialto'nun kalabalığını, çarşı pazarda satılan bin bir çeşit kumaş ile balıkların, tezgâhları dolduran meyvelerin renklerini, birbirini izleyen törenler ile fuarların uğultusunu, ortalıkta en güzel giysileriyle dolaşan *courtisane*'lerin çağrısını, hayata, eğlenceye, zevke dair ne varsa her şeyi unutmuştu. Yaşlılıktan değil, çalışma gücünün, yaratıcılığının gün geçtikçe daha da çoğalmasından. Venedik dışarıda, atölyenin eşiğinden başlayan Campo San Marina'nın ötesinde bir şenlikti belki, ama onun için artık seslerden ibaretti. O sesler de, işte böyle geceyarısından sonra hep bir bozgunu, ölümleri, felaketleri haber veren çanların gürültüsüne karışıyor, uykuları bölünüyordu. Zaten doğru düzgün uyuduğu da yoktu epeydir. Gecenin seslerini dinlerken günün renklerini özlüyordu. Bir sabah olsa, gün ışığı aydınlatsa atölyeyi, bitmemiş tabloların figürleri canlanıp renkleri geri gelse! Gece, uykuyla uyanıklık arası bir süreçte hep aynı düşü görüyordu. Sabaha karşı, acıyla uyanmadan önceki derin uykuda bir karabasana dönüşen o tatlı düşü.

Siyah mantolu bir kadın ona bakıyordu kanalın karşı rıhtımından. Rüzgâr mantonun eteklerini savurdukça kırmızı giysisi görünüyordu. Yüzü uzun, ağzı küçük, bakışları kederliydi. Bir meyve tutuyordu elinde, elma ya da armut, belki bir incir. Ona doğru uzatıyordu meyveyi, ama arada kanal vardı. Hem meyve değildi onu ilgilendiren, kadının yüzünü daha yakından görmek, uzun, ince parmaklı ellerine, alnına, dudaklarına dokunmak istiyordu. Bu isteğe karşılık veremeyeceğini anlayan kadın bakışlarını çeviriyordu ondan ve kanal boyunca yürümeye başlıyordu. Bir sokağa sapıyordu sonra. Sokak boyunca karşılıklı sıralanan evler mukavva kutular gibi yırtılıp açıldıkça sarı ışığa boğulmuş bir gökyüzü çıkıyordu ortaya. Işık lagünden yansıyan o durgun, donuk ışık değildi. Değdiği yeri ateş gibi yakıp kavuruyordu sanki. Sarı göğün altında giderek uzaklaşan kadını yitirdiğini, onu bir daha göremeyeceğini sandığı an birden değişiyordu manzara. Uzun, ince yüz kanalın dibindeydi bu kez. Yine aynı küçük ağız, kederli bakışlar, siyah mantonun altından görünen kırmızı giysi. Yine bir meyve uzatıyordu ona. Ne var ki, şimdi de kavuşmalarına kanalın suyu engeldi. Tam yüzün çağrısına kapılıp kendini saydam, sakin suya bırakacakken uyanıyordu. Düşünde gördüğü yakıcı ışık sabah karanlığında gelip atölyenin penceresine durmuş, yumuşayıp matlaşmış, içerisini aydınlatıyordu artık.

Neyse ki sabaha doğru kesiliyordu sesler. Bazen bir güvercin kanat çırpıyordu, ya da nasılsa lagünden buraya dek gelebilmiş bir kuş. Güvercinin San Marco'ya geri döneceğini biliyordu. Ama ya kuş, kuşun hali ne olacaktı peki? O sabah pencereyi açıp kuşu tam yakalayacakken ellerinin arasından uçup gidivermişti. Parlak, kırmızı tüylü, irice bir kuştu. O da, Aziz Hieronymus'u çölde, kayalık bir mağaranın önünde İncil okurken tasvir eden tabloya çizmişti. Kuşu, azizin tam ardındaki ağacın kuru dallarından birine yerleştirip bir bakıma atölyede kalmasını sağlamıştı. Cinsini bilmediği, o buz gibi soğuk kış sabahında ellerinin arasından uçup giden güzel yaratıktan bir iz, bir anı kalsın istemişti. Oysa aynı tabloda, daha gerideki ince dalın üzerinde bir kuş daha vardı ve bir başka ağacın dalına kadar çıkıp oturmuş uzun kulaklı, şirin mi şirin bir sincap. Kentin surları boyunca akıp giden ırmağın üzerindeki üç kemerli köprüye bakıyordu. İşte böyle, bazen beklenmedik, küçük olaylarla başlıyordu sabah. Kendini günün, çalışmanın akışına bıraktıkça, tablolarındaki ayrıntılar çoğalıp zenginleşiyordu.

Son zamanlarda yalnızca bir kez çıkmıştı atölyesinden. O da bir başka ressamı, kendisinden çok daha genç bir sanatçıyı görmek için. Adı Albrecht'ti. Albrecht Dürer. Venedik'e gelir gelmez –bu ikinci gelişiydi– ilgi odağı olmuştu herkesin. O da yaşına ve devlet ressamı sıfatına aldırmadan kalkıp ayağına gitmişti. Merak ediyordu yapıtlarını. Zaten hep bu merak sayesinde keşfetmemiş miydi yeniliği! Nedense hemşerileri gibi Fondaco dei Tedeschi'de değil de yoksul bir handa kalan Alman'ı odasında mektup yazarken bulmuştu. Uzun sarı saçlı, mavi gözlüydü. Çenesinden biraz sarkan sivri sakalı yüzüne genç bir görünüm veriyordu. Çok şakacıydı. Venedik dilini de derdini anlatacak kadar, hatta biraz daha fazla biliyordu. Önce sanatla pek ilgilenmiyormuş gibi davranmıştı ona. Yankesiciler ile serserilerden, handa sabaha dek kafa çekip nara atan gemicilerden yakınmıştı. Bir de, ikide bir çıkan yangınlardan. Mektup yazdığı kişi için –Pirckheimer mi neydi adı– mücevher peşindeydi. Bir zümrüt yüzük görmüştü kuyumcular çarşısında, öyle bir zümrüt ki, değil Almanya'da tüm Avrupa'da bir başka benzeri yoktu. Yeşil parıltılar fener gibi yanıp sönüyordu içinde. Eline alıp baktığında asma yaprakları rüzgârda kıpır kıpırdı, parmağına takınca güneşte çayır ışıl ışıl. Ne var ki çok pahalıydı. Yüzükten vazgeçip bir yakut almaya kalkışmış, onun da fiyatını öğrenince şaşırmıştı. Bir ateş parçası oluvermişti yakut elinde, can yakan rengi değil fiyatıydı. Sonra o parıltılı ipek kumaşlar, Çin'den mi ne geliyorlardı. Bursa ipeklileri de vardı içlerinde. Bir halı da almak istiyordu, kendine değil elbet, dostu ve meseni Pirckheimer için, zaten Venedik yolculuğunun masraflarını da o karşılamıştı. Ve pazarlıkla yarı fiyatına aldığı o inci kolye. Ne yazık ki gösteremezdi, güvendiği birine verip posta arabasıyla Nuremberg'e yollamıştı çünkü. Kolye, Fondamente delle Tette'deki orospunun göğsü gibi sütbeyazdı; ama kurşunîye dönüyordu karanlıkta ve her tanesinde, Venedikli haspanın gülünce ortaya çıkan dişleri gibi, beyazın bir başka tonu parıldıyordu.

Giovanni kuzeyden gelen bu genç ressamın bir sanatçıdan çok işini bilen, zevk düşkünü bir tüccar olduğunu düşünmüş, sonra birden, aslında meseni için yapmak zorunda olduğu bütün bu alışverişlerde bile gerçek bir ressam gibi davrandığının farkına varmıştı. Renklerden söz ederken gözleri parlıyordu. Kadınlardan da. Oysa evliydi. Nuremberg'de bırakmıştı karısı ile çocuklarını. Burada yalnızca resim yapmıyor, aile sorumluluğundan uzak kendi hayatını yaşıyordu. Asıl gravür işinde usta olduğunu duymuştu, ama yaptığı son tabloya bakılırsa yağlıboyada da Venedikli meslektaşlarından geri kalır yanı yoktu. Kızıl saçlı, genç bir kadın vardı tabloda. Saçlarını ortadan ayırmış, gözlerini boşluğa dikmişti. Yalnız kadınların kederi gizliydi bakışlarında. Portreden çok fondaki mavinin tonlarını sevmişti Giovanni, Alman'ın renk beğenisine de hayran kalmıştı. Ne bir kent vardı arkada, ne de dağlar ve gökyüzü. Modelin dünyası salt bu maviden ibaretti sanki. Çivitten laciverde her tondan geçen bir mavi. Genç kadın oraya bu mavi için sonradan kondurulmuş gibiydi. Gereksiz hiçbir ayrıntı da yoktu resimde; sanatçı, sadeliğin büyüsünü yakalamış, yakından tanıdığı, belki de her hafta kucaklayıp yattığı modelinin iç dünyasını kusursuz bir renk alaşımında ifade edebilmişti. Tablonun altına özenle yazılmış harfler genç kadının kimliğini açığa vurmaktan çok ressamın modeliyle kurduğu yakın ilişkinin göstergesiydi. Orospu değil, soylu bir kadındı belki. Tabloyu o ısmarlamış olabilirdi. Ama o zaman tanıması gerekirdi bu kadını, hiç olmazsa şu uzun ömründe bir kez karşılaşmış olması gerekirdi. Birden, uzun süredir insan içine çıkmadığı gelmişti aklına. O atölyesine kapanmış çalışırken kim bilir kimler ölmüştü kentte, yeni doğan kızlar belki çoktan kocaya varmışlardı. Zengin ailelerin davetleri, sanatsever amiraller ile ün düşkünü senatörlerin düzenledikleri şölenler uzak bir anıydı artık. Aslında o davetlerde de bir köşeye çekilir, kimseyle konuşmazdı. Atölyesine dönüp çalışmaya başlayacağı saatleri iple çekerdi. Ona göre değildi bu dünya, zengin sofralarında su gibi akan şarap ve kadınların istek dolu bakışları. Müzik eşliğinde gümüş tabaklarda yenilen yemekler. Öğrencisi Giorgione'ye göreydi bu dünya, ya da haz düşkünü şu Alman'a göre. Ona gelince, o sanatın toplumda değil yaratıcının iç dünyasında bir yeri olduğuna inanıyordu. Yine de modelin kimliğini sormadan edememiş ve Dürer elbette kesin bir yanıt vermekten kaçınmıştı. Derken satın almaya kalkmıştı tabloyu, ressama ne isterse vereceğini söylemiş, ama genç adamı bir türlü razı edememişti. Modeli değil mavinin malzemesini merak ediyordu aslında, Nurembergli sanatçının sadeliğin güzelliğini nasıl yakalayabildiğini öğrenmek istiyordu.

Birkaç yıl önce, böyle bir mavi fonun önünde resmetmişti doge seçilen Leonardo Loredan'ı. Devletin simgesini denizle bütünleştirip koyudan açık maviye geçişlerle devletin gücünü çağrıştıran bir atmosfer yaratmayı denemişti. Lido açıklarındaki tören sona ermiş, Loredan parmağındaki yüzüğü çıkarıp suya attıktan sonra bütün dogelerin yaptığı gibi, "Seninle evleniyorum ey deniz!" diye bağırmıştı. Ne var ki, denize tümüyle egemen değildi artık, enginde Türk kadırgaları dolaşıyor, Dalmaçya ve Mora kıyılarındaki kaleler birer birer düşüyor, direklerinde üç hilalli yeşil bayrak dalgalanan gemiler San Marco'nun kanatlı aslanlarına meydan okuyordu. Belki bu yüzden, bir tehlikeyi haber verir gibi, siyaha çalan koyu bir mavi çekmişti portrenin sağ üst köşesine. *Bucintoro*'dan karaya ayak basar basmaz Piazetta'yı dolduran kalabalığın arasından geçerek Dogeler Sarayı'na gelen Loredan'ı, dışarıda toplar atılır, çanlar çalarken tüm ihtişamıyla değil, tedirgin karamsarlığı içinde çizmişti. Takkesinin boynuzuna gelecek güzel günleri muştulayan bir ışık düşürmeyi de unutmamıştı. Dogenin donuk bakışlarından, ince yüz çizgileri ile alnından da fışkırıyordu ışık. Maviyse, Venedik'in yitirmekte olduğu denizdeki egemenliğine inat, her biri kestane büyüklüğünde düğmelerle iliklenmiş göz alıcı giysinin ardında tabloyu boydan boya kaplıyordu. Dürer'in iktidarla bir alıp veremediği yoktu. Onun için dilediği gibi çizmişti sevgilisinin portresini. Soylu bir kadın da olabilirdi modeli, bir orospu da. Aşkı çağrıştırıyordu Alman'ın mavisi, bir kadının ruhu kadar değişken ve fırtınalıydı. Ama o, Serenissimo'nun resmî portre ressamı olarak, denizle evlenen dogeye yakışır bir mavi bulmak zorundaydı. Bu nedenle lacivert taşını havanda ezip deniz suyuyla karıştırmalarını söylemişti yardımcılarına. Mavinin yalnızca denizi –dogeyi Gran Turco'yla boynuzlayan kahpe denizi– çağrıştırmasını değil, Loredan öldükten sonra de deniz kokmasını, bu mutsuz evliliğin hiç olmazsa mavinin tonlarında sürüp gitmesini istiyordu. Ve gerçekten inanıyordu devletin ölümsüzlüğüne.

Dürer'e kanı kaynamıştı. Oysa aralarında Alp Dağları, ırmaklar, çok belirgin üslup ve yaş farkı, en önemlisi de geri gelmesi mümkün olmayan gençlik vardı. Onu han odasında mektupları, tabloları ve gençliğiyle baş başa bıraktığında sanatın hep aynı modelin tekrarından ibaret olmaması gerektiğini, dehanın hamurunun değişmeyle yoğurulduğunu, ancak yenilik peşinde koşan, değişmekten korkmayan sanatçının kendisini aşabileceğini düşünüyordu. Sipariş alırken, kim olursa olsun müşterinin beğenisini değil, kendi isteğini göz önünde tutacaktı artık.

Ama şimdi bir siparişi yerine getirmek şöyle dursun, ona dayatılan bir işi yapmak zorundaydı. Geçen ay ölüm döşeğinde yatan ağabeyine söz vermişti. İçinden gelmese de *Aziz Marcus'un Vaazı*'nı bitirmek boynunun borcuydu artık. Gentile hâlâ kendinden emin, biraz da onu küçümseyerek, babalarının Venedik'te kalan çizim defterini –ötekini İstanbul'a giderken yanına almış, nasılsa kıyıp Mehmed'e hediye etmişti– ancak bu tabloyu bitirmek koşuluyla kendisine bırakabileceğini söylemişti. Oysa ölmek üzereydi. Avurtları çökmüş, gençliğinde portresini yaptığı Lorenzo Giustiniani'ye benzemişti. Hastalık uçuk sarı bir maske gibi çökmüştü yüzüne, geniş alnının, ışıltılı kara gözlerinin, ona ciddi bir hava veren kapalı dudaklarının biçimini almıştı. Demek böyle oluyor, ölüm kendi gelmeden maskesini gönderiyordu insana.

Ölüme inanıyordu, nasıl inanmasın ki, ölüm hayatın tek gerçeği değil miydi? Ama o ölüm meleğine de inanıyordu, tablolarında hep küçük melekleri, kırmızı, beyaz, gümüş rengi kanatlarıyla lavta çalan, flüt üfleyen melekleri çizmiş olsa da. Azrail'i çizmek pek yakışık almazdı. Hem kim isterdi duvarında Azrail'i görmeyi; yemek yerken, sohbet ederken ya da sevişirken ölüm meleğiyle karşılaşmayı! İsa'ya da inanıyordu elbet, cehennem ile cennete, hatta arafa bile, ölümün Azrail'den ayrı, kendi başına bir gerçek, hayatın tek gerçeği olduğuna, her insanda ayrı biçimde tecelli ettiğine, herkesin kendi ölümünü öldüğüne inandığı gibi. Ne çok ölüm görmüştü yaşamında. Üstelik hep kendi yakınlarının ölümlerine tanık olmuştu. Belki bu yüzden İsa'yı, eskiden yaptığı tablolardaki gibi çarmıhta değil mezara konmadan önce çiziyordu. İki yanında iki melek, sanki hâlâ acı çeken cansız gövdeyi kaldırıyor, ölümün korkunç gerçeğini hafifletiyorlardı. Dikenli başı hep yana düşmüş oluyordu İsa'nın. Sağ göğsündeki yara ve elleri hâlâ kanıyordu. Kol damarları da iyice belirgin, öyle şişmiş, yol yoldular. Sahi insan öldüğünde kalp durduğuna göre hâlâ kan dolaşıyor muydu damarlarda? Dolaşıyorsa ne kadar zaman? Bu sorunun yanıtını hep merak etmiş, ama bir ara Venedik'te tanıştığı meslektaşı Leonardo gibi cesetleri açıp içine bakmaya bir türlü cesaret edememişti. Korktuğundan değil, insan bedenine olan saygısından. Hem Tanrı kendi suretinde yaratmamış mıydı insanoğlunu ve bir gün İsa'da tecelli etmemiş miydi? Öyleyse hiç kimse, hekimler bile dokunmamalıydı insan bedenine. Yine de çarmıhtan inen İsa'yı mezara konmadan önce meleklerin eşliğinde çizerken çıplak gövdeyi tüm ayrıntılarıyla, gerçeğe mümkün olduğu kadar yakın biçimde yapmaya çaba göstermişti. Bir melek de kaldırsa, Meryem'in kucağına uzanmış cansız yatıyor da olsa, bilekten bükülmüş sağ eli bakanda bir ağırlık duygusu uyandırsın istiyordu. Ruh özgürlüğe kavuştuğunda, kuş kafesten uçar uçmaz –bir sabah ellerinin arasından alev rengi bir ırmak gibi akıp giden o garip kuş misali– gövdenin ağırlaştığını biliyordu çünkü. Kaç ölü taşımıştı bugüne dek. Önce babası Jacopo'nun, mirasında onun adını bile anmayan üvey annesi Anna'nın, sonra kız kardeşi Niccolosa'nın, sonra eniştesi Andrea'nın, karısı Ginevra ile hemen ardından sevgili, biricik oğlu Alvise'nin ölülerini, üç hafta önce de ağabeyi Gentile'ninkini. Aileden hep dışlanmış, şu uzun, kahrolası yaşamı boyunca hep piç muamelesi görmüş de olsa, ölülerin tümünü kendi elleriyle gömmüştü. Hele oğlunun vakitsiz gidişiyle çok sarsılmıştı. Gerçi her ölüm vakitsizdi, ama Alvise ergenlik çağındaydı daha. Ne Venedik'in doğasına, lagünde kıpkızıl günbatımlarına, kadınların diri, beyaz tenlerine doymuş, ne de bu dünyanın türlü zevklerine kanmıştı. Gentile'nin ölümü doğal mıydı peki? O ki ta İstanbul'a dek gidip Gran Turco'nun pençesine atmıştı kendini, Serenissimo'yu balyostan da, tüccar takımından da, dogeyi özel elçilerinden de daha iyi temsil etmişti. Ödüllerle, hediyelerle, unvanlarla, asıl önemlisi de yepyeni bir tarzda çizilmiş desenlerle dönmüştü saraydan. O ki, aslanın kafesine girip Aziz Hieronymus'un yaptığı gibi ehlileştirmişti canavarı. Gentile'nin ölümü vakitli bir ölüm olsaydı, Scuola Grande di San Marco'nun yemek salonu için başladığı *telero*'yu bitirirdi. Oysa ölüm döşeğinde, gözlerini hayata yummadan önce, duygulu bir sesle –ilk kez duygulandığına tanık oluyordu ağabeyinin– tabloyu bitirmesini vasiyet etmişti. Ne vasiyeti, düpedüz şart koşmuştu. Yoksa babasının çizim defterine sahip olamayacaktı. Sesi duyguluydu belki, ama yüreği hâlâ katıydı. O an hayatta her şeyi kendi çabasıyla elde ettiğini, öbür kardeşlerine doğal hakları olarak verilenleri kendisinin ancak bir bedel karşılığında edinebildiğini anlamıştı. Ve "Hayır yapamam, bu benim tarzım değil" diyeceğine rahat uyumasını söylemişti ağabeyine.

Sahi, ne diye hemen kabul etmişti bu aşağılayıcı koşulu! Neden "Kusura bakma, ama bana göre değil bu iş" dememişti. Benim tarzıma uymaz bu üslup, bu Doğu masalı, yüzü örtülü kadınlar ile kaftan giymiş sarıklılar, kubbe ve minareler, sonra bu tuhaf kalabalık, hadi Venedikliler neyse ne ama ya öbürleri, her biri bir başka türlü giyinmiş o Müslümanlar! Ben beceremem bu işi. En iyisi bırak da öğrencilerin tamamlasınlar. Mansuetti ne güne duruyor ya da Vittore, evet en uygunu Vittore, o sever sarıklıları, kalabalığa bayılır. Amaç modaya uymak değil mi zaten, Türkleri savaş alanında gördüğümüz yetmiyormuş gibi bir de scuola'larımızın, kiliselerimizin duvarlarında görmek. Hem de azizlerle, kutsal ölüler ve Efendimizle birlikte! Hem sen bilmez misin benim nasıl çalıştığımı, hep bir ya da birkaç figürü çizip boyadığımı, Kutsal Bakire ile İsa Efendimizden, aziz ve azizelerden başka tablolarıma hiç kimseyi sokmadığımı! Evet, neden haykırmamıştı, bir ömür boyu içinde biriken isyanı. Neden, "Ben o defteri mi bekledim resim yapmak için?" dememişti de, her zamanki gibi başını öne eğip "Elbette" diye mırıldanmıştı, "sen hiç meraklanma, ilk işim *telero*'yu bitirmek olacak."

Ağabeyine değil, ama onun ölümüne, daha doğrusu bir ölüye duyduğu saygı ağır basmıştı. Bir de beraberliklerinin, Büyük Konsey'in duvarlarına kurulmuş iskelede iki büklüm gece gündüz demeden fresk onardıkları günlerin anısı. O zaman da bir İstanbul yolculuğu icat edip işin içinden sıyrılmıştı Gentile. Duvar fresklerini onarmak, rutubetten çürüyüp bozulanların yerine yenilerini yapmak ona ve yardımcılarına düşmüştü. "Tıpkı yıllar önce bir Roma yolculuğu icat ettiği gibi" diye içinden geçirdi, "o zaman da yapayalnız kalmıştım." Neyse ki papanın yanından paha biçilmez desenlerle dönmüş, ama onları da vasiyetinde öğrencilerine bırakmıştı. Evet, onları bile. "Ya bitirirsin *telero*'yu ya da Jacopo'nun defteri dul eşime kalır!" Çaresiz bitirecekti, alın yazısıydı bu onun.

Yatakta uzanmış tavana bakarken düşünceler birbirini kovalıyordu zihninde. Bir süre sonra, uykusu iyice açılınca, öfkesi de yatışır gibi oldu. Belki Tanrı kendi suçu olmayan bir utancı, babasının bir anlık zevkini bir ömür boyu ödetmişti ona, ama ağabeyinden de, ba-

basından da, hatta uzun süre etkisinden kurtulamadığı eniştesi Andrea'dan da daha büyük bir yetenek bağışlamıştı. Sonra, belki gereğinden fazla uzun bir ömür vermişti, yakınlarının ölümünü görsün diye herhalde ya da hep böyle çalışıp didinsin, ortaya birbirinden güzel yapıtlar koysun diye. O da Tanrı'nın bu lütfuna hep şükretmiş, atölyesine kapanıp Madonnalar, azizler, ana kuzusu İsalar ile Pietà'lar çizip boyamıştı.

Evet, çok ölüm görmüştü şu dünyada. Ama bir ölüm vardı ki, öbürlerine hiç benzemiyordu. Çok genç, çok güzel bir kadın anımsıyordu, akşam karanlık çöker çökmez üzerine eğilen uzun, ince bir yüz. İlk anısıydı bu yüz, yaşamdaki tek güvencesi. Sonra, bir gün ansızın kaybolmuş, bir daha da görünmemişti. Çok küçüktü o zaman. Meryem'in kollarındaki İsa kadar tombul, sevimli, kızıl saçlı bir afacandı. Hep o genç kadını istemiş, onu çağırmıştı geceler boyu. Sonunda öldüğünü söylemişlerdi. Annesinin ölmeyip evden kovulduğunu çok sonraları öğrenecekti. Ölmeden ölen bir insan, kendi annesi. Hayatta hiçbir ölüm onu gerçekte yaşayan bu genç ölü kadar yaralamamıştı. Anna Riversi'nin davranışları bile. Bu sert kadının gerçek annesi olmadığını seziyordu. Jacopo'ya diş geçiremeyince öcünü –kocasının günahının öcünü– hep ondan almaya kalkışması doğal değildi. Memeye saldırdıkça Anna itiyordu bebeği, bakışlarını kaçırıyordu ondan. Kendisinin kocasına veremediği zevki ona bir başka kadının, üstelik kendisinden daha genç ve çok daha güzel bir kadının vermiş olabileceğini düşündükçe çileden çıkıyor, Giovanni'ye acıyıp onu gerçek bir anne sevecenliğiyle bağrına bastığı anlarda bile çocuktan öç almanın çarelerini düşünüyordu. Büyüdükçe, Anna onu dışladıkça, daha çok bağlandı bir gün yaşamından ansızın çıkıp giden yüze. Onu hayalinde bir melek, saf ve hâlâ bakire bir azize katına çıkardı.

Yaşamındaki ölüleri anımsadıkça canı yataktan kalkmak istemiyor Giovanni'nin. Hem ayakları da eskisi gibi tutmuyor artık. Yattığı bölümden sehpaların kurulduğu yere kadar bile güçlükle gidebiliyor. Fazla takatı kalmadı, ne de umudu. Onu sanatı ayakta tutuyor ancak, onunla avunuyor. Tek varoluş nedeni resim yapmak. Hâlâ, bıkmadan, usanmadan, ölümü hiç düşünmeden, ama çoktan ölmüş olması gerektiğini de bilerek her gün çalışıyor. Kocadı iyice. Saçları döküldü, ağzı, yüzü, tüm bedeni küçüldü. Kim bilir belki bu yüzden geçen yıl yaptığı tabloda onca yaşlı, öylesine çökmüş bir halde betimledi Aziz Hieronymus'u. Kendi bilgeliğini, pörsüyen teni ile kamburunu, değnek gibi incelmiş kolları ile bacaklarını ona atfetti. İyi seçmeyen gözleriyle kitap okurken, bir zamanlar iyileştirip evcilleştirdiği aslanı da dizinin dibine yerleştirmeyi ihmal etmedi. Yıllardır birlikte yaşamaktan birbirlerine benzemişlerdi. Aslanın bakışları azize geçmişti, azizin yorgunluğuysa aslana. Onun için böyle bitkin, dünyadan bezmiş bir hali vardı. Azizin ayakucuna çöreklenmiş, yaşlı ve uysal bir kedi gibi kıvrılıp yatmıştı. Aslında kendi kapanmışlığını, kendi içe dönük yaşamını yansıtmak istemişti Hieronymus'u çizip boyarken. Renkleri ona göre seçmiş, onu mağarasının önünde okuduğu kitaba vuran ışıkla birlikte düşlemişti. Aziz, bir deri bir kemikti, ama ışık her zamankinden daha yoğun, çok daha canlıydı. Yalnızca ışık mı? Doğa da kıpır kıpır, sürekli bir devinim içindeydi. Mağaranın önündeki kuyuda kamışlar büyümüş, cılız ağacın yaprakları yeşermişti. Kayaların içinden fışkırıyordu bitkiler. Tam karşıda biri beyaz öteki kahverengi iki tavşan oynuyordu. Onun da, Aziz Hieronymus gibi dölü çoktan kurumuştu artık, zürriyeti tükenmişti. Bir canlıya hayat veremezdi. Oysa tavşanlar oynaşıp çiftleştikçe doğuracaklar, kamışlara her baharda su yürüyecekti. Doğa sürekli yenileyecekti kendini.

İnzivaya çekilmiş kitap okurken üç ayrı resmini yaptığı Aziz Hieronymus'u her defasında kendi yaşında göstermişti. O öldükten sonra da hep yetmiş yedi yaşında kalacaktı ermiş. Ressamın gücü de buradan kaynaklanıyordu zaten. Modeller bir gün ölseler bile tablolarda hep resmedildikleri yaşta oluyorlardı. İsa otuz üçünde, Venedikli delikanlılar ile Padovalı senatör ve Şair Pietro Bembo da öyle –İsabella d'Este'nin bir siparişi için atölyesine gelen bu yapışkan adamın ısrarlarına dayanamayıp aradan çıkarıvermişti portresini– Meryem'se onlardan daha genç. Genç ve güzel, çok güzel bir kadındı Meryem; İsa kucağındayken de güzeldi, çarmıhtan indirildiğinde de. Yalnızca bir kez, evet tek bir tabloda yaşlı ve acıdan çökmüş bir kadın suretinde çizmişti onu. Çocuğun yaşlı bir annenin kollarında can vermesini arzulamış gibi. Oysa hep resmedildikleri yaşta, yani genç olmalıydı anneler. Çünkü ya ölür ya kaybolup giderlerdi. Onun annesi de çekip gitmemiş miydi bir gece! Sabah uyandığında kendini Anna Riversi'nin kollarında bulmamış mıydı! Hieronymus'u hayatının sonunda çivit mavisi bir gök ile kat kat kayaların içinden göveren çimenlerin arasına yerleştirirken yukarıya, azizin başının üzerindeki kuru dal parçasına bir saka kuşu kondurmayı da ihmal etmemişti. Kuş nasıl olsa uçup gidecekti günün birinde, azizin ruhu da kafesinden kurtulup fondaki beyaz bulutlara doğru ağacaktı.

Kalkmalı artık, bir an önce işe başlamalı. Geceki soğuk kırıldı çoktan, çanlar da sustu. Şimdi hayal kurma değil, çalışma zamanı. Atölyeyi yatak odasından ayıran perdeyi çekip bir tapınağa girer gibi resimlerin dünyasına dalmanın tam vaktidir. Gün çoktan ağarmıştır dışarıda, sabah ışığını kaçırmamalı.

Kalkıp giyindi. Perdeyi çeker çekmez gün ışığı vurdu yüzüne, gözleri kamaştı. Geç bile kalmıştı. Bu sabah tembelliğini kendine hiç yakıştıramadı. Ama anılar yakasını bırakmıyordu ki. Çok yaşamış, ne var ki, çok az şey görmüştü şu dünyada. Ne doğuya gitmişti, ne de batıya. Engine yelken açmamış, uzak limanlara demir atmamıştı. Venedik ve çevresinden başka bir yere de düşmemişti yolu. Buna rağmen İsabella d'Este *studiolo'*su için ondan bir Paris görünümü istiyordu. Sonu gelmeyen yolculuklara hep kendi içinde çıktığını, dümen kırdığı denizlerde pusula ile usturlaba gerek olmadığını bilmiyordu anlaşılan. Görmeden nasıl yapardı Paris'in resmini? O, yapsa yapsa Meryem ile İsa'nın arkasındaki boşluğa hayalindeki dünyanın, günbatımları ile gündoğumlarının yumuşak ışıklı, sakin manzaralarını yapabilirdi. Evet, sabah uyanır uyanmaz anılar hep birlikte çullanıyordu zihnine, dün olan biten ile yıllar önce yaşadıkları, çocukluğu ile yaşlılığı, belleğinde yarışmaya başlıyorlardı. Bazen Squarcione'nin ya da babasının atölyesinde geçirdiği günlerden bir anı, bazen kuytu bir avluda açan çiçeklerin görüntüsü, kanalda bir siyah gondol, bazen de karabasana dönüşen bir düş, hep o aynı düş kazanıyordu yarışı. Hâlâ süren, lagündeki deniz gibi içinde bir gidip bir gelen, belleğinin sınırlarına çarptıkça dağılıp çözülen düşün etkisinden kurtulmak için boyaları denetlemeye karar verdi. Dün akşam paydos saatinden önce çıraklarına her şeyi hazırlamalarını söylemişti. Gentile'nin yarım bıraktığı *telero*'yu bugün tamamlamasa da rötuşlarını bitirmek istiyordu.

Boyalar kâselerin içinde yan yana dizilmişti. Lacivert taşından maviler, zincifreden kırmızılar, kurşun ve kalay karışımından sarılar, üstübeçten beyazın bütün tonları elinin altındaydı. Her birine ayrı ayrı göz gezdirdi, kıvamlarını, birleştirici ve yumuşatıcı maddelerini inceledi. Sonra alçı ve sıva kovalarının arasından tezgâha doğru yürüdü, ince uzun boyunlu, şiş karınlı şişelerin içinde duran ketenyağını alıp baktı. Bu yağ yepyeni bir çığır açmıştı önünde. Antonello da Messina'yı anımsadı. Onun sayesinde yağlıboya tekniğini öğrenmiş, tahta ya da tuval üzerinde bu yeni boyama tarzının ilk deneyimlerini yapmıştı. Antonello'yla aynı yaştaydılar. Ama Sicilyalı ressam, güneyin güneşini bırakıp puslu Venedik'e geldiğinde kendi yolunu çoktan bulmuştu, o ise babasının etkisinden yeni kurtulmaya çabalıyordu. Yağlıboya tekniğini öğrenmekle yetinmemişti neyse ki, o tekniğin getirdiği olanaklarla ışık anlayışını, gölgeden aydınlığa geçişleri, renk düzenini de geliştirmişti. İsa'nın çıplak bedeni ışıkta daha belirgindi artık; Madonna'nın mantosundaki kıvrımlarsa daha aydınlık ve parlak. Renkleri açmak ya da başka bir renkle kapatmak da daha kolaydı. Bu teknik o güne dek görülmemiş bir akıcılık, yumuşaklık veriyordu kompozisyona, vernik çekilince hoş bir saydamlık kazandırıyordu ya da eğer kıvamını tutturabilirsen, benzersiz bir matlık. Antonello'yu başında kırmızı takkesi, alnına düşen perçemi, yeşile çalan parlak, gri bakışları ve yakasız gömleğiyle görür gibi oldu. O da ölüp gitmişti çoktan. Zaten yaşıtı ressamlardan kim kalmıştı ki! Hepsi öteki dünyaya göçmüştü. Orada resim yapıyorlar mıydı acaba? Yoksa "Biz aslında böyle değiliz, bizi neden doğru çizmediniz?" diyen meleklere hesap mı veriyorlardı? Gülümsedi. Şimdiden özlemeye başlamıştı çekip gidenleri. Gentile'yi bile. Oysa ağabeyi öleli daha bir ay olmamıştı. Ya kalanlar, yani öğrencileri. O öldükten sonra yarım kalan işleri bitirirler miydi acaba? Yoksa onun Gentile'ye gösterdiği vefayı ustalarından esirgerler miydi? Ya da kovanda bal bitti diyerek her biri bir başka yere mi giderdi? Dağılır mıydı Bellinilerin asırlık atölyesi? Bu ihtimali düşünmek bile istemiyordu.

Atölyenin bir duvarını neredeyse boydan boya kaplayan *telero*'nun karşısına geçti, pencereden vuran ışıkta ağabeyinin kompozisyonunu dikkatle incelemeye koyuldu. Aslında gerekeni yapmıştı Gentile, Aziz Marcus'u tuhaf bir mimarînin önüne yerleştirmişti. Dikey ve yatay çizgilerle kapanan mekânı tam ortadaki kilisenin eğri çizgileri dengeliyor; sağlı sollu sıralanan evlerin bitiminde somaki mermerleri, antik sütunları, üç kapılı cephesi, balkonu, kemerli pencereleri ve gökyüzüyle birleşen mavi kubbeleriyle kilise çok uzak bir dünyadan gelmiş gibi tablonun arka planını tümüyle dolduruyordu. Herhalde bir benzeri daha yoktu bu yapının. Gentile'nin dilinden düşürmediği, tüm mozaikleri badanayla sıvanmış Ayasofya mıydı, San Marco Bazilikası'nın hayalî bir görünümü mü yoksa? Scuola Grande di San Marco'yu andırıyordu biraz –ne de olsa *telero*'yu onlar ısmarlamıştı– biraz da Santa Eufemia'yı. Belki gemicilerin Pontus'tan, Adalar Denizi'nden, İskenderiye'den dönerken gördükleri bir tapınaktı, çok eski, gizemli, uzak bir liman kentinin en büyük alanına yan gelip kurulmuş. Tümüyle hayal ürünü de olabilirdi, Gentile'nin

İstanbul yolculuğundan bazı izler taşısa da. Ana yapıyı destekleyen kemerlerin iki yanından minareler yükseliyordu. Gentile minareleri anlatmıştı ona; Müslüman papazın gökyüzüne daha yakın olmak için günde beş kez bu minarelerin tepesine çıkıp halkı duaya çağırdığını, çağırırken de iki eliyle kulaklarını kapatarak Allah'ın en büyük ve tek ilah olduğunu tüm dünyaya duyurmak istercesine avazı çıktığı kadar bağırdığını söylemişti. Solda ucu sivri bir dikilitaş vardı. Gentile Atmeydanı'nda görmüş olmalıydı bu anıtı. Ve üzerindeki acayip biçimleri, hayvan figürleri ile kuş resimlerini olduğu gibi kopya etmişti. Zaten Bizans'ın son günlerinden bu yana dikilitaşın ünü Venedik'te dillerden düşmüyordu. Kim bilir ne anlatıyordu bu resimler? Bir savaşı belki, belki de çok uzaklarda, Nil Vadisi'nde yaşamış Mısırlı bir prensesin hazin öyküsünü.

Önde, kalabalığın arasındaki altı basamaklı kürsünün üzerinde bir Romalı senatör gibi ayaktaydı Aziz Marcus. Açık kırmızı bir elbise giymiş, omzuna gök mavisi şalını atmıştı. Sol elinde kendi yazdığı İncil'den bir sayfa tutuyordu, sağ eliniyse kalabalığa doğru yöneltmişti. Belli ki boşa konuşmuyordu. Giovanni onun İskenderiye'de verdiği vaazları her geçen gün daha kalabalık bir kitlenin izlediğini okumuştu Varagine'nin kitabında. Azizi dinleyenler çoğaldıkça düşmanları da çoğalıyordu elbet. Ama Marcus, sözün etkileyici gücünden emindi. Önce söz vardı çünkü, her şeyin öncesi ve sonrası olan söz. Belki bu yüzden rahip olmak istememiş ve başparmağını kesmişti. Ama İsa yoluna baş koymuştu bir kez, onun da kaderi öbür azizler gibi Tanrı buyruğunu insanlara anlatırken işkenceyle öldürülmekti. Arkasındaki kâtip bu onun son vaazıymış gibi ağzından çıkan her sözü bir parşömene kaydediyordu. Alanı dolduran kalabalık da dikkat kesilmiş dinliyordu. Peki ne anlatıyordu böyle kendinden emin, mağrur ve kararlı? Giovanni onun ne anlattığını elbette bilemezdi; resim konuşmaz çünkü, hep susar, sürekli bir sessizliktir resim, belki de ressamın kendisiyle konuşmasıdır, ömür boyu süren bir uzun konuşma. Ya da sözün renklerde başkaldırısı. O da resim yaptıkça susmuştu yıllar boyu; çizgi ve boyayla savaşırken hep kendisiyle konuşmuş, kendi sesini dinlemişti. Bu nedenle Aziz Marcus'u görüyor, ama ne dediğini anlamıyordu. Üstelik Gentile yeterince çalışmamıştı yüz çizgilerini, ağız, çene ve dudakların konturlarını tamamlamadan bırakmıştı. Buna rağmen solda dört sıra dizilmiş Venedikliler siyah bereleri, tuğla rengi zemini süpüren uzun giysileri ve ciddi duruşlarıyla kentlerini kuran azizin sözlerini anlıyor ve her dediğini onaylıyor gibiydiler. Ne de olsa mozaiklerden aşinaydılar simasına, İncilini ezbere biliyorlardı. Kürsünün tam önünde beyaz sarığı ve belinden sarkan eğri kılıcıyla sırım gibi bir Türk vardı. Marcus'un cellatı olmalıydı bu adam. Ve vaazın bitmesini bekliyordu işini bilen insanların sabrıyla. Ayağının dibinde bir heykel kaidesi gibi duran idam taşı hazırdı. Baş o taşın üzerinde gövdeden ayrılıp yere düşecekti. Ve alanın Piazetta'nınkine benzeyen beyaz çizgili döşemesine yayılacaktı kan. "Bir vurdun bir kez daha vur" mu diyecekti Marcus, yoksa tam o sırada gök yarılıp Tanrı sevgili kulunu yanına mı alacaktı?

Türk'ün arkasında yüzü örtülü kadınlar beyaz giysileriyle bağdaş kurup yere oturmuşlardı. Azizin solunda ayakta duran bir başka Venedikli grubun arasında da biri yerde, ikisi ayakta, üç kadın vardı. Mistik bir yolculukta gibiydiler, kendilerinden geçmiş ulvî bir yalnızlık içinde. Ağlıyorlardı belki. Peçelerini kaldırsan gözyaşlarına dokunabilirdin, öylesine duygulu ve yumuşaktılar. Bütün Doğulu kadınlar gibi de sessiz ve mütevekkil. Ama, azizin sözlerini duydukça kim bilir ne fırtınalar kopuyordu içlerinde. Onların ardındaysa pırıltılı kaftanları, yeşil, beyaz, kırmızı sarıklarıyla bir erkek güruhu. Çoğu sakallıydı. Bazıları kan rengi bir papak geçirmişti başına. Vaazı dinlemeye gelmedikleri belliydi. Aralarında konuşuyor, belki de kürsüdeki kâfirin defterini bir an önce dürmek için tuzak hazırlıyorlardı. Arkada, kilisenin basamaklarının önünde üç atlı, evlerin gölgesinde iki deve ve bir köpek vardı. Bir yalnız palmiye kuruyup kalmıştı taş kulelerin arasında. Giovanni boşluğa serpiştirilmiş tam yirmi dört tane sarıklı figür saydı. İçlerinden biri o güne dek ne gördüğü ne de adını duyduğu çok uzun boyunlu garip bir yaratığı yularından tutmuş çekiyordu. Soldan vuran ışıkta evler sarı-beyaz, gölgede kalanlarsa kayısı rengindeydi. Hatta düpedüz neftîye çalıyordu birinin duvarı. Işığı biraz daha yumuşatmak gerektiğini düşündü. Gerçi olay İskenderiye'de geçiyordu, ama güneş gökyüzünü ortalamamıştı henüz. Gölgelere bakılırsa sabahın erken saatleriydi. İşine gücüne giden insanları çevresine toplamayı başarmıştı Marcus. Kimileri de kafesli pencerelerin ardında, balkon ya da taraçalarındaydı. Kayıtsızlıkla bakıyorlardı aşağıda olup bitenlere. Vaazdan sonra azizin idamını da aynı vurdumduymazlık, aynı gönül rahatlığıyla seyredecekleri belliydi. Giovanni, kardeşinin kalabalıkları çizmekte, tabloyu asıl konuyla ilgisiz ayrıntılarla süslemekte gösterdiği başarıyı ışık düzeninde gösteremediğine bir kez daha kanaat getirdi. İyi ki ölmeden tüm figürlerin çizimini bitirmiş, inceliklerini babalarından öğrendiği mimarîyi de büyük ölçüde tamamlamıştı. Böylece ona minarelerin ardına dağları dizip manzaraya uygun bir gökyüzü yerleştirmek kalıyordu. Bir de ışığın yoğunluğunu azaltmak. Gerisi çırakların bileceği işti. Aziz Marcus'a gelince, onu tümüyle yeniden yapmak, özellikle de yüz çizgilerini ayrıntılarıyla çalışmak gerekiyordu.

Belli ki Varagine'i dikkatli okumamıştı Gentile. Belki de hiç okumamıştı. Yoksa azizin yüzünü böyle resmeder miydi? İnce bir fırça aldı, çırakların hazırladığı toprak kâsedeki sarı boyaya batırıp beyazla karıştırdıktan sonra başın duruşunu düzeltti. Marcus hitap ettiği kalabalığa bakıyordu artık, karşı evlerin duvarlarına değil. Sonra giysinin yakasını silerek vaaz bittiğinde gövdeden ayrılacak başı iyice ortaya çıkardı, yüksek sesle konuşmaktan gerilmiş boyun damarlarını da teker teker çizdi. Bir başka fırçayı siyah boyaya batırıp söğüt dalından kesilmiş tahta parçası üzerinde denedi, beğenmeyince yumurta akıyla açtı biraz, azizin önden biraz dökülmüş kıvırcık saçları ile sakalına sürdü. Böyle saatlerce, yüzü yeniden biçimlendirinceye dek iki ayrı fırça ve boyayla çalıştı. Öğlene doğru Marcus, Varagine'nin betimlemesine benzemeye başlamıştı artık. *Legenda Aurea*'da anlatıldığı gibi burnu uzun, kaşları düşüktü. Önden dökülen saçlar alnını iyice ortaya çıkarmıştı.

Arkadaki boşluğa, minarelerin dikey çizgileri ile üç mavi kubbenin yatay çizgileri arasına bir manzara koymak gerekiyordu. Madonnaların ardına yerleştirdiği kır görünümlerinden de, Meryem'in bakireliğini, ele geçirilmesi imkânsız faziletini simgeleyen yüksek surlarla çevrili kentlerden de değişik, bambaşka bir manzara.

Ne var ki Gentile, Jacopo'nun çizim defterlerine sahip olmanın verdiği güvenle iyice doldurmuştu fonu. Arka plana en ince ayrıntılarına varıncaya dek karmaşık bir mimarî yerleştirmişti. Yatay dağlar ile birkaç buluta yer bırakmıştı ancak. Renk karşıtlığına girmeden, Madonnalarda yaptığı gibi mavi ile yeşili, kırmızı ile siyahı birbirine çatmadan, mimarînin rengiyle uyumlu bir dağ manzarası yapmaya başladı. Sonra sıkıldı birden, bu işi çıraklara bırakmaya karar verdi. Onların sabah atölyeye geldiklerini fark etmemişti bile. Kendini işe verince top atılsa duymazdı. Çıraklar da, ustanın huyunu bildiklerinden, içeriye sessizce girip işe dalmışlar, bir giysinin kıvrımlarına, fondaki ağaca, İsa'nın çarmıhı ile Aziz Sebastianus'un çıplak etine saplanan oklara ya da meleklerin kanatlarındaki gümüş tüylerden birine kendilerini kaptırmışlardı. Sanata adanmış bir hayatın huzuru okunuyordu yüzlerinde. Çoğunun ünü atölye dışına çıkmayacaktı. Ustalarının adıyla anılacaklardı belki, belki daha ölmeden unutulup gideceklerdi. Giovanni onların yeteneğini gasp ediyormuş duygusuna kapıldı bir an. Sanat heyecanlarını, gençliklerini kendine mal ediyormuş, kendi ömrünü uzatmak için onlardan besleniyormuş gibi suçluluk duydu. Kendi başlarına bağımsız bir atölye kurmaya kalkışanları pek onaylamaz, ama engel olmaya da kalkışmazdı. Zaten atölyeye sipariş yağdığından tümünü yaşamlarının sonuna dek geçindirecek iş vardı. Kendisi de önce Padova'da Squarcione'nin, sonra Venedik'te babasının atölyesinde ömür tüketmemiş miydi yıllarca? Bir yüz yapma iznini koparıncaya dek İsa ve azizlerin parmaklarıyla, giysileriyle, çarmığın dibindeki otlarla uğraşmamış mıydı?

Kesin bir işbölümü vardı atölyede. Bir çırak yıllarca tek bir işle görevlendirilebiliyordu. Fırçaları temizlemekle örneğin. Ya da vernikli yapıştırıcıların kaynatılıp toprak boyaların hazırlanmasıyla. Hatta bu boyaları elde edebilmek için kalkerli taşlar bulup killi toprağı kazmakla; böğürtlen toplayıp havanda sarmısak, yumurta kabuğu, güvercin kemiği ezmekle. Bazıları akkavak dalından tahta yontuyor, delikleri tıkayıp sıva çekiyordu. Madonna ve kutsal söyleşilerdeki fonu siyaha boyamak da onların göreviydi. Ama yalnızca siyaha; tek bir tona, bir ışık huzmesine bile yer vermeden. Ancak çok sonra, belli bir deneyim kazandıklarında figürlerin ayrıntılarıyla ilgilenmelerine izin veriliyordu. Bir yüze dokunmak kesinlikle yasaktı ama. Yüz, ustanın özel mülkiyetindeydi.

Giovanni çırakların arasında dolaştı bir süre, çalışmalarını denetledi, önerilerde bulundu. Kimine öğüt verdi, kiminin başını, kiminin tüysüz yanağını okşadı. Fırça tutmaktan sertleşmiş elleriyle işlerini düzeltti. Sonra en çok rağbet gören tablolarından *Sünnet*'in bilmem kaçıncı kopyasını çıkarmakta olan Giorgione'nin yanına gidip işe ara vermesini söyledi. Castelfranco'dan geldiği günden beri her şeyi çok çabuk öğrenen bu delikanlıya güveni tamdı. Hem çalışkan, hem uysaldı çünkü. Bazen dalıp gidiyor, köyünü, orada bıraktığı annebabası ile arkadaşlarını özlüyordu. Ona bir manzaranın ayrıntılarını teslim edebiliyordu artık. Bir defasında öyle bir ağaç yapmıştı ki, kendi yaptıklarından çok daha farklı, daha güzel olmuştu. Günbatımı yapraklarda kıpırdıyordu sanki. Dalları da doğadakine hiç benzemiyordu. Castelfranco'nun ormanlarını, yaprak dökümlerini, bir ırmağın taş köprünün altından ağır akışını orada görüp sevmiş, iyice içine sindirmiş olmalıydı.

İskenderiye'nin dağlarını da aynı yetenek, aynı benzersiz üslupla çizebilecek miydi bakalım. Scuola Grande di San Marco'nun ağabeyine ısmarladığı *telero*'nun henüz bitmediğini, fondaki dağ manzarasını ona yaptırmak istediğini ne var ki, ışığın tonlarına karışmamasını söyledi. Onu kıskanıyor muydu yoksa. Ağacın yapraklarını boyarken dikkat etmişti. Delikanlı desene hiç önem vermeden çalışıyor, fırçayı doğrudan sürüyordu tuvale. Çizgi ve hacimleri daha tamamlamadan renge geçiyor, hızla boyuyordu. Yalnızca kendisinin duyduğu bir ezgiye kulak veriyordu sanki. İçinden yükselen bir müzik ellerine geçip fırça vuruşlarının ritmini belirliyor gibiydi. Çok güzel lavta çaldığını duymuştu. Ama kendisi hiç açmamıştı bu konuyu. Belki de müzik ile resmi birbirine karıştırmak istemiyordu. Contarinilerin, Vendraminlerin, Kıbrıs kraliçeliğini kaybedeli beri Asolo'da düzenlediği şölenlerde teselli arayan Caterina Cornaro'nun davetlerinde sahneye çıktığı bile söyleniyordu. İşini hiç aksatmıyordu ama. Sabah yorgun argın, geceden kalma bir suratla atölyeye geliyor, eline fırçayı alır almaz bambaşka bir insan oluyordu. Günbatımının yapraklardaki ışığını da yeşil ile sarı karışımı bir rengi deneyerek, yaprak uçlarına ince fırçayla çok hafif mavi, kırmızı ve pembe tonlar ekleyerek bir çırpıda elde edivermişti.

Delikanlı bu işe pek sevindi. Gentile Bellini'nin yapıtlarını pek önemsemiyordu, ama Dogeler Sarayı nezdindeki prestijinin farkındaydı. Hemen bıraktı fırçasını, önlüğünü çıkarmadan atölyenin en aydınlık bölümündeki duvarı boydan boya kaplayan tablonun karşısına geçti, minarelerin ardına kömür kalemle ilk çizgileri çekmeye koyuldu. Bir yandan da Gentile Bellini'yi düşünüyordu. Kim bilir neler görmüştü İstanbul'da, başından ne serüvenler geçmişti. Son yıllarda çok sık uğruyordu kardeşinin atölyesine. Bir keresinde yanında genç bir öğrencisiyle gelmiş, onu kendi elleriyle Giovanni'ye teslim etmişti. Tiziano adındaki bu öğrenciye pek ısınamamıştı nedense. Çalışkan ve hırslı bir hali vardı. Çocuktu daha. Ama gözlerinde dehanın ışığı parlıyordu. Atölyedeki konumunu tehlikeye düşüreceğinden korkmuştu belki. Kendine rakip istemiyordu. Ustası Giovanni'nin izinde yürümekten de bıkmıştı. Bir atölye açıp bağımsızlığını elde eder, dilediğince resim yapma olanağına kavuşursa kendi yolunu bulabileceğine inanıyordu.

Tablonun ayrıntılarına takıldı bakışları. O güne dek görmediği bir dünyayı yansıtıyorlardı. Birden bu uzak ve yabancı dünyanın bir parçası olmak, İskenderiye sokaklarında yitip gitmek istedi. Castelfranco'dan ne kadar farklı bir kentti. Minareler çan kulelerinin, kafes pencereli duvarlar surların, sarı yeşilin yerini almıştı. İnsan bir girebilse resmin içine, her şey gerçeğe dönüşse! Şu uzun boyunlu acayip yaratık örneğin. Ya da hecinli develer. Köpek hiç durmadan havlasa. Belki orada köpekler sevilmiyordur. Vittore'nin yaptığı gibi her resme mutlaka bir köpek koymuyorlardır. Belki resim yapmak da yasaktır orada. Yüzü örtülü kadınların arasında dolaşırken sarıklılara yol sorabilsen. Başına baca biçimindeki yeşil serpuş giymiş şu tüysüz delikanlı yardımcı olabilir belki, ötekilerden daha uysal birine benziyor. Ya da onun yanındaki siyah haremağası. Gerçekten hadım mıdır acaba? Söylenenlere bakılırsa herhalde öyledir. Kökünden kesmişlerdir belki, belki dibinde bir parça kalmıştır, yeniden uzasın diye. Atının terkisine küçük bir çocuk oturtmuş sarıklı da yol gösterebilir, yeter ki dilinden anla. Sahi ne dil konuşur bu sarıklılar? Ah bir girebilsen resmin içine, sokakta dolaşır gibi renklerin arasında dolaşabilsen! Her şeyin gizi çözülür o zaman. Palmiyenin gölgesine oturur, yüzünü dağlara çevirip bulutları seyredersin. Ama fazla gölge vermez ki palmiye. Hele güneş böyle tepedeyse hiç vermez. Ne dağları seyredebilirsin, ne de kalabalığı.

Aklı köpeğe gitti yine. Sağ köşede, devenin ayakları dibinde belli belirsizdi. Devenin boyu da gerideki adamlardan daha küçük. Gentile Usta'nın perspektif hatasını düzeltmek geldi içinden, köpeği de, yıllarca aynı atölyede çalıştığı Vittore Carpaccio'nun tablolarındaki köpekler gibi biraz daha öne çıkarmak. Kendi işini kurduktan sonra şansı açılmıştı Vittore'nin. Atölyesine sipariş yağıyordu. O da ne yapıp ediyor, her resmin görülür yerine mutlaka bir köpek yerleştiriyordu. Rıhtımda dolaşıp duruyordu köpekler, kimi iskeleden gemileri seyrediyor, kimi bir manastır avlusunda ağaca bağlanmış keşişlerle birlikte çile dolduruyor, kimi de salonlarda gününü gün ediyordu. Azize Ursula'nın gördüğü düşte de vardı küçük, beyaz bir köpek, Aziz Agostino'nun çalışma odasında da. Zırhlı şövalyenin köpeği kocaman kulaklı, uzun tüylüydü, sahibi kadar soylu ve güzel değildi belki, ama arkadaki ağacın kökünü eşelerken yine de bir hoş bakıyordu. San Giorgio'nun tazısıysa Vittore'nin çizdiği en soylu köpekti kuşkusuz. Gentile'nin o köpeği iş olsun diye tablonun görünmeyen bir köşesine koyduğu, köpeklerden de pek anlamadığı belliydi.

Köpek konusunu unutup ustanın yasağına rağmen dağlara göz almayan, yumuşak bir sabah ışığı düşürmeye çalıştı. Galiba başardı da. Usta, yarın gelip baktığında, onu hem azarlayacak, hem de elinde olmadan kıskanacaktı.

Giovanni ertesi gün Castelfranco'lu delikanlının yasağı çiğnediğini tabloya bakar bakmaz anladı. Işıkla oynamış, dağların ardına perde perde azalan bir aydınlık koymuştu. Bu düzen kompozisyonun genel havasına daha uygun düşüyordu aslında. Bir süredir Giorgione'nin kendi işini kurmak istediğinin farkındaydı. Öğrenmesi gereken her şeyi öğrenmişti nasıl olsa. Belli ki bundan böyle kuralların içine hapsolmak istemiyordu. Bir bildiği vardı anlaşılan, ama yeterince deneyimi yoktu. Gölgeyi ışığın kararsız bir durumu gibi algılıyordu. Oysa ona kalsa figürleri karanlıkta bırakıp üzerlerine solgun bir ışık düşürürdü, tıpkı Leonardo gibi.

Birkaç yıl önce Fransız ordularından kaçan Floransalı ressam Milano'dan Venedik'e gelmiş, gelir gelmez de onu arayıp bulmuştu. Resim konusunda bir gece boyu tartıştıklarını anımsadı. Aslında bilmediği yoktu Leonardo da Vinci'nin. Her konuda geniş bilgi sahibiydi. Matematik, anatomi, mekanik alanlarında da kafa yormuş, o güne dek resim çalışmalarını hep heykelle birlikte yürütmüştü. Heykelin ancak gerçek ışıktan, çevredeki nesneleri var eden doğal ışık kaynağından yararlanabileceğini, oysa resmin kendi ışığını içinde taşıdığını düşünüyordu. Heykel doğada var olan renkleri resim gibi yansıtamazdı, üstelik perspektif yönünden de resmin getirdiği olanaklardan yoksundu. Hem resim, gerçek sanatçının elinde, saydam nesneleri, aynalar ile ırmakları, puslu sabahları, gölge ve ışığın en gizemli yönlerini de gösterebilirdi. Ne var ki heykel daha kalıcıydı. Belki mermer günün birinde kırılıp parçalanabilirdi, ama bronzun ömrü elbette bir tahta parçasınınkinden daha uzundu.

Ellisine merdiven dayamış bu uzun saçlı adamın en büyük kaygısının geleceğe kalmak olduğunu anlamıştı o an. Herkesin derdi de bu değil miydi zaten. Dogenin, Onlar Meclisi'nin, senatörlerin, amiraller ile *condottieri*lerin, hatta evlerinin duvarlarını süslemekle yetinmeyip kendi portrelerini ısmarlayan yeni zenginlerin bile. Evet, herkes geleceğe kalmak istiyordu, resim ölüme çareymiş gibi. Oysa o hayatının sonuna yaklaşmıştı artık ve hep boyalar ile fırçalar arasında yaşamıştı. Yaratmak yetiyordu ona, yaratırken de mutlu olmak, işini iyi yapmanın verdiği huzurla çalışıp didinmek bir ömür boyu. Her geçen gün Tanrı'ya inancı çoğalıyordu. İsa ile havarilerin, azizlerin, geçmişin mutsuz anılarını çağrıştırsa da Meryem'in dünyasında mutluydu. Hazzı pek fazla tanımadan doymuştu dünya nimetlerine. Oysa Leonardo'nun tat düşkünlüğü her halinden belli oluyordu. Eli biraz para görünce yoksulluk çektiği günleri unutup gümüş yemek takımları edinmiş, çevresinden hiç eksik olmayan hizmetkârlar ile çırakları taciz etmeye başlamıştı. Her şeyin özünü bilmek istiyordu ayrıca, bitmez tükenmez bir merakı vardı. İnsana kanat takıp kuş gibi uçurmayı bile tasarlıyordu. Mehmed'in oğlu Bayezid'e mektup yazıp Haliç'in üzerine bir köprü yapmayı önermişti. Keşke ağabeyi hayatta olsaydı da onu bu çılgın tasarıdan vazgeçirseydi. Gran Turco'ya köprü yapmak İtalya'nın en dâhi sanatçısına mı kalmıştı? Leonardo kargacık burgacık yazılar, bir sürü akıl almaz krokiler ve desenlerle dolu defterlerini de göstermişti ona. Bir yüzü çizebilmek için nasıl günlerce çalıştığını, taslaklar hazırladığını, hatta bununla da yetinmeyip sokaklarda, hanlarda, pazar yerlerinde dolaştığını, İsa'nın son yemeğini tasvir eden Milano'daki

Santa Maria delle Grazie'nin yemekhanesindeki duvar freskinde Yahuda'nın ihanetini gerçeğe en yakın biçimde yansıtabilmek için serseri takımının uğradığı batakhanelerde nasıl sabahladığını anlatmıştı. Sanıldığı gibi hayal gücüyle yetinmiyordu figürlerini yaratmak için, onları en akla gelmedik yerlerde gidip buluyor, desenlerini çizdikten sonra iç dünyalarını, duygularını, düşünce ve karakterlerini yansıtabilecek en uygun ifadeyi arıyordu. Bir ara susmuş, biraz duraksadıktan sonra yanında atölyeye dek getirdiği gümüş kupalardan içtikleri şarabın da etkisiyle bazı Madonnaların yüzlerini çizerken orospulardan bile yararlandığını ağzından kaçırıvermişti. Demek çıraklarla yetinmiyor genelevleri de dolaşıyordu üstat. O bembeyaz, ay parçası gibi saf yüzlerin, eşsiz gülümseyişlerin ardında günahkâr kadınlar vardı. Peki ya Maria Magdelena, İsa yoluna girmeden önce günahkâr değil miydi o da? Yine de duyabileceği en ağır sözlerdi bunlar. Konuğunu kırmamak için duymazdan gelip konuyu değiştirmişti.

Leonardo'ya göre evrenin doğasında karanlık vardı. Dolayısıyla karanlıktan yola çıkmak gerekiyordu ışığı bulmak için. Karanlık gölgenin ilk aşamasıydı, ışıksa son aşaması. Gölgeyi karanlığa, yani kaynağına yakın yaparsan sonunda ışığa dönüştürebilirdin. Bir başka deyişle gölge, ışığın azalmasıydı; karanlıksa yokluğu. Gölge, ışık ile karanlık arasında bir yerde bulunduğuna göre aşamalı olarak, derece derece sonsuza dek ayarlanabilirdi. Ressam, gölge ve ışığı çizgiden bağımsız yayabilmeliydi tablonun yüzeyine, belli belirsiz bir buğu, rüzgârda dağılan duman gibi.

Giovanni sabaha dek ilgiyle dinlemişti konuğunu, yanından hiç ayırmadığı defterlerine türlü krokiler, savaş makineleri ile uçan nesneler, hatta insanın iç organlarını bile –buna cinsel organlar da dahildi– çizen bu tuhaf Floransalının gölge ve ışık tekniği konusunda bunca bilgili ve cömert oluşuna da şaşırmıştı. Ona her şeyi anlatıvermişti bir çırpıda, tüm sırlarını açıklamıştı. Belki de onu çok yaşlı gördüğü için yapmıştı bunu, nasıl olsa yakında öleceğini düşünmüştü. Oysa Giovanni'nin ölmeye niyeti yoktu daha, yeni arayışlar, yeni buluşlar peşindeydi. Atölyenin pencerelerine mavi bir sabah aydınlığı gelip durduğunda izin istemişti Leonardo. Bir daha da görüşmemişlerdi. Şimdi nerelerdeydi kim bilir, hangi kentte kimin korumasındaydı? Yine acayip krokiler çiziyor muydu defterine? Belki ışık konusundaki çalışmalarını daha da ilerletmişti. Ya da bir savaş makinesi icat edip yaşadığı kenti düşman kuşatmasından kurtarmıştı. Kendini tümüyle mimarlığa da vermiş olabilirdi, asma köprüler, sarp kayaların üzerine kartal yuvası gibi kaleler yapmak için. Giovanni birçok ressam tanımıştı hayatı boyunca. Kiminin uzun süre etkisinde kalmış, kimiyle konuşmaya bile tenezzül etmemişti. Ama yalnızca iki karşılaşma altüst etmişti sanat anlayışını. Yağlıboya tekniğini Antonello'ya, her zaman yeterince başarılı olmasa da ışık düzenini Leonardo'ya borçluydu. Sicilyalı öyle kolay sır vermemişti ama. Napoli'de Flaman ustaların yapıtlarından öğrendiklerini gözü gibi saklıyor, hiçbir meslektaşıyla paylaşmaya yanaşmıyordu. Kimliğini gizleyip portresini yaptırmak isteyen herhangi bir zengin tüccar gibi kapısını çalmış, ömründe ilk ve son kez model olmuştu. Antonello çalışırken dikkatle izlemişti onu, her hareketini, boyaları ketenyağıyla yumuşatırken kullandığı her maddeyi belleğine kazımıştı. Portresi bitince de koltuğunun altına koyup kesenin ağzını açmıştı. Antonello'dan hileyle öğrendiği tekniğin paha biçilmez değerde olduğunu biliyordu. Hem o zaman böyle yaşlı değildi, önünde yıllar vardı. Ve yapılmayı bekleyen Madonnalar ile manzaralar.

Giorgione'nin düzelttiği ışığı değiştirmedi. Aziz Marcus'un yüzünü ele aldı yeniden, uzun süre konturları çalıştı. Sonra birkaç adım geriye çekilip kompozisyonun tümünü gözden geçirmeye başladı. Tablo bitmişti. Yine de bir şeyler eksikti sanki. Bir aşina yüz, bir köşede çizilmeyi bekleyen yeni bir figür. Venediklilerin arasında gözleri Gentile'yi boşuna aradı. Böylesine uyumlu, bu denli soylu kişilerin arasında ağabeyi de yer almalıydı. Ve onun tam simetrisinde, Serenissimo'nun temsilcilerine karşı, yeşil ve kırmızı kaftanlıların arasında kendisi. Ağabeyini kırmızı kadifeler içinde çizmeye karar verdi; kendisine, daha doğrusu bundan kırk yıl önceki Giovanni'yeyse sarılar giydirecek, başına da Antonello'nun yaptığı portredeki gibi siyah bir bere oturtacaktı. Mehmed'in hediyesi tam iki yüz elli duka altını değerindeki madalyonu Gentile'nin boynuna asmalıydı, ağabeyi bu madalyonu da tüm serveti gibi çocuğu olmadığı için karısına bağışlamış olsa da.

İçinde, çok derinde bir sızı duydu. Babası çoktan ölmüştü. Anna Riversi de. Niccolosa'dan, Andrea'dan, Gentile'den de daha fazla yaşamıştı. Hatta karısı ile oğlundan bile. Tanrı'nın, daha doğrusu babasının bir günah anında ona bağışladığı bu uzun ömür boyunca aileden hep dışlanmıştı ama. Şimdiyse Bellini adını ondan başka sürdürecek kimse kalmamıştı. Evet ondan, Jacopo'nun piçinden başka. Ne var ki, bir kadının rahminde ölümü yenmek, bir canlıya hayat vermek için çok geçti artık. Tanrı'nın bir lütfu muydu bu uzun ömür, yoksa bir ceza mı? Galiba her ikisi de. Yaşamak, resim yapmakla eşanlamlı olduğuna göre doğurgan ve güzeldi. Her tablo yeni bir hayatın habercisiydi, yeşeren bir dalla canlanan doğanın müjdesi. Biricik oğlunu yanına çağıran Tanrı yüzlerce çocuk bağışlamıştı ona. Dünyanın hayhuyundan uzak, kendi köşesinde yeni hayatlar yaratıyordu renk ve biçimden ibaret. Artık horlayacak kimse de kalmamıştı. Vasiyetlerde adının geçmesine, miras paylaşımına katılmasına engel olamazlardı. Son darbe Gentile'den gelmişti, yıllarca birlikte çalıştığı, canı kadar sevdiği ağabeyinden. Öz babasının çizim defterini bile layık görmemişti ona, birini gözünü bile kırpmadan Gran Turco'ya hediye ettiği defterlerden ötekini ancak tabloyu bitirmek koşuluyla verebileceğini ima etmişti. Ne iması düpedüz söylemişti. Hiçbir şeye hakkı yoktu, hiçbir şey verilmemişti ona. Ne kazandıysa çalışıp didinerek kazanmış, alın teri göz nuruyla elde etmişti. İçindeki yara çok eskiydi gerçi, ama hâlâ kanıyordu. Evet yıllar sonra bile. Geçmişi düşündükçe tazeleniyordu acısı. Tabloda kendini sarıklıların arasına koymak istemesi de kuşkusuz bu yüzdendi. Ailenin tam üyesi, ayrılmaz bir parçası olarak kabul edilmemişti hiçbir zaman. Kız kardeşi Niccolosa'nın evlenme törenine bile çağrılmamıştı. Gentile sonradan anlatmıştı ona önemli konukların yaylı arabalarla gelişini, kadınların göz kamaştıran mücevherleri ile giysilerini, düğün sofrasındaki bolluğu, geline sunulan hediyeleri; her şeyi ballandıra ballandıra anlatmıştı onu kıskandırmak istercesine. Jacopo kızını geleceği parlak bir ressama verirken damadını atölyenin de başına getirmeyi umuyordu. Ama Andrea Mantegna, Mantova Markisi Ludovico Gonzaga'nın davetini kabul edip onun sarayına yerleşince bütün hayalleri suya düşmüştü. Babaları öldükten sonra da atölye iki kardeşin yönetimine geçmişti. Ama bir gemide iki kaptana yer olamayacağı gibi bir *bottega* da iki usta tarafından yönetilemezdi. Böylece Gentile el koymuştu her şeye. O kendi atölyesini kurana dek ipler ağabeyinin elinde kalmıştı. Yıllarca babasının sözünden dışarıya çıkmadığı yetmiyormuş gibi bu kez de ağabeyinin gölgesinde kalması gerekmişti. O da, Jacopo'nun etkisinden kurtulabilmek ve Gentile'den uzaklaşmak için eniştesini örnek almıştı. Onun bir mimar özeniyle çizdiği kayaları, Venedik'ten hiçbir iz taşımayan manzaraları, çıplak melekler ordusu ile İsa'nın serüvenlerini taklit etmeye başlamıştı. Bir de, her biri kesme taştan yontulmuş gibi sert duran Romalı askerleri.

Niccolosa doğurduğunda kocası küçük bir tablo yapmıştı. Siyah fonda dünya güzeli Meryem, kundaklayıp sımsıkı sardığı çocuk İsa'yı tapınağın başrahibine gösteriyordu. Çocuk her zamanki gibi çıplak değildi. Buysa Meryem'in yüzü ile boynunu daha da açığa çıkartıyor, anne ile çocuğu siyah fonda birbirine iyice yakınlaştırıyordu. Yine de her şey biraz karanlığa gömülmüş gibiydi. Rahibin uzun mu uzun, apak bir sakalı vardı. Yüzü Meryem'e dönük çocuğu annesinin kollarından almak üzere iki elini de öne doğru uzatmıştı. Ortada Yusuf, Jacopo'nun çizgilerini taşıyordu. Jacopo baba rolündeydi yine. İsa'nın babası böyle yaşlı olsun, Jacopo'ya bunca benzesin, olacak iş değildi. Ama öyle istemişti ressam, kayınpederine Yusuf rolünü uygun görmüştü. Yusuf çok yaşlıydı, ama Meryem de inadına çok genç ve çok güzeldi. Giovanni belki de ilk kez bu kadar güzel bir yüz görüyordu. Meryem'in berisinde pembeye çalan yaşmağıyla asık suratlı bir kadın duruyordu. Ne gençti, ne de güzel. Ressam onu Meryem'le tam bir karşıtlık oluştursun diye oraya koymuş gibiydi. Çocuğa da bakmıyordu zaten. Bakışlarını tablonun dışındaki belirsiz bir noktaya yöneltmişti. Sağ köşedeyse anne ve babayı merakla süzen genç bir adamın başı, yani Mantegna'nın ta kendisi vardı. Aile, ressama göre tamamlanmış oluyordu böylece. Doğan çocuğun dedesi Jacopo, ninesi Anna Riversi, annesi Niccolosa ve babası Andrea; hepsi oradaydı işte. Yalnızca dayılara, ona ve Gentile'ye yer verilmemişti. Enişte kayınbiraderleri dışlamış, onların yerine kendini koymuştu. Bu tabloyu görür görmez fırçaya sarılıp sola bir başka kadın figürü daha ekleyerek –düşlerine giren, ona kanalın karşı rıhtımından el eden genç kadının yüzüne çok hafif, büyülü bir ışık düşürerek– aynı sahneyi canlandıran bir tablo da kendisi yapmıştı. Figürler Andrea'nın çizdiği konumdaydı. Jacopo ortada, İsa'nın babası Yusuf rolündeydi yine. Beyaz sakallı rahibin karşısında Meryem, yani Niccolosa, herhalde memeye saldırmasın diye yeni doğan çocuğunu kundaklayıp sımsıkı sarmıştı, onun berisindeyse kendi üvey annesi Anna Riversi ile ileride yapacağı Madonnaların modeli o genç kadın duruyordu. Tablonun sağ köşesi Andrea'nınkinden tümüyle farklıydı ama. Oradan enişteyi çıkarıp yerine ağabeyi ile kendini koymuştu, Gentile yine her zamanki gibi ön plandaydı belki, kendisiyse arkada. Ağabeyinin tören için özel olarak giydiği kırmızı kadifeden elbise de olanca parlaklığıyla görünüyordu, kendininse yalnızca başı. Ama ne gam, bir köşesinden de olsa Bellini ailesine girmişti ya. Kızıl perçemli, sivri burunlu bir delikanlı olarak resmetmişti kendini, tıpkı gençlik günlerindeki gibi. Oysa şimdi o duygulu, mutsuz delikanlıyla yıllar var aralarında. Acılar, kıskançlıklar, yalnızlık ve tablolar var. Koskoca bir ömür yani, anlatmakla bitmez.

Giovanni ağabeyinin vasiyetini yerine getirmiş olmanın rahatlığıyla kendi işine döndü. Yeni bir Madonna ısmarlamıştı Vendramin. Onu yapmaya başladı. Tam yetmiş yedi yaşındaydı, ama fırça tutan eli titremiyordu.

On ikinci bölüm

Rio Terra San Leonardo, Calle del Aseo, uzun ve dar sokak, Venedik'in bütün sokakları gibi de karanlık; sonra bir köprü ve Fondamenta della Misericordia, kanal boyunca eski yapıların sıralandığı rıhtım, o da bu mahalledeki bütün rıhtımlar gibi sessiz ve sakin; açık bir kahve var neyse ki, hatta bakkal ve manav da, burası müze kentin saraylarından, Büyük Kanal'ın görkeminden uzak, kendi halinde bir yer: Cannaregio. Burada günlük yaşam sürüyor. Çalışan, alışverişe çıkan, bir kahvede oturup –daha doğrusu ayakta durup– çene çalan insanlar var.

İlkinden daha dar bir sokağa saptı Kâmil, biraz yürüyünce karşısına bir kanal çıktı. Ne bir köprü vardı görünürde ne de rıhtım. Sokak doğrudan kanala ulaşıyor ve orada bitiyordu. Burdan öteye yol yok sana! Bir kolayını bulup ilerleyebileceğini sanma. Ya geri dön ya bulanık suya bırak kendini! Karşıda Campo dei Mori'yi tanıdı. Uca doğru giderek daralıyordu. Huni gibi, Venedik'in huni biçimindeki bacaları gibi. Sıvaları dökülmüş eski evler rıhtım boyunca dizilmişti. Aradaki dar kanala rağmen köşedeki evin tunç burunlu heykeli bile görünüyordu. Heybetli sarıklarıyla kanala yansıyan Osmanlı tüccarlarının heykelleri de. Sarıklıların mahallesine gelmişti sonunda. Dün gece Lucia'yı bıraktıktan sonra sabaha dek dolaştığı sokakları arayıp bulmuştu. Ama Lucia'nın evini bulamıyordu bir türlü. Buralarda bir yerde olmalıydı, küçük bir alanın dibinde. Gondolla geldiklerinden ve biraz da çakırkeyif olduğundan – adamakıllı sarhoş olduğunu, gondolda Lucia'nın yanındayken mutluluktan uçtuğunu kendine bile itiraf etmeye dili varmıyordu– çevreye pek fazla dikkat etmemişti. Alanın ortasında bir kuyu olduğunu anımsıyordu, bir de evin sarı badanalı duvarlarını. Ama ortasında kuyu olan alanlar, sarı badanalı evler öylesine çoktu ki Venedik'te! Hepsi de birbirine benziyordu. Gerisin geriye dönüp yandaki sokaktan Campo dei Mori'ye çıktı, alanı birkaç adımda katederek köprüden geçti, Madonna del Orto Kilisesi'nin önünde durdu. Giriş kapısının üzerindeki havariler akşam serininde üşüyor gibiydiler. İçeriye girse Giovanni Bellini'nin en sevdiği Madonnalarından biriyle karşılaşacaktı. Tablo belki çocukluğuna götürecekti onu, belki yalnızca siyah ve kırmızının dünyasında anne şefkatiyle eriyecekti. Belki de biraz arsız bulacaktı çocuk İsa'yı; Meryem'in bakışlarını ondan kaçırmasının nedenini aramaya kalkışacak, Lucia saplantısından bir an için de olsa kurtulacaktı. Ama kiliseye girmedi.

Dün gece bir ara, odasının Kâmil'in düşlediği gibi kanala değil dut ağaçları ile akasyaların gölgelediği büyük bir bahçeye baktığını söylemişti Lucia. Pencereden Madonna del Orto Kilisesi'nin yuvarlak kubbeli çan kulesini görebiliyordu. Demek ki kilisenin yakınındaydı annesiyle oturdukları ev. Çevredeki sokakları teker teker dolaştı, kanallar boyunca yürüdü, köprülerden inip çıktı, ama sarı badanalı bir ev göremedi.

Tersane dönüşü bir ağrı kesici alıp hemen yatmış, gün boyu uyumuştu. Uyandığında Lucia'nın yokluğu dayanılmazdı. Korkunç bir şey, depremden sonra enkazın altında kalmışsın gibi. Canlısın, ama soluk alamıyorsun. Ve dünya kapkaranlık. Onu yatakta, yanı başında istemişti hemen. Elini tutup bacak arasına götürsün yine, okşayışlarına bıraksın kendini. Sonra uzun, beyaz bacaklarını aralayıp içine alsın, kurtarsın tonlarca ağırlıktan, yüzü karanlıkta bir umut gibi ışısın. Kâmil üzerindeyken, hafiflemiş uçuyorken, hazdan gerilen yüz çizgilerini uzun uzun seyretsin; sonra bir başka kadının, Azize Caterina'nın –ama aslında Lucrezia'nın– suretinde şehvetle gülümsesin ona, okyanusun dibindeki balığın ağzı kadar kocaman ağzıyla. Kâmil'i dimdik içinde duyarken doyuma varsın çığlık çığlığa. Gondolda ağzını kapatan el bu kez kalçalarından hiç ayrılmasın. Ve yeniden, sanki hiç sevişmemişler, birbirlerinin olmamışlar gibi yine aynı istek, aynı heyecanla başlasınlar sevişmeye, tükeninceye kadar. Yorgun düşüp uyuduklarında birbirlerine karışsın düşleri; öylesine sıkı sarılsınlar ki en kötü karabasan bile ayıramasın onları.

Bir değil, bin bir kadının güzelliği, ateşi, giziydi Lucia'da aradığı; bulduğunu sanıp umuda kapıldığı. Ve uyanır uyanmaz onu yanında istemişti. Kahrolarak kalkıp giyinmişti sonra. Bir ara Correr'e gitmeye karar verip caymış, kendini sokaklara atmıştı. Güneş sabahki kadar yakıcı değildi belki, ama olabildiğince cömertti. Yine kar topluyor, Lucia'nın anısını çağrıştırıyordu. Ölesiye istediği kadını hiç olmazsa ertesi güne dek unutabilmek için her çareye başvurmuş, bir sinemaya bile girmişti. Filmin yarısında çıktığında hâlâ cömertti güneş, sokaklarsa tenha. Filmden bir tek kare kalmamıştı belleğinde. Her şey Lucia'yı çağrıştırıyordu. Bir güzel söz, anlamlı bir bakış, içilen içkiler ile yürünen sokaklar. Filme bakarken birlikteliklerini düşünüyordu. Kahvedeydiler, ilk kez öpüştükleri masada yan yana. Gondolda paltonun altındaydılar, kenetlenmiş bacakları, hazdan titreyen parmaklarıyla. Sarı badanalı evin kapısındaydılar. Sahi yeşil boyalıydı kepenkler, pencereler kocamandı. İyi geceler bile demeden gürültüyle kapanmıştı demir kapı. Şimdi bir bulabilse o kapıyı, "Seni görmeye geldim" dese. "Yarını bekleyemedim" dese. "Yanında uyanmak istiyorum" dese. Ona dese ki, "Lucia, dün gece için, her şey için teşekkür ederim." Ya da, düpedüz, sözü fazla uzatmadan "Seni Seviyorum" dese. "*Ti amo Lucia!*"

Sokakları, rıhtımları boydan boya arşınlıyor, alanlardan geçiyordu Kâmil. Giderek daha hızlı yürüyor, dizini yoklamaya başlayan ağrıya da artık aldırmıyordu. Aydınlık yavaşça çekilmeye başlamıştı. Alacakaranlıkta siliniyordu yüzler. Uzaktan gördüğü her kadının Lucia olabileceğini sanıyor, yaklaşınca düş kırıklığına uğruyordu. Cesareti kırılmıyordu yine de, bakarsın çıkar bir köşeden, kapadığı kapıdan döner gelir. Kırılan içinde yeşil bir daldı, bir akasya dalı. O dalı penceresinden Lucia'nın da gördüğünü düşlüyor, kendini yılların ötesinden gelen bir ezginin akışına bırakıyordu. Zeki Müren'di söyleyen: "Akasyalar açarken" diyordu çoktan toprak olmuş sesiyle. Hayır ses değil gövdeydi toprak olan; baş, göğüs, bacaklar ve tüm bedendi. Yüz de toprağa karışmıştı; gözler, ağız ve dudaklar da. Ses hâlâ canlıydı ama, eski rakı sofralarındaki gibi hüzün doluydu. "Akasyalar açarken" diyordu, "yâr yolunu kollarım." Kendi gitmiş bu dünyada sesi kalmıştı Zeki Müren'in de.

Kâmil yorulunca bir köprünün basamağına oturdu. Paketteki son *toscani*'yi yakmadan, kanalda günbatımının renklerine daldı. Su yeşilden sarıya, kızıla döndü yavaşça, sonra erguvan rengini aldı. Boğaz'dan bir gemi geçti hayalinde. Gemi Hisar'ın önünde erguvan rengi suyu köpürttü. Balıkçılar lüfere çıkmaya hazırlanıyorlardı. Geminin dalgası alacakaranlıkta kayıkları salladı. Kanalsa bomboştu. Ne bir motor taksi ne bir gondol. "Dans Venise la rouge / Pas un bateau ne bouge!" Fransızca dersinde Matmazel Soulignac, Musset ile Georges Sand'ın Venedik serüvenlerini anlatırdı ağlamaklı sesiyle. Dertli şairin hiç bitmeyen çilesini. Sand, Hôtel Danieli'nin en güzel manzaralı odasında aldatmıştı Musset'yi, üstelik doktoruyla. "Aslında" demişti Matmazel gözyaşlarını silerek, "'*bateau*' sözcüğünü sonradan eklemiş şair, önce '*cheval*' yazmış, sonra '*bateau*'nun daha uygun olacağını düşünerek, 'at'ı gemiyle değiştirmiş."

Kıpkızıl Venedik'te
Ne kımıldayan bir gemi
Ne de lambası
Yalnız bir balıkçının.

"At kımıldar ama gemi kımıldar mı bakalım?" diye sormuştu Kâmil. Matmazel ne yanıt vereceğini bilememişti. Venedik'e geçse, yatakhanede ezberlemeye çalıştığı şiirin dizeleri sallansa belleğinde. Öyle ya at kımıldar, insan da. Ya da bir kedi, sayıları gün geçtikçe çoğalan Venedik'in güngörmüş, tombul kedileri. Ama gemi ya da gondol olsa olsa sallanır. Canlı değiller ki kımıldasınlar. Bir dal, evet dal bile kımıldar rüzgârda, ilkyaz gelmeden açan bir akasya dalı. Ama gondol sallanır, dün geceki gibi, o Lucia'nın ürperen kadınlığını okşarken... Hem dizede "at" sözcüğü "gemi"den daha güzel duruyor galiba. Şair keşke değiştirmeseydi. Zihninde bir şimşek çaktı, aydınlıkta bir at kımıldadı, nallanmayı bekleyen bir doru kısrak. Demir kapıyı bulmak cennetin kapısını bulmaktan daha güç değildi, hayır! Lucia oturdukları evde çok eskiden bir nalbandın çalıştığını, bu nedenle salonun, "Atmeydanı"na baktığını, bu meydanın İstanbul'daki benzerinden herhalde yüz kat daha küçük, mini minnacık bir yer olduğunu söylemişti. "Corte Cavalli!" Sevinçle fırladı yerinden, önüne ilk gelene, "Corte Cavalli"yi sordu. Birkaç dakika sonra demir kapının önündeydi.

Alt alta sıralanmış üç zilin üzerindeki adlara göz gezdirdi, hiçbirinde Lucia'ya rastlayamadı. Belki soyadından bulabilirdi. Sahi soyadı neydi Lucia'nın? Allah kahretsin! Kıza bir sürü ad yakıştıracağına soyadını öğrenseydin ya! Yok Caterina, Lucrezia, bilmem ne! "Size Caterina diyebilir miyim?" Al işte, istediğini diyebilirsin artık, Lucia... Lucia ama ne? En üstteki zili çaldı. Çok geçmeden üçüncü katın penceresinden bir kadın başı uzandı. Kâmil'in sorusu üzerine Lucia diye birini tanımadığını söyleyip kayboldu. İkinci zil cevap vermiyordu. Bir süre bekledi. Sonra yeniden, uzun uzun çaldı. Otomatiğin sinir bozucu sesinin ardından demir kapı yavaşça aralandı. İçeriye dalıp hızla tırmandı merdivenleri. İkinci katın kapısında bir yaşlı adam bekliyordu. Kâmil ona Lucia'yı aradığını söyledi. Böyle birini tanımıyordu. Aşağı katın zilini de boşuna çalmamasını, orada oğlu ile gelininin oturduklarını, ama ikisinin de evde olmadığını rahatsız edilmekten pek hoşlanmamış bir ses tonuyla belirtti. Ne diyeceğini şaşırmıştı Kâmil. Öyle kalakaldı. Kapının yüzüne çarpılmasıyla biraz kendine gelir gibi oldu, merdivenden inerek alana çıktı. Gidip kuyuya yaslandı. Birden ihtiyarın gerçeği ondan gizlediğini düşündü. Lucia giriş katında oturuyordu belki. Bir köşeye gizlenip beklemeye karar verdi. Kitaplık yeni kapanmış olmalıydı. Bakarsın çıkar gelirdi birazdan. Bu geceyi de dışarıda geçirecek değildi ya. O uyurken kitaplıkta bütün gün çalışmıştı herhalde. "Güzelim benim" diye geçirdi içinden, "bir tanem yorgun argın eve döner birazdan." Ona sürpriz yapmanın tam zamanıdır. Birlikte bir kahve içerler belki, belki yemeğe kalmasını önerir, annesiyle tanışırlar. Annesi de onun kadar güzel midir acaba?

Alanda gizlenebileceği bir yer yoktu. Çok küçüktü zaten, üç yanı evlerle çevriliydi, hem de ne evler, kapılarını sımsıkı kapatmış, panjurları inik. Alanın bir yanı Madonna del Orto Rıhtımı'na çıkıyordu. Lucia yayan da gelse, *vaporetto*'ya da binse rıhtımdan geçmek zorundaydı. Oraya yöneldi, bir kahve bulup oturdu, beklemeye başladı. Gelen geçen yoktu. Neden sonra bir çocuk geçti önünden. Sonra iki kadın konuşarak uzaklaştılar. Onları bir adam izledi. Ellerinde filelerle birkaç kadın daha geçti, ama Lucia hâlâ görünürde yoktu. İnadına içki içmedi. Dinç görünmek istiyordu sevgilisine. Gecenin yorgunluğunu, deliksiz uyumasına rağmen, hâlâ üzerinden atamamıştı. Üstelik giderek artıyordu dizindeki sızı. Şakası yok, yarın mutlaka gidip bir baktırmalı. Kanalın suyu iyice karardı, kahvede ışıklar yandı. Kâmil'in önünden uzun süre hiç kimse geçmedi. Herkes evine dönmüştü çoktan, bu erken saatte bile ortalıktan el ayak çekilmişti.

Lucia'dan umudu kesinceye dek bekledi. Beklerken de yalnızca kahve içti. Önünde upuzun bir gece vardı. Sabaha dek nasıl geçeceği meçhul, karanlık bir Venedik gecesi. Olan bitenlere bir anlam veremiyordu. Kızı o demir kapının önünde bıraktığından emindi. Demek ki aldatmıştı onu, adresini gizlemek için bu hileye başvurmuştu. Kapıyı nasıl açmıştı peki? Elinde bir anahtar gördüğünü hayal meyal anımsıyordu. Belki anahtar değil küçük bir çantaydı. Öylesine sarhoştu ki, vedalaşmamışlardı bile, ancak kapı yüzüne gürültüyle kapandıktan sonra onu sevdiğini haykırmak istemişti. Lucia'nın gizini bu akşam çözemeyeceğini anladı. Hiç olmazsa yarına dek onu unutmaya karar verdi.

Kahveden çıktığında kimseler kalmamıştı sokaklarda. Evlerde ışıklar yanıyordu. Yapayalnızdı gecenin içinde. Yine kilisenin önünden geçerek Campo delle Madonna dell'Orto'ya çıktı, eski evler ile depolar arasından Fondamenta Nuove'ye dek yürüdü. Orada dağlara baktı bir süre. Kent ardında kalmıştı. Venedik'e geldiğinden beri ilk kez açık denizi görüyordu. Uzakta, dağların doruğunda belli belirsiz bir aydınlık vardı hâlâ. Giovanni'nin bir tablosundan çıkıp gelmiş gibiydi. Ressam lacivert fona en güzel ışığını düşürmüştü sanki. Ama ışık nasıl da uzaktı, öyle ulaşılmaz bir dorukta, biraz gerçekdışı ve donuk. Az ilerde San Michele Mezarlığı'nı gördü. Denizin tam ortasında duruyordu. Tuğla duvarların ardında ölüler en derin uykularındaydı. Toprakta mıydı cesetleri yoksa suda mı? Tabutla gömülüyorlardı belki, aradan zaman geçip tabut çürüdüğünde... Bu pis düşünceyi kovmak istedi zihninden. Murano'ya doğru giden bir motor taksiye baktı. Üçü bir yerde kalasların arasından suları köpürterek ilerliyordu. Taksiyi karanlıkta kırmızı-yeşil bir ışık olana dek izledi. Sonra iskeleye yürüyüp bankın üzerine oturdu, *vaporetto*'yu beklemeye başladı. Hava soğumuştu. Paltosunun içinde büzüldü. Boş bir kayık ya da bir gondol bulsa içine girip uyuyacaktı. Fikret Muallâ gibi. Ressamın gençlik yıllarında Asmalımescit'in bekâr odalarında kaldığını, kira ödeyecek para bulamayınca da Bebek İskelesi'ndeki kayıklardan birine yerleştiğini, paltosuna sarılıp bir kış boyu orada yattığını, hatta kayığın sahibiyle mahkemelik bile olduklarını duymuştu. Onu Reillanne'daki evinde hayal etti. Başını sokacak bir yeri olmuştu sonunda. Ama bu sefer de ayaklarına felç inmişti. Muallâ'nın alkol bağımlılığı, başına buyrukluğu, ille de geçimsizliği, Don Kişot'un yel değirmenleriyle savaşması gibi "leblebiciler"le mücadelesi sanat çevrelerinde anlatılıp duruyordu hâlâ. Bir gece son vapuru kaçırınca Kandilli'den Bebek'e kayıkla geçmişti. Kaptan kayığı iskeleye bağlayıp evine gittikten sonra geri dönmüş, paltosuna sarılıp cebinde konyak şişesiyle kayığın içinde sızmıştı. Muallâ'nın gördüğü yıldızları görmek, sabaha karşı duyduğu vapur düdükleri ile dalga seslerini duyabilmek için. Boğaz'da sabah serindir. Sis kalktıkça kendini ele verir İstanbul. Sütbeyaz bir aydınlık önce karşı kıyıya, sonra tepelerdeki ağaçlara vurur. Sabah ezanıyla uyanır kediler, martılar havada kanat çırpmaya, yelkovankuşları açıkta demirlemiş yatların üzerinde dönmeye başlar. Nereden çıktığı belirsiz bir sığırcık sürüsü geçer denizin üzerinden. Sahipsiz köpekler çöp tenekelerini teftişe çıkmadan sabah gezintisine çıkarlar. Simitçi ile salepçi de tam o sırada gelirler iskeleye. İlk vapurun yolcuları fincanda buğusu tüten salebin üzerine bol tarçın koyup öyle içerler. Sevdiğinden değil sırf kokusu için salep içerdi. Ve sabah tarçın kokusuyla başlayan gün anason kokusuyla biterdi. Bazen, çok içtiği geceler, profesörlüğü kendine yakıştıramaz, bohem bir ressamın hayatını yaşamak istercesine sokaklarda dolaşır, Fikret Muallâ'ya özenip bir kayıkta uyuma hayalleri kurar, sabaha karşı yorgun düşünce de dayalı döşeli dairesine dönerdi. Böyle gecelerin dönüşlerinde duvardaki resimler olduklarından da kötü görünürdü gözüne. İçinden tümünü kaldırıp atmak, yerlerine Muallâ'nın ya da sevdiği başka ressamların yapıtlarını koymak gelirdi. Sanat tarihi profesörü ile sanatçının bir arada olduğu nerde görülmüş! Profesör Uzman'ın, içindeki ressam Kâmil'i öldürdüğünü çok iyi biliyor, ne var ki bu gerçeği bir türlü kabullenemiyordu.

Bazen duvarda dile geliyordu resimler. Bir çınar "Beni neden böyle çizdin" diye yakınıyordu, "gövdem bu kadar kalın mı benim, yapraklarım böyle neftî yeşil mi?" Bir Boğaz vapuru bacasından memnundu, ama neden öyle yan yatmıştı lacivert denizin üstünde? Yolcular balıkları görsünler diye mi? Hem günbatımında deniz böyle lacivert miydi bakalım? Su da yakınıyordu. Haliç'te çok pisti ve patlıyordu sıkıntıdan. Marmara açıklarındaysa belli bile olmuyordu. Ya o kavun yüklü sarı, kırmızı, yeşil mavnalar? "Nasıl böyle çizebilirsin bizi, biz miyadımızı çoktan doldurduk, un ufak olduk dağılıp, tek tahtamız bile kalmadı" diyorlardı. Göksu'da bir karabatak "Arkadaşlarım nerede?" diye soruyordu, "ben neden yalnızım böyle?" Hisar da tabloda göründüğü gibi olmadığından emindi. Kuleleri böyle bodur muydu, surları bu kadar beyaz? İstanbul kuşatılmadan önce, Karadenizli bir müteahhit tarafından daha dün yapılmıştı sanki. Yapılırken de harcına kötü kum katılmıştı.

Gece birbirine karışıyordu sesler. Resim konuşmaz, ama onunkiler gece eve sarhoş döndüğünde aralarında fısıldaşıp duruyorlardı. Bir tek gökyüzü çıkarmıyordu sesini, "Ben İstanbul'un üzerinde hep böyle bulutluyum" der gibi. O da kaçıp gitmek, gökyüzüne –yalnızca ona– örtünüp Bebek İskelesi'ndeki kayığın içinde uyumak istiyordu. Sonra, "İyi ki manzara resimleri yapıyorum" diye geçiriyordu içinden, "ya bir de insanları çizip boyamaya kalkışsaydım! Kim bilir nasıl çullanırlardı üstüme, ayaklanıp hesap sorarlardı benden: 'Suratımı kendininkine benzetmişsin, burnum böyle patlıcan gibi mosmor değil ki, hayatımda da hiç şapka giymedim, ya bir göz doktoruna görün ya da deli doktoruna!' diyerek."

İskelede ondan başka yolcu yoktu. Hava çoktan kararmıştı, ama dağların ardı hâlâ aydınlıktı. Kâmil ışıkların suda oyunuyla vakit geçirmeye çalışırken o aydınlık da azaldı, sonra birden rüzgârda mum alevi gibi söndü. Rıhtım boyunca, evlerin ışıkları tek tük denizdeydi. İskelenin floresan lambası da vuruyordu suya. Yine de deniz karanlıktı. Lagüne doğru siyah bir örtü gibi genişleyip yayılıyordu. Murano'nun ışıkları uzaktaydı, mozarlıksa iyice karanlığa gömülmüştü. Derken *vaporetto* göründü. İskeleye yanaşmadan, içindeki birkaç yolcuyla açıktan geçip gitti. Arka güvertede paltosuna sarılmış tek başına oturan yolcunun kendisi olabileceğini düşündü Kâmil. Nedense bu sanrı peşini bırakmıyordu. Hem iskelede hem *vaporetto*'nun arka güvertesindeydi. Kitaplıkta çalışan da oydu, orospuların peşinde dolaşan da. Az önceki motor taksi gibi *vaporetto* da Murano'ya gidiyor olmalıydı. Onu da karanlıkta bir ışık noktası olana dek izledi. Orada yüzyıllardır cama üfleyen insan soluğunun yarattığı biçimleri, kuğu boyunlu sürahiler ile mavi, yeşil, kırmızı vazoları, bir akşam alacasının renkleri içinde parıldayan cam nesneleri düşündü. Onlar kadar saydam bir ilişki yaşamak varken adı ışık, ama kendi karanlık, şu deniz kadar karanlık bir genç kadına çatmıştı. Hem de hayat yolunun ortasında yaş kemale ermişken. Bir karanlık ormandı Venedik. Gece gündüz demeden yürüyor, doğru yolu bulamıyordu. Saptığı her sokak, geçtiği her köprü sonunda Mestre'ye çıkarıyordu onu. Şimdi neredeydi kim bilir o küçük orospu? Hangi ağacın, hangi adamın altında? Hiç olmazsa onunla her şey apaçıktı. Parayı verip düdüğü çalıyordun. Oysa Lucia'yla... Aklı gondola gitti yine, Allah'tan *vaporetto* da tam o anda geldi.

İçinde kimseler yoktu. Arka güverteye gidip her zamanki gibi ters yönde oturdu, paltosuna sarılarak karanlık geceye bıraktı kendini. Suyun hışırtısından başka ses duyulmuyordu. Gördüğüyse beyaz köpüklerdi yalnızca. Karanlık suyu harmanlayan uskurun gürültüsüne de hemen alıştı. Cannaregio Kanalı'na girdiklerinde çoktan uyumuştu bile. Düşünde Venedik'te bir *vaporetto*'nun arka güvertesindeydi. Kanalın suyuna vurdukça ayrışıp birleşiyordu evlerin ışıkları. Derken her şey beyaza kesti. Işıklar da biçim değiştirip horasanî beyaz sarıklara dönüştüler. İçlerinde bir sarık vardı ki hepsinden daha kocamandı. Sarığın altındaki yüzü hemen tanıdı. Sultan Cem kanalın dibine boylu boyunca uzanmış, sudaki sarıklıların arasından hafif şehla bakarak el ediyordu ona. Yanına mı çağırıyordu, yoksa anlatmak istediği bir şey mi vardı? Gentile'nin portresindeki gibi mor bir kaftan giymişti. Rahlenin karşısına bağdaş kurup oturmuştu, ama elinde kalem yoktu.

Elinde hiçbir şey yoktu o tuhaf işmardan başka. "Sen de buraya gel, aramıza katıl" mı demek istiyordu, yoksa "Devr-i Bayezid'de çıktım gurbete / Lucrezia'nın elinden içtim ecel şerbetin" demeye mi getiriyordu? Bir sarsıntıyla daldığı düşten uyandı. Santa Lucia'ya gelmişlerdi. İnip eve yayan dönmek istedi. Yerinden kalkmasıyla sendelemesi bir oldu. Bu kez dizine değil sanki beyninin içine saplanmıştı ağrı. İskemleye çöktü, bir daha da Piazzale Roma'ya dek yerinden kıpırdamadı.

İskeleye ayak basar basmaz nedense o cenaze alayı geldi aklına. Ağrı geçmişti oysa. *Vaporetto*'ya da yalnızca birkaç yolcu binmişti. Neyse ki yalnız değildi arka güvertede. Yine de cenaze alayı yanından geçiyormuş gibi bir duyguya kapıldı. Yıllar önce gördüğü bir karabasandı belki ya da tam olarak anımsayamadığı eski bir tablonun izdüşümü ya da düpedüz hayalinde canlanan bir sahne. Uzun külahlı genç adamlar bir cenaze götürüyorlardı. Tahta tabutun içinde yatan ölü kendisiydi. Boylu boyunca uzanmış, kefene sarılı, taş gibi ağır bir cesetten ibaretti. Cenazeyi izleyen cemaatin tümü de sarıklıydı. Başlarına kıvrım kıvrım, akça pakça sarıklar giymiş, rüzgârda savrulan samur kürklü kaftanlarıyla arkadan geliyorlardı. Osmanlı hanedanı kaldırıyordu cenazeyi, ama Kâmil Uzman'ın götürüldüğü mezarlık çamurlu Göksu'nun kıyısında, sırtını Otağ Tepe'ye dayamış küçük bir aile kabristanıydı. Mezar taşları karanlıkta belli belirsizdi. Koyu mavi, buz gibi bir kış akşamı gelip durmuştu Hisar'ın burçlarına. Yok Hisar'ın burçlarına değil tablonun ardındaki boşluğa. Evet, bir yerde görmüştü bu tabloyu, ama şimdi pek iyi anımsamıyordu. Bir özel koleksiyonda olmalı, çünkü gezdiği her müze en küçük ayrıntısına dek belleğinde kalırdı; hangi ışık hangi salona nereden vurur, merdivenler nereye çıkar, müze kentin hangi mahallesinde hangi metro ya da otobüs durağının karşısında hepsini bilirdi. Demek ki bir özel koleksiyonda, kim bilir hangi kentte görmüştü kendi cenazesini. Viyana olmasın! Birden her şey netleşti belleğinde. Evet Viyana'daydı, bir zamanlar Osmanlı'nın gelip dayandığı son kapıda bir yolculuk dönüşü, yine böyle yalnız, bezgin, karamsar, İstanbul'dan uzakta.

Tablo zengin bir koleksiyoncunun Singerstrasse'deki evinin duvarındaydı. XVII. yüzyılda üç Avusturyalı ressam tarafından yapılmıştı. İlk ikisinin adını anımsamıyor şimdi, ama üçüncünün adı galiba Hermann'dı, Franz Hermann. İnceledikten sonra raporunu yolculuk dönüşü yazmak üzere dışarı çıktığında buz gibi bir hava çarpmıştı yüzüne. Sokak boyunca taş yapılar sıralanıyordu. Az ilerde sağda Deutscherdenkirche'nin gotik duvarlarını geride bırakıp kentin çevre bulvarlarına doğru yürümüştü. Gece karanlıktı. Gecede kar sessizliği vardı. Birden küçük, karanlık bir avluda bulmuştu kendini. Yukarıdaki katlara çıkan merdivenlerin yanına çakılmış levhayı bir pencereden vuran ışıkta güçlükle okuyabilmişti: "Mozart 16 mart-2 mayıs 1781 tarihleri arasında burada oturdu." Karanlıkta beklemişti bir süre. Belki bir piyano çalınır ya da bir keman titretir sessizliği. Ne var ki hiçbir ezgi, bir tek nota bile gelmemişti ışık yanan tek pencereden. Avluyu boydan boya kat edip bir başka avluya, oradan da bir üçüncüsüne çıkmıştı. Sefertası gibi iç içe geçmiş bu sessiz avlularda Mozart'ın müziği yankılanmıyordu artık, *Türk Marşı* bile çalınmıyordu. Derken, tablonun sahibine bir şey sormak bahanesiyle yeniden Singerstrasse'ye dönmüştü. Ev karanlıktı. Cesaret edememişti zili çalmaya. Tam o sırada ilk gelişinde nasılsa gözüne çarpmayan levhayı görmüş, üzerindeki yazıyı ancak bir kibrit çakarak okuyabilmişti: "Mozart 1784-1787 yılları arasında bu evin ilk katında oturdu." Bestecinin müziği değilse bile anısı bırakmıyordu peşini. Oradan kaçarcasına uzaklaşmış, otele gidip uyumak istemediğinden Viyana sokaklarında gece yürüyüşüne devam etmişti. Seilerstütte'den sola döndüğünde karşılaşmıştı o soğuk, tuhaf isimle. Himmelpfortgasse. Savoia prensinin kışlık sarayı da tam o anda karşısına dikilmişti. Doğru devam edemeyip sağa sapınca kendini Rauhensteingasse'de bulmuştu. Sekiz numarada bir levha daha asılıydı. "Mozart 1791'de bu evde öldü, otuz beş yaşında." İster istemez Cahit Sıtkı'nın dizeleri düşmüştü aklına.

> Yaş otuz beş yolun yarısı eder
> Dante gibi ortasındayız ömrün.

Demek ölüm burada, *Requiem*'i ısmarlayan adamın gönderdiği bir torba altınla çalmıştı bestecinin kapısını. Viyana gecesinin içinden çıkıp gelmişti, o daha yolun yarısındayken. İstanbul'a dönüşte, özel koleksiyondaki tablo üzerine uzmanlık raporunu yazarken Osmanlıları değil Mozart'ın cenazesini düşünüyordu. Tekerlekleri kirli karda paslı gıcırtılarla dönen bir cenaze arabası yoksulların gömüldüğü St. Mark Mezarlığı'na götürmüştü besteciyi, o ise sıcak yatağına dönmüştü. Operanın sessiz duvarlarına bakan Hotel Sacher'deki odasına.

Elbette hanedan değildi cenazeyi kaldıran. Külahlı, tüysüz delikanlılar minyatürlerden tanıdığı saray hizmetkârlarıydı belki, ama arkadan gelen cemaat Osmanlı sultanları olamazdı. Kâmil'in dertleri, bir ömür boyu peşini bırakmayan kahırlarıydı onlar. Sarıklı avına çıktığı göçebe günlerden mirastı.

On üçüncü bölüm

Yataktan kalkar kalkmaz ilk işi gidip kepenkleri açmak oldu. Camlar buğulanmıştı. Dışarısı görünmüyordu. Tam buğuyu silecekken vazgeçti, bir süre ayakta durdu, bekledi. Sonra parmağıyla cama bir yüz çizdi. Yüzün ağzı, burnu, yanakları, gözleri bile vardı, ama bakışları yoktu. Çocukluğunun soğuk gecelerinde bodrum katının camına çizdiği yüzdü, onu bırakıp giden, bir daha da hiç ama hiç dönmeyen annesinin yüzü. Yatakhanede, sabaha karşı herkesten önce uyanıp cama çizdiği bir başka yüzdü belki, teneffüslerde hayal ettiği, okulun karanlık koridorları boyunca peşinden yürüdüğü, yıllarca süren bu uzun yürüyüşlerden sonra bile ulaşamadığı o bakışsız kızın yüzü. Genelevdeki yüzdü, gül desenli pis yastığa uzanmış. Hazdan gerilen bir genç kadın yüzüydü, her defasında değişik çizgiler taşıyan, bakışları kaymış bir yüz. Resmini yapmaya korktuğu, çizmeyi hiçbir zaman beceremeyeceğini sandığı yüz. Camda eriyip akmasın diye elektrik sobasını yakmadı. Böyle buğunun üzerinde kalsın hep, oraya işlenmiş bir bakış, kaderin tuğrası gibi pencerede dursun.

Kahve yapmak için ocağa su koydu. Mutfak bölümündeki raftan bir fincan aldı, içine neskafe koyup suyun kaynamasını bekledi. Cama yeniden baktığında ocağın sıcağıyla yüzün erimekte olduğunu gördü. Yenisini çizemezdi artık. Ömrü bu kadarmış demek, su kaynayana kadar. Annesini düşündü. Onun öldüğü yaşı çoktan geride bırakmıştı. Gereğinden fazla yaşamıştı demek ki. İnsan annesinden çok yaşamamalı. Ondan fazla yaşadığı yılları, bu bitmek bilmeyen yolculuklardan kalan izlenimleri, tuvalindeki renkler ile manzaraları, tanışıp seviştiği, tat alıp tat verdiği tüm kadınları hatta orospuları bile annesine borçluymuş gibi bir duyguya kapıldı. Lucia'yı da. Özellikle de onu, şu karanlık günün tek ışığını. Sahi dışarısı karanlık mıdır acaba? Yoksa gün ağarmakta, kış güneşi bulanık suya, alanlara, kırmızı kiremitli çatılar ile yıkılacakmış gibi duran çan kulelerine vurmakta mıdır? Belki de sis basmıştır kenti. Venedik'e geldiği günkü gibi dışarıda göz gözü görmüyordur. Yatmadan önce saatini çıkarıp masasının üzerine koymuştu. Gidip bakmaya üşendi. Daha doğrusu istemedi. Koskoca bir gün vardı önünde. Her saniyenin bir ömür kadar uzayacağını, dakikaların aylar, saatlerin yıllar süreceğini biliyordu. Akşam Lucia gelecekti çünkü. Ama akşam olana kadar sıkıntıdan ölebilirdi.

Dün Correr'de çok yakın davranmıştı ona. Çıkışta iki sevgili gibiydiler. San Stefano Alanı'nın yakınındaki kahvede birer *prosecco* içtikten sonra bu gece için sözleşmişlerdi. Karnavalın ilk günü annesiyle kalmak istiyordu. Ama gece onunla yemek yemeyi kabul etmişti. O da stüdyosunda buluşmalarını önermişti. Kendi eliyle bir çilingir sofrası kuracaktı Lucia'ya. Sonra maskelerini takıp baloya gideceklerdi. Oradan da, belki bir başka eğlenceye. Sonra da... Sabaha karşı hâlâ parmak uçlarında hissettiği o tüylü, küçük hayvanla buluşacaktı Kâmil; böyle olacağı kızın bakışlarından belliydi. Stüdyonun adresini vermemiş, evden çıkmadan önce telefon etmesini söylemişti. Oturduğu yer karışıktı biraz, bulamayabilirdi. Gidip Piazzale Roma İskelesi'nden alacaktı onu. "Ben de senin adresini bilmiyorum. Bildiğim tek şey Corte Cavalli'de oturmadığın" dememek için kendini güç tutmuştu. Keyifleri kaçsın istemiyordu. Hem ne önemi vardı artık. Lucia stüdyoya gelmeyi kabul ettiğine göre geceyi de onunla birlikte geçirecek demekti. Karnavalın ilk gecesini.

Kahvesini içtikten sonra pencereleri açtı. Sisle birlikte nemli bir soğuk doldu odaya. Kanalın karşı kıyısındaki duvar bile güç seçiliyordu. Suyun seviyesi yükselmişti. *Aqua alta* başlamış olmalı. Ne kötü, San Marco Alanı'nı sular kaplar birazdan. Belki *vaporetto*'lar da çalışmaz. Lucia cayar mı gelmekten? Herhalde caymaz. Geceyi onunla geçirmek istediği öylesine belliydi ki.

Canan ki Degüstasyon'a gelmez
Balık Pazarı'na hiç gelmez!

Ama Lucia gelir, mutlaka gelir. Kızın geleceğinden emindi. Bunca yıllık deneyimi hiçbir zaman yanıltmamıştı Kâmil'i. Kahveden çıktıklarında, ayrılmadan önce uzun uzun öpüşmüşlerdi. Lucia, kendini vermeye hazır bir kadının sıcaklığıyla öpüyordu artık.

Ortalığa biraz çekidüzen verdi. Masanın üzerinde darmadağın duran kâğıtları, kitapları kaldırdı, Correr'de bulduğu Giovanni Bellini'nin atölyesiyle ilgili belgenin fotokopisini bir dosyaya koydu. Dolaptan masa örtüsünü çıkarıp yaydı. Aklına sokak kapısındaki tahta perde geldi birden. Kendisinin her giriş çıkışta yaptığı gibi kızı da üzerinden atlatmanın bir âlemi yoktu. Asma kilidin anahtarını bulup perdeyi kaldırdı. Sokağın ucundan kanal görünüyordu. Su taşların üzerini örtmeye başlamıştı bile. Olsun, Lucia'yla birlikte boğulurlardı. Ne güzel, birbirleriyle sarmaş dolaş, denizin dibinde anadan doğma, çırılçıplak. Saçları da, düşleri gibi birbirine karışırdı dalga dalga. Balıklar ile yengeçler başlarına yuva kurardı. Toprakta çürümekten daha iyidir. Göksu'nun çamurlu mezarında bir çukur. Bir batık gemi Venedik'te. Odaları su basmış, deniz kaplamış kenti. Büyük Kanal'da sarayların, Boğaz'da yalıların temelini kemiren şu bildik deniz. Sokaklardan bir gümüş sürüsü geçmekte. Accademia'yı da su basmış, asıllarını hâlâ göremediği Gentile Bellini'nin resimlerini deniz derinliğine çekmiş çoktan. Giovanni'nin Madonnaları, evet onlar da dibi boylamış. Koruyucu Meryem ile İsa'nın suretleri bile. Venedik bir batık artık, boyaları akmış bir eski zaman düşü. Kâmil ilk kez ölümden korkmuyordu. Suda ölüm ender bir mutluluk, tatlı bir ezgi gibi geliyordu ona. Lucia'yla birlikte ölümü düşünmek bile güzeldi.

Öyle bir çilingir sofrası hazırlamalıydı ki bir tek kuşsütü eksik olsun. Demek ki aslan sütü gerekiyordu. Önce rakı bulmalıydı ki sofranın bereketi, mezelerin tadı olsun. Baş başa sohbetleri bir şeye benzesin. Rialto'nun yolunu tuttu. Orada uzun süre pazarı dolaştı. Zeytinin, peynirin, turşunun, her türlü mezenin bin bir çeşidini buldu. Taze sebze ve meyve aldı. Marsilya'da imal edilmiş Duze marka rakı da buldu, her ne kadar Yeni Rakı'nın yerini tutmasa da aslan sütü sayılır. "Yaşasın aslan sütü!" diye bağırmak geldi içinden, "Yaşasın San Marco aslanı!" Galiba bağırdı da. İçmeden sarhoş olmaya başlamıştı. İki elinde öteberi dolu iki kocaman fileyle Rialto'nun kalabalığına karıştı. Turistik eşya satan işportacıların, vitrinleri dolduran incik boncuklar ile pizzaların, bir renk alacasında hışırdayan kumaşların önünden geçti. Maske satan bir dükkânın önünde durup vitrine baktı. Karnaval giysileri ile şapka ve pelerinlerin arasına maskeler gelişigüzel koyulmuştu. Yarımaylar, parlak güneşler, yırtıcı kuşlar ile şeytanlar. İçeriye girip, kendine patlıcan burunlu, mor bir şeytan maskesi Lucia'ya da iki beyaz eldiven ile yine beyaz, yuvarlak bir melek maskesi seçti.

Stüdyoya döndüğünde keyfine diyecek yoktu. Her şey tamamdı işte. Aslan sütü, çilingir sofrası ve maskeler. Dizindeki ağrı bugün hiç yoklamamış, kanalda suyun seviyesi de biraz azalmıştı. Ya sevişirlerken su basarsa odayı! Motor çalışmaya başlar ve tek pompayla da olsa kanala geri gönderir suyu. Kâmil çıldıracaktı sevinçten. Tek pompayla, sabaha kadar... Pompala dur! Birden bayağılaştığının farkına vardı. Yatılı okuldan kalma bir alışkanlık, uzun yıllar bir kadının elini dahi tutamamış olmanın verdiği bir aşağılık duygusuyla en romantik hayalleri kurarken bile kabalıktan kurtulamıyordu. Kendini işine verip gece olacakların hayalini kurmaktan vazgeçti. Bugün meze hazırlayıp sofra kurmaktan ibaretti işi. Ve sevgilisini, şu karanlık dünyasının tek ışığı Lucia'yı beklemek.

Öğlene dek vakit çabuk geçti. Ama mezeleri hazırlayıp sofrayı kurduktan sonra zaman durdu birden. Dakikalar uzamaya başladı. Zaman neydi ki zaten! Geçer gibi görünüp de geçmeyen bir süreç, bir uzun sıkıntı. Gençliğinde de böyle dakikalar uzar, gün bir türlü kavuşmazdı. Dağ dağa kavuşurdu da dakikalar saatlere, gün geceye kavuşmazdı. Strasbourg Katedrali'nde gördüğü Dasypodius ustanın o tuhaf saatindeki gibi. Saatten çok bir sanat yapıtına benziyordu. Tam yedi buçuk metre eninde, dört metre yüksekliğinde mermer bir büfenin üzerine oturtulmuş üç mavi kadranlı, iki yanını çarklar ile birbirinden güzel heykelciklerin süslediği on sekiz metre boyunda bir anıttı. Dünyayı merkez alan Ptolemaios sistemine göre gezegenler ile yıldızların deviniminden esinlenerek yapılmıştı ve o günden bu yana tek saniye şaşmıyordu. Yapıldığından bu yana tüm zamanları, dünyasal zaman ile ahret zamanını, dakikalar ile günleri, aylar ile yılları, insan yaşamı ile sonsuzluğu, gençlik ile yaşlılığı ölümlülere anımsatmaktan, içinde yaşanılan zamanı geçmiş zamanlarla birlikte saymaktan bıkıp usanmıyordu. Bir güzel temizleyip yağlanmış bu acayip nesneyi gün boyu seyretmekten kendini alamamıştı. Daniel Peygamber'in haber verdiği kıyameti simgeleyen kalkan tam orta yerdeydi. Kalkanın dört köşesindeyse Asur, Pers, Yunan ve Roma imparatorluklarının armaları vardı. Tümü de yıkılıp gitmişlerdi tarihin değirmeninde öğütülerek. Osmanlı İmparatorluğu'nun armasını gözleri boşuna aramıştı. Strasbourg Akademisi Matematik Kürsüsü Başkanı Conrad Dasypodius'a göre Osmanlı adında bir hanedan gelmemişti bu dünyaya, üç kıtaya hükmedip Viyana kapılarına dek dayanmamıştı. Oysa ustanın öldüğü yıl altın çağını yaşıyordu Osmanlı. Fatih Mehmed, Cem Sultan, Bayezid Han, Yavuz ve Kanunî. Bir zaman olmuş onlar da yaşamışlardı Azrail canlarını almadan. Kâmil o yıllarda Paris'te öğrenciydi, sarıklı avına başlamamıştı daha.

Yaşamın evrelerini simgeleyen dört mevsim saatin işleyişini düzenliyordu. İlkyaz (doğuş), yaz (gençlik), güz (olgun yaş) ve kış (yaşlılık). Demek ki o zaman yazdı Kâmil'in hayatında, hiç bitmeyecekmiş gibi yaşanan bir uzun yaz. Sonra güz gelmişti ve hâlâ sürüp gidiyordu. Saatte astronomik takvim de vardı. Günler, her birini değişik bir hayvanın çektiği savaş arabalarıyla geçiyorlardı. Ve arabalar gezegenleri taşıyordu fır dönerek: Güneş (pazar), Ay (pazartesi), Merih (salı), Merkür (çarşamba), Jüpiter (perşembe), Venüs (cuma), Satürn (cumartesi). Ne güzel fırtına gibi geçiyordu günler savaş arabalarının rüzgârıyla. Özlemi, acı ve sevinci, har vurup harman savurduğumuz yaşamı sürükleyip götüren günler. Pazar, güzel yeleli beyaz atlarla geçiyordu; pazartesi çatal boynuzlu bir geyikle. Salıyı götüren şaha kalkmış yağız bir attı, çarşambayı azgın bir köpek. Perşembe, kanatlı bir ejderin peşinden sürükleniyordu, cuma paytak ördeklerin. Cumartesiyse, çocuklarını yiyen Kronos'un tırpanında yapayalnızdı.

Saatin otomatları da büyülemişti sanat tarihi öğrencisi Kâmil Uzman'ı. Her çeyreği bir yavru melek vurup, bir başkası saat başlarında kum saatini ters çevirdikçe, havariler arzı endama başlıyorlardı. Ve onların tepesinde oyuk gözleriyle bir iskelet bekliyordu, "Ben de varım, buradayım işte, son bendedir, benimledir" der gibi. Yıllar önce o gün Strasbourg'da Dasypodius ustanın saati durmadan işliyordu. "İşte geldik gidiyoruz" dercesine. Peki şimdi burada, Venedik'te neden geçmiyordu zaman, çarklar dönüp durmuyordu?

* * *

Fikir önce ondan mı çıkmıştı yoksa Matmazel Soulignac'tan mı şimdi pek iyi anımsamıyor. Belki her ikisinden de. Son sınıftaydı. O yıl Fransızca dersinde Victor Hugo'nun tiyatrosunu okuyorlardı. *Lucrèce Borgia*'dan bir parçayı ezberlemesi istenmişti. Oyunun tümünü okumaya vakti olmamıştı. Seçme parçanın girişindeki özeti biliyordu yalnızca. Lucrezia büyük ağabeyi Juan'dan bir çocuk doğurmuş, bebek Calabria'lı balıkçıların elinde büyüdükten sonra yiğit bir *condottiere* olup Venedik Cumhuriyeti'nin hizmetine girmişti. Gennaro'ydu adı ve gerçek annesi ile babasının kimliğini bilmiyordu. Zaten Cesare Borgia ağabeyi Juan'ı öldürtüp cesedini Tiber Nehri'ne attırmıştı. Bu cinayetten haberi yoktu Gennaro'nun, annesi Lucrezia'nın iki koca eskittikten sonra Ferrare Dükü Alfonso d'Este'ye vardığından da. Kâmil oyunun son perdesinin son sahnesindeki anne ile oğulun diyalogunu ezberleyip sınıfta okuyacaktı. Uzunca bir bölümdü. Hem her iki rolü de bir tek onun üstlenmesi pek kolay değildi. Matmazele ödevini bir başkasıyla paylaşmak istediğini söylemişti. O da, okulda kız öğrenci olmadığına göre, Lucrezia Borgia'yı kendisinin oynamasını akla yakın bulmuştu ve oyunun son cümlesini, hiçbir zaman anne olamayacağını bilmenin kederiyle haykırarak öğrencilerin gözlerini yaşartmaktan geri kalmamıştı. "Ah! Öldürdün beni Gennaro! Ben senin annenim!" Böylece Gennaro Lucrezia'nın gizini öğrenmiş, ama oyun da sona ermiş oluyordu. En korkunç cinayetleri işlemiş, ağabeyleriyle, hatta babası Papa VI. Alexander'le bile yatmış olsa da, bu kötü kadın bir anneydi. Ve canından çok seviyordu oğlunu. Anneler her zaman melek olamazlardı ki!

Kâmil oyunun metnini bulup tümünü okuduktan sonra, bir türlü aklından çıkmayan son cümle daha bir anlam kazanmış, yerli yerine oturmuştu. Lucrezia oyun boyunca birkaç kez Gennaro'yu ölümden kurtarıyordu. Ve herkese verdiği zehrin panzehirini bir tek ona veriyordu. Ama sonunda kendi öz oğlunun hançeriyle cezasını da buluyordu. Matmazele yıl sonu müsameresi için Hugo'yu sahnelemeyi önermiş, hocasının, "Ama Musset'nin *Lorenzaccio*'su daha ilginç, hem o rol sana daha çok yakışır" demesine aldırmadan çalışmalara başlamıştı. Hem oyunu kendisi sahneye koyacak hem de Gennaro rolünü üstlenecekti. İş Lucrezia'yı bulmaya kalıyordu. Bir ara bu role Matmazel heveslenmiş, neyse ki hemen vazgeçirilmiş, daha doğrusu bir melek kadar iyi olduğu, dolayısıyla tarihin gelmiş geçmiş en kötü, en şehvetli, en cani kadınını oynamasının tiyatroda bile asla mümkün olamayacağı bütün sınıf tarafından kendisine uygun bir dille anlatılmıştı. Tümüyle dışlanamayacağına göre de oyunun ikinci kadın rolünün ona verilmesi şart olmuştu. Buysa Kâmil başta olmak üzere herkesin işine geliyordu. İkinci kadın rolü Prenses Negroni'ydi çünkü ve ancak bir tek sahnede görünüyordu. Görünmesiyle kaybolması da bir oluyordu.

Trajedinin gerçek kahramanı Lucrezia rolü için kardeş okul Notre Dame de Sion'dan bir kız aranmaya başlanmış, çok geçmeden de bulunmuştu. Kâmil'in yıllar sonra Vatikan'ın duvarında göreceği Pinturicchio'nun freskindeki Lucrezia'ya ne kadar da çok benziyordu. Aynı bukleli sarı saçlar, çivit mavisi gözler, aynı küçük burun ve geniş ağız. Kâmil, Vatikan'ın Borgialar Dairesi'ndeki freskle ilk karşılaştığı an anımsamıştı onu. Şimdiyse aradan geçen yıllara rağmen belleğinde her şey yerli yerine oturmaya başlıyordu. Hülyalı bakışlarıyla incecik bir kızdı, biraz ufak tefek, Fransızların "*mignonne*" dedikleri tipte. Belki Fransızcası yeterli değildi, ama yeteneği vardı. Kâmil ona dil konusunda yardımcı olacağını söyler söylemez hiç nazlanmadan kabul etmiş, provalara hemen başlamışlardı. İlk perdenin yorumunda bir hayli zorlanmıştı Kâmil. Olay Venedik'te karnaval sırasında geçiyordu. Gennaro ile Lucrezia maskeli baloda karşılaşıyorlardı. Ama oyunun sonuna dek hiç kimse Lucrezia'nın gizini çözemiyordu, ne kıskanç kocası Alfonso d'Este, ne yakın adamları, ne de Gennaro. Bir tek kendisiydi bunu bilen ve oğlunu kurtarmak için her çareye başvuran.

Çocuk, yaşamı boyunca merak etmişti annesini. Onu çok aramış, çok özlemişti. Bir gün çıkar gelir sanmıştı, belki döner kapadığı kapılardan, o beyaz, sevecen yüzünü gösterir. Annesinin bir cani olduğunu nereden bilsin, onu hep melekler katında hayal etmiş, onlarla birlikte görmek istemişti. Gennaro rolünde kendini oldukça rahat hissediyordu Kâmil. Asıl Lucrezia'ydı sorun çıkartan. Ayşe –kızın adı Ayşe'ydi, peygamberin çok sevdiği eşinin adını taşıyordu, on sekizinde dul kalan Hazreti Ayşe'nin adını– yeterince ikiyüzlü, şehvet düşkünü ve acımasız olamıyordu. Bir kere görünüşü engeldi buna, sonra karakteri. Melek kadar saf, tertemiz bir kızdı. Hani ne derler, "pirüpak" mı, öyle bir şeydi işte. Ama yeteneği sayesinde aşmıştı tüm güçlükleri, giderek entrikacı kadın rolünü benimsemişti. İçinde kötülük ile iyiliğin savaştığı ve her defasında –oğul sevgisi hariç– kötülüğün galip geldiği cani ruha ısınmıştı. Ve zehir konusunda da üstüne yoktu doğrusu. Baştan sona "zehir" ve "panzehir" sözcükleriyle dolu oyunun provaları sırasında hiç yorulmuyor, ne zaman "zehir" sözü geçse gözleri parlıyordu. "Adınız Lucrezia Borgia değil mi zaten?" diye soruyordu Gennaro, "Bayezid'in kardeşinin akıbetinden haberim yok mu sanıyorsunuz?" Umutsuzca çırpınıyordu Lucrezia rolünde Ayşe. Doğru, VIII. Charles'le birlikte Napoli'ye gitmeden önce Osmanlı şehzadesini o kandırmıştı. Fransa kralının onu zehirlettiğini söyleyip panzehir diye sunduğu gerçek zehirle ölümüne yol açmıştı. Ama Gennaro başkaydı, kendi kanı dolaşıyordu damarlarında. Ne var ki bu gerçeği sevgili oğluna itiraf edemezdi ki! "Cem'e gerçek zehri panzehir diye sunan el şimdi bana da aynı iksiri sunmakta" diyordu Gennaro'nun ağzından Kâmil. Ve der demez de oğul sevgisinden çok zehirle öldürme tutkusu ağır basıyormuş gibi kızın saf yüzünde anlamlı bir gülümseme beliriyordu. Bir başka sahnede bu kez Maffio açıyordu aynı konuyu:

> Evet, Borgialar zehrin hasını bilir. Kimini bir günde kimini bir ayda, kiminiyse bir yılda öldürür onların zehri, şaraba nefis tatlar katar. Ve sarhoş olduğunu sandığı anda öldürür adamı.

Ayşe'de yine bir heyecan, yüzünde o anlamlı gülümseme. Ömrü boyunca Vatikan'ın mahzenlerinden topladığı karafatmalar ile zehirli böcekleri havanda ezip kantarin elde etmiş sanki. Ağabeyi Cesare'yle bir olup rakiplerini teker teker ortadan o kaldırmış.

Provalar ilerliyordu. Kâmil çok memnundu gelişmelerden. Sıra arkadaşı Ömer, Don Alfonso rolünü üstlenmişti. Ferrare Dükü gibi güçlü kuvvetliydi. Okul yönetimi sakal bırakmasına bile izin vermişti. Sonra öbür oyuncular, hele Gubetta. Kötülük yarışında Lucrezia'dan aşağı kalır yanı yoktu.

> Biliyor musunuz Madam, göl adanın tersidir, kule kuyunun, bir su kemeriyse köprünün tersi; bana gelince, onurlu bir insanın tersi olmakla övünebilirim.

Jeppo'yu oynayan çocuk da kısa sürede rolünü benimsemişti. Çelimsiz görünüşünden beklenmedik bir güvenle konuşuyordu. Hele geceleyin Tiber Nehri'ne atılan Gandia Dükü Juan Borgia'nın cesedini anlatırken harikaydı. Başta Ayşe olmak üzere öğrencilerin tümü küçük bir cinayet çetesi kurmuş gibiydiler. Bütün bu kötülüğün ortasında bir tek Gennaro, yani Kâmil saf ve temiz kalabilmişti. Rönesans tablolarında viyola çalan bir melek kadar iyi, çarmıhtaki İsa gibi doğru sözlüydü. Ama en korkunç cinayeti o işleyecekti oyunun sonunda. Arkadaşlarını zehirleyen Lucrezia'yı, özbeöz annesi olduğunu bilmeden, kendi elleriyle hançerleyecekti.

Ah! Öldürdün beni Gennaro! Ben senin annenim!

Lucrezia'nın bu son sözünden sonra perde kapandığında seyircinin tepkisi ne olacaktı acaba? Annenin ölümüne ağlayacak mıydı? Yoksa iblisin ölümüne mi sevinecekti? Doğrusu hem ağlayıp hem sevinmesi, yani karmaşık duygularla salonu terk etmesi gerekiyordu. Kâmil seyircide işte bu karmaşık ruh durumunu –o zamanki deyimle "haletiruhiye"yi– yaratmak için kolları sıvamıştı. Okul yönetimi de, bir süredir öğrencilerin Fransızca düzeyini eleştiren bakanlık müfettişlerine en iyi yanıtın Hugo'nun son sınıf edebiyat bölümü tarafından Fransızca sahnelenmesi olacağını düşündüğünden tüm olanakları seferber etmişti.

Ne var ki bir süre sonra öğrenciler rollerini biraz fazla benimsemeye başladılar. Gerçek kimliklerini unutmuşlardı sanki. Kâmil Lucrezia'yı kastederek, "İnsan bu gibi kadınlara tutulunca nefret etmeye de başlıyor onlardan" derken inandırıcıydı. Hem de gereğinden fazla. Ömer de Lucrezia'nın kıskanç kocası rolünde çok inandırıcıydı. Karısıyla rol gereği konuşurken aslında kendi duygularını dile getiriyordu.

> Onu bulmak için Venedik'e kadar gittiniz. Cehenneme bile gidersiniz onun uğruna! Siz âşığınızın peşindeyken ben de sizin peşinizdeyim. Yüzünüzde maske, avını izleyen dişi kurt gibi soluk soluğaydınız.

En çok da bu "soluk soluğaydınız" deyimi kahrediyordu Ömer'i. Çünkü Ayşe'nin Kâmil'e yakınlık duyduğunu, bir süredir peşinden hiç ayrılmadığını biliyordu. Sonunda beklenen oldu. Kâmil ile Ayşe birbirlerini sevdiler. Ayşe önce biraz nazlanıp, "Annen olduğumu unutuyorsun" dediyse de Kâmil ona, bahar yağmuru kadar kısa süren ilişkileri boyunca gerçek kimliğini anımsatmayı bildi. İlk göz ağrısıydı ne de olsa, genelevdekilerini saymazsak seviştiği ilk kadın. On sekiz yaşındaydı. Şimdi Venedik'te, kırk altı yaşını geride bırakmışken –demek çeyrek yüzyıldan da çok olmuş– terk edilmenin acısını ilk kez bu oyunun provaları sırasında yaşadığını, ilk zehri Lucrezia'nın elinden içtiğini, belki Cem Sultan'a da bu nedenle yakınlık duyduğunu düşünüyordu.

Ayşe oyunun galasına üç gün kala Kâmil'i bırakıp kendine bir başka sevgili bulmuştu. Her şey suya düşmüştü böylece. Kâmil onu görmek bile istemiyor, okulun arka bahçesinde gün boyu volta atarak beraber oldukları günleri düşünüyordu. Ayşe'nin hastalandığı bahanesiyle gösteriyi ertelemişlerdi. Terk edilmişti. Eski bir paçavra gibi bir köşeye fırlatılıp atılmıştı. Provalardan sonra el ele tutuşup arka bahçede yaptıkları gezintileri anımsıyor, anımsadıkça da kahroluyordu. Bir gün ona, "Yıllarca bu bahçeye girebileceğim günü bekledim" demişti, "son sınıfa gelene dek tam yedi yıl. Yedi yıl çile doldurdum koridorlarda. Basket sahasının betonunu yedi yılda kat ettim. Yasaklarla büyüdüm zaten. Annemin adını anmam bile yasaktı evde. Üvey annem onu her geçen gün biraz daha özlediğimi gördükçe çileden çıkıyordu. Sokağa çıkmam yasaklanmıştı. Sonra, yedi yıl boyunca, cumartesi öğleden sonraları hariç dışarı çıkmam da yasaklandı. Son sınıfa geçene dek okulda kapalı kaldım, bir kalebent gibi." Ayşe ona acısın, öksüzlüğünden, yalnızlığından etkilensin istiyordu. Ancak son sınıf öğrencilerinin girebildikleri arka bahçede prova bahanesiyle de olsa bir kızla dolaşabileceğini düşünde görse inanmazdı. Havuzda nilüferler bembeyaz açmış, ilkyaz gelmişti. Çiçeğe durmuştu ağaçlar. Denizkızı yağmurda yıkanıp yosunlarından arınmış gibiydi. Karşısına geçip onu seyreden sevgililere gülümsüyordu çapkınca. Ve Ayşe'nin göğüsleri denizkızınınkilerden daha güzeldi. Dışları sert, içleri yumuşacık, avuç içini dolduracak kadar. O zaman Cavaillon kavununu henüz tatmamıştı Kâmil. Bildiği mis kokulu Topatan kavunuydu. Bir de top mermisi büyüklüğünde ama tez çürüyen Kırkağaç kavunu. İstanbul aşağıda, ayaklarının altındaydı. Uzakta Adalar, Boğaz'ın girişi, Sarayburnu ve Haliç, sonra kurşun kubbeler ile sivri minareler, evet her şey yerli yerindeydi. Edebiyat dersinde öğrenip o yıl dilinden düşürmediği şiirdeki gibi, "İstanbul bahar içindeydi / Gönüller sevda içinde." Ayşe'ye yasak bahçeden boşuna söz etmemişti. Kız da hemen anlamıştı zaten. Bir hafta sonu yatakhanede, gündüz vakti gizlice sevişmişlerdi. O yıl on sekiz yaşının yasak bahçelerinde mutluydu Kâmil. Ve bu mutluluğun çok geçmeden yerini kahreden bir acıya, dünyanın sonuymuş gibi yaşayacağı bir terk edilmişlik duygusuna bırakacağından haberi bile yoktu. Ayşe'yle ömrünün ilk gerçek aşkını yaşarken kızın onu bir başkasıyla aldatacağını, sonradan bunca yer gezip bu kadar çok kadınla birlikte olmasının temelinde belki de bu ilk acının yattığını, çıktığı yolculuklarda, tanıdığı kadınlarda, ergenlik çağındaki o yasak bahçenin mutluluğunu arayacağını bilemezdi.

Bir gün yine okulun arka bahçesinde dolaşırlarken üzerinde kabartma heykeller olan bir mezar taşı Ayşe'nin dikkatini çekmiş, o da, mermerin altında Gül Baba derler bir ermişin yattığını söylemişti. O zaman bu Gül Baba hakkında fazla bilgisi yoktu. Gidip araştırmış, aşkla –evet o zamandan beri araştırma tutkusu bir aşk olmuştu hayatında– öğrenip Gül Baba'nın öyküsünü Ayşe'ye anlatmıştı. Fatih'ten sonra tahta geçen Bayezid bir gün avlanırken o zamanlar ormanlık olan Beyoğlu'nda yolunu kaybediyor. Hep şairler kaybedecek değil ya yolunu! Padişahlar da karanlık bir ormana düşüp doğru yoldan sapabilirler. Derken Bayezid'in burnuna bir gül kokusu geliyor. Kokunun geldiği yana doğru sürüyor atını. Karşısına kulübeden büyükçe bir tekke çıkıyor. Tekkenin şeyhi Gül Baba adında bir derviş öylesine içten ağırlıyor ki padişahı, Bayezid onunla vedalaşmadan önce masallardaki gibi, "Dile benden ne dilersen!" diyor Gül Baba'ya. O da bu ormanlık yerde bir ilim yuvası kurmasını istiyor. Öyküyü anlatıp bitirdikten sonra, "Beş yüzyıllık bir geçmiş var burada" diye de eklemişti. Ayşe, Lucrezia'dan miras o alaycı gülümseyişle, "Renkleriniz de herhalde bu yüzden sarı kırmızı" diye karşılık vermişti, "kendini ona vermeden önce, Cesare Borgia'nın renkleri gibi."

Kâmil Ayşe'nin bu sözlerini yıllar sonra Venedik'te anımsıyor. "Sarı-kırmızı, Cesare Borgia'nın renkleri gibi sarı-kırmızı." Koskoca bir yaşamın sorumlusu bu renkler, bu sarı-kırmızı yılların ardındaki okul. İşte böyle, oyunun provaları yarıda kalmıştı aşk yüzünden. Sarı saçlı, mavi bakışlı bir küçük kız yüzünden bugünlere gelmişti. Ya bir yerde okumuş ya da birinden duymuştu, adamı rezil eden de vezir eden de kadındır, geçen gün Cannaregio'da sarı badanalı evin bütün zillerini çalarken rezil olmamış mıydı, ele güne karşı ne büyük kepazelik, ama bu gece, bu gece çilingir sofrasında vezir olacaktı.

Kim bilir nerelerdedir şimdi Ayşe? Ya tanıdığı öbür kadınlar? Hepsinin canı cehenneme! Yalnızca Lucia var artık, yolunu aydınlatan tek ışık. Oyunun son sahnesinde Lucrezia'nın, "*Ecoute-moi encore un instant. Oh! Je voudrais bien que tu me reçusses repentante à tes pieds*!" derken Matmazel'in kulaklarına dek kızardığını anımsayıp kahkahalarla gülmeye başladı. Keyfi yerine gelmişti iyice. Nasıl olup da farkına varmamış koskoca Victor Hugo! Evet o bile, "*subjonctif de l'imparfait*"nin seyircinin kulağında bir yanlış anlamaya yol açabileceğini düşünememiş. Ya, işte böyle rezil eder adamı eski zaman emir kipinin kullanımı, Fransızca gramerin o korkunç karabasanı! Böyle olmadık sözler söyletir adama. Ya da kadına. Haspaya bak sen, yalanmaktan çok hoşlanmış da bir daha istiyor. "*Je voudrais bien que tu me reçusses repentante à tes pieds*!" "*Pişmanlıkla ayaklarına kapanıyorum kabul et beni*!" de olabilir. "Pişmanlıkla ayaklarına kapanıyorum bir daha yala beni de!" Ayşe provada bu repliği söylerken hangisini düşünüyordu acaba?

Bu dil oyununa takılmıştı bu kez de aklı. Yazar olsaydı dilini iyi kullanmaya çaba gösterirdi mutlaka, ressam olduğuna göre fırçayla yetinmesi gerekiyordu. Hadi bakalım, diye geçirdi içinden, kolay gelsin! Yine de, okul anılarıyla, gırgırla vakit geçecek gibi görünmüyordu. Belden aşağı yatakhane şakaları da bir yere kadar oyalıyordu insanı. Hugo'ya haksızlık ettiğini düşündü. Belki çok matraktı, ama sandığı kadar önemli değildi bu "*subjonctif de l'imparfait*" meselesi. Hem Venedik'le ilgili ilk araştırmalarını bu oyuna borçlu değil miydi?

İlk sahne Barbarigo Sarayı'nda geçiyordu. Giudecca Kanalı, gondollar, karnaval ve maskeler. Bütün bunlar, yazarın ayrıntılarıyla betimlediği bu dekor nasıl kurulacaktı? Oyunun giriş bölümünü yatakhanenin kör ışığında okumaya başlar başlamaz hayalinde canlanıvermişti Venedik:

Venedik'te Barbarigo Sarayı'nın geniş avlusu (...) Arada bir sahneden maskeler geçer (...) Arkada, avlunun ardından Giudecca Kanalı akmaktadır, karanlıkta yalnızca yüzleri aydınlanan çalgıcılar ve maskeli insanlar gondolların içinde geçmektedirler. (...) Daha da geride, ay ışığında Venedik görünmektedir.

Ayşe'nin ihaneti oyunun sahnelenmesini engellemişti. İyi ki de öyle olmuştu. Yoksa, okulun konferans salonundaki küçük sahneye nasıl sığdırabilirdi Venedik'i. Şimdi yıllar sonra Venedik'te işte. Ama ne yazık ki, gerçek bir kent Venedik, kimi zaman bir tiyatro dekorunu andırsa da.

Sis biraz dağılır gibi oldu. Pencereden, yüzlerinde maskeler, bir gondola binmiş turistlerle çalgıcılar geçti. Kâmil kendini oyunun provalarında sandı bir an. Lucrezia yüzünde maskeyle ona bakıyordu. Gondolu bir motor taksi izleyince gerçeğe döndü. O da, çalgıcı ve turistler ile taşıyan gondol gibi, suları rıhtıma taşırarak geçti. Hani ne derler, "sinema şeridi gibi" mi, eski günler işte öyle geçiyordu gözünün önünden. Geçmeyen bir tek zamandı. Saate baktı. Lucia'nın gelmesine çok vardı daha. Çıkıp biraz dolaşmaya karar verdi.

* * *

Lucia'nın telefon edeceği saate dek sokaklarda dolaştı. Her yer kalabalıktı. Daha şimdiden maskeler takılmaya başlanmıştı. Kahvelerde, köprülerin basamaklarında, rıhtımlarda, gondolların içinde yüzü maskeli insanlar gördü. Siyahlar giyinmişlerdi. Bazılarınınsa alacalı, çok şık pantolonlar, etekler, şalvarlar vardı üzerlerinde. Biraz ürkütücüydüler. Bir iskelede tül giysiler içinde mavi, sarı, kırmızı –hep bu sarı-kırmızı!– kadınlara rastladı. Dirseklerine dek siyah eldiven giymiş, tavus kuşları gibi gökkuşağının yedi rengine bürünmüşlerdi. Beyaz maskeler takmışlardı yüzlerine. Ve bir zenginin özel motoruyla gelip onları iskeleden almasını bekliyorlardı. Kâmil de, Lucia'yı iskeleden almaya giderken patlıcan burunlu mor maskesini takmayı düşündü bir an, sonra vazgeçti. Kız korkardı belki. Tam o sırada ağrı sağ dizini yokladı yine. Hiç oralı olmadı. Atın ölümü arpadan olsun! Az sonra, içki uyuştururdu nasılsa, önemli olan orta bacağın sağlığıydı. Nedense, belki karnaval yıl boyu bastırılmış yasakları, cinsel içgüdüleri dışa vurduğundan, evet nedense hep böyle kaba sözler, yatılı okul argosundan kalma küfürler geliyordu aklına. Ormanda çıplak su perilerini kovalayan satirlerin de kıllı bacakları yok muydu? Ve dünyaya meydan okurcasına dikilmiş, minare gibi, sivri, Venedik'in çan kuleleri gibi de biraz eğik, güneşte kıpkırmızı parıldayıp duran "orta bacakları". Aslında üç bacaklı değil miydi erkek milleti!

Dar sokaklarda yürürken Piazetta'ya doğru çoğalan kalabalığın maskelerini belden aşağılarına takmalarının daha yerinde olacağını düşündü. Satirlerinki gibi bu şuh kalabalığın da yüzleri insan, belden aşağıları hayvan olmalıydı. Bazılarıysa palyaço gibi giyinmiş, yüzlerini bin bir renge boyamıştı. Ayaklarında ponponlu, ucu sivri, kayık kadar kocaman kunduralar vardı... *Aqua alta* alanı kapladığında suyun üzerinde rahatça yürüyebileceklerdi. İsa gibi. Her biri, gecenin geç saatlerinde, kendi çarmıhına gerilmeyi bekleyen birer İsa'ydı zaten; boyası akmış yüzlerinde acı, bakışlarında keder. Ve parçalanmış giysilerinin altından görünen çıplak gövdelerinde pıhtılaşmış bir kan lekesi. Arkalarından hiçbir kadın ağlamayacaktı, anneleri bile. Dünyanın bütün öksüzleri palyaço kılığına girmişti. Hem çocuktular, hem onları güldüren palyaçoydular. Kâmil de yüzünü boyayıp patlıcan burunlu şeytan maskesini takarak pekâlâ aralarına katılabilirdi. Ama Lucia'yla randevusu vardı onun. Önce bin bir özenle hazırladığı çilingir sofrasında yemek yiyecekler, sonra da... Sonra karnaval kalabalığına karışabilirlerdi, sefih cümbüşte karanlık, nemli sokaklara doğru sürüklenerek.

Eve tam saatinde döndü, Lucia'nın telefonunu beklemeye başladı. Aradan yatılı okulda bir pazar günü kadar uzun gelen birkaç dakika geçti. Sonra, giderek yavaşlayarak dakikalar birbirini izledi. Zaman uzayıp genişliyor telefon bir türlü çalmıyordu. Yarım saat bile olmadan endişeye kapıldı. Ya gelmezse? Ama bakışlarından anlamıştı, mutlaka gelecekti, peki ya gelmezse? Gece dayanılmaz olur karnaval cehenneme dönerdi. Rakı şişesini açtı, bir kadeh yuvarladı. Sonra, mum ışığında sahtiyan gibi parıldayan kalamata zeytiniyle bir tane daha. Lucia'nın şerefine mum alıp yakmıştı. Tabakta mezeler mum ışığına gelip konmuş pervanelerdi. Bir yandan atıştırırken bir yandan da demleniyor, demlenmek ne kelime peş peşe yuvarlıyordu kadehleri. Artık Lucia'dan umudu iyice kesmişti. Ne olmuştu acaba? Son anda bir engel mi çıkmıştı, annesi mi bırakmamıştı yoksa? Başına bir şey gelmiş olmasın! Bu konuda kendine daha fazla soru sormama kararı aldı. Ve içkinin de yardımıyla belki ömründe ilk kez, şişe yarılanıncaya dek kararına uydu. Maskesini paltosunun cebine koyup yeniden sokağa çıktığında gece epeyce ilerlemişti ve adamakıllı sarhoştu.

Piazzale Roma'yı ilk defa bu kadar kalabalık görüyordu. Kim bilir San Marco nasıldı. Orada insanlar bir renk ve müzik cümbüşünde birbirini çiğniyordu herhalde. Kahveler de hınca hınç dolu olmalıydı. Geceleri sessizliğe bürünen, karanlıkta bir heyula gibi denize kayan kent, şimdi nereden çıktığı belirsiz bu boya, maske ve kostüm kalabalığına teslim olmuştu. Çalgı sesleri geliyordu her yerden. Arada bir gökyüzünü havai fişekler aydınlatıyordu. Pencerelerde ışıklar çoktan sönmüş, herkes kendini sokağa atmıştı. Kalabalığın içinde maskesiz dolaşan bir tek Kâmil'di. Piazzale Roma'nın iskelelerinde de müthiş bir kargaşa yaşanıyordu. *Vaporetto*'lar insan kaynıyordu, otobüs durakları ile bayilerin önleri de. Telefon kabinleri kuşatma altındaydı. Bir maske ormanında dolaşıyormuş gibi geldi Kâmil'e. Karanlık bir ormana düşmüş yürüyordu, ama ne yol belliydi ne menzil. Genellikle bu saatte bomboş olurdu alan, *vaporetto*'lar içlerinde birkaç yolcuyla iskeleye yanaşır, sonra çoğu kez bomboş Büyük Kanal'a doğru gözden kaybolurlardı. Sabahları cappuccino'sunu içtiği kahveye girip barın tezgâhındaki tabureye tünedi. Bir kahve söyledi, yanında da *grappa*.

– Sizin maskeniz yok mu Bayım? diye takıldı barmen.

– Elbette var. Hem de patlıcan burunlu, mosmor bir maske. Çıkarırsam korkarsın.

– Ne olur çıkarmayın! diyerek korkar gibi yaptı barmen. Bırakın yerinde dursun!

Purosunu yaktı, maskeyi belden aşağı taksam burun boşluğuna tam oturur mu şeyim gibisinden bir şeyler geçti zihninden. Başı dönüyordu. En iyisi gidip o kadına danışmak. Ama hangi kadına? Mestre'deki orospuya tabiî başka kime olacak! Her zamanki gibi kahkahalarla gülmedi bu kez. İçi acıyordu. İçindeki paslı hançer döndükçe yara kanıyordu. İlk terk edilişin yarası o beyaz yüz bodrum katının karanlığında çekip gittiğinde, Ayşe onu okulun yalnızlığına bıraktığında, son terk edilişin yarası Venedik'te bir karnaval gecesi. Lucia... hani artık Lucia'nın adını anmamaya söz vermişti! Bir *grappa* daha içip kahveden çıktı, taksi durağına doğru yürüdü.

Durakta uzun bir kuyruk oluşmuştu. Millet karnaval diye kesenin ağzını açmıştı anlaşılan. Birden üzerinde yeterince para kalmadığını anımsadı. Rialto'da harcamıştı çoğunu. İyi ki de harcamıştı. Gidip Mestre'deki orospuyu bulacaktı. Bir banka bulup bankomatiğe kredi kartını soktu, kod numarasını tuşladıktan sonra beklemeye başladı. Makine para kalmadığı gerekçesiyle reddetti kartı. Bir başka banka buldu, oradan da aynı yanıtı alınca içine bir kurt düştü. Tüm kredi parasını harcamış olabilir miydi? Kör dilenciyi de ne hikmetse o anda gördü. Bankanın duvarına sırtını dayamış dileniyordu. Derviş keşkülüne benzer bir tas asmıştı boynuna. Sanki beş yüzyıldır orada duruyormuş gibi hareketsizdi. Lime limeydi giysileri ama üşür gibi görünmüyordu. O da karnavala uyup bir Osmanlı sarığı geçirmişti başına. Sarık kaşlarına dek tüm alnını örtüyordu. Kirli sakalın ortasında çiçek bozuğu bir yüz ve yalnızca akı kalmış gözler. Sanki bir yerden tanıyordu bu adamı. Yanına yaklaşıp tasın içine bir bozuk para attı. Paranın sesini duyar duymaz dudakları aralandı dilencinin, bir şeyler mırıldandı. Kâmil onun dişleri dökülmüş ağzından, "Allah uzun ömürler versin" cümlesinin çıktığını duyar gibi oldu. Elbette öyle söylememişti, ama belki Türk kılığına girdiğinden, belki boynundaki tasın keşküle benzediğinden Kâmil'e öyle gelmişti. Portakal rengi bir otobüs karşı duraktan kalkmak üzereydi. O da kentin öbür taşıtları gibi ağzına dek doluydu. Son anda yetişebildi. Maskelerin içinde, ayakta bir sağa bir sola yalpalayarak Mestre'ye vardığında pestili çıkmıştı.

İndiğinde boğulacak gibiydi. *Aqua alta*'dan korkarken kalabalıkta boğulmak. Tam ona göre bir sondu doğrusu, bir böcek gibi ezilmek ayak altında. Kim bilir ne çok zehir çıkardı içinden, kantaron elde eder gibi havanda dövseler, ona da gerek yok aslında, otobüsün içinde ponponlu kocaman kunduralarıyla çiğneyip ezseler Lucrezia'ya gün doğardı. Lucia'ya, hani anımsamak yoktu onu, Lucrezia deyince aklına gelivermişti. Lucia'ya da gün doğardı en etkili zehri onun kanıyla yoğuracağı için.

Ağaçlı cadde bomboştu. Bir tek orospu bile yoktu görünürde. Onlar da karnavalda eğleniyor demek. Bu akşam müşteri çıkmaz ki, bu akşam tüm kadınlar orospu zaten! Herkes önüne gelenle sevişebilir. Tak maskeyi bitir işi! Arada bir geçen arabaların farları yüzünü aydınlatıyor, sonra her yer yeniden karanlığa gömülüyordu. Cebinden maskesini çıkarıp taktı. Onu böyle gören ormanda yolunu kaybetmiş bir satir sanabilirdi. Ayakları teke ayağı değildi belki, boynuzları da yoktu. Kim bilir belki de vardı. Lucia şu anda onu boynuzluyordu belki. Kalabalıktan uzak karanlık bir köşede, kendi gibi gözü dönmüş bir maskeliyle. Neyse ki boynuzları olsa bile görünmüyorlardı henüz. Yeterince çıkmamışlardı. Ama erkeklik organı çok şükür yerli yerindeydi. Sahi nasıldı o söz, bu meretin azı azdırır çoğu sızdırır gibi bir şey galiba, boktan Marsilya rakısının azı da çoğu da azdırıyormuş demek. Yalpalıyordu. Bir ağaca dayanıp beklemeye başladı. Bir yandan da erkekliğini diriltmeye çalışıyordu. Ya karanlıkta travesti sanıp yanaşırsa biri! Öyle ya her şey olabilir bu gece, bu gece karnavalın ilk gecesi. Tekin bir yerde değil üstelik, maskesi de çok manidar. Bakarsın Lucia bile çıkabilir bir köşeden, bacaklarında siyah file çoraplar, yüzünde beyaz maske. Armut dersem çık, elma dersem çıkma. Portakal portakaaal! Hadi bakalım ne yapacaksın şimdi. Çıksan bir türlü çıkmasan başka türlü. Ama ben yoruldum artık bu saklambaçtan, sabrım tükendi. Şimdi o güzel bacakları kim okşuyordur acaba, eli kimin elindedir sevgilimin, sevişirken yüzünde maske var mıdır, ya da tablodaki gibi sessiz ve erdemli midir gerçekten? Kutsal Bakire gibi yüksek surlar, alınmaz kaleler ardında mıdır? Önünde bir araba durdu. Sürücünün camı indirip fiyatını sormasıyla kendine gelir gibi oldu biraz. Hemen uzaklaştı oradan. Gara doğru yürürken artık yalpalamıyordu.

Büfe açıktı. İçeriye girer girmez küçük orospuyu gördü. Bir masada ızbandut gibi bir adamla oturuyordu. Yanlarına yaklaştı.

– İyi geceler yavrum!

Kadın tanımamış gibi baktı. Sonra bir çığlık attı.

– Ay sen misin!

– Tanıdın mı?

– Tabiî tanıdım. Beni kandıramazsın.

– Öyleyse söyle bakalım ben kimim?

– Karnavalın gülüsün. Patlıcan burnun da pek kocaman.

– Tanıyamadın işte!

– Tanımaz olur muyum... Aksanından tanıdım.

Kâmil bir karnaval gecesi Mestre Garı'nın büfesinde bile, üstelik maskeliyken, Türklüğünden kurtulamadığını düşündü.

– Yine arabasız mı dolaşıyorsun? diye sordu kadın.

– Arabam yok, ama param çok.

– Ne kadar çok? Benimle sabahlayacak kadar mı?

– Değil seninle Hotel Danieli'de dul bir milyarderle bile sabahlayabilirim.

– Hadi gidelim öyleyse.

Kâmil kalabalıkta soyulabileceği korkusuyla parasını evde bıraktığını, oraya gelirse tümünü ona verebileceğini söyledi. Kadın duraksadı bir an, sonra masadaki ızbandutlara danıştı. Onlar aralarında tartışırken Kâmil barın tezgâhına tünemişti bile. Hemen bir *grappa* ısmarladı. Kadın yanına gelip gidebileceklerini söylediğinde kadehini çoktan bitirmiş, yenisini söylemişti. Ona da bir tane ısmarladı. İçkilerini bitirdikten sonra kalktılar, istasyon durağında bekleyen taksiye biner binmez de sarılıp öpüşmeye başladılar. Bu, küçük orospunun ona karnaval hediyesiydi. Nasıl da cömert davranıyordu bu gece, daha kim bilir ne hediyeler verecekti. Kadın pantolonunun düğmelerini çözmeye başlayınca biraz ayılır gibi oldu. Gece başladığı gibi bitmeyecekti çok şükür. Arka koltukta karanlıktaydılar. Bir el paltonun altından erkekliğini okşuyordu işte, yalnız değildi. O da elini kadının apış arasına götürdü, küçük hayvanı buldu. Nedense Carpaccio'nun köpeklerini düşündü, kurtizanların canavarları ile azizlerin beyaz tüylü, küçük yaratıklarını. Kim bilir belki de ressamın onlara verdiği yer kadar önemsiz değildiler. Venedik'e doğru hızla gidiyorlardı. Şoför kelle götürür gibi sürüyordu arabayı. Yol biraz tenhalaşmıştı. Beton direklerin üzerinde neon lambalar yanıyordu. Karanlık suya vuran ışıklar düz bir yolun kilometre taşları gibiydi. Suda gidiyorlardı sanki denizin üzerinden kayarak. Su arkalarından köpürmüyordu. Üçü bir yerde kalasların tepesinde de martılar yoktu. Ne martılar ne balıklar. Yanı başına oturmuş kanat çırpıyordu beyaz bir martı, gagasındaki balıkla. Kâmil kadının kırmızı ağzına bıraktı kendini gözkapaklarının yavaşça kapandığını hissederken. O anda aynaya baksaydı bir arabanın onları izlediğini görecekti. Ama bakmadı aynaya, dönüp kadına da bakmadı. Her şey çok iyiydi böyle, sıcak ve kaygandı.

Piazzele Roma'ya yaklaştıklarında adını sormak istedi, sonra vazgeçti. Anna Maria'dır mutlaka, ya da Cecilia. Lucia bile olabilir neden olmasın! Nasıl olsa gerçek adını gizleyecekti. Maria Magdelena diyecekti belki de. Milattan bu yana duacı olmuş tüm orospular azize değil miydiler? Neyse ki üzerinde taksiye yetecek kadar para kalmıştı. Ya sonra? Sonrası Allah kerim. Nasıl olsa bulurdu bir yolunu.

Stüdyoya önce o girdi, kadın da arkasından. Sokak kapısının açık kaldığını görmedi. Işığı yakmadılar. İçerisi küf kokuyordu. Mezeler tabakta öylece kalmış, anason kokusu her tarafa yayılmıştı. Çocukluğunun bodrum katındaydı sanki, az sonra babası gelip şişedeki rakıyı bitirecekti. Çıkarken kapattığı pencereleri açtı. Purodan son bir nefes çeker gibi gecenin serinliğini çekti içine. Sonra rakı şişesinin yanında duran mumu yaktı. İki bardak alıp rakı ile su koydu, birini makyajı yüzüne akmış kadına uzattı. Mumun titrek alevinde kadeh tokuşturup içtikten sonra soyundular. Kâmil, "Maskeyi oraya tak bakalım nasıl duracak" diye fısıldadı. Kadın mor patlıcanı onun yüzünden çıkarıp aşağıya, kör ışıkta dikilen cinsel organına koydu, arkadan bağladı. Kâmil de Lucia için aldığı eldivenler ile beyaz maskeyi kadına taktı. Birlikte yatağa yuvarlandılar. Nasıl olduysa para istemeyi unutmuştu küçük orospu. Kâmil yaşamı boyunca orospulardan beklediği "bonüs"ün sonunda ona bu gece karnaval sayesinde nasip olduğunu düşünüp gülümsedi.

Bir önceki sevişmelerinde yaptığı gibi hemen üzerine geldi kadın, Kâmil'i maskeyle birlikte içine aldı. Sonra yer değiştirdiler. Kâmil kadının üzerindeyken belinden çözülüverdi maske, yataktan aşağıya kaydı. Oyun sürsün istiyordu Kâmil, ama böyle de güzeldi, sırtüstü uzanmış melek maskeli kadının içine girerken mezara girdiğini bilmiyordu ki.

Bir el dokundu omzuna. Oralı olmadı. Ama güçlü kuvvetli el kadının üzerinden çekip aldı Kâmil'i, duvara mıhladı. Açık sokak kapısından içeriye sessizce süzülen iki ızbandut üzerine saldırdıklarında hâlâ şaşkındı. Her biri bir kolundan tutup çarmıha gerer gibi gerdiler. Kadın da yataktan fırlamış, çantasından çıkardığı sustasıyla çırılçıplak karşısına dikilmişti. Paranın yerini sordu. Kâmil'in dili tutulmuş konuşamıyordu. Sustalı mum alevinde parlamadı, hayır. Kaburgaların arasına dalmasıyla çıkması bir oldu. Acıdan yüzü buruştu Kâmil'in, gözleri oyuklarından fırladı. O an ölümü gördü. Çıplak kadın suretinde bir beyaz maskeydi. İkinci darbede yere yığıldı. Saldırganlar ışığı yakıp her yeri didik didik ettiler, paraya benzer bir şey bulamayınca da okkalı bir küfür savurup gittiler. Kâmil olan bitenin yeni farkına varmış, kanayan yarasını eliyle bastırmaya çalışıyordu. Aklına telefonla yardım çağırmak geldi. Sürünerek masaya ulaştı, bir sandalyeye tutunup doğruldu. Telefon ahizesini kaldırırken dengesini kaybetti. Yere yığıldı yeniden. Ahize elinde kalmıştı. Kordonu çekip telefonun kadranını aşağıya düşürdü, polis ile ilkyardım arasında duraksadıktan sonra ilkyardımı tuşlamaya başladı. Ama ses gelmiyordu ahizeden. Telefonu açtırmamıştı ki! Ev sahibinin bıraktığı notu anımsadı. Gidip kirayı yatırmış, çiçekleri iki günde bir sulamış, hatta efsane aşkların kenti Venedik'te bir efsane aşk yaşamıştı da... Fırlatıp attı ahizeyi. Ve birden aklına Lucia düştü. Kim bilir kaç kez aramıştı. Kaç kez çaldırmıştı telefonu. Yanıt alamayınca kim bilir ne düşünmüştü. Onu atlattığını mı, başka biriyle çıktığını mı yoksa? Belki de çekip İstanbul'a gittiğini sanmıştı, kimseye haber vermeden, ani bir kararla. "Bir tanem" diye geçirdi içinden, "gecemin ışığı, tablodaki kadınım benim!" Kahrolarak büzüldü, tortop oldu. Döşemenin soğukluğunu hissetti çıplak bedeninde. Yarası derin değildi, ama çok kan kaybediyordu. Bir ezgi geldi kulağına. Venedik'e geldiği gün *falsetto*'nun söylediği *Stabat Mater* miydi, Mozart'ın *Requiem*'i mi yoksa? Ya o yüzü örtülü kadın heykeli, yağmurlu avluda duruyor muydu hâlâ? Artık ne önemi vardı ki! Dizindeki ağrıyı doktora göstermese de olurdu. Elinde bavul Santa Lucia İstasyonu'nun merdivenlerine ayak bastığında kenti kaplayan sis perde perde indi gözlerine, eşyaları seçemez oldu. Gördüğü masa ve sandalyelerin ayaklarıydı zaten, bir de ahizesiz telefon. Kocaman, kara bir böcek gibi duruyordu az ötede. Hayatla arasındaki tek bağ, tek umut oydu. Hâlâ işe yarar mıydı acaba? Sürünerek kadrana ulaştı, tuşlara gelişigüzel basmaya başladı. Haykırsam kim duyar sesimi kadınlar katından! Melekler katından mı demeliydi yoksa! Birden Gentile'nin tablosu tüm ayrıntılarıyla sisin içinden çıkıp geldi. Kanalın suyu zümrüt yeşiliydi yine, Belliniler rıhtımın kıyısındaydılar. Jacopo, Gentile, Giovanni ve damat Mantegna. Derken Caterina Cornaro'yu da gördü, kraliçenin canına kasteden katilleri de. Yara kanıyordu. Çocukluğunun soğuk gecelerinden beri hep kanamıştı zaten. Ama kendi kanını ilk kez görüyordu. Belki de kan değil kanalın suyuydu akan, *aqua alta* başlamıştı da onun haberi olmamıştı. Ya da gondola binip sise dalmadan çok önce geçmişti bu yakaya, Kandilli'deki meyhaneye gider gibi rahat, kaygısız. Dünya onun için bunca renkli, böylesine güzeldi. Resimli dünya gibi. Karşı kıyı giderek uzaklaşıyordu ama. Sanat tarihi profesörü Kâmil Uzman son bir çabayla doğrulmak istedi, eli kanayan yarasında, çıplak gövdesiyle sandalyenin arkalığına dayanmaya çabaladı, sonra birden yığılıp kaldı döşemeye. Ölmüştü.

1995-1999